Das große Handbuch der

Zimmer-
pflanzen

Helmut Jantra

Das große Handbuch der
Zimmer-
pflanzen

Vorwort

Von der Pflanzenfülle, die heute in unseren Wohnungen gepflegt wird, konnte man früher nur träumen. Viele dieser meist aus wärmeren oder gar tropischen Regionen stammenden Schönheiten waren dem Zimmergärtner völlig unbekannt, Begegnungen mit ihnen allenfalls im botanischen Garten möglich. Manches wiederum, was uns als Neuheit angepriesen wird, ist in Wahrheit ein „alter Hut", gehörte anno dazumal zu den Allerweltspflanzen und feiert nun ein fröhliches Comeback. Beste Beispiele für derartige Wiederentdeckungen sind Palmen und Zimmerfarne. Orchideen und Bromelien dagegen haben erst in den letzten Jahren ihre Tauglichkeit für den „Hausgebrauch" unter Beweis gestellt. Richtige Zimmerpflanzenpflege setzt kein Expertenwissen voraus, man muß sie nicht mühsam wie eine Fremdsprache erlernen. Licht, Wärme, Feuchtigkeit und Nährstoffe – auf diesen 4 Faktoren basiert – grob gesehen – alles pflanzliche Leben. Jedoch nicht einmal von einem gelernten Zierpflanzengärtner kann man erwarten, daß er die individuellen Wünsche der unterschiedlichen Gewächse, die seiner Obhut anvertraut sind, präzise im Kopf hat. Der Laie kommt ohne Hilfe schon gar nicht aus.

Diese Problematik betrifft nun keineswegs nur die sogenannten Exoten unter unseren Zimmerpflanzen. Auch alte Bekannte, deren Ansprüche man zu kennen glaubte, können unversehens und ohne ersichtlichen Grund zu Sorgenkindern werden. Der Schaden wäre meist leicht zu beheben, Totalverlust vermeidbar, wenn man wüßte, wo der Kulturfehler zu suchen ist. Und schließlich haben viele Pflanzenfreunde noch nie richtig erleben können, was wirklich an Wuchs- und Blühfreudigkeit in ihren Gewächsen steckt.

In diesem Buch wurde alles zusammengefaßt, was man heute über die Pflege von Zimmerpflanzen weiß. Moderne technische Hilfsmittel und ihre Einsatzmöglichkeiten im Hobbybereich sind ebenso beschrieben wie althergebrachte Methoden, die seit eh und je von erfahrenen Praktikern angewendet werden. Bei der Auswahl der beschriebenen Pflanzen war einzig die Frage nach ihrer Kultivierbarkeit im Zimmer maßgebend, wobei bewußt auch solche Gewächse aufgenommen wurden, die hohe, aber nicht unerfüllbare Ansprüche stellen. Die allgemeinen Pflegekapitel am Anfang des Buchs sollen helfen, die Zusammenhänge zu verstehen, die das Leben und das Blühen der Pflanzen beeinflussen. Von ihnen lassen sich die individuellen Kulturbedingungen ableiten.

Die vollständige alphabetische, tabellarische Übersicht am Ende des Buches umfaßt alle behandelten Pflanzen mit ihren botanischen und deutschen Bezeichnungen und sämtliche wichtigen Stichworte.

Helmut Jantra

Zimmerpflanzenpraxis

Das Leben der Pflanzen hängt stets vom Zusammenspiel mehrerer Faktoren ab. Diese äußeren Einwirkungen wiederum müssen aufeinander abgestimmt sein wie, bildlich gesprochen, der Wohlklang eines Akkords. Dem Philodendron nutzt es nichts, wenn er zwar regelmäßig gedüngt und gegossen wird, sein Platz sich aber in einer dunklen Zimmerecke befindet. Erst ausreichende Helligkeit befähigt ihn dazu, Nährstoffe und Wasser in Wachstumsenergie umzusetzen. Und ein Gewächs der Tropen muß auch bei sorgsamster Pflege verkümmern, bietet man ihm im Winter nicht die gewohnte Wärme und einen hellen Platz, damit die Lebensprozesse weiterlaufen können. Wer Zimmerpflanzen mit Erfolg pflegen will, muß also wissen, woher sie stammen und unter welchen Bedingungen sie an ihren natürlichen Standorten wachsen. An uns liegt es dann, diese Wünsche, so gut es geht, zu erfüllen.

Richtige Erde

Da uns von der Hydrokultur her bekannt ist, daß Pflanzen auch ohne Erde auskommen, könnte man meinen, daß das richtige Substrat bei der Topfkultur keine wichtige Rolle spielt. Wer einen Garten besitzt, weiß es besser. Viele Mißerfolge mit Pflanzen sind auf unzulängliche Bodenverhältnisse zurückzuführen, denn in einem den jeweiligen Gewächsen aus irgendwelchen Gründen nicht zusagenden Erdreich baut sich eine Kettenreaktion negativer Auswirkungen auf, die schließlich zur Katastrophe, nämlich zum Eingehen der Pfleglinge, führt.

Die Qualität der Erde ist auch für das Wohlergehen der Zimmerpflanzen von entscheidender Bedeutung. Damit die Wurzeln ihre Aufgabe, Wasser und Nährstoffe aufzunehmen, erfüllen können, muß das Kultursubstrat ganz bestimmte Eigenschaften aufweisen. Es soll locker und durchlässig sein und genügend grobe Poren enthalten, damit die Wurzeln sozusagen von Luft und dem darin enthaltenen Sauerstoff umspült werden. Wasser und die in ihm gelösten Nährstoffe müssen in ausreichender Menge zur Verfügung stehen, ohne andererseits allzu schnell an den Wurzeln vorbeizufließen. Wenn der Boden alle diese guten Eigenschaften besitzt, spricht der Fachmann von einer vorteilhaften „Pufferkapazität".

Solche Erden herzustellen gehörte früher zur Hohen Schule des Erwerbsgärtners im Zierpflanzenbau. Die jeweiligen Rezepturen wurden vor der Konkurrenz ängstlich geheimgehalten, waren sie doch wesentlicher Bestandteil für den Anbau gesunder, kräftiger, optisch ansprechender Pflanzen. Heute kann ein privater Pflanzenliebhaber Topferde außer beim Gärtner auch im Blumen- und Gartenhandel kaufen. Die fertigen Produkte, sogenannte Industrieerden, in handlichen Beuteln abgepackt, werden heute ebenso im Laden um die Ecke, in Baumärkten und Kaufhäusern feilgeboten, leider mit erheblichen Qualitätsunterschieden. Hauptbestandteil aller derartigen Fabrikate ist meistens Weißtorf mit unterschiedlichen Anteilen von Lehm und Ton. Angesichts der Gefährdung der Moore durch Torfabbau werden allerdings zunehmend auch Rindenprodukte, zumindest als Zusatz, verwendet. Holländische Produkte enthalten oft reichlich Schwarztorf, der auf lange Sicht zu wenig durchlässig ist, wenn der gröbere, jüngere Weißtorf fehlt.

Da die meisten Zimmerpflanzen einen schwach sauren Boden bevorzugen, ist der pH-Wert – also der Säuregrad – dieser Industrieerden von ausschlaggebender Bedeutung. Dieser Wert wird zwar auf den Packungen ausgewiesen, entspricht aber, wie zurückliegende Überprüfungen der Landwirtschaftlichen Untersuchungs- und Forschungsanstalten (LUFA), in jüngerer Zeit auch der Stiftung Warentest, ergaben, keineswegs immer der tatsächlichen Bodenreaktion. Zunächst spielt es noch keine große Rolle, ob der Inhalt des Beutels etwas mehr oder weniger stark zu dem von den meisten Pflanzen erwünschten sauren Bereich hin tendiert (vom Neutralpunkt 7 an abwärts). Dieser günstige Bereich verschiebt sich jedoch zur alkalischen, also kalkreichen Seite hin (ab pH 7 aufwärts), wenn beispielsweise mit „hartem" Wasser aus der Leitung gegossen wird. Entspricht der aufgedruckte Bereich von pH 5 nicht den Tatsachen, sondern beträgt er beispielsweise PH 6,8, so ist die kritische Grenze bald erreicht. Die Pflanzen beginnen dann nach einiger Zeit zu kränkeln, und der Pfleger weiß nicht, daß falsch ausgezeichnete Erde und kalkreiches Wasser die Ursachen dafür sind. Sicherheit in der Handhabung bietet die von Prof. Fruhstorfer entwickelte Einheitserde, die heute unter dem Produkt-Sammelnamen „frux" oder „ED 73" im Handel ist. Sie unterliegen der Kontrolle durch den Einheitserde Werkverband e. V. Weil alle diese Industrieerzeugnisse aus mehreren Komponenten zusammengesetzt sind, spricht man heute auch nicht mehr von Erden, sondern von Substraten. Das trifft noch mehr auf die Spezialmischungen zu, die den Sonderwünschen bestimmter Pflanzengruppen entsprechen. Kakteenerde beispielsweise zeichnet sich meist durch einen hohen Anteil an Sand, Lavagrus oder Bimskies aus, Orchideensubstrat enthält *Sphagnum* (Sumpfmoos) oder – heutzutage aber nur noch selten – zerkleinerte Wurzeln des Königsfarns *(Osmunda)*, aber zunehmend auch Anteile verschiedener Nadelgehölzrinden.

Je nach Verwendungszweck werden diesen Substraten bei der Herstellung bereits Dünger beigemischt, bei den einfachen Industrieerden so reichlich, daß während der ersten sechs bis acht Wochen nach dem Einpflanzen eine zusätzliche Nährstoffgabe nicht notwendig ist. Das gilt auch für TKS 2, ein Torfkultursubstrat ohne Lehm- und Tonanteil. TKS hat ähnlich gute Eigenschaften wie Einheitserde, speichert allerdings viel Wasser, von dem aber nur etwa 50 % von den Wurzeln aufgenommen werden können. Hier müssen das Düngen und das Gießen mit viel Fingerspitzengefühl erfolgen. In der Praxis sind gute Erfolge erzielt worden, wenn man das Torfkultursubstrat zur Hälfte mit anderer Blumenerde mischt, weil dadurch die Pufferkapazität erhöht wird. Bei TKS 1 handelt es sich um ein Substrat für die Jungpflanzenanzucht mit einer schwächeren Düngerbeigabe als beim TKS 2.

Auch wenn nicht alle Industrieerden den Erwartungen entsprechen, die man an sie stellt, sind sie Mischungen aus Erde und Kompost aus dem eigenen Garten vorzuziehen. Nur sehr erfahrene Hobbygärtner sollten sich an derartige Experimente heranwagen, an deren Beginn die Kenntnis vom pH-Wert der verwendeten Mischungskomponenten stehen muß. Auch die Salzkonzentration durch möglicherweise jahrelange vorherige Düngung mit mineralischen Nährsalzen kann den Boden in einen Zustand gebracht haben, der sich auf empfindliche Zimmerpflanzen ungünstig auswirkt. Hinzu kommt die Gefahr, mit der Gartenerde Schadorganismen einzuschleppen, wobei besonders Bodenpilze bedrohlich werden können. Selbsthergestellte Pflanzensubstrate müssen daher vor Gebrauch desinfiziert werden, was für den Hobbygärtner ohne entsprechende Ausrüstung nicht möglich ist.

Keimfreiheit wurde den Industrieerden übrigens bei allen Untersuchungen attestiert, und man kann sie auch bei den

Langzeitbewässerung mit Grolit: 1. Zuunterst füllt man eine Schicht gut befeuchtetes Grolit ein. 2. Die Pflanze wird in den Topf gestellt und der Zwischenraum zwischen Wurzelballen und Topf aufgefüllt. 3. Die Oberfläche wird mit einer zwei Finger dicken Schicht Grolit abgedeckt

Tongranulaten „Blähton" und „Grolit 2000" voraussetzen. Das gut wasserführende, sauerstofffreundliche Grolit hat sich mittlerweile als Langzeit-Bewässerungssystem bewährt und besitzt gegenüber der reinen Hydrokultur den Vorteil, daß jede Zimmerpflanze aus der üblichen Erdkultur ohne Schwierigkeiten mitsamt Wurzelballen in diesem Tongranulat weiterwachsen kann. Dabei spielt es auch keine Rolle, ob ein Ton- oder Kunststofftopf oder ein Gefäß mit Wasserreservoir verwendet wird. Man muß das umzutopfende Gewächs lediglich mitsamt seinem bisherigen Behälter einige Zeit in lauwarmes Wasser stellen, um den Erdballen gut zu durchfeuchten und zu festigen. Auch „Grolit 2000" sollte vor der Verwendung eine Nacht lang in Wasser gegeben werden, damit es mit Feuchtigkeit gesättigt ist.

Im neuen, größeren Topf wird zunächst, entsprechend dem Umfang des Wurzelballens, eine Schicht Grolit auf den Boden gestreut, die Pflanze darauf gesetzt und danach werden die Zwischenräume zwischen Wurzelballen und Topfwand ebenfalls mit Grolit aufgefüllt. Oben wird schließlich mit einer zwei Finger dicken Schicht Grolit abgedeckt. Den Langzeitdünger „Tonalin" oder „Lewatit HD 5" kann man bereits dem ersten Gießwasser beigeben, sofern die umgestellte Pflanze nicht kürzlich gedüngt worden ist. In der Regel sichern diese Depotdünger die Nährstoffversorgung für 4–6 Monate, je nach Größe und Bedarf der jeweiligen Pflanze.

Probleme und ihre Lösungen

Erde verdichtet, zu feucht	Torf, eventuell auch Sand oder Kunststoffflocken (Styropor) beimischen
Erde zu leicht; Wasser läuft durch	Lehm oder eine andere schwere Erde (desinfiziert) untermischen
weißer Schimmelbelag auf der Topferde (unschön, jedoch im allgemeinen harmlos)	oberste Schicht abheben und erneuern, weniger gießen
ständig vernäßte Erde	Substrat austauschen
Pflanzen kränkeln ohne erkennbare Ursache	Wurzeln auf Schäden/Schädlinge untersuchen, gegebenenfalls Substrat austauschen
Einzelbestandteile zum Herstellen von Spezial-Erden nicht erhältlich	fertige Substrate im Fachhandel oder in Gärtnereien mit Spezialkulturen kaufen

Töpfe und andere Gefäße

Blumentöpfe, Kästen, Schalen und Kübel müssen unseren Zimmergewächsen das natürliche Pflanzenbett ersetzen. Da sie ohnedies unter für sie widrigen Umständen nicht nur überleben, sondern auch wachsen und blühen sollen, ist die Frage des richtigen Gefäßes nicht mit der linken Hand abzutun. Zusammen mit der Temperatur, dem Standort und einer ausreichenden Versorgung mit Wasser und Nährstoffen ist das Pflanzgefäß einer der wichtigen Pflegefaktoren.

Als Alternative zum altbekannten und bewährten Tontopf gibt es schon seit langem Behälter aus Hartplastik, das haltbarer und in der Herstellung billiger ist. Gefäße aus Styropor haben sich nicht durchsetzen können, da dieses Material brüchig ist und man die Pflanzen darin nur schlecht transportieren kann. Auch dem Wurzeldruck stark wachsender Bewohner hält es nicht mit Sicherheit stand. Neben den Ton- und Plastikbehältern kommen vor allem für die Kultur von Orchideen und Tillandsien noch quadratische oder rechteckige Körbchen aus kleinen Holzlatten oder Kunststoff in Frage, ebenso mit Löchern in der Seitenwand versehene Tontöpfe. Schließlich gibt es noch dekorative Epiphytenstämme für baumbewohnende Exoten. Reine Ziertöpfe aus Glas, Keramik, Porzellan oder Metall können nur unter bestimmten Voraussetzungen und bei sehr aufmerksamer Pflege als Pflanzengefäß verwendet werden.

Tontöpfe sind porös und für geringe Mengen von Wasser, Nährstoffen und Sauerstoff durchlässig. Das hat Vor- und Nachteile. Gerade Anfängern, die noch nicht das richtige Gefühl für die jeweils notwendige Gießmenge und den richtigen Gießrhythmus haben, kommt bei Tontöpfen zugute, daß Fehler nicht sofort an die Pflanzen weitergegeben werden. Da vor allem der Neuling dazu neigt, beim Gießen des Guten zuviel zu tun, profitieren die Pfleglinge von der Verdunstung durch die Topfwand. Umgekehrt wirkt sich die Porosität positiv aus, wenn man den Tontopf in Torf einfüttert. Hier wird ein geringer Teil der Feuchtigkeit des umgebenden Substrats von der Topferde aufgenommen, selbst Nährstoffe können die Pflanzenwurzeln auf diesem etwas umständlichen Weg noch erreichen. Diese Tatsache kann man sich bei langer Abwesenheit zunutze machen. Und schließlich sind Tontöpfe dank ihres größeren Gewichts standfester als Pflanzenbehälter aus Plastik.

Diese Durchlässigkeit des Materials hat aber auch Nachteile. Durch die stärkere Verdunstung entsteht an der Topfwand sogenannte Verdunstungskälte, was bei empfindlichen Gewächsen zu Wurzelschäden durch Unterkühlung führen kann. Darauf muß man besonders im Winter auf dem Fensterbrett achten. Und was als Vorteil bei gelegentlichem Übergießen angeführt wurde, hat auch seine Kehrseite: Besonders bei sehr lockerem, durchlässigem Substrat trocknet der Tontopf auch schneller aus. Da die Wurzeln hier die Eigenart haben, sich gerade am Rand des Gefäßes besonders dicht zu entwickeln, wird ein Durchwurzeln des Topfes vorgetäuscht, das oft keineswegs der Realität entspricht.

Pflanzen in Tontöpfen nehmen auch durch die Wände Feuchtigkeit auf. Dies kann man sich besonders im Urlaub zunutze machen und in feuchten Torf einfüttern. Außerdem wird dadurch die Luftfeuchtigkeit erhöht

Und schließlich haben Tontöpfe, sofern sie mit attraktiven Pflanzen besetzt am Wohnzimmerfenster stehen, nicht nur wegen der Bruchgefahr eine begrenzte Lebensdauer. Durch sogenannte Ausblühungen (Ausscheidungen von Kalk und Salzen), die durch die Topfwand dringen, werden sie nach einiger Zeit unansehnlich. Nicht selten siedeln sich dann auch noch Algen an diesen Stellen an. Man kann versuchen, diesen Belag mit einer Drahtbürste zu beseitigen. Blitzsaubere Schmuckstücke sind die Gefäße aber auch nach dieser Behandlung nicht mehr. Ein Hausrezept aus Süddeutschland empfiehlt das Abreiben der Töpfe mit rohen Kartoffelschalen oder Einstellen in einen Eimer mit Kartoffelwasser und nachfolgendem Abbürsten. Als letzte Möglichkeit bleibt, den unansehnlichen Topf in einem Übertopf verschwinden zu lassen. In jedem Fall müssen gebrauchte Tontöpfe vor Wiederverwendung gründlich gesäubert und eventuell sogar desinfiziert werden. Neue Tongefäße sind vor Gebrauch zu wässern, damit der poröse Ton dem Wurzelballen keine Feuchtigkeit entzieht.

Bei Gefäßen aus Plastik kommen Ausblühungen nicht vor. Da das Material nicht porös ist, entsteht keine Verdunstungskälte; das Substrat ist hier in der Regel wärmer, die Durchwurzelung gleichmäßiger. Beim Gießen kann man meist größere Intervalle wählen, das Volumen ist wegen der fast steilen Seitenwände größer als beim Gegenstück aus Ton, was das Wasservolumen erhöht. Ein entscheidender Vorteil

Kalk- und Düngesalzausscheidungen verstopfen die Poren

Bei der Anzucht bieten viereckige Plastiktöpfe mehr Platz

von viereckigen Plastiktöpfen macht sich angenehm bemerkbar, wenn eine größere Anzahl von Jungpflanzen herangezogen werden soll. Die Platzersparnis durch die dicht an dicht gestellten Kleincontainer ist mit runden Tontöpfen niemals zu erreichen. Plastiktöpfe sind praktisch unverwüstlich, weitgehend bruchsicher, haben aber keinerlei Schmuckwert. Wo sie stehen, sieht es immer ein wenig nach Gärtnerei aus, ein Effekt, der in der „guten Stube" meist unerwünscht ist. Man wird also auch hier zum zierenden Übertopf greifen müssen, was bei einer größeren Anzahl von Pflanzen ins Geld geht. Neuerdings werden aber auch bereits Plastiktöpfe angeboten, die dem Tontopf in Farbe und Oberflächenbeschaffenheit recht gut nachempfunden sind.

Als weiterer Minuspunkt, der freilich bei der Verwendung von Übertöpfen nicht ins Gewicht fällt, kommt die geringe Standfestigkeit hinzu. Sie macht sich besonders dann bemerkbar, wenn Pflanzen mit viel Blattwerk in zu kleinen Gefäßen stehen – was ohnedies vermieden werden sollte. Und schließlich muß man sich bei Plastiktöpfen vor ständigem Übergießen – also zu reichlichem Gießen – besonders hüten, weil das Wasser nur über die Topfoberfläche, nicht aber seitlich verdunsten kann.

Welche Topfgröße gewählt wird, hängt vom Umfang der jeweiligen Pflanze und ihrer Wüchsigkeit ab. Dazu wird im Kapitel Umtopfen noch mehr zu sagen sein. In jedem Fall sollte man vermeiden, die Wurzeln in einem extrem engen Quartier zusammenzupferchen. Abschreckendes Beispiel für diese Unsitte sind die Minitöpfe, in denen heute Kakteen, aber auch andere Sukkulenten bis hin zum noch zwergigen

Christusdorn verkauft werden. Dem Handel kann man dabei keinen Vorwurf machen. Angesichts der geringen Fläche, die für das Riesenangebot an Pflanzen zur Verfügung steht, muß buchstäblich jeder Quadratzentimeter genutzt werden. Zu Hause jedoch sollte man derartige Gewächse sofort in größere Töpfe umsetzen; denn ein sachgemäßes Gießen ist auch bei größter Sorgfalt nicht möglich.

Wenn bei den Topfgrößen die Bezeichnung „Zehner-" oder „Zwölfertopf" auftaucht, so bezieht sich diese Angabe stets auf den inneren Durchmesser des oberen Topfrands. Selten im Angebot findet man heute die sogenannten Langtöpfe, die man früher vorzugsweise für Palmen verwendet hat, weil diese Topfform dem Wachstum der Pfahlwurzeln besonders gut entsprach. Schalen aus Ton und Plastik findet man dagegen in fast allen Größen, vom viereckigen Minigefäß für kleine Kakteen, wegen seiner großen Oberfläche als provisorisches Gefäß durchaus brauchbar, bis hin zu Großbehältern, mit denen man zum Beispiel Podeste in einer Toreinfahrt schmücken kann.

Viele Vorteile bieten Kunststoffgefäße mit Wasserreservoir und Sichtfenster beziehungsweise Schwimmstab zur Kontrolle des Wasserstands. Für den Freilandaufenthalt sollte man Modelle mit Überlaufvorrichtung wählen, damit überschüssiges Wasser, zum Beispiel durch starke Regenfälle, ablaufen kann. Im unteren Bereich befindet sich die Wasserreserve, vom Substratteil durch eine Plastikabdeckung getrennt. Beim Topfen werden Saugdochte an die Wurzelballen gelegt, die bis in den Wasserteil reichen. Auch Saugmatten finden Verwendung. Je nach Größe des Kulturtopfs und der Pflanze reicht der Wasservorrat bis zu 3 Wochen. Im Gegensatz zu den üblichen Ton- und Plastiktöpfen haben Gefäße aus Glas, Keramik, Porzellan oder andere – für die Pflanzenkultur zweckentfremdete – Behälter in der Regel kein Abzugsloch. Hier muß unbedingt eine Schicht mit durchlässigem Material (Tongranulate, Scherben von Blumentöpfen, feiner Kies) auf den Gefäßboden kommen, damit sich dort überschüssiges Gießwasser sammeln kann. Doch auch dann müssen die hier kultivierten Pflanzen und die Topferde ständig kontrolliert werden. Dasselbe gilt für Pflanzgefäße aus Metall. Eine Bepflanzung ist nur möglich, wenn die Behälter vorher mit Plastikfolie ausgelegt werden, damit keine schädlichen, durch die Feuchtigkeit gelösten Stoffe in Wurzelnähe gelangen können.

Werden Übertöpfe verwendet, muß man bei einem Freilandaufenthalt der in ihnen untergebrachten Pflanzen daran denken, daß hier bei unverhofften Regenschauern erhöhte Gefahr der Vernässung besteht. Meist wird gar nicht bemerkt, daß die Pflanzen danach noch tagelang buchstäblich bis zum Topfrand im Wasser stehen und die Wurzeln nicht atmen können. Totalverlust ist die fast unvermeidliche Folge. Bei Gewächsen, die den Sommer draußen verbringen sollen, werden die Übertöpfe entfernt.

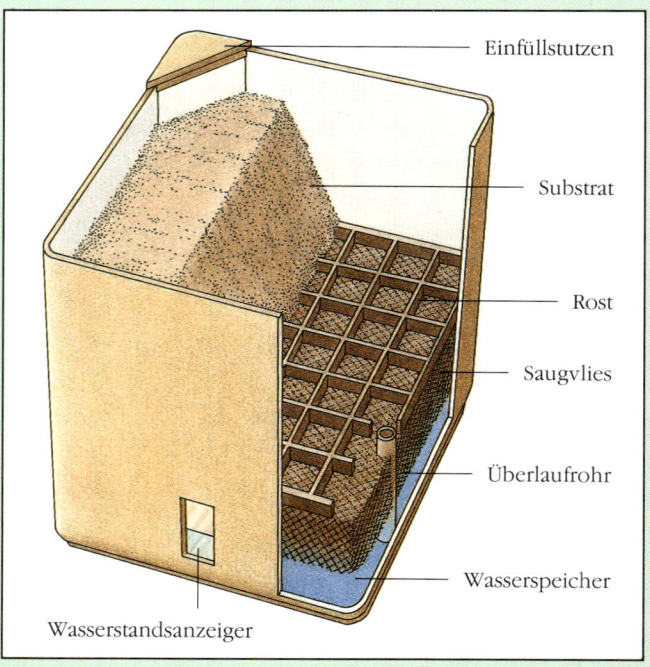

Gefäß mit Wasserreservoir: über ein Saugvlies versorgen sich die Pflanzen selbst aus dem Wasserreservoir

Probleme und ihre Lösungen

Ausblühungen an Tontöpfen	Kalkablagerungen; mit Drahtbürste reinigen, mit rohen Kartoffelschalen abreiben oder in Übertöpfe setzen; kalkfreies Gießwasser verwenden
keine Wasserabzugslöcher vorhanden	Boden mit Drainageschicht versehen oder mit einer Bohrmaschine Löcher bohren, was bei Plastik und Eternit problemlos möglich ist
Standort durch Kaltluft gefährdet	Plastiktöpfe verwenden
Ungewißheit hinsichtlich der Pflanzenverträglichkeit des Gefäßes	Behälter mit Folie auskleiden oder anderes Gefäß verwenden
Topfgröße unbekannt	der Abstand oben, von Innenrand zu Innenrand gemessen, ergibt die Größe in Zentimeter
Platzprobleme bei der Jungpflanzenanzucht	viereckige Plastiktöpfe, dicht aneinandergestellt, verwenden
Pflanzsubstrat aus Kulturgründen extrem leicht und durchlässig	Plastiktöpfe verwenden; öfter kontrollieren

Im Blattgrün erzeugen Pflanzen mit Hilfe des Lichts Energie. Besonders buntblättrige Arten brauchen deshalb einen hellen Standort. Stehen sie zu dunkel, können die Blätter teilweise wieder vergrünen

Licht und Schatten

Indem Pflanzen das gasförmige Kohlendioxyd der Luft aufnehmen und mit Hilfe des Blattgrüns (Chlorophyll) von Wasser und Nährstoffen in organische Substanzen umwandeln, vollbringen sie einen der erstaunlichsten Prozesse der belebten Natur. Diese Kohlendioxyd-Assimilation durch Photosynthese, die das Wachsen von Pflanzen erst möglich macht, setzt eine ausreichende Lichtmenge voraus. Bekommen unsere Topfgewächse zuwenig davon, kümmern sie und gehen im schlimmsten Fall ein. Die Photosynthese unter Mitwirkung des Blattgrüns macht auch deutlich, weshalb Gewächse mit weiß- oder gelbbunten Blättern in der Regel lichtbedürftiger sind als solche mit reingrünem Laub. Bei den erstgenannten müssen die verbliebenen grünen Blattpartien sozusagen doppelte Arbeit leisten, ebenso übrigens wie bei vielen rotblättrigen oder dunkel gefärbten Gewächsen, in denen das Chlorophyll von anderen Farbstoffen überlagert ist. Auf Pflanzen mit stark behaarten Blättern trifft das gleichfalls zu. Wenn weißgelbes oder rotgefärbtes Laub unter Lichtmangel wieder vergrünt, ist das nichts anderes als der Versuch der Pflanze, am lichtarmen Platz mehr Chlorophyll zur Ausnutzung des Lichts zu produzieren. Dieser Lichtverbrauch, der bei allen Pflanzen mit Chlorophyll Voraussetzung für Wachstum und Gedeihen ist, hat zur Folge, daß die Hauptwachstumszeit der meisten Gewächse in die Frühlings- und Sommermonate, die Zeit mit dem größten Lichtangebot, fällt.

Aber auch die Temperatur spielt in diesem Zusammenhang eine Rolle. Je wärmer es ist, desto schneller und reibungsloser laufen chemische Prozesse ab, zu denen ja auch die Umwandlung von Kohlendioxyd in organische Substanz gehört. In der dunklen Jahreszeit, in der Licht für die Pflanzen ohnedies Mangelware ist, sollte man sie also kühler stellen, um die Atmung insgesamt zu drosseln. Bei der Atmung (Dissimilation) werden die in der Assimilation gebildeten organischen Stoffe auf chemischem Weg wieder abgebaut, und zwar um so schneller, je wärmer es ist. Dabei wird Sauerstoff frei. In dieser Abgabe von Sauerstoff (O_2) liegt das Geheimnis der für unsere Städte segensreichen „Grünen Lungen" (Parkanlagen) und vor allem der Wälder, und sie ist einer der Gründe, weshalb das Leben mit Pflanzen so gesund ist. Das Licht hat auch entscheidenden Einfluß auf die Bildung von Blüten. Je nach der Art dieses Einflusses teilt man die Pflanzen in 3 Gruppen ein:

– tagneutrale Pflanzen
– Langtagpflanzen
– Kurztagpflanzen

Tagneutrale Pflanzen bilden dann Blüten aus, wenn sie über eine längere Zeit – meistens einige Wochen lang – reichlich Licht bekommen. Reichlich bezieht sich auf ausreichend helles Licht über mehrere Stunden je Tag (mindestens 8, besser 12 bis 16 Std.), so daß eine Mindestsumme an Licht zustande kommt: Anzahl Lichtstunden je Tag x Helligkeit (Beleuchtungsstärke in Lux gemessen). Je nach Pflanzenart ist der Lichtbedarf der tagneutralen Pflanzen für die Blütenbildung sehr verschieden, demnach ist reichlich nur relativ zu verstehen: Manche kommen mit wenig Licht aus, zum Beispiel das Usambaraveilchen *(Saintpaulia ionantha);* andere benötigen deutlich mehr, wie das Alpenveilchen *(Cyclamen persicum).* Pflanzen, die zur selben Familie gehören, können durchaus verschiedene Ansprüche an das Licht haben. Als Beleg hierfür können Usambaraveilchen und Gloxinien *(Sinningia speciosa)* dienen: Gloxinien benötigen deutlich mehr Licht zur Blütenbildung als Usambaraveilchen, obwohl beide zur selben Familie *(Gesneriaceae)* gehören.

Eine Lichtmarke ist bei empfindlichen Pflanzen empfehlenswert

Langtagpflanzen können nur dann Blüten bilden und entwickeln, wenn mehrere Wochen lang eine Mindestzahl von Lichtstunden je Tag überschritten wird. Diese Mindestzahl ist für die Langtagpflanzen verschieden. Sie kann bei der einen Art 13, bei einer anderen aber zum Beispiel auch 14 oder 15 Std. betragen. Wird diese Anzahl Lichtstunden innerhalb von 24 Std. nicht erreicht, so blühen die Pflanzen nicht. Es ist in der Regel gleichgültig, ob es sich bei dem Licht um Sonnen- oder um Kunstlicht handelt. Die Beleuchtungsstärke braucht nicht hoch zu sein, es reichen meistens bereits etwa 100 Lux aus. Mondlicht ist nicht wirksam, denn es erreicht selbst bei besten Bedingungen nicht einmal 1 Lux. Als Beispiele für Langtagpflanzen können *Campanula isophylla* (Glockenblume) und *Dianthus caryophyllus* (Nelke) genannt werden. Erstere benötigen zur Blütenbildung den Langtag unbedingt, letztere kommen auch ohne ihn aus, die Blütenbildung wird dadurch aber gefördert.

Kurztagpflanzen können im Gegensatz zu den Langtagpflanzen nur dann Blüten bilden und entwickeln, wenn mehrere Wochen lang (oft 8–10 Wochen) eine bestimmte Anzahl von Lichtstunden je Tag nicht überschritten wird. Meistens werden weniger als 12, 13 oder 14 Std. benötigt. Im Winterhalbjahr ist die Anzahl natürlicher Lichtstunden durch Sonne meistens gering genug, um bei Kurztagpflanzen das Blühen auszulösen. Eine der bekanntesten Vertreter ist der Weihnachtsstern *(Euphorbia pulcherrima).*

Im Sommer schaffen Gärtner durch Verdunkelung in den Gewächshäusern künstliche Kurztage. Im Winter kann durch künstliches Licht in den Stunden natürlicher Dunkelheit ein Langtag entstehen, wodurch das Blühen von Kurztagpflanzen – gewollt oder ungewollt – verhindert wird.

Die Auswirkungen der Lichtwendigkeit (Fototropismus) kann jeder Zimmergärtner am Verhalten seiner Pflanzen selbst beobachten. Es ist das Bestreben der Gewächse, sich stets dem Licht zuzuwenden. Dieses Verhalten sollte nun niemanden zu dem Trugschluß verleiten, er täte seinen Pflanzen einen Gefallen, wenn er sie sozusagen der Sonne hinterher trägt – und auf diese Weise für einen ständigen Standortwechsel sorgt. Mögen robuste Blattpflanzen ein vorsichtiges Drehen zur Lichtseite hin noch akzeptieren, bei den ohnedies hinsichtlich des Lichts sensibleren und anspruchsvolleren Blütengewächsen hat ein derartiges Hin und Her schlimme Folgen. Azalee, Kamelie, Wachsblume und Weihnachtskaktus sind bekannt dafür, daß sie auf eine Veränderung des Lichteinfallswinkels spontan mit Blütenabwurf reagieren, dem nicht selten auch noch die Blätter folgen. Aus diesen Erfahrungen resultiert die Empfehlung, bei empfindlichen Gewächsen eine Lichtmarke anzubringen. Durch einen Strich mit dem Filzstift am Blumentopf hat man die Gewähr, daß die Pflanze nach dem Wegräumen beim Fensterputz wieder die gleiche Position einnimmt. Wenn man bedenkt, daß es Gewächsen ja schon von Natur aus unmöglich ist, ihren einmal eingenommenen Platz zu verlassen, mutet diese Empfindlichkeit nicht weiter erstaunlich an.

Im Zimmer wird man seine Pflanzen meist so nahe wie möglich ans Fenster stellen. Doch Fenster ist nicht gleich Fenster. Hinsichtlich des Lichteinfalls oder der Lichtausbeute ist vielmehr die Himmelsrichtung entscheidend. Das Maß für die Helligkeit wird in Lux angegeben und kann mit einem Lichtmesser oder Luxmeter ziemlich exakt ermittelt werden – jedenfalls genau genug, um den günstigsten Standort festzustellen. Ersatzweise leistet auch ein Fotoapparat mit eingebautem Belichtungsmesser gute Dienste. Auf die Filmempfindlichkeit von 100 ASA (21 DIN) eingestellt, zeigen Blende 2,8 und 1/30 Sekunden etwa 250 Lux an, Blende 5,8 und 1/125 Sekunden entsprechen etwa 1250 Lux und Blende 8 und 1/250 Sekunden zirka 2300 Lux.

Aus mehreren Gründen läßt sich von der Himmelsrichtung des jeweiligen Fensters nicht ohne weiteres auf seine Eignung als Standort für Zimmerpflanzen schließen. Beschattende Bäume, Nebengebäude oder ein darüber liegender Balkon können einem Südfenster soviel Licht nehmen, daß es für Pflanzen völlig ungeeignet ist. Diese Einschränkungen treffen auf jedes Fenster zu; man muß also bei der Auswahl zunächst stets die örtlichen Gegebenheiten berücksichtigen. Daneben gibt es die sogenannten Mischlagen. Ein nach Norden gerichtetes Fenster mit starkem Ost- oder Westanteil ist zum Beispiel als Pflanzenquartier weitaus geeigneter als eine reine Südlage, die für Gewächse im Sommer sowieso die größten Risiken birgt. Wenn wir mit diesen notwendigen Vorbehalten die Fenster in den 4 Himmelsrichtungen Revue passieren lassen, dann ergibt sich folgendes Bild:

<u>Nordseite</u> (einschließlich Nordost- beziehungsweise Nordwestlage): sehr gut geeignet für alle Gewächse, die nicht ganztägig Sonne benötigen, also für die überwiegende Mehrzahl; schattieren hier nicht notwendig. Im Winter muß jedoch bei nicht abgedichteten Fenstern auf Zugluft geachtet werden.

<u>Westseite</u>: sehr warm, bei Südanteil Schattierung unerläßlich. Für empfindliche Pflanzen ist sie meist nur bei Nordanteil geeignet.

<u>Südseite</u>: ohne Außenjalousie und bei vollem Sonneneinfall selbst für Kakteen riskant. Wegen hoher Lufttrockenheit und der starken Verdunstung der Bodenfeuchtigkeit sind die Pflanzen – außer im Winter – permanent gefährdet. Südfenster sind für Zimmerpflanzen am wenigsten geeignet.

<u>Ostseite</u>: ähnlich günstig wie das Westfenster, bei hohem Nordanteil eher etwas für schattenliebende Gewächse. Auch hier ist im Winter Vorsicht vor Zugluft geboten.

Will man seine Pflanzen nicht direkt auf dem Fensterbrett, sondern etwas entfernt davon im Raum plazieren, wirken sich Lichtminderungen durch die Fensterlage, durch beschattende Bäume, Häuser oder durch Gardinen noch viel gravierender aus. Während die Werte an einem sonnigen Tag im Freien um die Mittagszeit durchaus bei 80 000–100 000 Lux liegen können, nehmen sie mit einsetzender Beschattung oder wachsender Entfernung von der Lichtquelle, in diesem Fall dem Fenster, rapide ab. Vom Augen-

Ob die Helligkeit eines Standorts ausreichend ist, läßt sich mit einem Belichtungsmesser einfach und schnell bestimmen

Verbrennungen an Dickblatt (Crassula)

schein dürfen wir uns dabei nicht täuschen lassen. Wo wir meinen, noch ausreichend Helligkeit wahrzunehmen, kann es für die viel empfindlicher reagierenden Gewächse bereits kritisch werden. Schon eine zwischen Pflanze und Fenster befindliche Gardine schluckt wesentlich mehr Licht, als man glaubt. Ein nicht übermäßig viel Helligkeit beanspruchender Gummibaum, den man in einer fensterfernen, für uns durchaus noch nicht dunklen Zimmerecke aufstellt, wird das nach einiger Zeit mit dem Gelbwerden der Blätter quittieren.

Darüber, wo die unterste Helligkeitsgrenze liegt, die von Pflanzen noch akzeptiert wird, gehen die Meinungen auseinander. Die Frage ist auch deshalb nicht eindeutig zu beantworten, weil hier ebenfalls mehrere Faktoren eine Rolle spielen: die Temperatur (bei mehr Wärme ist mehr Licht erforderlich), die Pflanzenart (Blütengewächse müssen heller stehen als Grünpflanzen), der Vegetationsperiode (während der – kühlen – Ruhezeit sind die Ansprüche geringer als in der Wachstumsphase). Wer seine Gewächse kurzzeitig nur gerade so über die Runden bringen will, kann ihnen durchaus eine geringere Lichtmenge als eigentlich erforderlich zumuten.

Diese gerade noch zu verkraftende Untergrenze dürfte sich im Winter bei etwa 500 Lux bewegen. Ziemlich einig sind sich die Fachleute, daß die Dauerwerte für schattenverträgliche Blattpflanzen nicht unter 1000 Lux, für sonnenhungrige und Blütenpflanzen nicht unter 5000 Lux liegen sollten. Für die Situation im Zimmer bedeutet dies, daß man seine Pfleglinge bei einem Südfenster weiter in den Raum hineinstellen kann als bei einem Nordfenster.

Diese Lichtempfindlichkeit unserer Zimmergewächse zwingt zu besonderer Aufmerksamkeit, wenn ein Platzwechsel vorgenommen werden soll. Gerade im Frühjahr neigen viele Pflanzenfreunde dazu, ihren Pfleglingen so

schnell wie möglich die wärmenden Strahlen der Sonne auf Balkon oder Terrasse oder auch am hellen Fenster zukommen zu lassen. Dabei wird übersehen, daß nicht einmal die so sonnenhungrigen Kakteen diesen Schock ohne Schaden verkraften können. Von anderen Gewächsen, sonst für viel Licht dankbar, ganz zu schweigen. Es ist daher wichtig, sie nur langsam an die neue Situation zu gewöhnen, indem man sie zunächst zwar hell, aber auf keinen Fall vollsonnig stellt. Die Gewöhnung an das Freiland erfolgt am besten an trüben Tagen. Denn es ist vor allem die UV-Strahlung des Lichts, von der die aus der Ruhe kommenden, entwöhnten Gewächse voll getroffen werden und die dann an Blättern oder an Pflanzenkörpern (Kakteen) schwere Schäden hervorrufen kann.

Seit geraumer Zeit kann sich auch der Hobbygärtner bei der Pflanzenpflege eines Hilfsmittels bedienen, ohne das im Erwerbsgartenbau, und hier vor allem im Jungpflanzenbereich, eine lohnende Kultur gar nicht möglich wäre: des künstlichen Lichts. Allerdings genügt es dazu nicht, die Pflanzen auf dem Fensterbrett unter eine einfache Glühbirne oder Leuchtstoffröhre zu stellen. Damit erzielte man lediglich einen optischen Effekt, indem die Pflanzen ins „rechte Licht" gerückt würden. Diese Lichtmenge würde allerdings ausreichen, den Weihnachtsstern an der Blüten- und Hochblattbildung zu hindern. Im Spektrum unserer üblichen Raumleuchten fehlt der für die Pflanzenentwicklung notwendige Blau- und Rotanteil in der richtigen Zusammensetzung. Für eine wirksame Zusatzbelichtung zur Förderung des Wachstums gibt es spezielle Pflanzenleuchten (nicht zu verwechseln mit den Wachstumslampen für die Jungpflanzenanzucht) mit verschiedenen, leider ständig wechseln-

Pflanzen unter Kunstlicht

den Modellen, über deren Einsatz- und Installationsmöglichkeiten man sich im Elektrofachhandel oder im Gartencenter beraten lassen sollte. Gut geeignet sind Quecksilberdampf-Hochdrucklampen, die in den verschiedensten Abmessungen und Wattstärken angeboten werden. Sie haben sich in der Zimmerpflanzenpraxis bewährt, sind allerdings nicht ganz billig.

Probleme und ihre Lösungen	
buntblättrige Pflanzen vergrünen	zu dunkler Platz; Standort wechseln
gelbe, braune, vertrocknete oder eingesunkene Blattpartien	„Sonnenbrand"; schattieren oder umstellen; auch Pilzbefall oder Nährstoffmangel (Stickstoff) möglich
Kakteen färben sich rötlich	zuviel Sonne (im Frühjahr); für Schatten sorgen
auffälliges Längenwachstum; kleine Blätter	zu dunkler Stand; Platzwechsel, im Winter eventuell Zuatzbeleuchtung
ausgewachsene Blätter werden gelb (zum Beispiel bei *Monstera* oder Gummibaum)	Lichtmangel, besonders im Herbst und Winter; Abhilfe wie oben; auch Nährstoffmangel (Stickstoff) möglich
schlappe Blätter trotz ausreichender Erdfeuchte	Hitzestau hinter der Fensterscheibe; von außen schattieren oder Standort wechseln
bei großen Gummibäumen: Wachstumsstockung und Blattfall	Lichtmangel im Kronenbereich; Pflanze eventuell durch Abmoosen verkürzen
vertrocknete Blätter und Blattverlust im Winter zum Beispiel bei *Yucca*	Lichtmangel bei zuviel Wärme; kühler stellen, weniger gießen

Temperatur

Eigentlich sollte man meinen, daß den wärmegewohnten Topfpflanzen nichts besseres passieren kann als der winterliche Aufenthalt in unseren geheizten Zimmern. Tatsächlich aber ist die kalte, dunkle Jahreszeit der Prüfstein für alle diese Gewächse. Und das, obgleich wir ihnen dank thermostatge-

steuerter Zentralheizungsanlagen in gewissen Grenzen sogar eine nach Wärmegraden variierende Atmosphäre zu bieten vermögen.

Tatsächlich bringt es den Zimmergärtner schon einen Schritt weiter, wenn er die Raumtemperatur über Nacht um einige Grade absenken kann. Denn die Problematik der winterlichen Pflege ist vor allem darauf zurückzuführen, daß unsere Wohnungen für die fremdländischen Pflanzen in der Regel zu warm sind. Während hohe Sommertemperaturen von fast allen Zimmerpflanzen vertragen werden, da in dieser Zeit auch das meiste Licht zur Verfügung steht und die Wasserversorgung unter normalen Umständen nur wenige Probleme mit sich bringt, kommen im Winter zur Heizungswärme noch Lufttrockenheit hinzu. Bei Unachtsamkeit können Temperaturschwankungen durch Lüften und Lichtknappheit den an diese Schwankungen nicht gewöhnten Gewächsen zusätzlich zu schaffen machen.

Erschwert wird die Pflege noch dadurch, daß die Pflanzen an den Zimmerfenstern den verschiedensten Klimaten entstammen und demzufolge auch ihre Ansprüche voneinander abweichen. Besonders empfindliche Vertreter der Tropenflora sind die Dschungelgewächse des Regenwaldes, von denen die meisten aus diesem Grund auch am besten im Kleingewächshaus oder im geschlossenen Blumenfenster gehalten werden. *Fittonia, Maranta, Codiaeum* oder *Adiantum* beispielsweise wünschen im Winter Temperaturen von mindestens 22°C, hohe Luftfeuchtigkeit und Bodenwärme. *Camellia, Grevillea, Yucca* oder *Fatshedera* wiederum brauchen in dieser Zeit einen luftigen und hellen Platz mit einer Temperatur von höchstens 10°C. Daß Azaleen und Alpenveilchen zum Blühen ebenfalls nicht sehr warm stehen sollen, ist bekannt. Andere Pflanzen fühlen sich in der Nähe der Frostgrenze am wohlsten. Zwischen diesen Extremen liegen dann, gleichfalls mit Abstufungen, die Ansprüche der meisten unserer Zimmerpflanzen. Dennoch: Mit Sachkenntnis und Einfühlungsvermögen und der richtigen Abstimmung von Standort, Feuchtigkeit, Frischluft und Bodenwärme wird man fast alle Zimmergewächse bei der in Wohnräumen üblichen Temperatur von 18–22°C zufriedenstellend pflegen können.

Von den bereits erwähnten Gewächsen feuchtwarmer Tropenregionen abgesehen, sollte man, sofern die Möglichkeit besteht, stets zur kühleren Seite hin tendieren – falls man nicht mit zusätzlichen Pflanzenleuchten arbeitet. Man zwingt die Gewächse im Winter dadurch zu einer Art Ruhezeit, auch wenn viele von ihnen derartige Perioden verlangsamten Wachstums an ihren Naturstandorten nicht kennen. Eine Zwangsruhe ist in jedem Fall besser als der Versuch, die Lebensprozesse mit unzulänglichen Mitteln auf Hochtouren zu halten. Zu den Pflanzen, die im Winter unbedingt eine Verschnaupfause brauchen, gehören die meisten Kakteen. Sie würden auf dem warmen, hellen Fensterbrett zwar nicht absterben, aber auf eine Blüte im nachfolgenden Jahr wird man vergeblich warten.

Um die Gewächse nach den ihnen zusagenden Temperaturbereichen zu gliedern, hat sich bei Gärtnern und Botanikern die Einteilung in Kalthauspflanzen, Pflanzen für das tempe-

Ein Heizkabel sorgt für die notwendige Bodenwärme

den die Töpfe dann auf ein Sandbett gesetzt. Vor Maßnahmen dieser Art ist jedoch zu überlegen, ob nicht durch Umquartieren an einen im Winter besonders geeigneten Platz manches Problem zu lösen wäre. Pflanzen, die es kühl wollen, kommen in ein schwach beheiztes Schlaf- oder Gästezimmer, ins Bad oder ein helles Treppenhaus. Kakteen, wegen ihrer Lichtbedürftigkeit den Sommer über am hellen Fenster untergebracht, kann man notfalls in den Keller oder, sofern frostfrei, auf den Speicher oder in die Garage stellen. Ideal sind diese Orte aber nicht. Ihr Platz ist jetzt frei für Gewächse, die auch in der kalten Jahreszeit viel Wärme und Licht benötigen. Mit etwas Überlegung lassen sich derartige Umgruppierungen in fast jeder Wohnung vornehmen.

Neben der Bodenwärme ist die ausreichende Lüftung im Winter ein weiteres, in seiner Bedeutung oft verkanntes Pflegeproblem. Alle Gewächse, die ja auch in der Natur nicht in geschlossenen Räumen leben, sind auf Frischluft angewiesen. Man sollte diesem Bedürfnis auch dann entgegenkommen, wenn draußen Frost herrscht. Wichtig dabei ist nur, daß die Kaltluft die Exoten nicht direkt trifft. Krassestes Negativ-Beispiel: schräg gestellte Fenster, hinter denen sich Zimmerpflanzen befinden. Eine kurzfristige Abkühlung der Raumluft insgesamt schadet dagegen nicht, da die gewohnte Temperatur rasch wieder hergestellt ist, ehe die Pflanzen auf den Wechsel zu reagieren vermögen. Lange anhaltende Schwankungen jedoch sind unbedingt zu vermeiden. Das gleiche gilt für Zugluft. Und schließlich: die Wärmegrade eines Zimmers sind keineswegs immer gleichmäßig verteilt. Der Standort an einem Nordfenster direkt hinter der Scheibe kann wesentlich kühler sein, als es uns im bequemen Lehnstuhl in der Zimmermitte bewußt wird.

rierte Haus und solche für das Warmhaus durchgesetzt. Die für diese 3 Bereiche angegebenen Wärmegrade weichen zwar geringfügig voneinander ab, generell kann man sie aber folgendermaßen gliedern: Kalthaus 4–12 °C; temperiertes Haus 12–18 °C; Warmhaus über 18 °C.

Es wurde schon mehrfach darauf hingewiesen, daß Pflanzen desto weniger Wärme benötigen, je dunkler sie stehen. Diese Regel trifft jedoch nicht für die als wichtiger Pflegefaktor immer wieder unterschätzte Bodenwärme zu. „Kalte Füße" können schwere Wurzelschäden nach sich ziehen. Wenn sie auch noch mit ständig vernäßter Topferde einhergeht, übersteht dies kaum eine Pflanze schadlos.

Welche Möglichkeiten hat nun der Zimmergärtner, seinen Pflanzen das Leben mit Heizungsluft und winterlichem Lichtmangel dennoch so angenehm wie möglich zu machen? Während im Sommer das Südfenster ohne Schattierung zu meiden ist, können lichtbedürftige Gewächse jetzt ohne weiteres hier ihren Platz finden. Um aufsteigende Wärme des Heizkörpers unter dem Fensterbrett umzuleiten, läßt sich das Bord, meist ohne einen Handwerker dafür in Anspruch zu nehmen, verbreitern. Fensterbretter aus Kunststein oder Marmor sind sowohl gute Kälte- als auch Wärmeleiter. Eine Überhitzung durch die Heizkörper wird vermieden, wenn man eine Styroporplatte unter die Töpfe legt. Wo erhöhte Bodenwärme – ohne umgebende „Heißluft" – notwendig ist, kann man sich mit Hilfe von Heizkabeln, eventuell thermostatgesteuert, leicht selbst eine wärmeabgebende Unterkonstruktion, zum Beispiel mit einem hochwandigen Balkonkasten, herstellen. Dort wer-

Probleme und ihre Lösungen (Wintermonate)	
Hängende, schlappe Blätter	Kälte im Wurzelbereich, eventuell Wurzelschäden; Standort überprüfen, wärmer stellen
Blütenabwurf, zum Beispiel bei Alpenveilchen und Azaleen	zu warmer Stand; kühler stellen
Blätter werden gelb	zu warmer oder zu kühler Platz; nach Überprüfung (Thermometer) umstellen
Blätter fallen ab Blätter verkrüppeln	Schädigung durch starken Temperaturwechsel; vorsichtiger lüften
Pflanzen am Fenster kränkeln	wechselnde Temperaturen durch undichte Fenster; mit Schaumstoff abdichten oder Tongefäße durch Übertöpfe schützen

Wasser und Luftfeuchtigkeit

Pflanzen bestehen bis zu 80 % aus Wasser, Sukkulenten sogar aus bis zu 95 %. Allein diese Zahlen machen deutlich, daß die ausreichende Versorgung mit Feuchtigkeit für alle Gewächse lebenswichtig ist. Sie ist es aber auch noch aus einem anderen Grund: Die Nährstoffe, die zum Wachstum benötigt werden, können Pflanzen nur in gelöster Form aufnehmen. Das besorgt das Wasser, das zugleich als Transportmittel der Nährstoffe dient. Und schließlich ist es der Saftdruck, der die einzelnen Pflanzenteile mit prallem Leben füllt und dafür sorgt, daß die hauptsächlich an der Blattunterseite befindlichen Spaltöffnungen sich nicht schließen. Diese Stomata genannten mikroskopisch kleinen Schlitze regeln unter anderem die Verdunstung (Transpiration), nehmen Kohlendioxyd aus der Luft auf und geben Sauerstoff ab. Läßt die Saugspannung in den einzelnen Organen nach, schließen sich die Stomata, die Assimilation verlangsamt sich oder wird eingestellt, die Pflanze welkt.

Nun kommt es nicht nur darauf an, daß genügend Feuchtigkeit zur Verfügung steht, auch die Qualität des Gießwassers spielt eine wichtige Rolle. In diesem Fall orientiert sich der Begriff Qualität unter anderem am Kalkgehalt. Die Maßeinheit dafür ist die „Deutsche Härte" (° dH, lies: Grad Deutsche Härte). Es läßt sich nicht sagen, daß unser Leitungswasser generell für die Versorgung der Pflanzen ungeeignet ist, weil es zu kalkhaltig oder, volkstümlich gesagt, zu hart ist. Der Zimmergärtner tut gut daran, sich vom zuständigen Wasserwerk den Härtegrad mitteilen zu lassen. Wieviel Kalk die einzel-

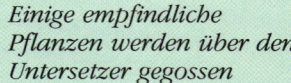

Einige empfindliche Pflanzen werden über den Untersetzer gegossen

Die meisten Pflanzen wollen von oben gegossen werden

nen Pflanzenarten auf Dauer vertragen, hängt auch vom Substrat ab, in dem sie stehen. In sehr torfhaltiger, also saurer Erde wird der Kalk eine Zeitlang gebunden, ehe er auch dort zur Wirkung kommt; in einem sandhaltigen Substrat gibt es diesen Puffer nicht. Sogenannte Moorbeetpflanzen wie Zimmerazaleen, aber auch der heimische Sonnentau *(Drosera)* vertragen keinen Kalk. Tropische Waldpflanzen vertragen ebenfalls kein hartes Wasser, während beispielsweise die Palmlilie als eine der wenigen nichts gegen Kalk einzuwenden hat. Dagegen sind wiederum die meisten Steingartengewächse entgegen landläufiger Meinung eher kalkneutral als kalkliebend.

Ungeachtet dieser Einschränkungen kann als Faustregel gelten: Wasser bis 10° dH darf unbedenklich verwendet werden, zwischen 10 und 15° dH sollte man bereits Rücksicht auf kalkempfindliche Pflanzen nehmen, ab 15° dH muß entkalkt oder mit Regenwasser gemischt, das heißt der Kalkanteil gesenkt werden. Ob das Leitungswasser zur sauren oder zur alkalischen Seite hin tendiert, läßt sich übrigens auch mit Hilfe von Indikatorstäbchen oder Teststreifen (in Drogerie und Apotheke erhältlich) feststellen.

Was aber tun, wenn nur kalkhaltiges Gießwasser mit zu hohem Kalkgehalt zur Verfügung steht? Die bewährte Methode, auf gesammeltes Regenwasser zurückzugreifen, ist heute angesichts der Luftverschmutzung etwas in Verruf geraten. Zumindest in industriellen Ballungsgebieten sollte man deshalb mit dem Auffangen warten, bis das Hausdach eine Weile abgeregnet ist – vor allem nach längeren Trockenperioden. Wer nur wenige Pflanzen zu versorgen hat, kann die Wasserqualität verbessern, indem er ein poröses Säckchen mit 500 g Torf über Nacht in 10 l Wasser hängt. Nach zweimaligem Gebrauch ist der Torf auszuwechseln. Auch ein Abkochen des Wassers kann als Alternative erwogen werden; der Kalk setzt sich in Gefäß dann als Kesselstein ab. Eine andere Möglichkeit bietet der Gartenfachhandel mit Präparaten an, die der Wasserenthärtung dienen. Zu Schwefel- oder Oxalsäure als Mittel, das Wasser pflanzenverträglich zu machen, sollte der Laie wegen der Risiken nicht greifen. Auch der

Mit Teststäbchen kann der Kalkgehalt des Gießwassers bestimmt werden

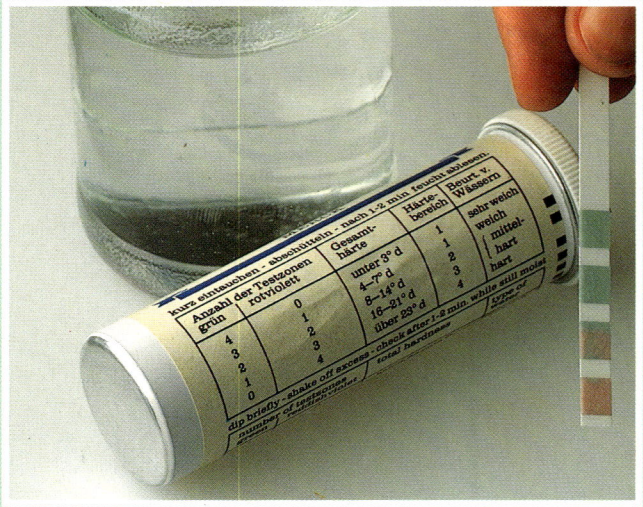

Zusatz von basisch wirkenden Düngern ist riskant, weil dadurch eine ausgeglichene Nährstoffversorgung mit möglichen unliebsamen Folgen für die Gewächse nicht gewährleistet ist. Es wäre falsch, ständig nur mit kalkfreiem Wasser zu gießen, weil die Pflanzen Kalzium für den Zellaufbau benötigen.

Die Frage, ob man von oben oder besser über den Untersetzer, also indirekt gießen soll, ist, trotz manchmal gegensätzlicher Auffassungen, eigentlich kein Streitpunkt. Nach weit verbreiteter Meinung sollen Alpen- und Usambaraveilchen nur von unten gegossen werden. Es ist aber egal, von welcher Seite her das Wasser an ihre Wurzeln gelangt. Nur besteht hier wie bei allen Pflanzen mit über den Topfrand wachsendem Laub oder fäulnisempfindlichen Knollen die Gefahr, daß beim Gießen von oben sich Wasser im Herz sammelt. Gießen über den Untersatz läßt Blätter, Knollen und Pflanzenmittelpunkt trocken. Bei kalkreichem Wasser kann beim Gießen von oben durch die Topferde unter Umständen eine gewisse Filterfunktion ausgeübt und die zu den Wurzeln gelangende Kalkmenge reduziert werden. Andererseits bleiben auch andere Nährstoffe hier hängen, die beim Gießen von unten durch die Saugwirkung der abgetrockneten Topferde auf direktem Wege in Wurzelnähe gelangen. Aber da wir es in unserem Wohnzimmer mit kleinen, rasch durchfeuchteten Gefäßen zu tun haben, bleibt es letztlich dem einzelnen überlassen, für welche Methode er sich entscheidet. In jedem Fall muß überschüssiges Wasser im Untersetzer nach spätestens einer Stunde weggeschüttet werden, um eine Vernässung zu vermeiden. Es hat sich vielfach bewährt, abwechselnd von oben beziehungsweise von unten zu gießen. Auf diese Weise wird der zusätzlichen Salzanreicherung im oberen Substratbereich, dort, wo das Wasser verdunstet, erfolgreich entgegengewirkt.

Sehr wichtig für das Pflanzengedeihen ist die Temperatur des Gießwassers. Sie sollte nicht zu starke Unterschiede zur Umgebungs- und damit zur Substrattemperatur aufweisen. Wasser aus der Leitung ist fast immer zu kalt, auch im Hochsommer. Am einfachsten ist es, stets eine gefüllte Kanne in Reserve zu haben, in der sich das Wasser langsam erwärmt. Außerdem verflüchtigt sich dabei Chlor, und geringe Mengen von Kalk setzen sich am Boden ab. Eine Wassertemperatur von 20°C ist ein guter Mittelwert, unter 15°C sollte die Temperatur nicht sinken, 25°C nicht übersteigen. Die häufig zu hörenden Hinweise auf zimmerwarm oder handwarm sagen zwar nichts Exaktes aus, aber man weiß, was damit gemeint ist. Mit einem Thermometer braucht also nicht hantiert zu werden. Die genannten Werte gelten übrigens auch für Zimmergewächse, die eine Ruhezeit durchmachen.

Was den Zeitpunkt des Gießens anbetrifft, so ist ein Wässern am Morgen besser als am Abend. Dadurch können die Pflanzen, deren Lebensprozesse während des Tages auf Hochtouren laufen, die im Wasser gelösten Nährstoffe in ihren Leitungsbahnen transportieren und die Feuchtigkeit verbrauchen. Bis zum Abend sind mögliche Überschüsse abgebaut und verdunstet, auch das Blattwerk ist dann trocken und pilzliche Krankheitserreger finden weniger Angriffsflächen. Im übrigen gilt für unsere Zimmerpflanzen, was auch für die Gewächse im Garten einschließlich des Rasens zutrifft: nie in voller Sonne die Blätter benetzen, um Blattverbrennungen zu vermeiden.

Schwieriger ist die Frage zu beantworten, wie oft man gießen soll. Es gibt keine Patentrezepte, hier ist im wahrsten Sinn des Wortes das Fingerspitzengefühl gefragt. Die Grenzen zwischen zu trocken und zu feucht sind fließend und werden nicht zuletzt durch die Bedürfnisse der einzelnen Gattungen und Arten bestimmt. Ständig nasse Topferde oder ein Dauerwasserbad im Untersetzer sind für die meisten Pflanzen tödlich. Nur ausgesprochene Sumpfbewohner machen hier eine Ausnahme, wie zum Beispiel das Zypergras oder die Sumpfcalla. Bei allen anderen gibt eine Fingerprobe am besten Auskunft über den Feuchtigkeitsgrad des Substrats, wobei zu bedenken ist, daß die oberste Erdschicht zwischen zwei Gießvorgängen stets abtrocknen sollte. Damit dieses Testergebnis nicht verfälscht wird, müssen die Wassergaben immer reichlich bemessen sein. Es ist besser, weniger oft, dafür aber durchdringend zu gießen als häufig nur wenig Wasser zu geben. Der Wurzelballen soll vom Gießwasser gleichmäßig durchfeuchtet werden.

Außerdem ist das Gießen von Jahreszeit, Wachstumsphase, Licht und Temperatur abhängig. Blühende Pflanzen und solche im vollen Wachstum reagieren empfindlicher auf Wassermangel als ruhende. Ist das Substrat sehr torfhaltig und durchlässig, muß man sich vor schneller Austrocknung hüten, ist es schwer und verdichtet – sowieso kein Idealzustand – droht die Gefahr der Vernässung. Pflanzen am warmen, hellen Platz brauchen mehr Wasser als dunkler und kühler gehaltene. Bei ihnen werden auch die meisten Gießfehler gemacht, weil unerfahrene Zimmergärtner häufig meinen, ein Zuviel sei nicht so schlimm wie ein Zuwenig. Das Gegenteil ist richtig. Eine kurzzeitige Durststrecke wird von den meisten Pflanzen überstanden, Wurzelfäule durch Übernässung dagegen führt zu schweren Schädigungen. In beiden Fällen ist die Nährstoffaufnahme unterbunden, das Schad-

Bei Trichterbromelien gießt man zusätzlich Wasser in die Zisterne, dem Dünger in schwacher Konzentration beigemischt wird

Braune Blattspitzen durch zu geringe Luftfeuchte

*Viele Pflanzen vertragen
ein direktes Besprühen*

*Bei empfindlichen Pflanzen
die Umgebung einnebeln*

bild der welkenden Pflanze identisch. Wenn der Wurzelballen wirklich einmal völlig ausgetrocknet ist, kann man versuchen, diese Unachtsamkeit durch ein Tauchbad der Pflanze mitsamt ihrem Gefäß zu korrigieren. In diesem Fall wartet man so lange, bis keine Luftblasen mehr aufsteigen, ein Zeichen dafür, daß das Substrat mit Wasser gesättigt ist. Bromelien dürfen nur mit kalkarmem, temperiertem Wasser gegossen werden, wobei das poröse, luftdurchlässige Substrat stets feucht sein sollte. Trichterbromelien, zum Beispiel *Neoregelia, Guzmania* und *Aechmea,* erhalten zusätzlich eine Wassergabe in die Zisterne der Blattrosette. Beigemischter Blumendünger in schwacher Konzentration wird ebenfalls über die Zisterne von der Pflanze aufgenommen. Graue Tillandsien, deren bekanntester Vertreter *Tillandsia usneoides,* das Louisiana-Moos, ist, nehmen Feuchtigkeit aus der Luft über ihre Saugschuppen auf und werden deshalb täglich besprüht. Sind sie am Epiphytenstamm so befestigt, daß man sie abnehmen kann, empfiehlt sich ein gelegentliches Tauchen in kalkarmes, temperiertes Wasser.

Es wurde schon darauf hingewiesen, daß die niedrige Luftfeuchtigkeit besonders im Winter vielen Zimmerpflanzen zu schaffen macht. Luftfeuchtigkeit und Temperatur stehen in Wechselwirkung zueinander. Je wärmer es ist, desto mehr nimmt der Wassergehalt der Atmosphäre ab, desto mehr Feuchtigkeit wird von den Pflanzen durch die Spaltöffnungen der Blätter verdunstet. Gleichzeitig nehmen sie weniger Kohlendioxyd aus der Luft auf, das Wachstum gerät ins Stokken. Nicht alle Gewächse reagieren gleich empfindlich auf niedrige Luftfeuchtigkeit. Kakteen beispielsweise (Ausnahme Blattkakteen) vertragen unsere trocken-warme Zimmerluft, ohne Schaden zu nehmen, weil sie auch an ihren natürlichen Standorten nichts anderes gewohnt sind; mit der Palmlilie verhält es sich ebenso. Gewächse, die aus der feuchtigkeitsgesättigten Atmosphäre des Tropenwaldes stammen, sind, werden mit diesen für sie unzulänglichen Lebensbedingungen ohne unsere Hilfe nicht fertig. Dazu gehören viele Orchideen und Bromelien, aber auch reizende kleine

Blattschönheiten, die in den feuchtwarmen Bodenregionen tropischer Wälder zu Hause sind. Ideale Bedingungen finden sie bei uns nur im geschlossenen Blumenfenster, in der Vitrine oder im Gewächshaus. Für den Zimmergärtner ist das wenig tröstlich, und er muß nach Wegen suchen, mit den bescheidenen, ihm zur Verfügung stehenden Mitteln, günstige Lebensbedingungen zu schaffen.

Wenn man bedenkt, daß in unseren geheizten Räumen die relative Luftfeuchtigkeit oftmals nicht mehr als 30 % beträgt, empfindliche Pflanzen aber zwischen 60 und 90 % benötigen, so ist das schon ein beachtlicher Unterschied. Mehrmaliges tägliches Besprühen der Pflanzen (temperiertes, kalkarmes Wasser verwenden) kann zwar die Luftfeuchtigkeit im Raum insgesamt nicht erhöhen, bedeutet aber für die Gewächse eine spürbare Erleichterung. Bei Pflanzen, die eine Benetzung der Blätter nicht vertragen, darf nicht direkt angesprüht werden. Diese Vorsichtsmaßnahme ist auch bei blühenden Pflanzen angebracht.

*Zur Erhöhung der
Luftfeuchtigkeit
stellt man die
Pflanzen in mit
Wasser und
Blähton gefüllte
Schalen*

Chlorose durch zu kalkhaltiges Gießwasser

Probleme und ihre Lösungen

braune, vertrocknete Flecken an Blättern und Trieben	Korkflecken durch zu hohe Luftfeuchtigkeit (vor allem in kühlen Räumen) oder unregelmäßiges Gießen
Blätter hellen sich auf und vergilben	Chlorose durch zu kalkhaltiges Gießwasser: Topfballen durchspülen; enthärtetes Wasser verwenden
braune Blattränder oder -verfärbungen	Staunässe; Erde abtrocknen lassen, weniger gießen
Blattfall	Gießfehler; Erde zu naß oder zu trocken; Substrat abtrocknen lassen beziehungsweise Pflanze tauchen
Blätter hängen schlaff herab	Wassermangel; Pflanze tauchen und künftig öfter gießen
Blüte bleibt stecken, Knospenfall	unregelmäßiges Gießen; Zustand der Topferde öfter überprüfen
Fäulnis am Stengelgrund	Vernässung; abtrocknen lassen, Gießen einschränken, eventuell nur noch über den Untersatz

Als günstig hat es sich in der Praxis erwiesen, die Töpfe auf eine wasserverdunstende Unterlage zu stellen: mit feuchtem Torf oder einem Tongranulat gefüllte Wannen, auch Untersetzer oder Schalen mit Wasser. Dabei müssen die Kulturtöpfe so stehen, daß sie mit der Flüssigkeit direkt nicht in Berührung kommen. Das verdunstende Wasser reichert zumindest in der unmittelbaren Umgebung die Luft mit Feuchtigkeit an. Wirkliche Abhilfe wird jedoch nur mit elektrischen Luftbefeuchtern erreicht. Sie werden in den verschiedensten Ausführungen im Gartenfachhandel als Verdunster, Zerstäuber oder Verdampfer angeboten, sind allerdings nicht gerade eine Zierde im Wohnzimmer und in der Wirkungsweise nicht gleichermaßen effektiv. Man sollte sich deshalb vor dem Kauf fachkundig beraten lassen oder, noch besser, einen erfahrenen Praktiker fragen.

Korkflecken durch zu hohe Luftfeuchtigkeit

Richtig düngen

Gottlob brauchen wir uns bei der Pflege unserer Zimmerpflanzen nicht auch noch mit dem Problem herumzuschlagen, ob wir sie nun biologisch oder auf herkömmliche Weise behandeln sollen. Diese Frage, bis zum heutigen Tag Gegenstand heftiger Diskussionen, erübrigt sich im Umgang mit Topfgewächsen. Im breiten Spektrum der manchmal recht schwierigen Pflegemaßnahmen bereitet die richtige Nährstoffversorgung die geringsten Probleme.

In der Regel genügt es schon zu wissen, wann und warum man die Düngung einschränken oder ganz einstellen muß. Vereinfacht ausgedrückt kann man die Düngepraxis der Zimmerpflanzen auf eine einfache Formel bringen: der Bedarf regelt die Nährstoffversorgung. Pflanzen, bei denen die Lebensprozesse während der Ruhezeit verlangsamt ablaufen, wüßten mit verstärkter Düngezufuhr nichts anzufangen, die Stoffe blieben ungenutzt in der Topferde liegen und würden hier nur zu einer steigenden und möglicherweise schädlichen Salzkonzentration führen. Pflanzen, die krank sind und bei denen die Kohlendioxyd-Assimilation infolgedessen stagniert, können den Dünger nicht verwerten. Das

Düngestäbchen steckt man einfach in die Erde. So ist die Nährstoffversorgung über mehrere Wochen gesichert

strittiges Problem, stellt sich heute nur noch bei Spezialkulturen wie Orchideen, Kakteen, Bromelien und einigen besonders kalkempfindlichen Moorbeetgewächsen. Um Eierschalenwasser, den berühmten Kupferpfennig, um Kaffeesatz oder Bierlaugen braucht sich heutzutage kein Zimmergärtner mehr Gedanken zu machen. Den letzten Schrei spektakulärer Sonderbehandlungen aus der Trickkiste, dem Gießwasser Antibabypillen zuzugeben, kann man getrost im Gruselkabinett selbsternannter „Experten" belassen.

Blumendünger, der alle notwendigen Nährstoffe in ausgewogener Abstimmung enthält, gibt es heute nicht nur im Fachgeschäft, auch im Laden um die Ecke zählt er im Sommer zum Standardsortiment. Zu den Hauptbestandteilen dieser Dünger gehören die Pflanzennährstoffe Stickstoff (N), Phosphor (P), Kalium (K) und häufig auch Magnesium (Mg) zur Förderung der Chlorophyllbildung, dazu Spurenelemente wie Eisen, Kupfer, Mangan. Angeboten werden sie in flüssiger Form oder als Pulver zum Auflösen in Wasser, als gekörntes Granulat oder als Festkörper in Form von Stäbchen, Kegeln oder Tabletten. Hinzu kommen die sogenannten Ionenaustauscher, die von den Pflanzen nicht benötigte, durch die Wurzeln ausgeschiedene Stoffe aufnehmen und dafür im Austausch Nährstoffe abgeben.

Generell sollte bei der Düngung beachtet werden: lieber zu schwach als zu stark konzentriert düngen, besser seltener als zu oft. Es ist auch besser, kleine, schwach dosierte Mengen häufiger zu geben als weniger oft und in hohen Konzentrationen. Anders als Licht- oder Wassermangel führt ein Defizit an Nährstoffen, Ausnahmen bestätigen die Regel, nicht so bald zu ernsthaften Schädigungen. Nach dem Umtopfen braucht in den ersten 6 bis 8 Wochen ohnehin nicht gedüngt zu werden, Fertigsubstrate enthalten für diesen Zeitraum genügend Nährstoffe. Bei gekauften Topfgewächsen kann man sich dagegen nicht immer darauf verlassen und sollte deshalb schon bald mit der Düngung auf oben beschriebene Weise beginnen.

gleiche gilt für Gewächse, deren Blattmasse sich durch Laubfall vermindert hat oder für solche, die durch Wurzelschädigungen an der Aufnahme von Nährstoffen gehindert sind. Der Umkehrschluß heißt folgerichtig: Pflanzen in vollem Wachstum, mit reichlich Blattwerk und/oder Blüten verbrauchen in dieser Zeit erhöhter Aktivität auch die meisten Nährstoffe. Da in unseren lichtarmen, winterlichen Wohnzimmern das gesamte Pflanzenleben mehr oder weniger auf Sparflamme abläuft, ergibt sich: Während des Sommers wird normal, im Winter weniger gedüngt. Die Frage, womit das geschieht, ein in früheren Zeiten durchaus aktuelles und

Mangelerscheinungen (von links): Stickstoff-, Phosphor-, Kaliummangel   *Magnesiummangel*

Für Orchideen, Kakteen, Bromelien und Moorbeetpflanzen gibt es Spezialdünger, die in ihrem Mischungsverhältnis auf die Bedürfnisse dieser Pflanzengruppen zugeschnitten sind. Meist ist bei ihnen der Stickstoffanteil zugunsten von Phosphor und Kalium herabgesetzt worden. Im Zweifelsfall kann auch hier der übliche Blumenvolldünger verwendet werden, der dann aber nur in sehr schwacher Konzentration – höchstens die Hälfte der vom Hersteller empfohlenen Menge – zu verabreichen ist. Dies gilt ebenso für junge oder kränkelnde Pflanzen. Auch in den Frühjahrswochen sollte erst allmählich mit der Nährstoffversorgung begonnen werden, bis die Pflanzen sichtbar zu wachsen beginnen.

Bei Pflanzen, deren Wurzeln geschädigt und daher nicht voll funktionstüchtig sind, kann man sich kurzzeitig mit einer Flüssigdüngung über die Blätter behelfen. Bei allen anderen Düngungen muß die Topferde vorher gut angefeuchtet werden, damit es nicht zu Verbrennungen der Wurzeln durch Salze kommt. Wurde aus Versehen einmal zu konzentriert gedüngt oder eine Zeitlang in zu kurzen Abständen, spült man die Topferde mit klarem Wasser durch. Diese Methode ist übrigens auch anzuwenden, wenn eine Kalkanreicherung durch zu hartes Wasser zu befürchten ist.

Durch einen Schnitt regt man die Pflanze zu neuem Austrieb an. Ein regelmäßiger Rückschnitt ist bei starkwüchsigen Pflanzen notwendig

Probleme und ihre Lösung

Pflanzen kränkeln, befinden sich in der Ruhezeit, oder es handelt sich um Jungpflanzen	schwächer und/oder seltener düngen
kein Spezialdünger für empfindliche Pflanzen zur Hand	Düngerkonzentration verringern, seltener düngen
Pflanzen haben Wurzelschäden	auf Blattdüngung ausweichen
zu hohe Düngerkonzentration in der Topferde vermutet	Wurzelballen mit klarem, enthärtetem Wasser mehrmals durchspülen

Rückschnitt und Formschnitt

Von der Möglichkeit, Wuchsform und Wachstum durch Schnittmaßnahmen zu beeinflussen, wird bei Zimmerpflanzen wenig Gebrauch gemacht. Wahrscheinlich, weil es sich um eine Kann-, nicht um eine Mußmaßnahme handelt. Dabei läßt sich durch einen richtig durchgeführten Schnitt mancher unansehnlich gewordenen Pflanze meist gut und schnell wieder auf die Sprünge helfen.

Der günstigste Zeitpunkt für den Rückschnitt ist nach der Ruheperiode oder nach dem Abblühen. Bei Pflanzen, die aus dem Winterquartier kommen, kann man den Schnitt etwa 2 Wochen vor dem Umtopfen vornehmen. Eine Kombination beider Maßnahmen ist nicht zu empfehlen, weil sowohl die eine wie auch die andere die Entwicklung der Pflanzen zunächst unterbricht. Der Sinn eines Rückschnitts ist es, zu sparrig wachsende Pflanzen zur Bildung von Neutrieben und damit zu einem buschigeren Wuchs anzuregen beziehungsweise zu dichte, nach innen wachsende oder sich überkreuzende Triebe auszulichten. Um nicht schon bald erneut mit einem unordentlichen Zweiggewirr konfrontiert zu werden, schneidet man stets dicht über einer Knospe (Auge) ab, die nach außen weist. Die Schnittwerkzeuge müssen scharf sein, damit es keine Quetschungen gibt. Schnittstellen bei Milchsaft absondernden Euphorbien kann man vorsichtig mit einem Streichholz abbrennen. Größere Schnittwunden an anderen Pflanzen können mit Holzkohlepulver eingepudert werden. Dadurch wird die Gefahr einer Pilzinfektion an der Schnittstelle gemindert.

Ein starker Rückschnitt wird beispielsweise von *Passiflora*, *Dipladenia* und *Beloperone* gut vertragen. Schönmalve, Topfrose, Hibiskus, Oleander und manchmal auch die Zimmerlinde müssen von Zeit zu Zeit mit der Rosenschere in Form gebracht werden. Auch überalterte Pflanzen kann man durch vorsichtige Schnittmaßnahmen zur Bildung neuer Triebe anregen und sie damit einer Verjüngungskur unterziehen.

Vor dem Umtopfen muß die Pflanze gründlich gewässert werden – durch Tauchen oder gründliches Gießen

Im neuen Topf legt man über das Abzugsloch umgekehrt eine Tonscherbe und füllt Erde ein

Zum Austopfen legt man eine Hand auf die Topfoberfläche und stößt den Topf gegen eine feste Unterlage

Nach dem Eintopfen die restliche Erde auffüllen – Gießrand nicht vergessen – und kräftig angießen

Umtopfen

Auch für diese Pflegemaßnahme lassen sich keine festen Regeln aufstellen. Generell kann gelten, daß junge, im Wachstum befindliche Pflanzen öfter das Gefäß wechseln müssen als ältere. Aber auch hier gibt es Sonderfälle. *Datura suaveolens* beispielsweise blüht ungeachtet ihres Alters desto reicher, je mehr Erde sie um die Wurzeln hat. Man sollte ihr deshalb von Anfang an immer das größtmögliche Gefäß geben oder, noch besser, den Strauch im Sommer frei auspflanzen. Das Abstechen des Wurzelballens beim Herausnehmen im Herbst schadet dieser robusten Südamerikanerin überhaupt nicht. Anders *Yucca elephantipes*, die stammbildende Riesenpalmlilie; obgleich immer wieder zu lesen ist, diese mehrere Meter hoch werdenden Dekorationsstücke sollten

Hier ist ein Umtopfen noch nicht notwendig

Hier muß so schnell wie möglich umgetopft werden

alle zwei Jahre einen größeren Topf bekommen, hat die Praxis gezeigt, daß auch ein stets gleichbleibend kleines Gefäß die Wuchsfreudigkeit – leider – nicht zu bremsen vermag. Doch das sind Ausnahmen. Bei Palmen, einigen Drazänen und bei der Grünlilie ist das Bedürfnis nach einem größeren Topf nicht zu übersehen. Der zunehmende Wurzelfilz drückt die Pflanzen nach oben aus dem alten Behälter heraus. Bei den anderen Dauergästen des Wohnzimmers kann man sich, sofern nicht nachlassende Blühwilligkeit oder Kümmerwuchs von selbst Signale setzen, durch einen Blick auf das Wurzelgeflecht beim Herausnehmen aus dem Topf von der Notwendigkeit eines Umtopfens überzeugen. Sieht man vor lauter Wurzeln keinen Krümel Erde mehr, ist es höchste Zeit dafür.

Auch eine flüchtige Kontrolle des Substrats vermag Aufschluß zu geben. Irgendwann einmal ist nämlich selbst die beste Erde verbraucht, das heißt mit Düngesalzen angereichert, übersäuert, verdichtet und verkrustet, grau anstelle von braun oder schwarz. Der Zustand der Wurzeln zeigt derartige Mängel an. Statt braun oder hell und innen saftigweiß sind sie schwarz, vertrocknet oder gar faulig, der Boden riecht unangenehm modrig statt frisch-erdig. Handelt es sich nur um Platzmangel eines ansonsten intakten Wurzelwerks, sollte beim Herausnehmen aus dem alten Topf nichts weiter an diesen unterirdischen Versorgungsorganen getan werden. So wie er ist, kommt der Ballen in der Regel dann in ein um 2 bis 3 cm größeres Gefäß. Damit dieser Umzug möglichst glatt über die Bühne geht, sollte die umzutopfende Pflanze einen Tag zuvor durchdringend gewässert werden. Abgestorbene Wurzeln schneidet man mit einer Schere oder kneift sie mit den Fingerspitzen ab. Verkrustete, harte Erde läßt sich – mit den Fingern, dem Löffelstiel oder einem anderen schmalen Gegenstand – vorsichtig vom Wurzelgeflecht ablösen. Im neuen, größeren Gefäß soll die Pflanze genauso hoch stehen wie im alten. Tonscherbe über dem Wasserabzugsloch nicht vergessen! Auf den Boden und zwischen Ballen und Gefäßrand kommt dann neue, frische Erde, aber nur so hoch, daß ein ausreichender Gießrand von 0,5 bis 1 cm bleibt. Nach dem Auffüllen muß angegossen werden, damit die neue Erde sich setzt und keine Hohlräume entstehen. Nach dem Umtopfen wird zunächst wenig gewässert und gedüngt, um die Wurzeln zu neuem Wachstum anzuregen. Erst 2 bis 4 Wochen danach setzt dann die Pflege wie gewohnt wieder ein. Um die Verdunstung zu vermindern und den neuen Start zu erleichtern, kann man die Pflanze einige Tage in durchsichtige Plastikfolie hüllen. Das ist besonders dann von Vorteil, wenn das Wurzelwerk dezimiert wurde und ein Ungleichgewicht zwischen den unterirdischen Organen und dem Blattwerk besteht. Dem gleichen Zweck dient ein leichter Rückschnitt, der die Ausgewogenheit wieder herstellt.

Im vollen Wachstum befindliche Pflanzen, die frisch aus der Gärtnerei oder dem Blumengeschäft kommen, wird man in den meisten Fällen schon recht bald ein neues Gefäß geben müssen, da sie aus Platzersparnis meist in zu kleinen Töpfen stehen, die Nährstoffreserven sind schnell aufgebraucht. Daß die Pflanzen dennoch gesund aussehen und sich – sofern der Schein nicht trügt – in bestem Zustand befinden, liegt an den optimalen Bedingungen, die der Erwerbsgartenbau zu bieten vermag. Licht, Luftfeuchte, Bewässerung und Temperatur sind so aufeinander abgestimmt, daß die Pflanze alles vorfindet, was sie braucht.

Zimmerpflanzen im Urlaub

Nicht nur bei sensiblen Pflanzen mit speziellen Ansprüchen, sondern auch bei anspruchslosen Arten muß während einer längeren Abwesenheit die Versorgung sichergestellt sein. Versorgung steht in diesem Fall für ausreichend Feuchtigkeit. Von vollautomatischen, elektronisch gesteuerten Tröpfchenbewässerungs-Systemen soll hier nicht die Rede sein. Geschickte Bastler und Tüftler könnten sich eine derartige Anlage aus den entsprechenden Einzelteilen wahrscheinlich selbst zusammenbauen. Ob das Vertrauen in die Technik allerdings so weit geht, daß man dann wirklich beruhigt für mehrere Wochen verreisen kann, sei dahingestellt. Aber auch wenn man zu einfacheren und in der Vergangenheit durchaus bewährten Methoden greift, sind Schädigungen der Pflanzen während der Abwesenheit nie ganz auszuschließen.

Am bekanntesten und seit altersher praktiziert ist der Wollfaden als Wasserträger. Aus einem erhöht aufgestellten Wasserbehälter führen Wollfäden in die Topferde der zu versorgenden Gewächse. Wer auf die Kapillarfähigkeit der Fäden, also dem Aufsteigen von Wasser in feinen Röhren vertraut, braucht für den Wasserbehälter nicht einmal einen erhöhten Stand. Sicherer ist er allemal. Wieviel Wasser transportiert wird, hängt von der Dicke des Trägers ab. Auf demselben

Prinzip basiert die Wasserversorgung mit Saugdochten. Für das Do-it-yourself-Verfahren reicht ein Eimer oder ein anderes größeres Gefäß aus, über dem auf quergelegten Holzlatten der Blumentopf steht. Der über das Abzugsloch in die Topferde eingeführte Saugdocht muß bis auf den Boden des Wasserreservoirs reichen. Auch größere Wannen, notfalls sogar die Badewanne, lassen sich für die Blumenpflege zweckentfremden. Werden sie soweit mit feuchtem Torf gefüllt, daß sich die Töpfe bis zum Rand einfüttern lassen, sind die Gewächse für einige Zeit vor dem Vertrocknen bewahrt. Das funktioniert freilich nur mit den porösen Tontöpfen, bei Plastikgefäßen müssen die Pflanzen vorher ausgetopft werden. Und das wiederum geht nur bei solchen mit einem fest durchwurzelten Ballen. Anstelle von Torf kann natürlich auch ein Tongranulat verwendet werden, was allerdings bei einer größeren Anzahl von Pflanzen ins Geld geht.

Dieser Materialaufwand läßt sich beträchtlich – um ein Drittel bis um die Hälfte – verringern, wenn man umgedrehte Tontöpfe in die Wanne stellt und dann erst das Granulat so weit auffüllt, daß sich über den Topfböden noch einige Zentimeter davon befinden. Nun werden die ausgetopften Pflanzen auf diese Schicht gesetzt, und das Ganze wird mit dem Tongranulat aufgefüllt, bis die Ballen davon umgeben und bedeckt sind. Schließlich ist Wasser aufzufüllen, und zwar soviel, daß sich der Wasserstand etwa 5 cm unter der Granulatschicht befindet. Die Wannen sollte man vorher mit Plastikfolie auslegen.

Ein einfaches Bewässerungssystem stellt der Wollfaden dar. Das eine Ende wird in den Wurzelbereich geführt, das andere in einen Wasserbehälter

Wer einen Garten besitzt, kann im Sommer seine weniger empfindlichen Zimmerpflanzen dort an einem geschützten, schattigen Platz mitsamt Topf bis zum Rand in die Erde eingraben. Nachdem das Topfsubstrat vorher durchdringend gewässert wurde, deckt man den Boden zusätzlich noch mit organischem Material wie Laub, Grasschnitt oder anderen Pflanzenresten ab, was die Verdunstung zusätzlich herabsetzt. Auch im Zimmer ist übrigens ein Schattenplatz Voraussetzung für einen längeren Pflanzenaufenthalt ohne Pfleger. Selbst sonnenhungrige Gewächse müssen einen derartigen Ortswechsel hinnehmen.

Neben diesen Hausmitteln gibt es immer wieder neue technische Hilfsmittel, mit denen die Durststrecke unserer Zimmerpflanzen verkürzt werden kann: dünne Schläuche, die das Wasser über Tonzylinder an die Topferde abgeben, spezielle Bewässerungstöpfe oder schließlich die altbekannten Gefäße mit eingebautem Wasserreservoir. Wir müssen uns bei alldem im klaren darüber sein, daß es sich immer nur um einen Notbehelf handelt, der die Pflanzen bestenfalls vor dem Vertrocknen bewahrt, sachkundige tägliche Hilfe aber nicht ersetzen kann. Wer einen Gärtner zum Freund hat, findet vielleicht in dessen Glashaus einen Platz für seine grüne Gesellschaft. Gartenbaubetriebe waren bisher nur selten zur Pflege fremder Pflanzen bereit, weil sie eingeschleppte Krankheiten fürchten, individuelle Behandlung nicht garantieren können und die Schadensregelung bei einem Totalverlust stets unerfreulich und schwierig ist. Jahrelang liebevoll umhegte Gewächse haben ja für den Besitzer einen Wert, der sich in Mark und Pfennig nicht ausdrücken läßt.

Topf mit Bewässerungstank

Wer einen Garten hat, kann seine Pflanzen in Tontöpfen eingraben. Durch die poröse Topfwand wird genug Feuchtigkeit aufgenommen

Warum blüht meine Pflanze nicht?

Wenn sich der Flor einer Pflanze nicht so entwickelt, wie man es erwartet, wird sie allgemein als blühfaul bezeichnet. Jedermann weiß, was damit gemeint ist, aber kaum jemand macht sich klar, daß den Gewächsen damit eine Eigenschaft zugesprochen wird, die sie gar nicht haben, nicht haben können. Die Blütenbildung ist genetisch – also durch die Erbanlagen – festgelegt. Die Arterhaltung im Pflanzen- wie im Tierreich spielt eine wichtige Rolle. Wir können bei manchen Gewächsen sogar das Phänomen einer Notblüte erleben als Versuch, allen widrigen Umständen zum Trotz und manchmal zur Unzeit doch noch einen Weiterbestand der Art zu erzwingen.

Wenn Pflanzen also gar nicht blühen, hat das stets einen sehr handfesten Grund – der allerdings auch artspezifisch sein kann. Bei den Lang- und Kurztagpflanzen wurde bereits auf die Lichtdauer und -menge als Blühimpuls hingewiesen. Bei tagneutralen Pflanzen ist es meist mangelnde Helligkeit, die einen vollen Flor verhindert. Helligkeit bedeutet nicht unbedingt direkte Sonne, sondern eine möglichst große Licht-

Bromelien mit einer gewissen Größe werden einige Tage mit Äpfeln in einen Folienbeutel eingeschlossen. Die Äpfel geben Äthylengas ab, was die Blütenbildung anregt

menge, die der Pflanze zur Verfügung steht. Man spricht in diesem Zusammenhang auch von Lichtausbeute. Ein weiterer Grund für ausbleibendes Blühen sind unzureichende Temperaturverhältnisse. Während beispielsweise die Kamelie gleichbleibende Wärme über 15°C braucht, benötigen andere Pflanzen vor oder während der Blühphase weniger Wärme als gewöhnlich. Die wärmeliebende Flamingoblume *(Anthurium)* will mindestens 1 Monat lang bei 15°C stehen, damit sie zur vollen Blüte kommt. Von den meisten Kakteen ist bekannt, daß sie nur blühen, wenn die winterlichen Temperaturen nicht wesentlich über 10°C lagen. Dasselbe gilt für die Klivie, bei der allerdings 1 Monat mit Temperaturen um 10°C ausreicht.

Es ist die Ausnahme, daß man mit gezielten Nährstoffgaben die Blütenbildung beeinflussen kann. Wenn die Entstehung der Blüten nicht durch äußere Einflüsse wie Licht und Temperatur ausgelöst wird, hat der Gärtner kaum eine Einflußmöglichkeit. Es nützt nichts, den für das Wachstum von Trieben und Blättern benötigten Stickstoff zu reduzieren und vermehrt den für die Blütenbildung wichtigen Phosphor zu geben.

Bleibt bei einem Gewächs die ersehnte Blüte aus, ohne daß Krankheiten oder Schädlinge festzustellen sind, sollte man die Ansprüche und die Pflegemaßnahmen Punkt für Punkt überprüfen. Sind die Wünsche der betreffenden Pflanze festgestellt, vergleicht man sie mit den tatsächlichen Gegebenheiten: Winterstandort und -temperatur, Licht und Feuchtigkeit, Luftfeuchte und Ernährung. Wer bestimmte Gewächse durch Stecklinge selbst vermehrt, sollte in jedem Fall darauf achten, nur reich blühende, gesunde Mutterpflanzen zu verwenden.

Pflanzenkinderstube

Die meiste Freude bereiten Pflanzen, die man selber aus einem Samenkorn oder einem Steckling großgezogen hat. Das ist nicht besonders schwer, wenn man die Voraussetzungen für eine erfolgreiche Jungpflanzenanzucht kennt und einige Regeln beachtet. In den Portionstütchen des Samenhandels schlummern heute Schätze – von denen man früher nur träumen konnte –, die unter günstigen Bedingungen willig keimen und eines Tages ihre ganze Pracht entfalten. Später können sie ihrerseits als Stecklingslieferant dazu dienen, eine weitere Generation völlig identischer Nachkommen hervorzubringen. Bei manchen Gewächsen, die schnell altern und dann nach nichts mehr aussehen, ist fortlaufende Anzucht neuer Pflanzen die einzige Möglichkeit, sich ohne Unterbrechung an ihnen zu erfreuen.

Anzucht aus Samen

Während in früheren Zeiten die Anzucht von Zimmerpflanzen aus Samen vom Laien nur selten praktiziert wurde, ist das heute kaum ein Problem mehr. Das liegt nicht nur daran, daß wir uns das nötige Zubehör wie Anzuchtschalen, Torfquelltöpfe, Abdeckungen aus Glas oder Folie und fertige Anzuchterde überall kaufen können. Auch Saatgut exotischer Topfpflanzen wird im Fachhandel, Gartencenter, Supermarkt oder Kaufhaus angeboten. Man ist also nicht mehr ausschließlich auf teilweise doch recht teure Pflanzen aus dem Blumengeschäft oder der Zierpflanzengärtnerei angewiesen. Vom Alpenveilchen bis zum Zypergras reicht die Palette, und dazwischen liegen so attraktive Gewächse wie Banane, Eukalyptus, Datura, Echter Papyrus, Passionsblume und Palmen. Kakteen, meist in Mischungen, gibt es im Samentütchen ebenso wie Baumsamen für die eigene Bonsai-Kultur. Kaffeebaum und Baumwolle als tropische Nutzpflanzen sind gleichfalls vertreten.

Die günstigsten Zeiten für die Pflanzenvermehrung sind Frühjahr und Sommer. Licht und Wärme stehen dann in ausreichendem Maße zur Verfügung. Die Jungpflanzen haben Zeit – vor dem immer etwas problematischen Winter – sich zu kräftigen Pflanzen zu entwickeln und die kalte Jahreszeit unbeschadet zu überstehen. Wer über einen beheizten Anzuchtkasten, Kunstlicht und die Möglichkeit der Luftbefeuchtung verfügt, kann auch in den Wintermonaten aussäen. Doch der Hobbygärtner ist im allgemeinen nicht dazu gezwungen, sich in dieses risikoreiche Abenteuer zu stürzen. Als Aussaatgefäße kann man spezielle Saatschalen verwenden, es geht aber auch in größeren Pflanzgefäßen wie Blumenampeln oder einfach im Blumentopf. Die Erde läßt sich aus gesiebtem Sand und Torf zu gleichen Teilen selber mischen. Fertiges Anzuchtsubstrat wie zum Beispiel TKS 1 ist vorzuziehen, das es im Fachhandel überall in kleinen Packungen zu kaufen gibt. Damit wird das Aussaatgefäß fast randvoll gefüllt und die Erde anschließend leicht angedrückt. Sehr feinen Samen wie den von Begonien und Lichtkeimern (zum Beispiel Kakteen, Fleißiges Lieschen oder Flammendes Käthchen) streut man auf das Substrat, so daß die Körner ohne Bedeckung frei liegen. Hier ist es besser, zur Befeuchtung nicht die Blumenspritze oder eine Gießkanne mit Haarsieb zu verwenden, sondern das ganze Gefäß in eine Schüssel mit Wasser zu setzen, damit die Erde von unten

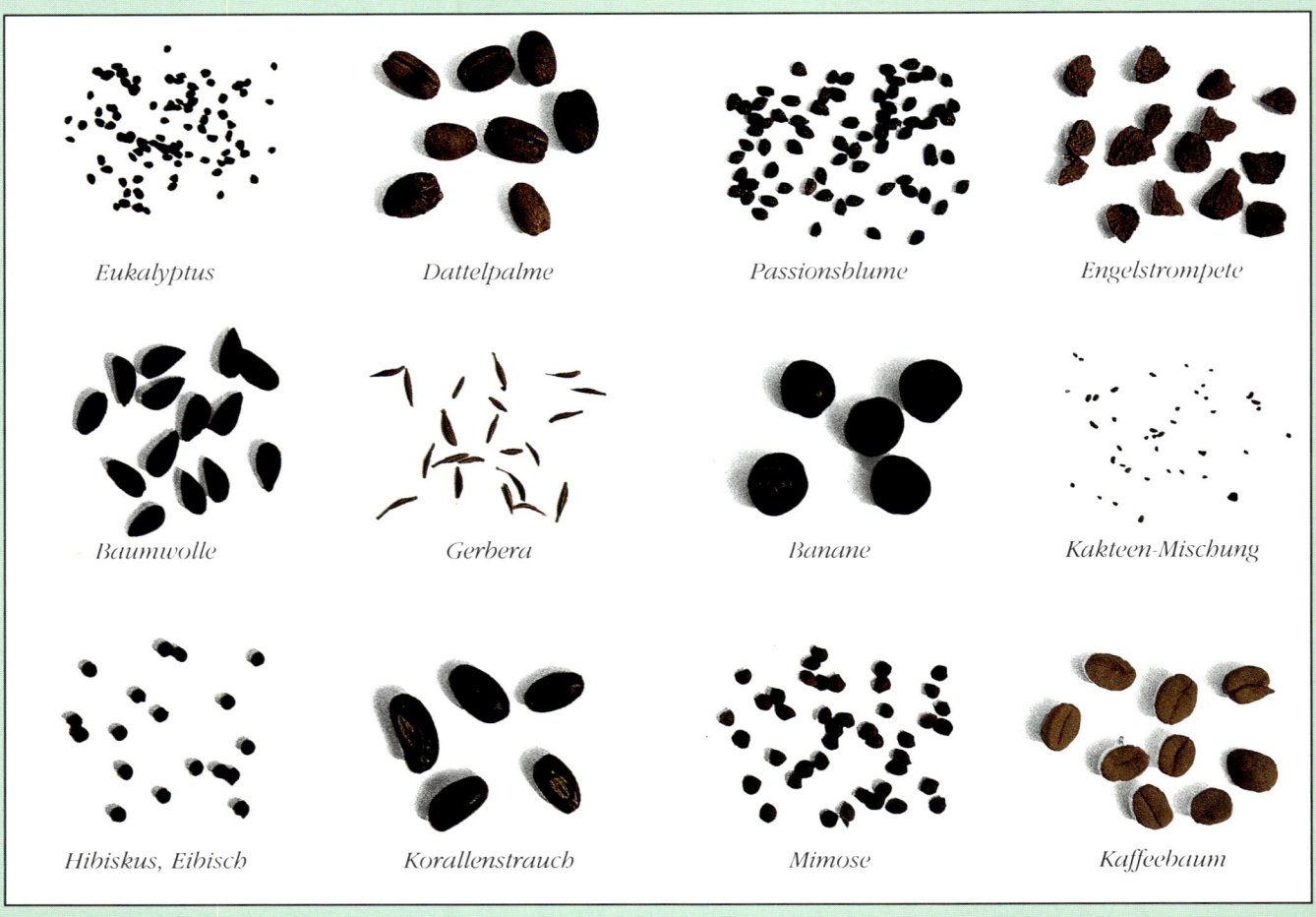

Eukalyptus

Dattelpalme

Passionsblume

Engelstrompete

Baumwolle

Gerbera

Banane

Kakteen-Mischung

Hibiskus, Eibisch

Korallenstrauch

Mimose

Kaffeebaum

Aussaat: Der Samen wird gleichmäßig in die mit Erde gefüllte Saatschale gestreut

Das Saatgut wird gleichmäßig mit einer dünnen Schicht Erde abgedeckt, angedrückt und gewässert

Sobald sich die ersten Blätter gebildet haben, werden die Pflanzen auseinandergepflanzt (pikiert)

Feuchtigkeit aufnimmt. Durch Gießen könnten die feinen Körner abgeschwemmt werden und unter die Erde geraten. Samen von Dunkelkeimern und lichtneutralen Pflanzen drückt man, wenn sie groß genug dafür sind, einzeln in die Erde, oder man siebt eine dünne Schicht des Anzuchtsubstrats über die Samenkörner. Alpenveilchen als ausgeprägte Dunkelkeimer werden, ähnlich wie Gartenstiefmütterchen, bis zum Aufgehen sicherheitshalber zusätzlich mit schwarzer Folie vor Lichteinfall geschützt. Für alle Anzuchten gilt die Regel, daß sie nach dem Aufgehen hell, aber nicht sonnig stehen dürfen.

Damit die Feuchtigkeit des Substrats nicht so schnell verdunstet, sollte das Aussaatgefäß bis zur Keimung mit Klarsichtfolie oder einer Glasscheibe abgedeckt werden. Ist der Keimvorgang wegen Austrocknung einmal unterbrochen, läßt er sich durch nichts wieder in Gang bringen. Es kann übrigens unterschiedlich lange dauern, bis sich die Samenkörner zu regen beginnen, bei einigen Pflanzen Monate oder gar Jahre. Zu den Langsamkeimern zählt beispielsweise die Kranzschlinge *(Stephanotis)*, Palmensamen können sogar 1 Jahr und länger brauchen.

Auch die Keimfähigkeit des jeweiligen Saatguts spielt eine Rolle. Längst nicht jedes Korn, das ausgesät wurde, geht auch auf. Der Prozentsatz ist bei den einzelnen Gattungen, Arten, sogar innerhalb von Sorten unterschiedlich. Und schließlich mindert auch das Alter die Keimkraft. Samen, der schon mehrere Jahre alt ist, sollte man nicht mehr allzuviel zutrauen. Hier empfiehlt sich vor der Aussaat eine Keimprobe. Dazu legt man 10 oder mehr Samenkörner auf ein feuchtes Tuch (Fließpapier oder Papiertaschentuch) in eine Schale und wartet ab, wie viele Samen zu keimen beginnen. Danach läßt sich abschätzen, ob eine Aussaat noch lohnenswert ist. Bei festverschweißten Keimschutzpackungen ist das Verfalldatum aufgedruckt.

Ein wichtiger Faktor bei der Keimung ist die Temperatur des Substrats. Für die meisten Pflanzen genügen etwa 20 °C, bei geringeren Temperaturen dauert es länger. Manche Exoten brauchen höhere Keimtemperaturen, um 25 °C und darüber. Bei ihnen ist eine verläßliche Anzucht nur im beheizten Vermehrungsbeet möglich. Derartige Beete gibt es heute in verschiedenen Ausführungen bis hin zur großen Vitrine mit Boden- und Raumtemperierung und Ventilator. Für den Hausgebrauch tut es eine kleine Anzuchtschale mit Bodenheizung und Plastikhaube. Sobald sich das erste Grün zeigt, muß die Abdeckung vor allem über Mittag, zunächst aber nur kurzzeitig, entfernt werden. Glasscheiben werden durch kleine Hölzchen zum Lüften angehoben.

Mit dem Auseinanderpflanzen, dem Pikieren, beginnt für die kleinen Gewächse sozusagen der Ernst des Lebens. Sobald sich die ersten Blättchen ausgebildet haben, hebt man sie mit einem zugespitzten Hölzchen oder Ähnlichem vorsichtig aus der Erde und setzt sie einzeln in Töpfen um. Es läßt sich auch eine Zwischenstation in einer weiteren Schale einschieben, in der die Jungpflanzen dann in gebührendem Abstand nebeneinander stehen, bis sie weiter herangewachsen sind und endgültig in ihr Einzelgefäß kommen. Stets gilt, daß die Pflanzen im neuen Quartier ebenso tief in die Erde gesetzt werden, wie sie vorher standen. Die Entwicklung der frisch pikierten Pflänzchen wird gefördert, wenn man ihnen anfangs einen Verdunstungsschutz aus Glas oder Folie gibt. Werden größere Körner einzeln in Torf- oder Torfquelltöpfe gesät, braucht nicht pikiert zu werden. Die Pflanze kommt dann mitsamt dem Anzuchtgefäß in den ihr zugedachten endgültigen Behälter.

Vegetative Vermehrung

Teilung

Teilen ist die einfachste Art der ungeschlechtlichen (vegetativen) Vermehrung bei einer Reihe von Zimmerpflanzen. Dazu gehören unter anderem Schusterpalme, Zierspargel, Zypergras, Bubiköpfchen, Sanseverie, Zimmerhafer und einige Farne. Auch Marantengewächse lassen sich auf diese Weise vermehren, allerdings wird man hier wegen der ziemlich empfindlichen Wurzeln zunächst Lehrgeld zahlen müssen. Beim Zierspargel hingegen ist die Sache ganz einfach: Mit einem scharfen, großen Küchenmesser wird der Ballen halbiert oder, wenn er sehr groß sein sollte, in mehrere Stücke zerlegt.

Üblicherweise wird die zu teilende Pflanze aus dem Topf genommen und vorsichtig mit den Händen auseinandergezogen. Es ist immer darauf zu achten, daß jedes Teilstück genügend Wurzelwerk behält und ihm wenigstens ein Trieb mit mehreren Blättern bleibt. Beim Teilen von Knollen muß jedes Stück wenigstens ein Auge (Knospe) besitzen. Bei Kakteen und anderen Sukkulenten schneidet man die Seitensprosse ab. Sie bleiben einige Tage zum Abtrocknen der Wunde liegen, ehe sie eingetopft werden. Vorsicht beim notwendigen Angießen! Das dezimierte Wurzelsystem kann noch nicht viel Wasser aufnehmen, so daß es leicht zu Vernässung und Fäulnis kommt. Die beste Zeit für das Teilen sind Frühjahr – eventuell zusammen mit dem Umtopfen – und Sommer.

Kakteen können durch Seitensprosse vermehrt werden; vor dem Eintopfen Wunde trocknen lassen

Teilung

Kindelbildung bei Bromelien   Ableger beim Judenbart

Ableger, Ausläufer und Brutpflanzen

Unter Ablegern versteht man Seitensprosse der Mutterpflanze mit eigenständigen, bewurzelten Jungpflanzen. Man braucht diese Kindel nur abzutrennen und kann sie sofort an einem passenden Platz weiterwachsen lassen. Bei Bromelien stirbt die Altpflanze nach der Blüte ab, hat aber zwischenzeitlich durch die Bildung von Kindeln für die Arterhaltung gesorgt.

Ausläufer kennen wir zum Beispiel bei der Grünlilie *Chlorophytum comosum* oder dem Judenbart *Saxifraga stolonifera*. Bei letzterem sind die Ausläufer oder Stolonen sogar Bestandteil des Namens geworden: stolonifera. Hier wachsen die Jungpflanzen aus den Knospen der langen Sproßachsen hervor, was gerade beim Judenbart den besonderen Reiz der Pflanze ausmacht. Es empfiehlt sich, mit dem Abnehmen der Jungpflanzen zu warten, bis sie kleine Würzelchen gebildet haben. Beim Einpflanzen in Anzuchterde oder in ein Torf-Sand-Gemisch sollte mit einer Plastikhaube zugedeckt werden, um die Verdunstung herabzusetzen. Denn Wurzelwerk und Blattmasse befinden sich anfangs noch in einem Mißverhältnis. Vom Erdbeerbeet im Garten sind uns derartige Ausläufer gut bekannt.

Eine dritte Art der vegetativen „Selbstvermehrung" ist die Bildung von Brutpflanzen bei den sogenannten lebendgebärenden Gewächsen. In der Zimmerkultur kennen wir das vom Brutblatt *(Bryophyllum daigremontianum)* und von der Henne mit Küken *(Tolmiea menziesii)*. Die winzigen Tochterpflänzchen sitzen beim Brutblatt an den Blatträndern der Mutterpflanze, bei der *Tolmiea* entwickeln sie sich an der Verbindungsstelle zwischen Blattstiel und Blatt. Während man die Winzlinge beim *Bryophyllum* einfach abstreift und auf feuchte Erde legt, knipst man bei *Tolmiea* ein Blatt mit Tochterpflanze ab und steckt den anhaftenden Blattstiel soweit in die Erde des neuen Topfs, daß das Jungpflänzchen damit in Berührung kommt. Bald darauf hat es neue Wurzeln gebildet.

Brutpflanzen

Absenker

Absenker

Bei Gewächsen mit langen Trieben – zum Beispiel Efeu, Kletterfeige oder Kolumnee – kann man Jungpflanzen auch durch sogenannte Absenker gewinnen. Im Garten praktizieren wir diese Methode unter anderem bei *Rhododendron* oder *Clematis*. Bei Zimmerpflanzen muß man den Trieb über einen mit Erde gefüllten Topf führen, ihn dort mit Substrat bedecken oder in die Erde hineindrücken und mit einer auseinandergebogenen Büroklammer festhalten. Die Bewurzelung erfolgt immer an den Blattknoten. Haben sich Wurzeln gebildet und beginnt die kleine Pflanze zu wachsen, trennt man den Trieb von der Mutterpflanze ab.

Brutzwiebeln

Bei einigen Zwiebelblumen wie zum Beispiel dem Ritterstern (Amaryllis) entwickeln sich im Lauf der Vegetationsperiode an der Mutterzwiebel kleine Brutzwiebeln, die man

gut für eine Vermehrung verwenden kann. Man löst sie beim Eintopfen der Amaryllis im Dezember von der Mutterzwiebel ab und pflanzt sie bei möglichst hoher Bodenwärme und Plastik- oder Glasabdeckung in einen separaten Topf. Bis zur Blühreife dieser Zwiebeln können allerdings einige Jahre vergehen.

Abmoosen

Diese Vermehrungsmethode empfiehlt sich vor allem bei Zimmergewächsen, die zu groß geworden sind, und kann bei vielen verholzenden Pflanzen vorgenommen werden. Klassisches Beispiel ist der mächtige Gummibaum, der zu verkahlen beginnt, weil sich die oberen Teile im Schatten befinden. Die Praxis des Abmoosens ist recht einfach. Unterhalb eines Blattknotens wird zunächst mit einem scharfen Messer der Stamm bis etwa zur Hälfte eingeschnitten. Damit sich diese Stelle nicht wieder schließt, klemmt man ein Steinchen oder Plastikstück dazwischen.

Abmoosen: 1. Der Stamm wird bis zur Hälfte eingeschnitten und die Schnittstelle mit einem Stein oder Holzstück offengehalten. 2. Man legt eine Plastiktüte um die Schnittstelle und bindet sie unterhalb fest. 3. Nun wird feuchter Torf oder Sphagnum eingefüllt und die Tüte oben festgebunden. 4. Wenn sich genügend Wurzeln gebildet haben, schneidet man den Stamm ab und topft ihn ein

Brutzwiebeln

Kopfstecklinge: 1. Für die Stecklingsvermehrung eignen sich am besten halbverholzte Triebe, die man in einer Länge von etwa 10 cm direkt unterhalb eines Blattknotens schneidet. 2. Die unteren Blätter werden entfernt. Den Steckling taucht man in Bewurzelungshormon, damit sich schneller Wurzeln bilden. 3. Die Stecklinge werden in ein Torf-Sand-Gemisch oder in Anzuchterde gesteckt und abgedeckt

Anschließend wird eine Plastikfolie um die Schnittstelle gelegt, unterhalb davon am Stamm festgebunden und mit feuchtem Sphagnum oder Torf gefüllt. Um die Austrocknung des Substrats zu vermindern, wird die Manschette oben zusätzlich locker zusammengebunden. Haben sich genügend Wurzeln an der Schnittstelle gebildet, wird das obere Triebende abgetrennt und eingetopft. Während der Anwachsphase empfiehlt es sich, für eine erhöhte Luftfeuchtigkeit durch einen Folienschutz zu sorgen.

Stecklingsvermehrung

Es handelt sich hier um die vom Hobbygärtner am häufigsten praktizierte Methode der vegetativen ungeschlechtlichen Pflanzenvermehrung. Man unterscheidet je nach dem verwendeten Teil zwischen Kopf-, Teil-, Stamm- und Blattstecklingen. Die besten Jahreszeiten für diese Art der Vermehrung sind Frühling und Sommer, wenn die Pflanzen sich in vollem Wachstum befinden.
Zur Gewinnung von Kopfstecklingen verwendet man blütenlose Triebspitzen, die im selben Jahr gewachsen sind. Die Länge beträgt meist 5–10 cm, kann aber auch – je nach Größe der Pflanze – darüber liegen. Da noch nicht verholzte Triebe am leichtesten Wurzeln bilden, aber auch am ehesten faulen, festes Holz jedoch nicht so willig bewurzelt, bietet

sich ein Kompromiß in Form halbreifer beziehungsweise halbverholzter Triebe an. Geschnitten wird unmittelbar unter einem Blattknoten, weil sich, es wurde schon gesagt, an dieser Stelle die meisten Wurzeln bilden. Wer will, kann die Schnittstelle zusätzlich mit einem Bewurzelungshormon einpudern. Die Blätter an der Schnittstelle werden entfernt, weiter oben befindliche sollen erhalten bleiben, weil sie der Assimilation dienen.
Teilstecklinge gewinnt man aus den mittleren und unteren Teilen eines Triebs. Ist er genügend lang, können hier also mehrere Stecklinge geschnitten werden, ebenfalls dicht unter einer Blattknospe. In der weiteren Behandlung unterscheiden sich diese beiden Stecklingsarten nicht voneinander. Welche Form man für die Vermehrung wählt, hängt letztlich davon ab, wieweit die Bereitschaft zum „Ausplündern" der Mutterpflanze geht und wie hoch der Bedarf an Jungpflanzen ist.
Gesteckt wird in Einzeltöpfe oder auch in Schalen, ein Wasserabzugsloch muß vorhanden sein. Das Substrat kann aus spezieller Anzuchterde oder aus dem schon mehrfach erwähnten Torf-Sand-Gemisch zu gleichen Teilen bestehen. Fertigerden haben gegenüber eigenen Erden den Vorteil, steril zu sein. Zum Stecken sollte die Erde leicht feucht, nicht naß sein. Auch in der Folgezeit bis zum Anwachsen ist ein eher trocken gehaltenes Substrat von Vorteil. Wie bei der Aussaat ist Bodenwärme günstig, weil sie die Wurzelbildung fördert. Bei sommerlichem Wetter reichen die Umgebungs-

Palmlilien werden durch Stammstecklinge vermehrt: 1. Zuerst sägt man den Blattschopf mit einem Stammstück ab. Der restliche Stamm wird in 30–40 cm lange Stücke geteilt. 2. Die Stecklinge werden – untere Schnittstelle nach unten – in ein Torf-Sand-Gemisch gesteckt und mit Folie abgedeckt

temperaturen meist völlig aus. Wer ein Vermehrungsbeet mit Bodenheizung zur Verfügung hat, ist natürlich gut dran, besonders wenn wärmegewohnte Gewächse der Tropen vermehrt werden sollen. Bei ihnen ist eine hohe Bodentemperatur von 22–25°C notwendig.

Wichtig ist eine Abdeckung als Verdunstungsschutz, die zum Lüften aber nicht wieder abgenommen oder angehoben werden muß. Wie lange es unter diesen einfachen Bedingungen bis zur Wurzelbildung dauert, läßt sich nicht exakt festlegen. Faustzahlen sind 1 Woche bis 1 Monat. Doch auch wenn sich nach Ablauf von 4 Wochen noch nichts regt, sollte man den Steckling nicht gleich wegwerfen, sondern sich weiter in Geduld fassen. Es sei denn, daß deutlich erkennbar Fäulnis auftritt. Dann bleibt nichts anderes übrig, als einen neuen Versuch zu unternehmen. Am Steckwinkel liegt es übrigens nicht, wenn die Wurzelbildung auf sich warten läßt. Es bleibt sich gleich, ob der Steckling senkrecht oder schräg in die Erde kommt.

Auch bei Teilstecklingen die unteren Blätter vor dem Stecken entfernen

Viele Gewächse bewurzeln auch in Wasser gut

Jedes Teilstück eines Stammstecklings muß mindestens ein Auge aufweisen

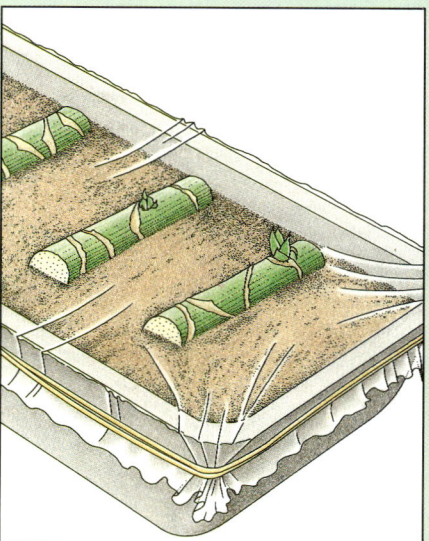

Wer sich die Prozedur mit der Anzuchterde und den entsprechenden Gefäßen sparen will, kann viele Gewächse auch einfach in klarem Wasser Wurzeln bilden lassen. Bei Tradeskantie, Gummibaum, Oleander oder Philodendron geht das meist ohne Schwierigkeiten. Die treten dann später auf, wenn die zarten, brüchigen Wasserwurzeln in die Topferde gebracht werden sollen. Hier muß man äußerst behutsam zu Werke gehen. Eine Ausnahme macht hier die durch nichts zu erschütternde Datura, die auch den Verlust einiger Wurzeln hinnimmt und den Ausfall durch neue wettmacht. Bei Stammstecklingen gibt es die Möglichkeit, die etwa 5–10 cm langen Teilstücke senkrecht in das Anzuchtsubstrat zu stecken oder waagerecht – leicht hineingedrückt – obenauf zu legen. In beiden Fällen werden, soweit vorhanden, die Blätter entfernt. Der Versuch gelingt jedenfalls nur bei hoher Bodenwärme von etwa 25 °C. Dabei ist darauf zu achten, daß jedes Stammstück mindestens eine Blattknospe besitzt. Beim Senkrechtstecken muß stets die untere Schnittstelle in den Boden kommen, bei waagerechter Lage weist das Auge nach oben. Ältere, zu groß gewordene Yucca mit armdicken Stämmen lassen sich ohne Ausfälle im Hochsommer verkürzen und vermehren, indem man die Blattkronen mit einem 30–40 cm langen Stammstück sauber mit Fuchsschwanz oder Elektro-Stichsäge abtrennt, die übrig gebliebenen Stämme dann bei Bedarf ebenfalls in etwa gleichlange Einzelstücke zersägt und senkrecht – untere Schnittstelle nach unten – in 10-l-Plastikeimer mit sandiger Gartenerde steckt. An einem schattigen Platz am Haus „vergessen", sind die Stämmchen nach 3 bis 4 Wochen in der Lage, sich über eigene Wurzeln selbst zu versorgen. Bald darauf brechen die ersten grünen Blattspitzen seitlich aus dem Holz hervor. Das Substrat ist bis zu diesem Zeitpunkt nur gerade angefeuchtet zu halten, den Pflanzenteilen mit Blattschopf kann man eine helle Plastikhaube überziehen.

Blattstecklinge schließlich sind der vielleicht überzeugendste Beweis für die Regenerationsfähigkeit mancher Pflanzen. In Frage kommen unter anderem Usambaraveilchen, Peperomien, Drehfrucht und Blattbegonien. Auch bei einigen sukkulenten Pflanzen wie *Sansevieria*, dem Bogenhanf, *Kalanchoe tomentosa*, der Filzigen Kalanchoe, und *Sedum morganianum* klappt das ausgezeichnet. Beim Usambaraveilchen schneidet man die Blätter mit einem nicht zu lan-

Für die Vermehrung des Bogenhanfs wird das Blatt in 5 cm lange Stücke geschnitten. Vor dem Stecken läßt man die Schnittstellen der Stecklinge antrocknen. Bei dieser Art der Vermehrung entstehen aus gelbrandigen Pflanzen immer nur grünblättrige

Bei Blattstecklingen wird der Stiel vor dem Stecken angeschrägt und bis zum Blattansatz in das Substrat gesteckt. Auch hier ist ein Verdunstungsschutz wichtig

gen Stück Stiel ab und steckt sie senkrecht oder schräg bis zum Blattansatz in das schon mehrfach erwähnte Torf-Sand-Gemisch. Auch eine Bewurzelung und Neupflanzenbildung in Wasser gelingt meist. Sansevierienblätter werden sauber in etwa 5 cm lange Einzelstücke zerlegt, die Schnittstellen läßt man etwas antrocknen, bevor gesteckt wird. Die bewurzelten Pflänzchen, die sich an den Schnittstellen bilden, sind immer grünblättrig, gelbgerandete Sorten kann man also nur durch Teilung des Wurzelstocks farbecht vermehren. Ganz einfach klappt die Wasservermehrung beim Zypergras. Hier wird der Blattschirm mit einem Stück Stiel abgeschnitten und auf die Wasseroberfläche gelegt. Ob er dort mit dem Stielende nach unten oder nach oben schwimmt, ist für die Entwicklung der Jungpflanze bedeutungslos. Den Blattkranz kann man vorher mit der Schere ringsum etwas verkleinern.
Ebenfalls Jungpflänzchen produzieren die Blätter der Drehfrucht, wenn man sie entlang der Mittelrippe durchschnei-

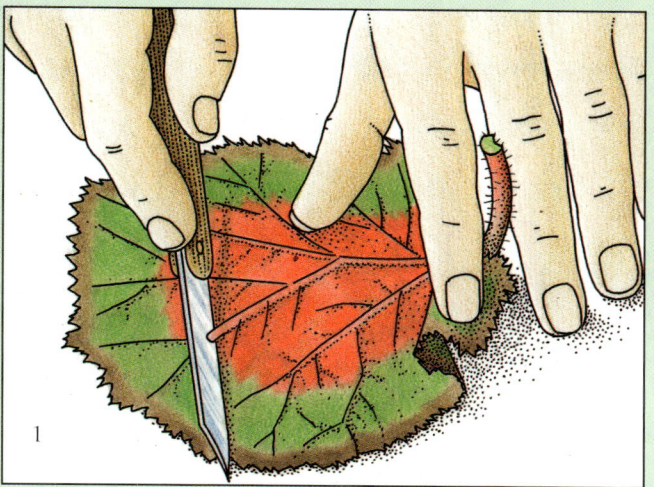

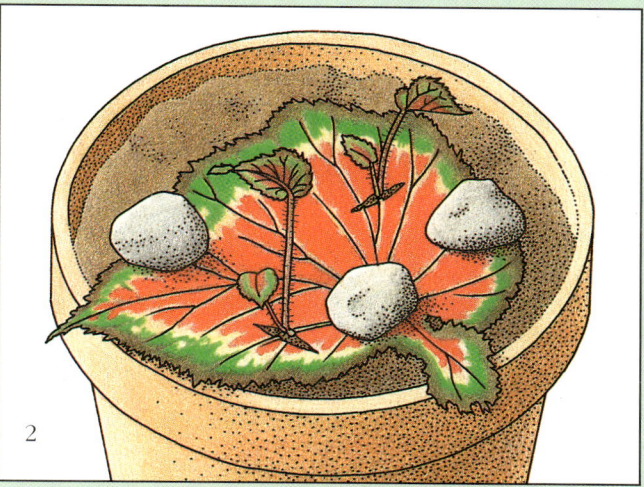

1. Bei der Vermehrung von Begonien wird die Mittelrippe auf der Blattunterseite angeschnitten. 2. Das Blatt legt man auf die Anzuchterde und beschwert es mit kleinen Steinen. An den Schnittstellen bilden sich die Jungpflanzen

det und die Schnittflächen in feuchte Anzuchterde drückt. Bei Blattbegonien braucht man nur die blattunterseits befindlichen Rippen oder „Adern" mit einer Rasierklinge oder einem scharfen Messer anzuritzen. Dann kommt das ganze Blatt mit dieser vorbehandelten Seite auf das Anzuchtsubstrat und wird mit kleinen Steinen oder Ähnlichem beschwert, damit der Bodenkontakt erhalten bleibt. Die Tochterpflänzchen bilden sich auf der Blattoberseite. Wer will, kann auch ein einzelnes Blatt in viele kleine Stücke zerschneiden und dann ebenso verfahren.

Bekannt ist die Vermehrung einer frischen, im Geschäft gekauften Ananas. Hier wird der beblätterte Schopf mit einem kleinen Stück der Frucht glatt abgeschnitten und, nachdem die Fruchtscheibe einige Tage an der Luft abgetrocknet ist, in einen Topf mit sandiger Erde gesteckt. Bis zur Wurzelbildung können unter Umständen mehrere Monate vergehen; doch

Aus einer Ananasfrucht läßt sich eine neue Pflanze heranziehen. Man schneidet den Blattschopf mit etwas Fruchtfleisch ab, läßt es antrocknen und steckt das Ganze in sandige Erde. Zum Schutz vor Austrocknung wird eine Folie übergestülpt

was tut es, es soll ja keine Ananasplantage angelegt werden! In jedem Fall hat hier wie bei allen anderen Methoden die Anzucht an einem warmen, aber schattigen Platz zu erfolgen. Und generell auch noch einmal die Wiederholung: Bei beblätterten Stecklingen empfiehlt sich stets ein Verdunstungsschutz mit Folie oder einem umgestülpten Glas. Andernfalls sollte man mehrmals täglich durch Sprühen die Luftfeuchtigkeit erhöhen.

Vermehrung von Farnen

Viele Farne lassen sich durch die schon beschriebene Teilung vermehren, bei Arten mit kriechenden Wurzelstöcken leitet man die Wurzelausläufer über einen Topf mit Torf, drückt ein Stück der Wurzel in das Substrat und wartet ab, bis sich hier eine Jungpflanze entwickelt. Doch obgleich Farne nicht zu den Blütengewächsen gehören, infolgedessen auch keine Samen ausbilden, kann man auch sie „aussäen".

Die generative (geschlechtliche) Vermehrung erfolgt hier in 2 Phasen. Wir erkennen die Sporenlager bei der Reife als braune, dicht beieinander an der Blattunterseite sitzende, kugelförmige Gebilde. Jede dieser Sporenkapseln (Sporangien) entläßt unzählige staubfeine Sporen, die auf den feuchten Boden fallen und keimen. Diese Vorkeime (Prothallien), die durch Blattgrün und Wurzeln lebensfähig sind, tragen auf ihrer Unterseite männliche und weibliche Fortpflanzungsorgane. Da eine Übertragung der männlichen Zellen auf die weiblichen durch Wind oder Insekten wie bei Blütenpflanzen nicht möglich ist, übernimmt das Wasser in Form von Regen oder Tau diese Befruchterfunktion. Dies ist

Sporenlager (Sporangien) eines Farns

Aus den Sporen entwickeln sich die Vorkeime (Prothallien), die die Fortpflanzungsorgane tragen

auch der Grund dafür, weshalb man Farne fast immer an feuchten und meist schattigen Plätzen findet. Nach erfolgter Befruchtung entwickelt sich aus diesem Vorkeim die junge Farnpflanze, das Prothallium stirbt ab.

Diese Entwicklung in 2 Phasen muß man kennen, um bei der Vermehrung Erfolg zu haben. Voraussetzung sind Sauberkeit und Hygiene. Die Aussaatgefäße, am besten flache Schalen, müssen gründlich desinfiziert werden, als Substrat eignen sich Torf oder TKS 1, auf keinen Fall eine eigene Mischung, es sei denn, man kann sie durch Erhitzen zuverlässig sterilisieren. Zum Wässern wird abgekochtes Wasser verwendet. Geerntet werden die Sporen kurz vor der Reife, ehe sie ausfallen, indem man einen ganzen Wedel mit zu diesem Zeitpunkt braungefärbten Sporangien abschneidet und in einen festen Briefumschlag legt. Bei warmer Außentemperatur und Trockenheit fallen die Sporen innerhalb 1 Woche ab

Nach der Befruchtung entwickeln sich daraus die eigentlichen Farnpflanzen

und können so dünn wie möglich auf die vorher angefeuchtete Anzuchterde gestreut werden. Danach wird mit einer Glasscheibe zugedeckt und die Schale an einem warmen, aber nicht sonnigen Platz bei Temperaturen von etwa 20°C aufgestellt. Von Zeit zu Zeit muß die Substratfeuchtigkeit kontrolliert werden. Da es bis zu 2 Monaten dauern kann, ehe sich die Fläche mit einem feinen Sporenrasen begrünt, wird auch verständlich, warum Hygiene so wichtig ist: In der feuchtwarmen Atmosphäre des Anzuchtbeets kommen Moose, Algen und Schimmelpilze häufig schneller zum Zuge als die Vorkeime und können die ganze Kultur zunichte machen. Wenn die aus den Prothallien sich entwickelnden Farnpflänzchen groß genug zum Anfassen sind, wird pikiert. Für den Hobbygärtner wird die Anzucht von Farnen aus Sporen immer nur ein interessantes Experiment bleiben. Denn bei der Unmenge dieser Vermehrungskörper, eine einzige winzige Kapsel beherbergt hunderte davon, erzielt man, wenn alles einigermaßen gut geht, so viele Jungpflanzen, daß man ohnehin den größten Teil davon wegwerfen muß. Der Eigenbedarf gerade an Farnen fürs Zimmer ist ja äußerst begrenzt.

Besondere Kakteenvermehrung

Kakteen lassen sich durch Aussaat, durch Teilung oder Sproßstecklinge wie die meisten anderen Sukkulenten recht unkompliziert vermehren. Bei Opuntie, Weihnachts- und Osterkaktus werden einfach einige „Ohren" oder Glieder nach kurzzeitigem Antrocknen in magere Erde gesteckt. Von *Epiphyllum*-Hybriden kann man – ähnlich wie bei der Sansevierie – Kopf- und Teilstecklinge schneiden. Eine andere Art der Kakteenvermehrung ist das Veredeln oder Pfropfen. Gerade was man im Pflanzenhandel am häufigsten sieht und was als besonders originell auffällt, ist ein Beispiel dafür, wie nicht veredelt werden sollte: Da turnen blattgrünlose, leuchtend rote oder gelbe Kakteenkugeln auf der im Querschnitt dreieckigen Unterlage aus der Gattung *Hylocereus* (Waldcereus). Manchem gefällt's, aber die Freude ist meist nicht von Dauer, weil hier Kakteen mit unterschiedlichen Ansprüchen in eine Lebensgemeinschaft gezwungen werden, die ihnen zuwiderläuft. Der Waldcereus stammt aus den tropischen Gebieten Mittelamerikas und der Karibik, verlangt viel Wärme und verträgt – hierin ein Sonderfall – keine Trockenheit. Da er aus diesen Gründen für Zimmerkultur weniger geeignet ist als andere, genügsame Kakteen, taucht er im Topfpflanzensortiment auch so gut wie nie auf und scheidet daher für untaugliche Pfropfversuche des Hobbygärtners glücklicherweise aus.

Kakteen aus den Gattungen *Trichocereus, Echinopsis, Cereus, Pereskia* und *Opuntia* lassen sich dagegen gut als Pfropfunterlage verwenden. Für den Laien am einfachsten durchzuführen ist die Horizontalpfropfung. Dabei wird mit einem scharfen Messer die Unterlage durch einen waagerechten Schnitt „geköpft", wobei es keine Rolle spielt, in welcher Höhe das geschieht. Wichtig ist nur, daß sich Unterlage wie Pfröpfling in vollem Saft befinden, das heißt nicht verholzt sind. Außerdem muß das Propfen unmittelbar nach dem Schnitt erfolgen, damit die Deckungsflächen nicht antrocknen. Beim Aufsetzen des Pfröpflings auf die Unterlage müssen die Leitbündel, die als Ring an der Schnittstelle zu erkennen sind, aufeinander zu liegen kommen. Wenn die beiden Pflanzenteile anschließend so fixiert werden, daß sie sich unter leichtem Druck fest zusammenfügen, sind sie nach etwa 14 Tagen miteinander verwachsen. Wie diese Fixierung praktiziert wird, bleibt dem Einfallsreichtum des einzelnen überlassen und hängt auch von der Wuchsform von Pfröpfling und Unterlage ab. Manchmal geht es ganz gut mit senkrecht über Kreuz gespannten Gummibändern oder mit einem in die Topferde gesteckten, oben umgebogenen stabilen Draht. Bei einem kleinen Duo reicht auch ein Blumenstab mit Wäscheklammer, die die Teile leicht aufeinander drückt. Man stellt den Topf warm, nicht sonnig, und schafft eine gewisse Luftfeuchtigkeit durch die Abdeckung mit einer Plastikhaube.

Kakteenveredelung: 1. Die Unterlage wird in einer beliebigen Höhe abgeschnitten. 2. Beim Aufsetzen des Pfröpflings müssen die ringförmig angelegten Leitungsbahnen genau aufeinander liegen. 3. Den Pfröpfling schneidet man so tief wie möglich ab. 4. Nach dem Aufsetzen werden Pfröpfling und Unterlage durch einen elastischen Draht oder Gummibänder fest zusammengedrückt

Pflanzenschutz

Es bleibt leider nicht aus, daß auch unsere Zimmerpflanzen gelegentlich von Krankheiten und Schädlingen heimgesucht werden. Der erfahrene Pfleger weiß, daß er die ihm Anvertrauten nicht mit der Spritze, sondern mit dem Kopf am wirkungsvollsten vor Schäden bewahren und bereits sichtbaren Befall beseitigen kann. Das heißt: Man muß zuerst die Ursachen der Schädigung ermitteln. Und oft wird man sich dann selber als den Schuldigen ertappen, weil man feststellt, daß Pflegefehler gemacht wurden. Häufig entpuppt sich die vorgebliche Krankheit als Mangelerscheinung, Mangel an Licht, an Feuchtigkeit, an Nährstoffen. Liegt jedoch tatsächlich Pilz- oder Schädlingsbefall vor, können auch hier Kulturfehler die Ursache sein, die zur Schwächung der pflanzeneigenen Abwehrkräfte führten. Mit der Wahl des richtigen Bekämpfungsmittels ist eine „Erste Hilfe" meist wirkungsvoll; sie muß aber stets Hand in Hand mit bestmöglicher Pflege gehen.

Pflanzenschutz im Zimmer

Schäden, Krankheiten und Schädlinge an Gewächsen sind allgegenwärtig, draußen im Garten wie im geschlossenen Raum. Kein lebender Organismus ist dagegen gefeit, und erst recht nicht unsere Kulturpflanzen. Bei ihnen kommt noch erschwerend hinzu, daß sie sich nicht in ihren angestammten Lebensbereichen und in natürlicher Vergesellschaftung befinden, sondern gemäß ihrer Zweckbestimmung kultiviert werden. Die Bestrebungen des biologischen Land- und Gartenbaus, die Propagierung von Natur- oder Wildgärten haben nichts anderes im Sinn, als im begrenzten Rahmen das Zusammenspiel der vielfältigen Lebensformen im Garten und landwirtschaftlichen Kulturraum wieder zu reaktivieren. Dabei geht man davon aus, daß bei einem auf diese Weise wieder hergestellten biologischen Gleichgewicht auch Krankheiten und Schädlinge als ein Teil des lebendigen Ganzen nur noch in tolerierbarer Massierung auftreten. Für den Garten im Zimmer sind derartige Überlegungen gegenstandslos. Schlimmer noch: Die Gewächse in ihren Kulturgefäßen müssen nicht nur unter erschwerten klimatischen Bedingungen existieren, sie sind zudem auch noch mit eingeengtem Wurzelraum, zuviel oder zuwenig Licht, mit Nährstoffgaben nach Gutdünken des Pflegers und allen anderen Widrigkeiten eines Zwangsaufenthalts konfrontiert. So ist es auch kein Wunder, daß viele als Krankheiten diagnostizierte Anomalien schlicht eine Reaktion auf Pflegefehler sind.

Auf typische Schadsymptome dieser Art wurde bereits in den entsprechenden Kapiteln hingewiesen. Hier sollen die

Zehrwespe (zirka 85fache Vergrößerung)

häufigsten Krankheiten und Schädlinge und die Möglichkeiten der Abhilfe erörtert werden. Bekämpfungsmaßnahmen müssen nicht in jedem Fall und sofort mit chemischen Pflanzenschutzmitteln durchgeführt werden. An ihrem Anfang muß der – zugegebenermaßen für den Laien schwierige – Versuch stehen, die Ursache des Schadens festzustellen. Blattverfärbungen und -anomalien können neben den schon beschriebenen Pflegefehlern auf verschiedene Schaderreger zurückzuführen sein. Neben den nicht bekämpfbaren und schwer zu identifizierenden Schädigungen durch Bakterien oder Viren sind es in der Hauptsache Pilze, die dafür verantwortlich zeichnen. Der erste Schritt des Pflanzenschutzes besteht in diesem Fall im Entfernen aller erkrankten Teile. Sie gehören in den Müll, keinesfalls auf den Kompost, weil dort eine Weiterverbreitung der Schadorganismen nicht auszuschließen ist.

Läßt sich ein vermuteter tierischer Verursacher nicht sofort mit dem bloßen Auge feststellen – Blatt- und Schildläuse zum Beispiel kann man bei genauem Hinsehen ohne weiteres entdecken – ist es niemals verkehrt, eine Lupe zur Hilfe zu nehmen. Thripse (Blasenfüße) mit 1–2 mm und Spinnmilben (Rote Spinne) mit 1 mm Größe wird ein ungeübter Zimmergärtner ohne optische Hilfsmittel kaum identifizieren. Blattläuse wie Blasenfüße kann man vor dem Ergreifen härterer Maßnahmen und wenn nur einzelne Pflanzen befallen sind, mit lauwarmem Wasser abwaschen, dem ein Geschirrspülmittel beigefügt wurde. Einige Schädlinge, und hier an erster Stelle der gefürchtete Dickmaulrüßler – häufig an Alpenveilchen –, sind nachtaktiv. Wird an den Blatträndern von Fuchsien, Azaleen oder Sukkulenten der typische Schartenfraß festgestellt, lohnt es sich, im dunklen Zimmer mit der Taschenlampe Jagd auf die bis zu 1 cm großen Käfer zu machen. Andere lichtscheue Pflanzenbesucher wie Ohrwürmer oder Asseln sind mehr lästig als schädlich und können leicht abgesammelt werden.

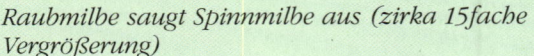

Raubmilbe saugt Spinnmilbe aus (zirka 15fache Vergrößerung)

Rechts: Larve der Weißen Fliege; links: durch die Zehr-wespe parasitierte Larve (zirka 330fache Vergrößerung)

Der integrierte – vorbeugende und bekämpfende – Pflanzenschutz an Gewächsen im geschlossenen Raum beginnt mit den altbekannten, keineswegs wirkungslosen Hausmitteln. Wieweit freilich die Chemikalien Schmierseife und Brennspiritus ebenso wirkungsvoll wie übliche Handelsprodukte zur Schädlingsbekämpfung sind, soll hier nicht untersucht werden. Für im Bio-Fachhandel erhältliche spezielle Seifen mag das immerhin zutreffen. Man vermischt 20 g davon mit 1 l lauwarmem Wasser und sprüht die Pflanzen damit ein beziehungsweise streicht die Lösung über die Blattlauskolonien. Auch ein Tauchbad kleinerer Topfgewächse hat sich zur Beseitigung der Schädlinge bewährt; 10 ml Brennspiritus zugemischt erhöhen die Wirkung. Es gibt zahllose selbsterfundene und -erprobte Varianten derartiger Kombinationen, wobei auch die Zufügung von Salz und Kalk eine Rolle spielt. Manch einer schwört auf eine Nikotinbrühe aus Zigarettenstummeln oder die auch im Bio-Gartenbau vielverwendeten Kräuterauszüge, -jauchen und -tees. Im Gegensatz zu den von der Biologischen Bundesanstalt zugelassenen amtlichen Pflanzenschutzmitteln, bei denen die Dosierung vom Hersteller genau festgelegt und die mögliche Unverträglichkeit für bestimmte Gewächse aufgelistet ist, entziehen sich alle Hausmittel exakter und wissenschaftlich erprobter Rezepturen. Ihre Anwendung bleibt also der Experimentier- und Risikofreudigkeit des Anwenders überlassen.

Anders verhält es sich mit der biologischen Schädlingsbekämpfung durch Nützlinge. Diese völlig ungiftigen Maßnahmen gewinnen heute immer mehr an Bedeutung und können in begrenztem Umfang auch vom Zimmergärtner genutzt werden. Hier sind an erster Stelle Raubmilben und Zehrwespen (Schlupfwespen) zu nennen. Raubmilben ernähren sich von ihren auch an Zimmerpflanzen gefürchteten Verwandten, den Spinnmilben (Rote Spinne). Die nur einen halben Millimeter großen Zehrwespen parasitieren die Larven der Weißen Fliege, in denen sie ihre Eier ablegen. Blattläuse werden von den Larven der Florfliege und der Gallmücke dezimiert, was aber bei einigen wenigen Zimmerpflanzen den Aufwand kaum lohnt. Alle diese Nützlinge kann man im Gartenfachhandel mit dort ausliegenden Bestellkarten bei Spezialfirmen anfordern. Allerdings gilt auch hier, was auf chemische Insektizide (Insektenvernichtungsmittel) zutrifft: Vorbeugende Maßnahmen sind nicht möglich. Was noch nicht in Aktion getreten ist, kann man auch nicht bekämpfen. Für die Nützlinge ist das Vorhandensein ihrer Beute- oder Wirtstiere lebenswichtig. Ohne sie müßten sie verhungern oder aussterben. Ebenso sinnlos wäre es, Raubmilben einzusetzen, wenn nachgewiesenermaßen die Weiße Fliege ihr Unwesen treibt oder auf Zehrwespen bei der Bekämpfung von Blattläusen zu hoffen.

Beim Einsatz chemischer Pflanzenschutzmittel sind einige Vorsichtsmaßnahmen angebracht. Grundsätzlich sollten möglichst ungiftige Präparate verwendet werden. Das fällt um so leichter, als giftige Mittel nach den gesetzlichen Vorschriften nicht frei verkäuflich sind und nur gegen einen Giftempfangsschein an Personen über 16 Jahre abgegeben werden dürfen. Sie sind außerdem mit einem schwarzen Totenkopf auf orangefarbenem Grund und den Buchstaben T (giftig) oder T+ (sehr giftig) gekennzeichnet. Aber auch bei den mindergiftigen oder ungiftigen Präparaten, ob sie nun als Spray, in flüssiger Form oder als Spritzpulver erworben werden, sollte man nicht leichtsinnig sein.

Die Behandlung wird vorzugsweise im Freien durchgeführt. Ist das nicht möglich, weicht man ins Bad aus und sprüht die Pflanzen in der Badewanne ein. Körper und Hände sind durch abwaschbare Kleidungsstücke zu schützen (Schürze oder Overall und Gummihandschuhe). Bei einer Spritzbehandlung ist darauf zu achten, daß der Sprühnebel vom Gesicht ferngehalten wird. Essen, Trinken und Rauchen hat auch beim Hantieren mit nicht gesundheitsgefährdenden

Florfliegenlarve frißt Blattlaus (zirka 4fache Vergrößerung)

Stoffen zu unterbleiben. Am einfachsten und saubersten ist die Handhabung von Insektizidstäbchen, die einfach in die Topferde gesteckt werden. Diese Stäbchen bestehen aus zwei Pappstreifen, zwischen denen sich der systemisch wirkende Wirkstoff befindet. Er löst sich in der Bodenfeuchtigkeit, wird von den Wurzeln aufgenommen und von dort bis in die entferntesten und schwer zugänglichen Pflanzenteile transportiert. Hier erreicht er dann die saugenden oder beißenden Schädlinge.

Reste von Giftpräparaten, die nicht mehr benötigt werden, dürfen keinesfalls in den Abfluß oder Hausmüll geraten, sie gehören zum Sondermüll, der heute in fast jeder Gemeinde zu bekanntgegebenen Terminen an einer Sammelstelle abgegeben werden kann. Nachweislich ungiftige Reste kommen in die Mülltonne oder werden weggespült. Grundsätzlich sollen sämtliche Pflanzenschutzmittel in der Wohnung zentral dort ihren Platz finden, wo sie vor Kindern und Haustieren sicher sind.

Pilzkrankheiten

Neben Insektiziden und Akariziden (Präparate gegen Schäden verursachende Insekten bzw. Milben) spielen gerade bei der Zimmerpflanzenpflege die Fungizide (Mittel gegen Schadpilze) eine wichtige Rolle; denn Pilzbefall tritt verstärkt immer dann auf, wenn eine Pflanze durch unzulängliche Lebensverhältnisse bereits geschwächt und damit besonders infektionsgefährdet ist. Die Wärme und Trockenheit liebende Spinnmilbe macht sich besonders im Winter breit. Für einen Pilzbefall muß zur Wohnwärme auch noch eine genügend hohe Luftfeuchtigkeit hinzukommen. In der feuchtwarmen Atmosphäre eines geschlossenen Blumen-

Falscher Mehltau an Stiefmütterchen

fensters sind Schadpilze nur deshalb keine tödliche Gefahr für die dicht beieinander stehenden Gewächse, weil die Pflanzen hier ein Optimum der von ihnen gewünschten Lebensbedingungen vorfinden und damit in der Regel gesund, kräftig und wüchsig sind. Pilze können aber auch auftreten, wenn in Ruhe befindliche Pflanzen zwar kühl stehen, die Substrat- und Luftfeuchtigkeit jedoch zu hoch ist. Nicht zuletzt aus diesem Grund soll in der Ruhezeit nur sehr sparsam gegossen werden. Befallene Pflanzen sollten isoliert gestellt werden.

Zu den an Zimmerpflanzen häufig auftretenden pilzlichen Infektionen zählen neben den von den Gartenrosen her bestens bekannten Rost- und Rußtaupilzen sowie dem Echten Mehltau der Falsche Mehltau, Stengel- und Wurzelfäule (Bodenpilze), Grauschimmel und verschiedene Blattfleckenkrankheiten. Die nachfolgend aufgeführten Fungizide gehören keiner Gefährdungsklasse an, bei der Anwendung sind dennoch die Angaben des Herstellers genau zu befolgen.

Echter Mehltau an Begonie

Echter Mehltau

Er ist an dem weißen, abwischbaren Belag auf Blättern, Knospen und Trieben unschwer zu erkennen. Bei hoher Luftfeuchtigkeit und Wärme präsentiert er sich vor allem auf Begonien fast schon als Dauergast. Da man gegen sommerliches Wetter mit hohen Temperaturen nichts unternehmen kann, sollte man wenigstens darauf achten, daß die Pflanzen nicht zu dicht stehen, damit Frischluft von allen Seiten herankommt. In dieser Zeit nicht sprühen und beim Gießen die Blätter nicht benetzen. Befallene Pflanzenteile sind zu entfernen und können in diesem speziellen Fall auf den Kompost gebracht werden, da der Pilz nur auf lebendem Gewebe existieren kann.

Einige wirksame Fungizide: Baymat Spray, Bioblatt Mehltaumittel, Euparen, Saprol

Botrytis an Alpenveilchen

Grauschimmel (Botrytis)

Der graubraune Schimmelrasen, wie wir ihn von befallenen Erdbeeren her gut kennen, macht sich auch auf einigen Zimmerpflanzen wie Alpenveilchen, Primeln, Azaleen oder Gloxinien breit, wenn sie bei wenig Licht (zum Beispiel im Herbst und Winter) zu feucht gehalten werden. Auch mangelnde Durchlüftung fördert den Befall. Der Pilz kann sämtliche Pflanzenteile besiedeln und Nachbargewächse wie auch die Topferde infizieren. Besonders beschädigte oder absterbende Pflanzenteile sind durch einen Befall gefährdet. Vorbeugend sollte man deshalb alle welken oder abgestorbenen Blätter, Blüten und Stengel entfernen, für gute Lüftung und vorsichtiges Gießen ohne Benetzung der Blätter sorgen. Bei unzureichenden Standortbedingungen ist eine stickstoffbetonte Düngung, die zu weichem, schwammigem Pflanzengewebe führt (Mastigkeit), auf jeden Fall zu vermeiden.
Einige wirksame Fungizide: Euparen, Ronilan, Rovral

Rostpilze

Auch sie leben im Innern der Blätter und sind an den pustelartigen, braunen oder orangeroten Sporenlagern auf den Blattunterseiten zu erkennen. Am bekanntesten bei Zierpflanzen ist der Pelargonienrost, der auch an Fuchsien hin und wieder in Erscheinung tritt. Gartenbesitzer kennen den Birnengitterrost, der in den letzten Jahren überall in den Gärten verstärkt auftrat. Blätter mit Befallssymptomen sind sofort zu entfernen, im fortgeschrittenem Stadium trennt man sich am besten von der ganzen Pflanze. Bei sehr wertvollen Gewächsen können Pilzbekämpfungsmittel eingesetzt werden, wenn man sich von ihrer Pflanzenverträglichkeit (Beipackzettel beachten) überzeugt hat.
Einige wirksame Fungizide: Baymat-Rosenspritzmittel, Dithane-Ultra, Polyram-Combi, Saprol

Falscher Mehltau

Im Gegensatz zum Echten Mehltau, dessen Pilzrasen sich nur auf der Oberfläche befallener Pflanzenteile entwickelt (daher abwischbar), dringen die Sporen des Falschen Mehltaus auf der Unterseite ins Blattinnere ein, wo sie sich zu einem Pilzgeflecht auswachsen und das Blatt zum Absterben bringen. Äußeres Zeichen sind braune, austrocknende Flecken auf den befallenen Blättern, vor allem von Zinerarien, Pantoffelblumen und Primeln.
Einige wirksame Fungizide: Dithane-Ultra, Maneb, Phytox super, Polyram-Combi

Pelargonienrost

Fuchsienrost

Auf den Ausscheidungen der entlang der Mittelrippe sitzenden Schildläuse haben sich Rußtaupilze (schwarz) angesiedelt

Rußtaupilze

Schwarze Flecken und ein rußähnlicher Überzug auf den Blättern kennzeichnen den Befall mit Pilzen aus dieser Gruppe. Sie treten immer dort auf, wo der Kot von Blatt-, Schild- und Schmierläusen sowie der Weißen Fliege (Mottenschildlaus) ihnen einen günstigen Nährboden bietet. Schon aus diesem Grund ist es wichtig, die genannten Schädlinge beim ersten Erscheinen zu bekämpfen. Umgekehrt kann man bei Rußbefall fast immer auch von der Gegenwart von Läusen ausgehen. Die Bekämpfung erfolgt durch Abwaschen des Belags mit lauwarmem Wasser, vor allem jedoch durch die Beseitigung der tierischen Schädiger. Stark befallene Blätter werden entfernt, eine Bekämpfung ist nicht lohnend.

Stammfäule an Euphorbia

Stengel- und Wurzelfäule (Bodenpilze)

Dunkle, später faulende Stellen am Stengelhals, auch verfärbte, faulende Wurzeln deuten auf Pilzbefall im oder vom Boden her hin. Die auf diese Weise geschädigten Wurzeln können Wasser und Nährstoffe nicht mehr in ausreichendem Maße aufnehmen, was zum Welken und schließlich zum Verlust der betroffenen Pflanze führt. Gefährdet sind alle Gewächse, besonders aber Gloxinien, Begonien und Primeln, aber auch Alpenveilchen, Usambaraveilchen und Zierspargel. Der Befall wird durch Vernässung und Bodenkühle sowie übermäßige Stickstoffdüngung gefördert. Die Verwendung von temperiertem Gießwasser mindert die Ausbreitung von Bodenpilzen. Befallene Triebe schneidet man bis zum Boden zurück und hofft auf einen gesunden Neuaustrieb, meist aber wird man sich von der Pflanze trennen müssen. Von gesunden Teilen lassen sich vorher Stecklinge zur Jungpflanzenanzucht schneiden. Behandlungserfolge mit den Fungiziden Polyram-Combi oder Ronilan sind Glückssache.

Schaden an Geranie, hervorgerufen durch den Bodenpilz Phytophthora

Blattfleckenkrankheit an Flamingoblume

Tierische Schädiger

Auch hier gilt der Grundsatz: Der beste Schutz der Pflanzen vor Schädlingen besteht in sachgerechter Pflege. Da optimale Kulturbedingungen am Wohnzimmerfenster für die verschiedenen Gewächse mit ihren unterschiedlichen Ansprüchen kaum zu erreichen sind, werden wir es immer wieder mit diesen ungeliebten Gästen zu tun haben. Werden sie entdeckt, bringt eine Änderung der Kulturpraxis meist keinen Erfolg mehr, weil der Befallsdruck durch die rasante Vermehrung der Schadorganismen bereits zu stark geworden ist. Wenn die erwähnten mechanischen Maßnahmen, wie Absammeln oder Abwaschen der Blätter und Triebe nicht mehr ausreichen und auch Hausmittel versagen, bleibt als Alternative zur Rettung der Pflanzen nur noch die Bekämpfung mit Spezialpräparaten aus dem Gartenfachhandel. Hält man sich dabei genau an die Gebrauchsanweisung und berücksichtigt einige schon genannte Vorsichtsmaßnahmen, braucht man keine Scheu vor Pflanzenschutzpräparaten zu haben. Bei den folgenden Produktempfehlungen werden giftige T-Mittel nicht aufgeführt, sondern nur minder giftige (Gefahrensymbol schwarzes Andreaskreuz auf orangefarbenem Grund und die Buchstaben Xn) und ungiftige Präparate berücksichtigt.

Blattfleckenkrankheiten

Auch hier sind es verschiedene Pilze, die krankhafte Anomalien an den Blättern der Zimmerpflanzen hervorrufen. Die Erscheinungsmerkmale bestehen in verschiedenartig gefärbten und geformten oder vertrockneten, manchmal eingesunkenen Flecken auf der Blattoberfläche. Es handelt sich hier wie bei vielen anderen Pilzarten um sogenannte Schwächeparasiten, die sich bevorzugt auf nicht optimal gepflegten und daher weniger widerstandsfähigen Gewächsen ansiedeln. Schon Sonnenbrand oder die Stichstellen von Schadinsekten können einem Befall Vorschub leisten. Daher sind alle besonders pflegeintensiven Pflanzen wie Orchideen oder Flamingoblumen, aber auch die robusten Gattungen Gummibaum, Schusterpalme und Zierspargel für Blattfleckenpilze anfällig, wenn etwas mit ihnen nicht in Ordnung ist.
Einige wirksame Fungizide: Euparen, Phytox Super, Polyram-Combi, Saprol

Blasenfüße (Thripse)

Das ausgewachsene, höchstens 2 mm große Insekt mit gefransten, oft schwarz gebänderten Flügeln schädigt die Pflanzen durch seine Saugtätigkeit. Die vom Saft entleerten Zellen füllen sich dann mit Sauerstoff, so daß die befallenen Blätter

Blasenfuß (zirka 27fache Vergrößerung)

Schadbild bei Befall durch Blasenfüße

Grüne Pfirsich-Blattläuse (zirka 5fache Vergrößerung)

von einem silbrigen Schimmer überzogen sind. Am Gummibaum *(Ficus elastica)* mit seinen ledrigen, grünen Blättern fällt das sofort auf, bei Alpenveilchen, Flamingoblumen, Orchideen oder Palmen sind die kleinen schwarzglänzenden Kottröpfchen auf den Blattunterseiten ein untrügliches Zeichen für den Befall. Blasenfüße lieben eine trockene, warme Atmosphäre und treten deshalb an Zimmerpflanzen besonders in den Wintermonaten in Erscheinung. Insektizidstäbchen und andere systemisch (von innen her) wirkende Präparate, die vom Saftstrom in die Triebe und Blätter transportiert werden, sind bei in der Ruhephase befindlichen Gewächsen weniger empfehlenswert. Ab Frühjahr und während des Sommers dagegen ist ihre Wirkung durchaus zufriedenstellend. Spritzbehandlungen müssen im Abstand von 8 Tagen wenigstens 1mal wiederholt werden, da sie gegen bereits vorhandene Eier wirkungslos sind.
Einige wirksame Insektizide: Decis, Spruzit flüssig neu. Als Nützlinge spezielle Raubmilben.

Blattläuse

Sie gehören drinnen wie draußen zu den häufigsten, allerdings bei weitem nicht gefährlichsten Schädlingen. Ihr Schaden besteht weniger in der Entnahme des Safts aus den Leitungsbahnen als vielmehr in der Wirkung der beim Saugen abgegebenen, pflanzenschädigenden Ausscheidungen. Blattrollen und -verfärbungen, Trieb- und Blütenanomalien sind die Folgen. Außerdem fördert der von den Tieren ausgeschiedene Honigtau die Ansiedlung von Rußtaupilzen. Zur chemischen Bekämpfung sind eine Vielzahl von Insektiziden zugelassen, wobei in der Vegetationszeit den systemischen Präparaten wie zum Beispiel Insektizidstäbchen der

Vorzug zu geben ist, weil damit versteckt sitzende Läuse erreicht werden. Bei starkem Befall und großem Pflanzenbestand wäre auch der Einsatz von Nützlingen zu erwägen. Einige wirksame Insektizide: Decis, Neudosan, Compo Blattlaus-frei. Mittel mit systemischer Wirkung: Insektizidstäbchen, Croneton blattlausfrei, Insektenvernichter Perfekthion, Roxion (Xn), Metasystox R spezial (Xn), Rogor (Xn)

Dickmaulrüßler mit typischem Fraßbild (zirka 3fache Vergrößerung)

Dickmaulrüßler

Während die etwa 1 cm großen Käfer im Garten an verschiedenen Zierpflanzen – wie zum Beispiel Rhododendron – beträchtliche Fraßschäden an den Blättern verursachen können, treten sie im Zimmer allenfalls als eingeschleppte Gäste von im Sommer draußen gehaltenen Gewächsen auf. Da sie nur nachts unterwegs sind, kann man sie mit der Taschenlampe im dunklen Zimmer absammeln. Schartenartige Fraßkerben an den Blatträndern weisen auf diesen Schädling hin. Die ebenfalls 1 cm langen weißen Larven, die durch Wurzelfraß fast noch gefährlicher sind als die Käfer, müssen nach dem Austopfen ebenfalls abgesammelt werden. Obgleich amtlich für diesen Schädling nicht zugelassen, haben Praktiker bei der Bekämpfung der unterirdisch lebenden Larven durchaus Erfolge durch das Angießen mit Insektiziden zu verzeichnen.

Fadenwürmer (Älchen, Nematoden)

Die winzig kleinen, mit dem bloßen Auge kaum erkennbaren sehr beweglichen Tiere schädigen die Wurzeln, in denen sie leben, durch Fraß und Absonderung giftiger Substanzen und können die befallenen Pflanzen zum Absterben bringen (Wurzelnematoden). Andere gelangen über den feinen Wasserfilm nach Regenfällen oder Gießmaßnahmen vom Boden über die Spaltöffnungen in die Blätter. Hier rufen sie zwischen den Blattadern, die ihren Wirkungsbereich begrenzen, fleckige Verfärbungen hervor. Eine Diagnose ist bei Wurzelälchen für den Laien fast unmöglich. Nur die gallenbildenden Arten kann man an stecknadelkopfgroßen Knötchen im Wurzelbereich erkennen. Befallene Pflanzen gehören in den Müll, bei Blattälchen sind die Gewächse zu retten, indem die geschädigten Blätter abgesammelt und ebenfalls vernichtet werden. Bei der vegetativen Vermehrung nur Stecklinge mit einwandfrei gesunden Blättern schneiden.

Schildläuse, Schmier- oder Wolläuse

Im Gegensatz zu Blattläusen, die sich vorzugsweise an weichen Pflanzenteilen ansiedeln, saugen Schildläuse den Saft auch aus verholzten Gewächsen wie Oleander oder Schönmalve. Sie sind an den 1–2 mm großen, runden oder ovalen, meist braunen oder schwarzen Schilden gut zu erkennen. Diese Schilde schützen die Schädiger vor den meisten Insektiziden. Am erfolgreichsten wird man ihnen daher mit ölhaltigen Mitteln zu Leibe rücken, die den Schild durchdringen, oder mit systemisch wirkenden Präparaten. In jedem Fall ist eine mehrmalige Behandlung notwendig, um auch die aus den Eiern schlüpfenden, beweglichen, mit dem bloßen Auge nicht wahrnehmbaren Larven zu erfassen. Diese Maßnahme ist auch dann unumgänglich, wenn man die bewegungslos unter ihren Schilden sitzenden weiblichen Tiere mit einer Bürste oder einfach mit den Fingern abstreift. Woll- oder Schmierläuse haben ihren Namen von den weißlichen Wachsausscheidungen, die wie winzige Wollbällchen aussehen und den Tieren gleichfalls einen gewissen Schutz gewähren. Schmierläuse treten verstärkt im trocken-

Schadbild bei Blattälchenbefall an Usambaraveilchen

Schildläuse (zirka 35fache Vergrößerung)

Woll- oder Schmierläuse (zirka 16fache Vergrößerung)

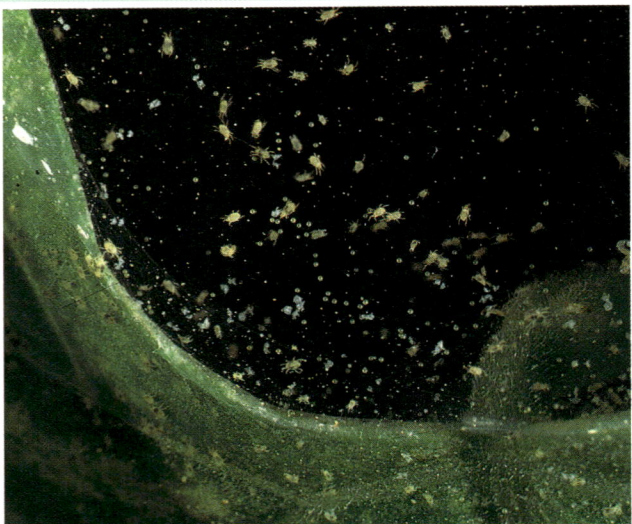

Schadbild bei Spinnmilbenbefall

warmen, winterlichen Wohnklima auf, das die Zimmerpflanzen ohnedies schwächt und daher einen Befall zusätzlich fördert. Sie schädigen durch ihre Saugtätigkeit und die dabei abgesonderten, für die Pflanzen giftigen Stoffe, auf denen sich häufig schwarze Rußtaupilze ansiedeln. Besonders gefährdet sind leider gerade die wertvollen Kamelien, die auch im Winter nicht zu kühl stehen wollen, aber auch Klivien, Dickblattgewächse, Euphorbien und die Amaryllis werden befallen.
Einige wirksame Insektizide: Para-Sommer, Pflanzenspray Hortex, Perfekthion-Pflanzenspray (Xn), Roxion (Xn)

Spinnmilben (Rote Spinne)

Auch diese zu den Milben gehörenden, nur einen halben Millimeter großen Schädlinge bevorzugen eine trockene, warme Atmosphäre. Die Zellen befallener Pflanzen werden ausgesaugt, die Gewächse verlieren ihre gesunde Färbung und vergrauen, die Blätter vertrocknen und fallen ab. Bei einer der häufigsten Spinnmilbenarten, der Gemeinen Bohnenspinnmilbe, macht sich fortschreitender Befall durch feine Gespinste an den Blättern und in den Blattachseln bemerkbar. Es gibt praktisch keine Zimmerpflanze, die gegen diese Schädlinge gefeit ist. Häufiges Übersprühen oder auf andere Weise erhöhte Luftfeuchtigkeit können einen Befall verhindern oder zurückdrängen, auch das Einhüllen der geschädigten Gewächse in Folie nach einem vorangehenden Tauchbad schafft Abhilfe. Bei starkem Befall und größerem Pflanzenbestand lohnt sich der Einsatz von Raubmilben.
Einige wirksame Akarizide und Insektizide: Neudosan, Metasystox R spezial (Xn), Para Sommer (Xn)

Weichhautmilben

Am bekanntesten von diesen, mit dem bloßen Auge nicht erkennbaren Schädlingen ist die Cyclamenmilbe, deren Wirkungskreis sich jedoch keineswegs nur auf Alpenveilchen beschränkt. Verkrüppelte Blüten, Stengel, Blätter und Knospen deuten ebenso auf einen Befall hin wie Korkflecken oder ausbleibender Laubaustrieb. Weil die Tiere nur bei Temperaturen über 24°C und hoher Luftfeuchtigkeit zum Zuge kommen, treten sie im geschlossenen Blumenfen-

Schadbild bei Weichhautmilbenbefall an Strahlenaralien

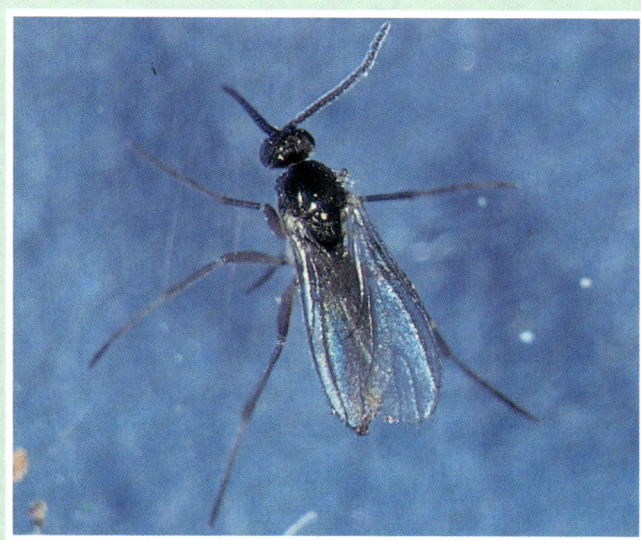

Trauermücke (zirka 10fache Vergrößerung)

ster und im Warmhaus häufiger auf als bei Pflanzen in Fensterbrettkultur. Da eine chemische Bekämpfung im Hobbybereich nicht möglich ist, muß man versuchen, Temperatur und Luftfeuchtigkeit nach festgestelltem Befall zu senken, betroffene Pflanzenteile entfernen und vernichten.

Trauermücken

Hier sind nicht die ausgewachsenen, flugtüchtigen Insekten die Störenfriede, sondern – wenn überhaupt – ihre bis zu 7 mm langen weißen Larven mit schwarzem Kopf. Obgleich sie als Zersetzer organischen Materials in der Natur eine wichtige Aufgabe erfüllen, können sie sich im Blumentopf auch an die feinen Faserwurzeln der Zimmerpflanzen heranmachen.

Die beste Bekämpfung besteht im Beseitigen der flugfähigen Muttertiere, um eine weitere Ausbreitung durch die abgelegten Eier zu stoppen. Man kann sie mit den heute wieder erhältlichen Fliegenstripsen fangen oder andere, gegen Stubenfliegen und Mücken im Handel angebotene Produkte in Pflanzennähe deponieren. Die Larven selbst lassen sich durch eine schwach konzentrierte Insektizid-Lösung bekämpfen. Diese Maßnahme empfiehlt sich vor allem bei der Jungpflanzenanzucht, ausgewachsene, gesunde Zimmerpflanzen sind nur bei sehr starkem Befall gefährdet.

Weiße Fliege (Mottenschildlaus)

Diese, in die Verwandtschaft der Schildläuse gehörenden, aber geflügelten und daher beweglichen Tiere schädigen Zimmer-, Garten- und Gewächshauspflanzen aller Art durch ihre Saugtätigkeit und die Absonderung von Honigtau, der wiederum zur Ansiedlung von Rußtaupilzen führt. Eine Bekämpfung sowohl der ausgewachsenen Stadien als auch der Larven ist wegen der Widerstandsfähigkeit dieser Insekten nicht ganz einfach. Da sie Wärme und Luftfeuchtigkeit schätzen, kann bereits, wenn es von den Pflanzen vertragen wird, ein Kühlerstellen Abhilfe bringen. Im Blumenfenster und erst recht im Gewächshaus hat sich das Aufhängen sogenannter Gelbtafeln, die mit Leim beschichtet sind, bewährt. Man bekommt sie überall im Gartenfachhandel. Auch der Einsatz von Schlupfwespen als natürlichen Feinden kann bei starkem Befall in Erwägung gezogen werden; die Erfolgsaussichten sind gut. Weihnachtsstern, Fuchsie, Fleißiges Lieschen und Hibiskus werden von der Weißen Fliege neben vielen anderen Kulturpflanzen besonders gerne heimgesucht.

Einige wirksame Insektizide: Actellic 50 (Xn), Ambush, Neudosan, Decis flüssig

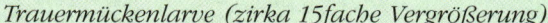

Trauermückenlarve (zirka 15fache Vergrößerung)

Weiße Fliege (zirka 12fache Vergrößerung)

Asseln (zirka 2fache Vergrößerung)

Tausendfüßler (zirka 3fache Vergrößerung)

Gelegentlich auftretende Schädiger

Bei einigen, gelegentlich an Zimmerpflanzen anzutreffenden Tieren läßt sich eine Einstufung als Schädling nicht ohne weiteres vornehmen, weil sie nur durch Zufall hierher geraten sind. In ihrem angestammten Lebensbereich dagegen erfüllen sie eine durchaus nützliche Funktion als sogenannte Bestandsabfallzersetzer. Das heißt, sie ernähren sich dort von abgestorbenem, organischem Material, das sie in hochwertigen Humus umsetzen. Hierher gehören zum Beispiel Asseln, Tausendfüßler und Springschwänze (Collembolen). In Ermangelung ihrer natürlichen Nahrungsquellen können sie im Blumentopf auch lebendes Gewebe von unterirdischen Pflanzenteilen schädigen. Asseln und Tausendfüßler sind kaum zu übersehen und sollten, wenn sie einmal an Zimmerpflanzen entdeckt werden, in den Garten oder auf den Kompost zurückkehren dürfen. Springschwänze, die sich unsichtbar in der Topferde von abgestorbenen Wurzel- und Pflanzenresten ernähren, können sich beim Versiegen dieser Quellen ebenfalls über lebendes Gewebe hermachen, daß heißt, die feinen Faserwurzeln anfressen und damit die Wasser- und Nährstoffaufnahme erheblich stören. Wenn man diese Urinsekten, die beim Gießen an die Topfoberfläche kommen können und von denen sich einige Arten mit einer Sprunggabel am Körperende hüpfend fortbewegen, in größeren Mengen entdeckt, ist Abhilfe notwendig. Die Blumentöpfe werden einfach zwei oder drei Stunden bis über den Rand in Wasser gestellt und die später auf der Oberfläche schwimmenden Collembolen abgeschöpft. Bis zum nächsten Gießen muß man das Substrat gut abtrocknen lassen. Manchmal kommt es vor, daß sich ein Regenwurm in die Blumenerde unserer Topfpflanzen verirrt. Zimmergärtner, die von der Lebensweise dieser Tiere und ihrem Nutzen für die Fruchtbarkeit des Bodens nichts wissen, bekommen dann einen Schrecken und fürchten nicht ganz zu Unrecht um die Gesundheit ihrer Zöglinge. Denn genau wie die Springschwänze können sich auch Regenwürmer an den Faserwurzeln der Zimmerpflanzen vergreifen. Sie tun dies freilich nicht aus freien Stücken, sondern aus purer Not, weil ihnen in dem engen Gefängnis die natürliche Nahrung in Form verwelkter, abgestorbener Pflanzenreste nicht zur Verfügung steht. Und wie kommt der Wurm in den Topf? Meist schleppt man ihn selber ein, wenn man das Pflanzensubstrat mit eigener Erde aus dem Garten oder vom Komposthaufen „verbessert". In solchen Fällen sollte also auf „blinde Passagiere" geachtet und der Zuwanderer wieder in den Garten zurückbefördert werden. Viel öfter aber sind es die winzigen Eikokons der Regenwürmer, die unbemerkt in den Blumentopf gelangen und dann für ein vermehrtes Auftreten der Tiere verantwortlich sind.

Ein weiterer, allerdings ebenfalls seltener Gast an Zimmerpflanzen ist der Ohrwurm, in der freien Natur als Blattlausvertilger durchaus von Nutzen. Allerdings macht auch er sich gelegentlich über saftige Pflanzenteile wie junge Blätter und Blüten her und hinterläßt dann an den Topfgewächsen seine Spuren. Obgleich die Tiere mit 1,5 cm Körperlänge

Springschwänze (zirka 17fache Vergrößerung)

Regenwürmer (zirka 3fache Vergrößerung)

nicht zu übersehen sind, werden sie wegen ihrer nächtlichen Lebensweise nur selten entdeckt. Treten an den Pflanzen Fraßschäden auf, für die man keine Erklärung findet, genügt es, abends ein paar feuchte, zerknäulte Lappen zwischen die Pflanzen zu legen. Die Ohrwürmer nehmen sie als Tagesschlafstätte an, und man kann die Tiere dann im Garten herausschütteln. Insektizide gegen Ohrwürmer einzusetzen hieße, mit Kanonen auf Spatzen zu schießen.

Besondere Kulturweisen

Die Artenvielfalt des Pflanzenreichs ermöglicht es uns, Gewächse ins Wohnzimmer zu holen, die dort eigentlich nicht hingehören. Natürlich brauchen diese Fremdlinge mehr noch als die schon bekannten Exoten ganz spezielle Kulturhilfen, einen in sich abgeschlossenen Lebensraum, der ihre Existenzgrundlage sichert. Wir müssen ihnen das schaffen, was in der freien Natur als Biotop bezeichnet wird, kleine Inseln, die nur für sie gedacht sind. Mit Zusatzheizung, Kunstlicht und einigen weiteren technischen Hilfsmitteln, mit etwas botanischen Kenntnissen und viel Engagement ist auch der Hobbygärtner in der Lage, derartige Refugien einzurichten. Experimentierfreudigkeit gehört ebenso dazu wie der Mut, anfängliche Mißerfolge hinzunehmen. Denn bei diesen Sonderkulturen sichert einzig Erfahrung den Erfolg.

Neben dem gewohnten Platz auf dem Fensterbrett oder für gehobene Pflegeansprüche im Blumenfenster und in der Vitrine gibt es auch noch einige andere Möglichkeiten, Zierpflanzen im Haus unterzubringen. Hierbei stehen häufig Freude am Experimentieren oder gestalterische Überlegungen im Vordergrund. Andererseits bietet beispielsweise der „Garten in der Flasche" die Chance, kleine Tropengewächse zu bewundern, für die man sonst ein Blumenfenster benötigte. Wasser- und Sumpfpflanzen können im Zimmer wegen ihrer besonderen Ansprüche nur in einem speziell für sie hergerichteten Behälter existieren und lassen sich so in andere Pflanzengemeinschaften auf dem Fensterbrett integrieren. Bei der Ausstattung von Terrarien mit der passenden Flora muß der dominierende Tierbestand berücksichtigt werden, die Bepflanzung ist nur Beiwerk und wird nicht um ihrer selbst willen vorgenommen. Ein Terrarium, das ausschließlich der Pflanzenpflege dient, ist nichts anderes als eine Vitrine. Ein Sonderfall sind Zimmerbonsais, die im Gefolge des sich bei uns ausbreitenden japanischen Bonsai-Booms aufkamen und die Möglichkeiten dieser Pflanzenformung mit Draht und Schere um eine europäische Variante bereicherten. Pflanzenkultur in anderen Räumlichkeiten als dem Wohnzimmer ist eigentlich immer das Ergebnis der Suche nach einem günstigen Winterquartier, denn helle und kühle Plätze sind um diese Jahreszeit Mangelware.

Hydrokultur

Trotz wiederholter Aktionen von seiten des Handels, trotz der Bildung einer „Sondergruppe Hydrokultur" im Zentralverband Gartenbau als Dachorganisation und einer „Deutschen Gesellschaft für Hydrokultur" – die erdelose Pflanzenpflege hat sich bis heute im privaten Bereich noch nicht so durchsetzen können, wie es ihr eigentlich zukommen sollte. Das mag am mangelnden Bekanntheitsgrad ebenso liegen wie an Rückschlägen, die bei zu hoch geschraubten Erwartungen oder Überschätzungen der Möglichkeiten dieser Kulturmethode unvermeidlich sind. Sicherlich spielt auch die Kostenfrage eine Rolle. Während eine preiswerte Blütenpflanze der Saison im Regal des Einkaufszentrums schnell mitgenommen und daheim auf dem Fensterbrett deponiert ist, ein paar Plastikblumentöpfe, ein Beutel Erde und ein Fläschchen Flüssigdünger den Geldbeutel kaum belasten, sind die Investitionen selbst für eine einzige Hydrokulturpflanze vergleichsweise hoch. Und wer gibt sich auf die Dauer schon mit einem Einzelgänger zufrieden? Ganz abgesehen davon, daß Hydrogewächse nicht überall erhältlich sind und daß das Angebot meist auf Blattpflanzen beschränkt ist.
Die Vorteile der erdelosen Pflanzenkultur – sie hat auch in der Praxis durchaus ihre Nachteile – wiegen diese Negativpunkte nicht immer auf. Eine Absage an die Hydrokultur also? Keineswegs, nur eine notwendige Einschränkung, um

Pflanzenarrangement in Hydrokultur

allzu hochgespannte Erwartungen zu dämpfen. Denn wenn man sich von dieser Methode nicht die Lösung aller Probleme erhofft und wenn man bereit ist, Erfahrungen zu sammeln und mögliche Anfangsmißerfolge in Kauf zu nehmen, so kann die Hydrokultur zum beglückenden Erlebnis werden, in Grenzen sogar eine Alternative zur herkömmlichen Erdkultur darstellen.
Wie der Name sagt, ist das Medium hier nicht Erde oder Substrat, sondern Wasser. Das Tongranulat, in dem die Pflanzen stehen, hat lediglich Haltefunktion. Nährstoff- und Feuchtigkeitsaufnahme erfolgen über das die Tonkügelchen umspülende Naß. Ein modernes Hydrogefäß besteht daher immer aus zwei Teilen: dem Übertopf (Rahmengefäß), der mit Wasser und Nährstoffen gefüllt ist, und dem meist geschlitzten Kulturtopf aus Plastik. In ihm wächst die vom Tongranulat festgehaltene Hydrokulturpflanze. Im Gegensatz zu Gefäßen

der Erdkultur soll das Hydrosystem stets möglichst groß bemessen sein, um ein häufiges Umsetzen zu vermeiden. Umtopfen von Hydropflanzen ist eigentlich immer mit dem Risiko des Wurzelverlusts verbunden, weil sich diese Organe hier ja nicht in einem schützenden Ballen befinden, sondern nur locker von den Tonkügelchen umgeben sind.
Blähton verschiedener Körnung – früher benutzte Substrate wie Bimskies, Blähschiefer, Granitsplit oder Basalt werden heute in der Hydrokultur nicht mehr verwendet – wird bei einer Temperatur von über 1 000 °C gebrannt, ist strukturstabil und säurefest, lufthaltig und außerordentlich leicht. Von billigen Produkten des Baustoffhandels, wo Blähton als Isolier- und Dämmaterial angeboten wird, sollte sich der Hydrogärtner hüten. Salze und andere Verunreinigungen lassen keine erfolgreiche Pflanzenpflege zu. In Frage kommen nur Granulate aus dem Garten- und Blumenfachhandel, die auch unter anderen Produktbezeichnungen verkauft werden.

Man füllt das Gefäß immer nur bis zur Marke 1 oder Optimum auf. Nach dem Absinken auf 0 oder Minimum wartet man einige Tage mit dem Nachfüllen. Bis 2 oder Maximum wird nur bei längerer Abwesenheit aufgefüllt

Für die erdlose Pflanzenkultur benötigt man einen Kulturtopf, der mit Blähton gefüllt wird. Am Rand ist eine Aussparung für den Wasserstandsanzeiger; unter den gewölbten Boden kann eine Düngebatterie gelegt werden. Das Ganze wird in ein Hydrogefäß gestellt

Da dem Blähton, durch den sich die Pflanzenwurzeln locker hindurchschlängeln, die Pufferwirkung eines Erdsubstrats fehlt, hängt das Wohlbefinden der Pflanze von der Höhe des Wasserstands und den darin befindlichen Nährstoffen ab. Steht das Wasser zu hoch, erhalten die Wurzeln keinen Sauerstoff und beginnen zu faulen, sinkt er soweit ab, daß der Blähton austrocknet und die Wurzeln die Nährlösung nicht mehr erreichen können, muß die Pflanze vertrocknen. Die Düngung kann auf 2 Wegen erfolgen: mit einem herkömmlichen Hydroflüssigdünger – auch Granulate sind im Handel –, der in der vorgeschriebenen Konzentration in den Übertopf gegeben wird, oder mit dem Ionenaustauscher Lewatit HD 5 in Form kleiner Kunstharzkügelchen oder sogenannter „Düngerbatterien“. Diese flachen Kunststoffbehälter werden unter den Kulturtopf gelegt und liefern für 5–6 Monate Dünger in ausreichender Menge. Da die an das Kunstharz gebundenen Nährstoffe nur im Austausch gegen im Wasser vorhandene gelöste Salze und Wurzelausscheidungen freigegeben werden können, funktionieren Ionenaustauscher nur in „hartem“ Milieu, das die genannten Stoffe in ausreichendem Maße enthält. Abgekochtes, chemisch gereinigtes oder auch Regenwasser sind also für derartige Düngevarianten nicht geeignet. Hierin fehlt vor allem Kalzium. Für flüssige Hydrodünger dagegen, die nicht die Wirkungsweise der Ionenaustauscher haben, gilt, was auch sonst für die Wasserqualität bei der Zimmerpflanzenpflege zu beachten ist: Der pH-Wert sollte nicht über 6,5 liegen. Da in diesem Fall jedoch die pflanzenunverträglichen Stoffe und Wurzelausscheidungen eine ständige Anreicherung erfahren, muß etwa alle 4 bis 6 Wochen – genaue Werte kann nur die Erfahrung liefern – ein vollständiger Wasserwechsel mit Durchspülung des Tongranulats erfolgen. Bei Ionenaustauschern ist dies nicht notwendig. Wird Wasser nachgefüllt, sollte es

Umstellen von Erd- auf Hydrokultur: 1. Der Wurzelballen wird sorgfältig von Erde befreit. 2. Noch anhaftende Erdreste spült man ab. 3. Man hält die Pflanze in den Kulturtopf und füllt Blähton auf. Sie darf nicht tiefer stehen als zuvor in Erde. 4. Nun wird Wasser bis zur Markierung 1 oder Optimum aufgefüllt

immer Zimmertemperatur haben und später nicht unter 16°C absinken. Der ideale Wert für die meisten Pflanzen liegt hier zwischen 20 und 25°C. Bei Temperaturen, die wesentlich darüber liegen, sinkt der Sauerstoffgehalt in der Nährlösung zu stark ab.

Es wurde bereits darauf hingewiesen, daß Erfolg oder Mißerfolg der Hydrokultur von der Höhe des Wasserstands abhängen. Da die obere Lage des Blähtons auch dann trocken ist, wenn sich noch genügend Wasser im Rahmengefäß befindet, muß man sich mit Hilfe einer optischen Anzeige über die Wassersituation im Hydrotopf informieren. Bei älteren Modellen diente ein Sichtfenster in der Außenwand des Behälters diesem Zweck. Heute werden fast nur noch Wasserstandsanzeiger verwendet, die aus einem Rohr mit darin befindlichem Schwimmer bestehen. Die Markierungen Minimum – Optimum – Maximum geben Auskunft darüber, wieviel Wasser sich noch im Gefäß befindet. Leider haben diese simplen Geräte ihre Störanfälligkeit und damit Unzuverlässigkeit bis heute nicht eingebüßt. Unsichtbarer Algenwuchs im Rohr, ein verklemmtes Lewatit-Kügelchen oder kleine Wurzelstücke genügen, um das Gerät außer Funktion zu setzen und den Pfleger zu täuschen. Deshalb sollte man den Wasserstandsanzeiger bei jedem Nachfüllen kontrollieren.

Unter normalen Umständen wird das Wasser erst dann ergänzt, wenn im Anzeiger die Markierung Minimum erscheint. Erfahrene Praktiker empfehlen, selbst dann mit dem Nachfüllen noch 1 oder 2 Tage zu warten, damit die Wurzeln in dieser Zeit eine ausgiebige Luftdusche erhalten. Auf keinen Fall soll man danach bis zur Markierung Maximum auffüllen, sondern bei Optimum stoppen, damit nicht der gesamte Wurzelstock im Wasser schwimmt. Nur bei längerer Abwesenheit kann diese Höchstgrenze akzeptiert werden, um die Wasserkapazität des Rahmengefäßes voll auszunutzen.

Es gibt bis heute nur ein einziges System, bei dem kein Ärger mit Anzeigegeräten und Wasserstand zu befürchten ist: den Hydrotank nach Dr. Blaicher. Hier befindet sich die Nährflüssigkeit in einer drehbaren Plastiktrommel, die, mit der Einfüllöffnung nach unten gedreht, für gleichmäßigen, dem Verbrauch entsprechenden Wassernachschub im Rahmengefäß (Übertopf) sorgt. Dieses System gibt es in den verschiedensten Abmessungen vom Kleinst- bis zum Großgefäß, in mehreren Farben und unterschiedlichem Design.

Etwas heikel ist die Umstellung eigener Pflanzen von Erd- auf Hydrokultur, was noch am ehesten bei jungen Gewächsen gelingt. Das Wichtigste hierbei ist das gründliche Auswaschen der Wurzeln unter fließendem Wasser, damit auch das letzte Krümelchen Erde beseitigt wird. Bei anhaftenden organischen Stoffen kann es in der anschließenden Wasserkultur leicht zu Fäulnis kommen. Kranke, abgestorbene oder zu lange Wurzeln werden entfernt beziehungsweise eingekürzt. Nach dem Einsetzen der Pflanze in den Kulturtopf wird mit Blähton aufgefüllt und der Wasserstand während der ersten Wochen auf Minimum gehalten. Gedüngt wird zunächst nicht. Erst wenn sich neue, dem ungewohnten Medium angepaßte Würzelchen gebildet haben, beginnt die übliche Pflege. Um die Umstellung zu erleichtern, empfiehlt sich daran anschließend eine Plastikumhüllung als Verdunstungsschutz.

Die Stecklingsvermehrung von Hydrokulturpflanzen selbst oder von anderen Gewächsen aus Erdkultur muß in Wasser oder in Blähton erfolgen, damit eine spätere, umständliche Umstellung von vornherein vermieden wird. Da heute auch eine Vielzahl von Blütenpflanzen hervorragend in Hydrokultur gedeiht, das entsprechende Angebot des Handels jedoch zu wünschen übrig läßt, bieten sich dem Hobbygärtner durch Anzucht aus einem bereits vorhandenen Bestand die interessantesten Möglichkeiten. Zwischen *Amaryllis* und *Zantedeschia* liegt das ganze Spektrum der Gewächse, die sich im Hydrogefäß genauso wohl fühlen wie in Erde.

Stellt man die Vor- und Nachteile der Hydrokultur einander gegenüber, fällt die Entscheidung dafür oder dagegen – sieht man von der Kostenfrage ab – schwer. Als positiv wären, richtige Pflege vorausgesetzt, zu verzeichnen: keine Gieß- und Düngeprobleme, Langzeitbewässerung bei Abwesenheit, seltenes Umtopfen, Sauberkeit auf dem Fensterbrett. Die Nachteile: Ein sommerlicher Aufenthalt im Freien ist ohne Überdachung nicht möglich, da Regenfälle den gesamten Wasser- und Nährstoffhaushalt durcheinander brächten. Pflanzen, die im Winter eine gewisse Ruhezeit mit vermindertem Wasserstand und einem kühlerem Platz benötigen, sind in Hydrokultur problematisch, da sich dabei auch ein Absinken der Wassertemperatur unter die kritische Grenze kaum vermeiden läßt. Dem kann nur durch einen extrem niedrigen Wasserstand begegnet werden, was wiederum erhöhte Aufmerksamkeit voraussetzt.

Zur Schädlingsbekämpfung bei Hydrokulturpflanzen hat sich „Systemschutz D" von Wacker hervorragend bewährt. Das Präparat wirkt sowohl gegen Blatt- und Schildläuse als auch gegen Blasenfüße, nicht aber gegen Spinnmilben. Gerade sie aber treten im winterlich warmen Wohnzimmer, wie übrigens auch die Blasenfüße, besonders häufig auf. In langwierigen Versuchen hat das Landespflanzenschutzamt Mainz seine Aufmerksamkeit daher gerade den Bekämpfungsmöglichkeiten der Spinnmilbe gewidmet und rund 60 verschiedene Pflanzenschutzsprays getestet. Als empfehlenswert blieben schließlich nur 3 Produkte übrig: Pflanzenspray Hortex, Lizetan-Zimmerpflanzenspray und Zimmerpflanzenspray N. Bei ihnen wurde zusätzlich auch eine gute Wirksamkeit gegen Blatt- und Schildläuse festgestellt. An empfindlichen, weichblättrigen Gewächsen können diese Sprays Blattschäden hervorrufen. Natürlich kann man auch in der Hydrokultur Raubmilben bei der Bekämpfung von Spinnmilben einsetzen.

Blumenfenster

Wer spitzfindig ist, hat Schwierigkeiten, den Begriff Blumenfenster auf Anhieb zu definieren. Denn schließlich kann man auch das Bord eines besonders günstig gelegenen Fensters, auf dem Topfgewächse bevorzugt ihren Platz finden, als Blumenfenster bezeichnen. Hier ist etwas anderes gemeint, nämlich ein Pflanzenquartier, das durch gewisse Zusatzeinrichtungen einzig und allein der Pflege von Zimmerpflanzen dient. Das läßt sich mit recht einfachen Mitteln und ohne bauliche Veränderungen erreichen, man kann aber auch, mit einer gehörigen Portion handwerklichem Geschick oder unter Zuhilfenahme eines Architekten, eine Art Zimmergewächshaus schaffen, das in den Raum integriert wird. Generell werden 2 Typen voneinander unterschieden: das offene und das geschlossene Blumenfenster.

Ein offenes Blumenfenster erfordert im allgemeinen wenig Arbeitsaufwand, vorausgesetzt, das Fensterbrett ist breit und stabil genug, um eine Blumenwanne aufzunehmen. Andernfalls muß das Bord nachträglich verbreitert werden, was in den meisten Fällen mit Metallträgern auch noch im Eigenbau möglich ist. Nur sollte in der Vorfreude auf künftige Blumenpracht des Guten nicht zuviel getan werden. Wir haben nun mal nicht die Armlänge eines Schimpansen, was heißen soll: Die Tiefe muß so berechnet sein, daß wir mit unseren Händen überall hinreichen können. Weniger wäre sogar mehr, denn gerade die Scheiben, die an diesen Arbeits- und Pflegeplatz angrenzen, müssen öfter als andere von angetrockneten Wasser- und Sprühflecken, von der Abdrift der

Offenes Blumenfenster

Dieses geschlossene Blumenfenster ist trotz Fensternähe mit einer Zusatzbelichtung ausgestattet

Mit Orchideen, Tillandsien und verschiedenen Blattpflanzen harmonisch gestaltete Pflanzenvitrine

Pflanzenschutzsprays und anhaftenden Blättern, Stengeln oder Erdkrümeln gesäubert werden.

Herzstück des einfachen, zum Wohnraum hin offenen Blumenfensters ist die mit feuchtem Torf oder einem Tongranulat gefüllte Wanne, in der die Gewächse in ihren Töpfen stehen. Diese Wanne sollte mindestens 20 cm hoch und von unten her mit einer Styroporplatte isoliert sein, wenn sich ein Heizkörper darunter befindet. Je nach den Raumverhältnissen, das heißt dem zur Verfügung stehenden Platz und den Heizgewohnheiten, wäre sogar zu überlegen, die Wanne durch senkrecht aufgeklebte Styroporplatten an der Zimmer- und Fensterfront zusätzlich gegen Warmluft und Zug zu schützen.

Bei freiem Auspflanzen müssen anstelle von Torf oder Tongranulat Erdsubstrate verwendet werden. Man sollte sich freilich der Nachteile dieser Kulturmethode bewußt sein. Ihr einziger möglicher Vorteil besteht darin, daß die Gewächse viel Raum zum Wurzeln haben und sich daher unter Umständen besser entwickeln als in einem Topf. Doch diese Wuchsfreudigkeit ist im Blumenfenster nicht unbedingt erstrebenswert, weil man bei starkem Pflanzenbesatz schon bald die Übersicht verliert und auch der optische Eindruck dann nicht unbedingt der beste ist. Zudem machen sich die Pflanzen gegenseitig Konkurrenz. Eine individuelle Pflege hinsichtlich des Düngens und Gießens läßt sich kaum mehr durchführen, ein Ortswechsel ist wegen des miteinander verfilzten Wurzelwerks ebenso riskant wie das Aussondern erkrankter Gewächse.

Im geschlossenen Blumenfenster, das vom Wohnraum durch verschiebbare Glasfenster getrennt ist, lassen sich wärme- und feuchtigkeitsliebende Tropenpflanzen ihren Wünschen entsprechend pflegen. Hier gedeiht alles das, was es im Wohnzimmer gar nicht oder nur eine begrenzte Zeit aushält, vor allem also die besonders faszinierenden Gewächse des feuchtwarmen Regenwaldes. Dazu gehören unter anderem eine Reihe von Bromelien, Orchideen, Baumfarnen und bodenbedeckenden Zwergen wie Fittonien.

Ähnlich wie für das Gewächshaus bietet die moderne Technik vielfältige Hilfsmittel an, mit denen sich die gewünschten Verhältnisse im geschlossenen Blumenfenster herstellen lassen und mit denen man die Natur nachahmen kann: Bodenheizung, künstliche Beleuchtung, Außenschattierung, Belüftungs- und Bewässerungsautomatik, hygrostatisch gesteuerte Luftbefeuchtung. Damit diese Geräte und Systeme im Fenster Platz finden und so installiert werden, daß sie auch voll wirksam arbeiten, sollte man einen erfahrenen Gewächshaushersteller zu Rate ziehen, denn derartige Einrichtungen sind teuer genug, so daß man Fehlinvestitionen von vornherein vermeiden muß.

Pflanzenvitrinen haben dem Blumenfenster gegenüber den Vorteil, daß man sie als optischen Schwerpunkt überall im Raum hinstellen kann – geeignete und auf den Bedarf der Pflanzen ausgerichtete Leuchten vorausgesetzt. Auch in solch einem Minigewächshaus läßt sich viel technisches Gerät unterbringen, das die Pflege erleichtert. Noch mehr als im Blumenfenster muß hier vor einer Überfrachtung mit Gewächsen gewarnt werden. Nur geschickte Auswahl und richtige Plazierung machen eine Vitrine wirklich zu einem Schmuckstück. Wenn es in diesen Blumenlandschaften einmal etwas trist wird, weil gerade eine Blühpause eingetreten ist, kann man Blütenpflanzen der Saison dazusetzen.

Flaschengärten

In fast jedem Blumen- und Dekorationsgeschäft begegnen uns heute große bauchige und auch kleinere Flaschen und Glasbehälter, in denen sich eine Mini-Flora recht wohl zu fühlen scheint. Das funktioniert freilich nur, wenn das Gefäß aus ungefärbtem, durchsichtigem Glas besteht und oben mit einem Stöpsel fest verschlossen werden kann. Da die Gewächse atmen, das heißt einmal Sauerstoff aus der Luft aufnehmen und Kohlendioxyd abgeben, zum anderen bei der Assimilation tagsüber in umgekehrter Folge Kohlendioxyd verbrauchen und Sauerstoff produzieren, ist dieser ungestörte Kreislauf nur im verschlossenen Gefäß gewährleistet. Weil die aus dem Boden aufgenommene Feuchtigkeit sich hier durch Verdunstung nicht verflüchtigen kann, trocknet darüber hinaus der Boden in der Flasche nie aus, und die Luft ist zu fast 100 % mit Feuchtigkeit gesättigt. Andererseits wird der Gasaustausch durch diese dichte Atmosphäre gehemmt, was zu einem verminderten Wachstum führt. Im Flaschengarten kann das nur von Vorteil sein.

Bepflanzen eines Flaschengartens: *1. Mit einem Trichter kann man sowohl das Substrat als auch Pflanzen in die Flasche bringen. 2. Zum Bepflanzen wird ein Löffel an einem langen Stiel befestigt*

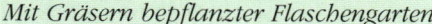

Mit Gräsern bepflanzter Flaschengarten

Das Herrichten und Bepflanzen einer Flasche erfordert einiges Geschick und kann zu einer Geduldsprobe werden. Denn es ist nicht ganz einfach, Substrat und Gewächse durch den schmalen Hals zu bugsieren und danach die Pflanzen auch noch unbeschädigt in die Erde zu bringen. Mit der zuunterst liegenden Dränageschicht aus Blähton oder Kieselsteinen hat man es noch einfach. Schwieriger wird es mit dem Pflanzsubstrat aus Torf oder einen Gemisch aus Torf und Blumenerde (Verhältnis 1 : 1), weil es bereits angefeuchtet in die Flasche gelangen muß. Am besten formt man dazu einen Trichter aus Postkartenkarton und hilft mit einem Bleistift nach. Zum Glätten und zur Pflanzarbeit im Flascheninnern kann man Kuchenkabeln, Teelöffel oder andere geeignete Gegenstände, an einem längeren Stab festgebunden, zweckentfremden.

Leider läßt sich Kondenswasserbildung auf Grund der hohen Luftfeuchtigkeit nicht verhindern, andererseits ist es gerade dieses selbst produzierte Wasser, das ständig zur

Verfügung steht, an den Wänden herabfließt, dem Boden zurückgegeben wird und Gießen im Flaschengarten überflüssig macht. Problematischer sind die Wahl und der Kauf passender, kleinbleibender tropischer Blattgewächse. Wofür man sich auch entschließt, es sollten möglichst Jungpflanzen sein, die die kleine Welt hinter Glas bevölkern und die während der Zeit des Heranwachsens den Rahmen nicht sprengen. Heute gibt es eine Reihe von Spezialbetrieben, bei denen man Tropengewächse kaufen kann und deren Praxiserfahrung sich der Hobbygärtner bei der Zusammenstellung des Sortiments zunutze machen sollte. Allerdings muß man die Hoffnung auf einen blühenden Garten in der Flasche begraben. Was hier gedeiht, sind in der Mehrzahl Pflanzen mit reizvollem Laub, das es in Form und Farbe und an diesem Ort durchaus mit Blütengewächsen aufnehmen kann: Farne, Moose, das Mooskraut *Selaginella*, kleinbleibender, kriechender Efeu, einige Tradeskantien und Drazänen, die breitblättrige, niedrige *Sansevieria hahnii* im Jugendstadium, kleinbleibende Bromelien und vielleicht die Kletterfeige *Ficus pumila*.

Die Bepflanzung von nicht verschließbaren Gefäßen wie kleinen Vollglasaquarien, Dessertschalen oder Cognacschwenkern hat mit Flaschenkultur nichts zu tun. Hier handelt es sich um reine Dekorationsstücke, deren Inhalt meist nicht sehr lange hält, weil die Wuchsbedingungen im engen Behältnis ohne Wasserabzug zu wünschen übrig lassen. Für alle hier genannten Kulturgefäße einschließlich der Flaschengärten gilt, daß sie zwar hell stehen sollen, aber nicht sonnig. Und bei der Anzahl der Gewächse ist mehr noch als im viel größeren Blumenfenster äußerste Zurückhaltung am Platz, damit die Schönheit jedes einzelnen der kleinen Bewohner voll zur Geltung kommt.

Wassergarten im Zimmer

Für einen Zimmerwassergarten eignet sich jedes dichte Gefäß. Behälter aus Metall muß man entweder innen mit einem pflanzenfreundlichen Kunstharz ausstreichen oder Folie einlegen, weil durch Oxidation giftige Stoffe an die Wurzeln gelangen können. Form und Größe hängen einzig von dem zur Verfügung stehenden Platz und dem persönlichen Geschmack beziehungsweise von den Bepflanzungswünschen ab. Kleine tropische Seerosen öffnen ihre roten, rosa oder gelben Blüten bereits in einer einfachen Schale, in der man der Nymphenblume vielleicht noch eine Simse (*Scirpus*) und ein jugendliches Zypergras zugesellen kann. Bizarr sieht es aus, wenn ein kleines, knorriges Wurzelstück den Mittelpunkt des Arrangements bildet, umgeben von Schlangenbart (*Ophiopogon*), Schwertpflanze (*Echinodorus*) und Wasserschlauch (*Utricularia sandersonii*). Auch eine Kombination von Perlkraut (*Micranthemum umbrosum*) und rotblättrigem Wasserkelch (*Cryptocoryne*) macht sich recht hübsch. Selbst in einem nur 10 cm hohen Gefäß können sich

Ein Wassergarten belebt den Wohnraum. Durch die höhere Luftfeuchtigkeit fühlen sich viele Blattpflanzen wohler und gedeihen besser

Papageienblatt (*Alternanthera*) und Wassersalat (*Pistia*) in der Gemeinschaft mit dem Sumpffreund (*Limnophila*) und Kalmus (*Acorus*) wohlfühlen.

Ein hohes Vollglasaquarium als Pflanzgefäß ist nicht ratsam. Meist sehen die eingesetzten Gewächse wie Schaustücke aus, eingepfercht in einen unproportional wirkenden Glaswürfel. Wer dagegen über einen genügend großen, hellen Wohnraum verfügt, kann sich den Behälter für sein Wasser- und Sumpfgärtlein selbst bauen. Es ist nichts weiter als ein beliebig großer, vier- oder mehreckiger Kübel aus Spanbrettern oder Latten, der lediglich mit Folie wasserdicht ausgelegt werden muß. Die 0,5 mm starke Spezialteichfolie wird einfach an die Holzverkleidung angetackert. In so einem „Wasserbett" mit einer Grundfläche von beispielsweise 1 x 1,75 m und 0,35 m Höhe läßt sich eine ganze Menge unterbringen: als Leitpflanzen zum Beispiel der Echte Papyrus (*Cyperus papyrus*), die Amazonas-Schwertpflanze (*Echinodorus macrophyllus*) mit mehr als handtellergroßen Blatt an der Spitze des 1 m langen Stiels und das Einblatt (*Spatiphyllum wallisii*). Als Begleitpflanzen können dienen: Kalmus (*Acorus calamus*), Zypergras (*Cyperus alternifolius*), Wasserfeder (*Hottonia*), Tausendblatt (*Myriophyllum*). Für die Unterpflanzung kämen in Frage: Schlangenbart (*Ophiopogon*), Nadelsimse (*Eleocharis acicularis*), Simse (*Scirpus cernuus*). Ist genügend Platz vorhanden, können als Schwimmpflanzen noch die blau blühende Wasserhyazinthe (*Eichhornia*) und der Wassersalat (*Pistia stratiotes*), häufig auch (fälschlich) als Muschelblume bezeichnet, hinzukommen.

Als Pflanzsubstrat für Töpfe oder bei freiem Auspflanzen dient lehmige Erde. Sofern sie nicht aus dem eigenen Garten geholt werden kann, erhält man kleinere Mengen im Blumen- oder Aquarienhandel, eventuell auch in einer Zierpflanzengärtnerei. Bei der Einrichtung des beschriebenen Wassergartens faßt man zunächst die Pflanzstellen für die

Leitgewächse mit großen Kieselsteinen ein und füllt den Platz dann mit Erde auf. Der übrige Beckenboden erhält ebenfalls eine 10 bis 15 cm hohe Erdabdeckung, in der die anderen Gewächse Platz finden. Nach dem Pflanzen und vorsichtigen Einlassen des Wassers können dann die Schwimmpflanzen auf die Oberfläche gesetzt werden. Es kann, je nach Substratbeschaffenheit, einige Tage dauern, bis das Wasser zwischen den Pflanzen klar geworden ist. Die weitere Pflege besteht dann nur noch im Entfernen verwelkter Teile und gelegentlichem Nachfüllen. Von Zeit zu Zeit kann dem Wasser etwas Hydrodünger zugegeben werden. Die Temperatur sollte nie unter 18°C absinken, bei ungünstigen Verhältnissen (besonders im Winter) muß man eventuell mit einem Heizkabel nachhelfen.

Für die Bepflanzung eines Terrariums wählt man kleinbleibende Arten. Lieber weniger Pflanzen verwenden, so daß sie sich in ihrer Wirkung unterstützen. Die Tierhaltung steht hier im Vordergrund

Bepflanzte Terrarien

Beim Terrarium steht meist nicht die Bepflanzung, sondern die Tierhaltung im Vordergrund. Es geht also nicht so sehr darum, hier seltene oder besonders attraktive Gewächse zur Schau zu stellen, sondern mit Hilfe von passenden Pflanzen, von knorrigen Wurzelstücken, einem kleinen Epiphytenstamm (siehe Seite 114) und hübsch arrangierten Steinen eine Miniaturlandschaft zu gestalten. Bei Reptilien, die in einem mit Sand ausgelegten Glaskasten ohne jegliche Vegetation ihr Dasein fristen müssen, wird man allzusehr an Käfighaltung erinnert.

Von einer möglichen Perfektionierung der Anlage durch die Nachstellung der in der Heimat ihrer Bewohner vorherrschenden Vegetation soll hier nicht die Rede sein. Wollte man zum Beispiel den Lebensraum tropischer Regenwald an typischen Pflanzenbeispielen demonstrieren, erforderte das viel technischen Aufwand und Sachkenntnis, denn anders als im geschlossenen Blumenfenster müssen hier Tier- und Pflanzenpflege unter einen Hut gebracht werden. Wenn wir uns dagegen weitgehend auf eine Flora aus den gemäßigten Klimazonen beschränken, läßt sich einiges im Terrarium unterbringen; vorausgesetzt, die Temperatur- und Lichtverhältnisse müssen nicht aus Gründen der Tierpflege extremen Ansprüchen angepaßt werden.

Da in einem nach oben offenen, häufig aber auch dort mit einer Glasscheibe abgedeckten Terrarium eine höhere Luftfeuchte herrscht als in einem Wohnraum, lassen sich hier kleinbleibende oder junge Farne verschiedener Gattungen ansiedeln, außerdem *Fittonia*- und *Pilea*-Arten oder Efeu als Bodendecker. Wo die Tierhaltung keine hohe Luftfeuchtigkeit erfordert, kann man auf Kakteen und andere Sukkulente ausweichen: *Crassula*-Arten, *Gasteria, Haworthia* beispielsweise, oder auch *Aeonium* und *Agave*, als Hängepflanze *Ceropegia woodii*. Allerdings ist für diese Gewächse ein sehr heller bis sonniger Platz erforderlich. Gerade im Terrarium hat sich freies Auspflanzen als unzweckmäßig erwiesen, weil die Gewächse hier den Bedürfnissen der tierischen Bewohner untergeordnet werden müssen. Das hat Ausfälle zur Folge, man wird also häufiger Pflanzen austauschen müssen. Auch Beschädigungen der Flora sind wahrscheinlich an der Tagesordnung.

Die Topfkultur ist also zu bevorzugen, wobei die Gefäße bis zum Rand in das Bodensubstrat eingesenkt werden sollten, damit sie den optischen Eindruck nicht stören. Als Pflanzensubstrat eignet sich ein Torf-Erde-Gemisch, bei Kakteen und anderen Sukkulenten eine Erde-Sand-Kombination. Auch mit TKS 2 wurden gute Erfahrungen gemacht.

Bonsai für das Zimmer

Der Grundgedanke der zuerst in China entstanden, dann von den Japanern zur Perfektion entwickelten Bonsaikunst ist die Nachformung großer Bäume und Baumgruppen im Kleinformat, die Miniaturisierung von Gehölzen, die an ihren Naturstandorten nicht selten zu gewaltigen Baumriesen heranwachsen. Laub- wie Nadelgehölze kommen dafür gleichermaßen in Frage. Erreicht wird diese Formung durch spezielle Schnittmaßnahmen schon im Jugendstadium der ausgesuchten oder selbst herangezogenen Pflanzen, durch Umwicklung mit Draht und nachfolgendem Biegen der Stämme und Äste, durch Herunterbinden, Aufbinden oder Abspreizen. Das Ergebnis derartiger Bemühungen sind spezielle, festgelegte Formen, die ganz besonderen optischen Erfordernissen entsprechen müssen. Neben Zwillings- und Mehrfachstämmen gibt es Gruppenpflanzungen, zum Beispiel von Bambus, die ein Laub- oder Nadelwaldstück symbolisieren.

Die Zimmeraralie – als Bonsai

Für die Fensterbrettkultur ist der klassische japanische Bonsai nicht geeignet. Es sind Gewächse des Freilands, die dem Wechsel der Jahreszeiten genauso unterliegen wie unsere einheimischen Gehölze. Im winterlich warmen Wohnzimmer hätten sie keine Überlebenschance. Als Zimmerbonsai eignen sich nur Gewächse der Tropen und Subtropen, die eine frostfreie oder sogar warme Überwinterung benötigen. In erster Linie sind es verholzende Pflanzen wie *Bougainvillea, Fuchsia, Ficus, Myrtus, Punica granatum, Schefflera, Jacaranda, Hibiscus, Camellia, Gardenia* und *Eugenia*, um nur einige zu nennen.

„Bonsaipflanzen" kann sich jeder Zimmergärtner selber ziehen. Am gebräuchlichsten ist die Stecklingsvermehrung, weil man hierbei am schnellsten zu formbaren Jungpflanzen kommt; die Anzucht aus Samen dauert etwas länger. Im Grunde genommen spielt die Vermehrungsart für die spätere Kultur keine Rolle, da es ja auch keine speziellen Bonsaijungpflanzen gibt. Auch für den günstigsten Zeitpunkt des Beginns der Formierung lassen sich keine verbindlichen Angaben machen, weil es von der Wuchsfreudigkeit und dem Habitus der Pflanzen abhängt, wann es soweit ist. Jedenfalls sollten diese Arbeiten immer während der Hauptwachstumszeit vorgenommen werden, nicht in der Ruhephase und nicht vor oder während der Blüte. Über die verschiede-

nen Techniken gibt es mittlerweile eine Fülle von teilweise auch sehr preiswerter Literatur.

Spezielle Bonsaigefäße, meist flache runde, ovale, vier- oder mehreckige Schalen, werden im Blumenhandel angeboten. Diese knapp bemessenen Pflanzgefäße machen erhöhte Aufmerksamkeit bei der Pflege erforderlich. Da die Substratfüllung schnell austrocknet, muß man besonders beim Gießen achtgeben. Ein Ertrinken oder Vertrocknen der Pflanze liegen hier dicht beieinander, und bei viel Feuchtigkeit gewohnten Gewächsen wird man, je nach Jahreszeit, Temperatur und Standort, am besten stets eine mit temperiertem Wasser gefüllte Kanne griffbereit haben. Aus denselben Gründen ist auch hinsichtlich der Düngung Zurückhaltung geboten, und das bedeutet: Blumendünger nicht zu oft und stets nur in schwacher Konzentration verabreichen.

Als Substrat für Zimmerbonsais in flachen Gefäßen ist die übliche, im Handel erhältliche Blumenerde nicht sehr geeignet, weil die Wurzeln hier kaum Halt finden. Besser ist es, wenn man Torf und Lehmerde zu etwa gleichen Teilen mischt und noch ungefähr die Hälfte dieser Menge an Sand hinzugibt. Läßt die Standfestigkeit der Pflanze dann immer noch zu wünschen übrig, kann man versuchen, mit einer durch das – unbedingt notwendige – Abzugsloch geführten Drahtschlinge die Wurzeln zu fixieren. Das ist allerdings nur bei Gewächsen notwendig und empfehlenswert, die dem Jugendstadium entwachsen sind.

Aus der sparsam bemessenen Pflanzerde ergibt sich bei Bonsai unter Umständen die Notwendigkeit häufigeren Umsetzens. Bei noch jungen Gewächsen sollte dies sogar jährlich erfolgen, später gibt der Zustand des Substrats Auskunft über ein eventuell notwendiges Umtopfen. Mehr noch als im Blumentopf kann es hier, besonders bei hartem Wasser oder zu salzhaltigen Düngern, zu einer allmählichen Anreicherung der Erde mit schädlichen Stoffen oder einer Strukturverschlechterung kommen. Verdichtungen und damit verbundener Sauerstoffmangel im Wurzelbereich hemmen die Wasser- und Nährstoffaufnahme, die Pflanze kränkelt. In so einem Fall ist ein Substratwechsel unumgänglich. Ist durch das Wachstum der Pflanze ein Mißverhältnis zum Kulturgefäß entstanden, muß ein entsprechend größeres gewählt werden.

Zimmerpflanzen am ungewohnten Platz

Es ist meist viel Theorie dabei, wenn empfohlen wird, Topfgewächse bei unzulänglichen Verhältnissen vor allem während des Winters nicht im Wohnzimmer, sondern in anderen Räumlichkeiten unterzubringen. Es hängt stets von der jeweiligen Wohnsituation und den Lebensgewohnheiten ab, ob dieser Weg gangbar ist. Vor allem handelt es sich, wie schon gesagt, um Ausweichmöglichkeiten im Winter, denn während des Sommers herrschen in allen Räumen des Hauses hinsichtlich der Temperatur in etwa dieselben Verhältnisse. Hier könnte es daher allenfalls um Plätze mit besonders günstigen Lichtverhältnissen gehen.

Früher herrschte in der Küche, begünstigt durch die Kochdämpfe, den Abwasch, das Säubern des Fußbodens mit Wasser, was die Luftfeuchtigkeit anbelangte, ein besonders pflanzenfreundliches Klima – wenn man voraussetzt, daß kein Fettfilm die Spaltöffnungen der Blätter nachhaltig verschloß. Heute filtern Dampfabzugshauben die Luft oder befördern die Dünste nach draußen, erledigen Geschirrspülmaschinen die Säuberung des Geschirrs, wird der gefließte oder kunststoffbeschichtete Boden mit einem Minimum an Wasser plus Reiniger saubergewischt. Für die Pflanzen bleibt da nicht mehr viel übrig. Dennoch: Wo die Küchenatmo-

Wegen seiner hohen Luftfeuchtigkeit ist das Badezimmer für empfindliche Pflanzen gut geeignet

sphäre noch nicht so steril ist, kann man dort am hellen Fenster recht gut Gewächse unterbringen. Besonders *Tillandsia usneoides*, das Louisiana-Moos, läßt seine dichten, graugrünen, lang herabhängenden Bärte nirgendwo sonst so willig sprießen wie in einer Küche, in der die Töpfe dampfen. Ob die Hausfrau diesen exotischen Gast dort zu schätzen weiß, steht auf einem anderen Blatt, wie ja auch die Art der Nutzung dieses Raums für eine Ausstaffierung mit Pflanzen von Bedeutung ist. In einer Wohnküche mit Eßtisch und Eckbank wird gegen grüne Mitbewohner sicher weniger einzuwenden sein als in einem reinen Arbeitsraum.

Ähnliches läßt sich zum Bad als Pflanzenquartier anmerken. Auch hier ist es heute nicht vorwiegend kühl, sondern eher warm – mit wechselnder Luftfeuchte und Temperaturen. Außerdem gehören Bäder mit großen Panoramascheiben nicht gerade zum Standard des Eigenheims, und mit Stellflächen für Blumentöpfe sind sie gleichfalls nicht gesegnet.

Im Schlafzimmer ließe sich für Pflanzen, die im Winter hell und kühl stehen wollen, schon eher ein Platz finden, wobei die Ängste um eine Beeinträchtigung der Gesundheit unbegründet sind. Lediglich stark duftende Gewächse gehören nicht hierher. Doch gerade hier kommt mehr noch als anderswo die Platzfrage ins Spiel. Da Schlafräume auch im Winter regelmäßig gelüftet werden, wird das mit Töpfen vollgestellte Fensterbrett für die Hausfrau bald schon zum Ärgernis. Aber wenn sich einige Kübelpflanzen wie *Yucca, Abutilon* oder *Citrus* unterbringen lassen, ist schon viel gewonnen.

Am ehesten als winterliches, kühles und helles Pflanzenquartier kommen ein weiträumiger Flur, ein lichtes Treppenhaus oder das Gästezimmer in Frage. Wenn es kurzzeitig bewohnt und infolgedessen voll beheizt wird, ist das nicht weiter schlimm. Die durch den ungewohnten Temperaturanstieg möglicherweise vorübergehend schlapp herunterhängenden Blätter erholen sich wieder, sobald die Heizung heruntergeschaltet wird. Flur oder Treppenhaus haben gegenüber anderen, selten benutzten Räumen den Vorteil, daß man hier auch Blütenpflanzen deponieren und sich tagtäglich an ihnen erfreuen kann. Denn weshalb sollen wir für das Alpenveilchen oder die Azalee mühevoll nach geeigneten Stellmöglichkeiten Ausschau halten, wenn wir sie an einem solchen Platz fast doch nie zu Gesicht bekommen? Laubabwerfende Gewächse wie *Datura suaveolens, Cassia, Bougainvillea, Fuchsia* oder *Plumbago* können den Winter im dunklen Keller verbringen, sofern er kühl und trocken ist. Anderen Pflanzen fehlt hier meist genügend Helligkeit, die Temperaturen sind zu hoch oder es kommt gar beides zusammen. Man könnte versuchen, mit künstlicher Beleuchtung (über Zeitschaltuhren gesteuert) Abhilfe zu schaffen, doch sollte das dem Laien, der eine größere Anzahl von Gewächsen durch den Winter zu bringen hat, nicht empfohlen werden. Der Aufwand, den Keller in ein temperiertes Gewächshaus umzuwandeln, wäre zu groß.

Ein mit Oberlicht- und Giebelfenstern zum späteren Ausbau vorgesehener, frostfreier Dachraum dagegen kann für überwinternde Kübelpflanzen und Topfgewächse ideal sein. Hier ist es trotz Isolierung meist luftiger als im Keller, und

Viele Pflanzen sind in einem kühlen und hellen Treppenhaus gut aufgehoben. Auch für Gewächse, die im Sommer im Freien stehen, ist es ein idealer Überwinterungsplatz

Epiphytenstamm

Zahlreiche, besonders hübsche Gewächse des Tropenwaldes wurzeln nicht im Erdboden, sondern haben sich in Rindenspalten, Astgabeln oder Mulden hoher Bäume als „Aufsitzer" oder Epiphyten angesiedelt. Sie beziehen Feuchtigkeit und Nährstoffe aus der dünnen Humusschicht, in der sie sich mit ihrem Wurzelwerk festhalten. Oder sie entnehmen diese lebenswichtigen Elemente direkt der Luft wie die „grauen"

Für das Befestigen von Epiphyten an einem Stamm ist als Substrat Sphagnum gut geeignet: 1. Befestigung mit einem Nylonstrumpf. 2. Auch Kupferdraht (mit Kunststoff ummantelt) hat sich bewährt. 3. Als Bewässerungssystem kann man einen Tontopf, dessen Abzugsloch verschlossen ist, verwenden. Um den Topf wird die Pflanze in Substrat gesetzt und von angenagelten Rindenstückchen gehalten. Füllt man Wasser in den Topf, so wird dieses langsam durch die poröse Topfwand an das Substrat abgegeben

weil genügend Platz zur Verfügung steht, können die Gefäße weit auseinander gestellt werden.
Bleibt schließlich als letzte, aber nicht unbedingt schlechteste Möglichkeit die Garage. Auch hier gilt das schon Gesagte: Sie muß frostfrei, also beheizbar, und hell sein. Hobbygärtner, denen viel an ihren Pflanzen liegt und die Investitionen nicht scheuen, können die Lichtverhältnisse nachträglich verbessern: Ein Wanddurchbruch kann mit Glasbausteinen wieder aufgemauert werden und Licht in den Raum lassen, Flachdächer werden durch 1 oder 2 Plexiglaskuppeln transparent. Bei einer Doppelgarage mit nur einem Auto und viel Hingabe an das grüne Hobby dürfte die Platzfrage hier noch das geringste Problem sein. Eine Lösung wird sich hier wohl immer finden.

oder atmosphärischen Tillandsien. Neben diesen und anderen Bromelien gehören zahlreiche Orchideen, Farne, Aronstabgewächse und einige Kakteen zu den Baumbewohnern. Obgleich fast alle von ihnen bei uns daheim auch in Topfkultur gut gedeihen, ist ein Epiphytenstamm im Blumenfenster schon aus gestalterischen Gründen etwas Besonderes, wenn er mit den vielfältigen Pflanzengestalten des Tropenwaldes bevölkert wird. Sein Umfang und seine Form hängen einzig von dem zur Verfügung stehenden Platz ab.

Verwendet werden möglichst bizarre, knorrige Ast- oder Stammstücke von Hartholzarten wie Eiche oder Robinie, die nicht so rasch vermodern. Wer im Weinbaugebiet wohnt, kann sich von einem Winzer ausgediente Rebstöcke geben lassen und geeignete Teile davon in seinem Blumenfenster verwenden. Wichtig ist, je nach Größe, eine gute Verankerung. Im oberen Bereich kann man die Stamm- oder Astenden mit Nylonschnur am Fensterrahmen oder an der Decke in Fensternähe befestigen. Das untere Ende kommt in eine Schüssel, die mit Gips oder Zement ausgegossen wird. Die Schale kann von außen mit kleinbleibenden Gewächsen kaschiert werden.

Für die Befestigung der Epiphyten am Stamm gibt es mehrere Möglichkeiten. Als Substrat für die Pflanzen dient *Sphagnum* (Sumpfmoos), das im Gartenfachhandel oder in Orchideengärtnereien erhältlich ist. Dieses *Sphagnum*, in das die Wurzeln der Epiphyten vorher eingebettet wurden, kann man nun mit Kupferdraht, Nylonschnur oder Streifen einer Strumpfhose umwickeln und am Stamm festbinden. Eine weitere Methode besteht im Anbinden, Festnageln oder -schrauben von Rindenstücken der Korkeiche, die dann eine Art Tasche oder Körbchen für die in Sumpfmoos gebetteten Pflanzenwurzeln bilden. Bei einer genügend großen Kaschierung können kleine Epiphyten sogar in ihren Kulturtöpfchen bleiben. Da das *Sphagnum*, auch Orchideensubstrat ist geeignet, rasch austrocknet, muß es täglich eingenebelt und von Zeit zu Zeit direkt befeuchtet werden. Siehe hierzu auch den Hinweis im folgenden Abschnitt über Bromelien.

Bewährt hat sich die nun schon einige Jahre zurückliegende Erfindung des Orchideen- und Bromeliengärtners Günther Trautmann, die das Bewässerungsproblem bei Epiphyten auf elegante und einfache Weise löst. Hierbei werden die Abzugslöcher kleiner Tontöpfe mit einer Dichtungsmasse verschlossen. Dann befestigt man die Töpfe am Epiphytenstamm und bindet an ihnen die in Sumpfmoos wurzelnde Aufsitzerpflanze fest. Wird der Topf anschließend mit weichem, handwarmem Wasser gefüllt, durchdringen geringe Mengen des Inhalts die porösen Wände, und die Feuchtigkeit kann von den an den Topf gepreßten feinen Saugwurzeln aufgenommen werden. Dem Sprüh- oder Gießwasser ist von Zeit zu Zeit etwas Blumendünger in schwacher Konzentration beizumischen.

Epiphytenstamm

Zimmerpflanzenportraits

Für den Liebhabergärtner sind nur Gattung, Art und Sorte der jeweiligen Pflanze von Bedeutung; zuweilen reicht auch nur der Gattungsname aus, um sich über die Bedürfnisse seiner Pflanze zu informieren. Wenn man zum Beispiel von *Ficus elastica* 'Decora' spricht, hat man bereits den vollständigen Steckbrief dieses bedeutendsten Vertreters unserer Zimmergummibäume in der Hand. Für botanisch Interessierte wird bei jeder besprochenen Gattung außerdem die Familienzugehörigkeit genannt. Beim *Ficus* ist das die Familie der Maulbeerbaumgewächse (Moraceae). Zu Anfang werden die bekannten Pflanzenfamilien vorgestellt.

Die angegebenen Überwinterungstemperaturen in den Einzelbeschreibungen sind Optimalwerte. Sie können im Einzelfall durchaus über- oder unterschritten werden, wenn andere Pflegeumstände wie beispielsweise Helligkeit und Luftfeuchte in ausreichendem oder zu geringem Maße vorhanden sind. Der Pflanzenliebhaber muß üben und Erfahrung sammeln, sich auf die speziellen Wünsche und Eigenarten seiner Pfleglinge einstellen.

Bromelien (Bromeliaceae)

Mit einer Ausnahme kommen die etwa 2 000 Bromelienarten nur auf dem amerikanischen Kontinent vor. Hier erstreckt sich ihr Verbreitungsgebiet von Virginia in den USA bis nach Südchile. Die genannte Ausnahme ist *Pitcairnia feliciana* aus dem tropischen Westafrika. Gemäß ihrer Ausbreitung über die gewaltige Landfläche von 80 Breitengraden nördlich und südlich des Äquators sind die verschiedenen Bromelien den gegensätzlichsten Lebensbedingungen angepaßt. Wir finden sie als Xerophyten, also trockenheitverträgliche Pflanzen der Wüsten ebenso wie in tropischen Regenwäldern, wo sie meist epiphytisch auf Bäumen wachsen. Sie kommen an den kühlen, nebelverhangenen Hängen der südamerikanischen Bergregionen vor und finden sich noch in über 4 000 m Höhe nahe der Eisgrenze. Hier hat auch die gewaltigste und interessanteste Bromelie, *Puya raimondii*, ihre Heimat. Blühend erreicht sie eine Größe von 12 m und war einst das Wahrzeichen der peruanischen Hochanden. Grob kann man zwischen terrestrischen, also in der Erde wurzelnden, und atmosphärischen, epiphytisch als Aufsitzer auf Bäumen, Felsen oder auch Kakteen lebenden Bromelien unterscheiden. Zu den Gattungen der Erdbromelien gehören so beliebte Zimmer- und Gewächshauspflanzen wie *Ananas, Cryptanthus, Dyckia* und *Neoregelia*. Hauptsächlich epiphytisch wachsen *Tillandsia, Aechmea, Billbergia, Guzmania, Nidularium* und *Vriesea*. Ihre Wurzeln sind so ausgebildet, daß sie bei dieser Lebensweise nur noch eine Haltefunktion haben; die Versorgung der Pflanzen mit Wasser und Nährstoffen erfolgt entweder über einen Trichter, auch als Zisterne bezeichnet, der durch den rosettenartigen Wuchs der Blätter in deren Mitte entsteht, oder über Saugschuppen, die das Blatt ganz oder teilweise bedecken und in der Lage sind, Feuchtigkeit aufzunehmen. Das ist bei vielen Tillandsien der Fall. Weil die Saugschuppen oder -haare bei Trockenheit mit Luft gefüllt sind und in diesem Zustand silbrig-grau schimmern, spricht man auch von sogenannten grauen Tillandsien.

Wenn auch viele Bromelien in ihrer Heimat epiphytisch leben, werden einige der schönsten von ihnen bei Zimmerkultur in Erdtöpfe gepflanzt und lassen sich hier ohne größere Probleme dauerhaft halten. Dazu gehören zum Beispiel *Aechmea* oder *Vriesea*. Ihre Wurzeln sind nämlich durchaus in der Lage, auch die üblichen Versorgungsaufgaben zu erfüllen, also Feuchtigkeit und Nährstoffe aus dem Substrat aufzunehmen. Dennoch empfiehlt es sich, Trichterbromelien wenigstens gelegentlich etwas Wasser in die Rosette zu geben, um damit ihren natürlichen Lebensgewohnheiten entgegen zu kommen. Bei *Aechmea* beispielsweise läßt sich damit mangelnde Luftfeuchtigkeit ausgleichen. Diese Bromelien brauchen ganzjährig Zimmertemperatur, viel feuchte Luft, gleichmäßig feuchtes Substrat, einen hellen Stand ohne direkte Sonne und mäßige Düngergaben. Die speziellen Ansprüche der einzelnen Arten sind in den Einzelbeschreibungen aufgeführt.

Die als Aufsitzer wachsenden, sogenannten atmosphärischen Tillandsien wird man, sofern kein Epiphytenstamm vorhanden ist, auf Rindenstücke, zum Beispiel der Korkeiche, Astabschnitte oder, was besonders gut geeignet ist, gerodete Rebstöcke binden und hier weiterkultivieren. Sie müssen regelmäßig mit zimmerwarmem, enthärtetem Wasser besprüht werden und vertragen auch ein gelegentliches Tauchbad. Im Gegensatz zu Zisternenbromelien sind atmosphärische, graue Tillandsien den Sommer über am besten im Freien aufgehoben, wo man sie zum Beispiel an besonnten Ästen von Obst- oder Ziergehölzen festbindet.

Um Austrocknung zu vermeiden, wird gelegentlich empfohlen, die Bromelienwurzeln in Sumpfmoos *(Sphagnum)*, getrocknetem Farnrhizom oder Baumfarnfasern einzubetten. Dazu Bromelienexperte Professor Dr. Werner Rauh: „Wenn man – und das wird von Liebhabern immer wieder getan – die Tillandsien in Orchideensubstrat, Farnwurzeln und Torfmoos setzt und auf der Korkeichenrinde befestigt, so kommen die Bromelienwurzeln mit ihr überhaupt nicht in Berührung. Die Hoffnung, daß die Bromelien in dem Substrat zu verstärkter Wurzelbildung angeregt werden, erfüllt sich leider nicht, weil Pilze und Algen die Oberfläche dieser Pflanzenstoffe bald mit einer wasserabstoßenden Haut überziehen, die auch beim kräftigen Überbrausen kaum Feuchtigkeit durchläßt. Da zudem Torfmoos nach völligem Austrocknen schwer wieder benetzbar ist, findet es bei der Kultur von Bromelien am besten keine Verwendung. Es ist deshalb besser, die Pflanzen auf der nackten Korkrinde zu befestigen." (Werner Rauh; Bromelien, Stuttgart 1981)

In seiner Heimat, dem tropischen und subtropischen Amerika, wächst das Lousiana-Moos (Tillandsia usneoides) in langen Bärten von Bäumen herab

Aechmea

Lanzenrosette

Am häufigsten sieht man bei uns *Aechmea fasciata,* ein Epiphyt aus Brasilien, von dem es einige gärtnerische Auslesen und Varietäten gibt. Von den geschätzten 170 bis 180 Arten sind nur wenige in Kultur, allerdings geht die Hybridzüchtung unverdrossen weiter. Sehr ansehnlich ist die mit dunkelgrünen Querbändern auf den silbergrauen Blättern und leuchtendroten Blütenständen versehene *A. chantinii* aus Peru, bei *A. fulgens* 'Discolor' schieben sich die scharlachroten, lockeren Blütenstände weit über das Laub hinaus. Alle diese attraktiven Arten sind hervorragend für Zimmerkultur geeignet, vertragen im Gegensatz zu den meisten anderen Rosettenbromelien auch Lufttrockenheit und zeichnen sich durch lange Haltbarkeit des Blütenstandes aus. Das gilt auch für *A. weilbachii* 'Leodiensis' mit lila Einzelblüten zwischen roten Hochblättern.

STANDORT: ganzjährig bei Zimmertemperatur; hell, aber nicht in praller Sonne; im Winter nicht unter 18°C

GIESSEN: den Sommer über mit luftwarmem, kalkarmem Wasser stets feucht halten, ganzjährig übersprühen, bei warmem Stand im Winter täglich; im Sommer kann sich auch in der Zisterne immer etwas Wasser befinden, im Winter nur bei warmem Stand

Blüte einer Aechmea-Hybride

DÜNGEN: von Frühjahr bis Herbst alle zwei Wochen mit Blumendünger in halber Konzentration oder mit Hydrodünger, im Winter nur monatlich; auch eine Düngung über die Zisterne ist möglich, wird aber von erfahrenen Praktikern für alle Bromelien als nicht empfehlenswert bezeichnet; eine gelegentliche Blattdüngung, das heißt das Versprühen stark verdünnten Blumendüngers, soll dagegen die Wuchs- und Blühfreudigkeit günstig beeinflussen

VERMEHREN: durch Abtrennen der Kindel, sobald sie so groß geworden sind, daß sie sich mit eigenen Wurzeln versorgen können

HINWEIS: Die Rosette sollte mit klarem Wasser ausgespült werden, wenn sich in ihr zu viele Fremdsubstanzen angesammelt haben. In Hydrokultur hat man mit *Aechmea* beste Erfahrungen gemacht.

Aechmea-Hybride

Ananas

Zierananas

Es handelt sich um die einzige Bromelie, die auch als Nutzpflanze herausragende Bedeutung gewonnen und der ganzen Familie zu einem weiteren Namen verholfen hat: Ananasgewächse. Diese terrestrische Bromelie erfuhr einige züchterische Verbesserungen bei den Arten *Ananas comosus* und *A. sagenaria*, so daß es von beiden Auslesen mit gelbgestreiften und stachellosen Blättern gibt. Bei Zimmerkultur wird Ananas nur selten zur Blüte gelangen, man muß sich also mit dem Schmuck seiner buntfarbenen Blätter begnügen. Obgleich die Zierformen längst nicht die Größe der Arten an ihren südamerikanischen Heimatstand-orten erreichen – Blätter von über 1 m Länge sind dort keine Seltenheit –, sind sie der Fensterbrettkultur bald entwachsen und müssen ein entsprechend großes Gefäß und einen anderen, ebenfalls hellen Platz bekommen.

STANDORT: ganzjährig warm, hell, auch im Winter nicht unter 18°C; kein Freilandaufenthalt

GIESSEN: immer leicht feucht halten, ohne zu übergießen; keine besonderen Ansprüche an die Luftfeuchtigkeit

DÜNGEN: den Sommer über wöchentlich mit Blumendünger

VERMEHREN: durch Kindel älterer Pflanzen einfach; bei einer gekauften, frischen Frucht durch Abtrennen des Blattschopfs mit einem fingerdicken Stück Frucht und Einpflanzen nach Abtrocknen der Schnittstelle; es muß aber mit Fäulnis gerechnet werden; hohe Bodentemperatur und Luftfeuchte erleichtern dem „Steckling" die Wurzelbildung

HINWEIS: Wie bei anderen Bromelien auch kann man durch einen Trick versuchen, die Blütenbildung der Ananas positiv zu beeinflussen: Die Pflanze wird zusammen mit 2, 3 Stücken eines reifen Apfels in einen transparenten Plastikbeutel gesteckt. Durch das von den Apfelstücken ausströmende Äthylengas kommt die Blütenentwicklung schneller in Gang. Das gelingt aber nur, wenn die Pflanze bereits ihre volle Blühreife – nach etwa 3–4 Jahren – erreicht hat. Ananas lassen sich gut in Hydrokultur ziehen.

Ananas comosus

Billbergia

Zimmerhafer

Von der altbekannten *Billbergia nutans* gibt es eine Reihe Hybriden mit breiteren Blättern und weiter überhängenden Blütenständen. Sie wirken vor allem durch die roten bis koralleroten Hochblätter, aus denen die unscheinbaren Blüten mit den Staubgefäßen herausragen. *B. nutans* ist eine Erdbromelie, während andere, nicht in Kultur befindliche Arten in ihrer südamerikanischen Heimat als Epiphyten vorkommen. Es handelt sich um äußerst genügsame Pflanzen, die als ausgewachsene Exemplare unermüdlich Kindel produzieren, so daß nach einer gewissen Zeit eine Verkleinerung der gesamten Bromelie ratsam ist.

STANDORT: hell bis halbschattig, auch sonnig, aber keine pralle Mittagssonne im Sommer; Freilandaufenthalt wird gut vertragen; im Winter Zimmertemperaturen, auch höher oder darunter; wenn die Pflanze bei ständig weniger als 10°C steht, können Unterkühlungsschäden auftreten
GIESSEN: immer gleichmäßig feucht halten, vorübergehende Trockenheit wird toleriert; bei kühlem Winterstand Gießen stark einschränken
DÜNGEN: im Sommer wöchentlich mit Blumendünger, im Winter nur gelegentlich
VERMEHREN: durch Abtrennen und Eintopfen der Kindel einfach
HINWEIS: Auch wenn *Billbergia nutans* sich so ziemlich alles gefallen läßt, wird die Blütenbildung durch einen Schattenplatz und ständige Ballentrockenheit doch negativ beeinflußt.

Cryptanthus

Versteckblüte

Diese kleine Erdbromelie aus den trockenen Niederwäldern Brasiliens läßt sich dank ihrer Herkunft auch auf dem Epiphytenstamm anbinden, denn sie ist es gewohnt, ihr Feuchtigkeitsbedürfnis mit Hilfe der Saugschuppen aus der Luft zu decken. Andererseits ist sie ideal für Flaschengärten, wo sie sich, ähnlich wie in ihrer Heimat, als Bodendecker hervortut. Von den Blüten sieht man kaum etwas, sie sind im Laub versteckt. Desto auffälliger ist die Färbung und Bebänderung der seesternartig auseinanderstrebenden Blätter mit der kleinen Rosette in der Mitte. Durch züchterische Auslesen entstanden vielfältige Formen und Farbkombinationen.

STANDORT: sonnig bis halbschattig, keine sommerliche Mittagssonne; auch im Winter Zimmertemperaturen über 18°C
GIESSEN: mäßig mit enthärtetem, handwarmem Wasser, Lufttrockenheit wird toleriert, gelegentliches Übersprühen ist besser
DÜNGEN: den Sommer über alle 2 Wochen mit schwach dosiertem Blumen- oder Hydrodünger; im Winter Düngung einstellen
VERMEHREN: durch Kindel, die nicht zu klein sein sollten; am besten beim gelegentlichen Umtopfen im Frühjahr
HINWEIS: Am meisten Freude bereitet *Cryptanthus* als sich rasch ausbreitender Bodendecker im Blumenfenster. Für Hydrokultur gut geeignet.

Cryptanthus 'Pink Starlight'

Billbergia nutans

Cryptanthus

Dyckia

Dyckia
Dyckia

Vorwiegend aus brasiliani- schen Trokengebieten stammend, ist dieses Ananasgewächs außeror- dentlich anspruchslos und gleicht in der Pflege den Kakteen. Die länglichen, spitz zulaufenden Blätter sind an den Rändern hakenförmig bestachelt. Die Farbe ist je nach Art rein- grün bis bläulichgrau. Durch reichliche Kindel- bildung wächst sich die Dyckia zu einem kleinen, stacheligen Gestrüpp aus, bei dem die Einzelpflanzen im Gegensatz zu den ande- ren Bromelien nach der Blüte nicht absterben. Die orangefarbenen, glockigen Blüten sitzen an langen, schlanken Stielen.

STANDORT: vollsonnig, wäh- rend des Sommers Freiland- aufenthalt, bei reiner Zim- merkultur viel Frischluft; Wintertempera- turen um 10°C, aber auch volle Wohnwärme und Lufttrockenheit werden vertragen

GIESSEN: sehr trockenheits- verträglich, daher nur ge- legentlich gießen und da- zwischen die Erde jedesmal gut abtrocknen lassen; im Winter nur gelegentliche Wassergaben
DÜNGEN: von März bis Sep- tember monatlich mit Blu- mendünger in schwacher Konzentration oder mit Kakteendünger
VERMEHREN: durch die zahl- reich vorhandenen Kindel den ganzen Sommer über möglich
HINWEIS: Beim Ausräumen ins Freiland Ende Mai zu- nächst beschattet stellen, um Verbrennungen zu ver- meiden. Das gilt für alle sonnenliebenden Pflanzen im Frühjahr.

Guzmania
Guzmanie

Dieser Gattung hauptsäch- lich epiphytisch lebender Bromelien aus den Regen- wäldern Mittel- und Süd- amerikas werden etwa 120 Arten zugeordnet. Nur we- nige davon sind als pracht- volle Blütenpflanzen bei uns im Handel und hier vor allem die zahlreichen Hybriden, aus denen so alt- bewährte Sorten wie 'Ma- gnifica' und 'Intermedia' hervorgingen. *Guzmania lingulata var. minor* ist mit nur 30 cm Höhe recht kleinbleibend. Weitere be- währte Arten, die sich in Blüte und Habitus vonein- ander unterscheiden, sind *G. musaica* mit einem bis 40 cm hohen Blütenschaft, *G. monostachia*, deren Sor- te 'Variegata' weißgestreifte Blätter präsentiert, und *G. zahnii*, die durch ihr

Guzmania

zungenförmiges, rötlich-grün gefärbtes Laub auffällt. Die Züchtungsarbeit ist noch längst nicht abgeschlossen und bringt ständig neue Varianten hervor. Alle Blütenstände zeichnen sich durch kräftig rote, orangefarbene, seltener rein gelbe Hochblätter aus.

STANDORT: ganzjährig warm, hell bis halbschattig, keine volle Sonne, kein Freilandaufenthalt; Wintertemperaturminimum bei 18°C

GIESSEN: Sommer wie Winter gleichmäßig feucht halten, auch zum Übersprühen im Sommerhalbjahr nur enthärtetes, luftwarmes Wasser verwenden; in der Rosette kann immer etwas Wasser stehen

DÜNGEN: von Frühjahr bis Herbst alle 2 Wochen mit Blumendünger in schwacher Konzentration oder Hydrodünger; im Winter nur gelegentlich

VERMEHREN: durch nicht zu kleine Kindel im Frühjahr

HINWEIS: Wie bei den meisten Bromelien stirbt die Mutterpflanze nach der Blüte ab, wird aber bald schon durch die in der Zwischenzeit herangewachsenen Kindel wieder ersetzt. Bei der Zimmerkultur, wo der Topf wegen des hohen Bedarfs an Luftfeuchtigkeit am besten in Torf, Kies oder Tongranulat gesetzt wird, sollte man nach Möglichkeit moderne Sorten verwenden, weil sie pflegeleichter sind. Guzmania ist eine dankbare Hydropflanze.

Neoregelia
Neoregelie

Von den etwa 40 Arten der aus Brasilien stammenden Trichterbromelie, die dort zumeist als Baumbewohner lebt, sind bei uns einige Arten und Sorten in Kultur. Neben den leuchtend rot bis lilarot gefärbten Herzblättern der Rosette fallen einige Sorten wie *Neoregelia carolinae* 'Tricolor' durch weiß, gelblich und grün gestreiftes Laub auf. *N. carolinae* ist mit ihren Sorten, zu denen außer 'Tricolor' auch noch die seltener angebotenen 'Marechalii' mit karminroter und 'Meyendorfii' mit brennend roter Rosette gehören, die bekannteste Art. Neben *N. concentrica*, die sich durch elfenbeinweiße oder violette Rosettenblätter auszeichnet, findet man bisweilen noch die niedrig wachsende *N. sarmentosa*.

Bei *N. spectabilis* sind die Blattspitzen während der Blüte rot. Besonders geeignet für die übliche Zimmerkultur soll *N. princeps* sein.

STANDORT: sehr hell, keine direkte Mittagssonne, auch im Winter Zimmertemperatur, die nicht unter 16°C absinken sollte

GIESSEN: stets feucht halten, im Sommer auch Wasser in der Rosette; gießen und sprühen nur mit handwarmem, kalkarmem Wasser; bei kühlerem Stand im Winter Gießen reduzieren und nicht sprühen

DÜNGEN: den Sommer über alle 2 Wochen, im Winter nur monatlich mit Blumendünger in halber Konzentration oder Hydronährstoff

VERMEHREN: durch nicht zu kleine Kindel im Frühjahr und Sommer

HINWEIS: *Neoregelia* sehr ähnlich ist *Nidularium* mit ebenfalls flach in der Rosette sitzendem Blütenstand. Nidularien sind empfindlicher als Neoregelien und sollten beschattet ausschließlich im Blumenfenster ihren Platz finden. Beide Gattungen gedeihen gut in Hydrokultur.

Neoregelia

Tillandsia

Tillandsie

Zu dieser artenreichen Gattung gehören die meisten der im Zimmer kultivierten Bromeliengewächse. Ihre Heimat ist ein riesiges Gebiet, das von den südlichen USA bis nach Südchile reicht und die verschieden-sten Klimate umfaßt: tropische Regenwälder ebenso wie trockene Savannen und Graswüsten, Bergregionen mit Nebelwäldern oder noch darüber liegende schneenahe Höhenzüge. Entsprechend vielfältig in Form, Größe und Lebensweise der einzelnen Arten präsentiert sich auch diese Gattung.

Die schon erwähnten grauen Tillandsien, die Wasser und Nährstoffe über die Saugschuppen ihrer Blätter aus der Luft aufnehmen, klammern sich als Aufsitzer an Bäumen, Kakteen oder einfach am nackten Fels fest. Das extremste Beispiel für diese Lebensweise ist *Tillandsia usneoides*, das Spanische oder Louisiana-Moos. Diese Pflanzen kommen völlig ohne sichtbare Wurzeln aus und hängen in viele Meter langen, dicken Polsterbärten von Bäumen und Telegraphenmasten herab. Sie dienten in Südamerika früher als Füllmaterial für Matratzen.

Graue Tillandsien sind in der Kultur noch einfacher als Kakteen, da sie nicht einmal einen Topf zum Wurzeln brauchen. Man befestigt sie auf Korkrinden- oder Aststücken, sorgt für einen vollsonnigen Platz und hängt sie über Sommer irgendwo im Garten oder auf der Terrasse auf. Während es bei den grauen, atmosphärischen Tillandsien vielfach auch zwergige Formen gibt, handelt es sich bei den grünen Arten der Gattung meist um recht groß werdende Pflanzen. Sie sind heute häufiger als früher im Blumenhandel anzutreffen und fallen durch ihre attraktiven, roten bis lilafarbenen Blütenstände auf, die sich bei manchen Arten breitschwertförmig aus den Rosetten emporschieben. Ihre Kultur ist schwieriger als die der grauen Arten, und im Gegensatz zu diesen vertragen sie keine pralle Sonne.

Die wohl bekanntesten grünen Tillandsien sind *T. cyanea* und *T. lindenii*, deren Blütenstand sich aus dicht übereinander liegenden hell- bis rotvioletten Hochblättern zusammensetzt, zwischen denen dann die irisblauen Blüten erscheinen. Beide Arten sehen sich sehr ähnlich und gehören eigentlich ins geschlossene Blumenfenster, zumindest aber in mit feuchtem Torf oder Tongranulat gefüllte Behälter an einen nicht sonnigen Fensterplatz. Die Kultur ist sowohl im Blumentopf mit lockerem Substrat als auch aufgebunden am Epiphytenstamm möglich.

Tillandsia usneoides

Tillandsia tricolor

STANDORT: grüne Tillandsien ganzjährig warm und
hell ohne direkte Sonne,
im Winter nicht wesentlich
unter 18°C; graue Tillandsien vertragen in dieser
Jahreszeit Temperaturen bis
etwa 12°C, wollen volle
Sonne und kommen den
Sommer über am besten
ins Freie, etwas Regen-
schutz empfiehlt sich dann;
bei Zimmerkultur für viel
Frischluft sorgen
GIESSEN: grüne Tilландsien
stets mäßig feucht halten,
im Sommer auch mit luft-
warmem, enthärtetem Was-
ser übersprühen; graue Tillandsien mit ebensolchem
Wasser 1–2mal täglich einnebeln, *T. usneoides* kann
man auch gelegentlich tauchen
DÜNGEN: grüne Tilландsien
den Sommer über monat-
lich mit Blumendünger in
halber Konzentration, im
Winter nicht notwendig;
graue Tilландsien ebenfalls
nur im Sommer alle zwei
Wochen mit in enthärtetem
Wasser stark verdünnten
Blumendünger einsprühen
VERMEHREN: durch Kindel,
die je nach Art mehr oder
minder zahlreich ausgebildet werden; von *T. usneoides* kann man beliebig lange Triebe abschneiden und
sofort aufbinden bezie-
hungsweise -hängen.
HINWEIS: Eine weitere
Gruppe von Tilландsien,
die sogenannten Zwiebel-
tilландsien, entstammt
ausgesprochenen Trocken-
gebieten und ist bei uns
eigentlich nur in botani-
schen Sammlungen anzu-
treffen. Alle grünen Tillandsien, die in ihrer Heimat
überwiegend epiphytisch
wachsen, lassen sich gut in
Hydrokultur pflegen.

Vriésea
Vriesee

Die etwa 200 Arten sind
hauptsächlich als Epiphyten
in Brasilien beheimatet.
Außer Pflanzen mit rein-
grünem gibt es auch Vertreter mit buntblättrigem oder
-gebändertem, manchmal
auch geflecktem oder mar-
moriertem Laub. Die Blüten
sind von verschiedenfarbi-
gen Deckblättern umgeben,
der flache oder ährenför-
mige Blütenstand sitzt an
einem mehr oder weniger
langen, blattlosen Stiel.
Angesichts der unzähligen
züchterischen Auslesen ist
der Zimmergärtner am be-
sten mit einer der vielen
Vriésea-Hybriden bedient,
weil sie nicht so empfindlich sind wie die reinen Arten. Allgemein bekannt ist
V. splendens mit der Sorte
'Flammendes Schwert'.
V. psittacina ist eine kleinbleibende Art mit roten
und orangefarbenen Hüll-
blättern auf etwa 25 cm
langem Schaft. Durch be-
sonders schönes, buntge-
färbtes Laub zeichnen sich
V. gigantea und *V. hierogly-
phica* aus, die mit ihren
50 bis 80 cm langen Blät-
tern allerdings schon bald
der Fensterbrettkultur entwachsen.

STANDORT: hell, keine pralle Mittagssonne, Morgen-
und Abendsonne für die
Blütenbildung günstig;
Wintertemperaturen nicht
unter 18°C
GIESSEN: stets mäßig feucht
halten, auch die Rosette im
Sommer mit kalkarmem,
luftwarmem Wasser füllen,
häufig besprühen; während
der winterlichen Ruhezeit
weniger gießen, auch nicht
in den Trichter
DÜNGEN: ab Frühjahr den
Sommer über alle 14 Tage
mit schwacher Blumendün-
gerlösung, im Winter nur
gelegentlich oder gar nicht
VERMEHREN: durch kräftig
herangewachsene Kindel

Vriesea

Kakteen (Cactaceae)

Wenn schon bei den Bromelien die Anpassung an die unterschiedlichsten Klimate Erstaunen hervorruft, so kann man Kakteen und einige andere sukkulente, also wasserspeichernde Pflanzen als wahre Überlebenskünstler einstufen. Das Verbreitungsgebiet der Kakteen reicht von Kanada bis nach Patagonien im Süden des amerikanischen Kontinents. Die schätzungsweise 3 000 Arten aus etwa 220 Gattungen haben sich den härtesten Bedingungen angepaßt, leben in sonnendurchglühten Steppen und Savannen ebenso wie in 4 000 m Höhe an der Grenze zum ewigen Eis, an trockenen, nebelkühlen Gebirgshängen und Trockenregionen hoher oder tiefer Lagen, aber auch in tropischen Regenwäldern. In der Zimmergärtnerei spielen außer den in ihrer tropischen Waldheimat meist epiphytisch lebenden Blattkakteen wie Oster- und Weihnachtskaktus die Kakteen der Trockengebiete die wichtigste Rolle. Neben ihrer Sukkulenz (lat. succus = Saft) haben sie im Verlauf der Evolution Formen und Mechanismen entwickelt, die sie befähigen, lange Trockenperioden zu überstehen. Die kugel- oder säulenförmigen Pflanzenkörper können Flüssigkeit über lange Zeit speichern, weil die Verdunstung durch die zu Dornen umgewandelten Blätter auf ein Minimum herabgesetzt ist. Diesem Zweck, nämlich der Verminderung der Oberfläche, dient auch die feinere oder gröbere Rippung, die es dem Pflanzenkörper erlaubt, sich auszudehnen oder zusammenzuziehen. Dichte Borsten oder Haare, bekanntestes Beispiel *Cephalocereus senilis*, das Greisenhaupt, geben Schutz gegen Sonne und Kälte, fangen aber gleichzeitig die spärliche Feuchtigkeit der Luft mit ihrem Pelz auf. Weit und flach verlaufende Wurzeln sammeln auch noch Spuren des bei seltenen Regenfällen versickernden Oberflächenwassers.

So sonnenliebend Kakteen auch sind, nach dem Ausräumen aus dem Winterquartier gehören sie zunächst nicht in die pralle Strahlungswärme, sondern an einen beschatteten Übergangsplatz. Werden sie später im Freiland weiterkultiviert, was fast allen Kakteen gut tut, sollte man ihnen entweder etwas Regenschutz geben, oder die Töpfe in ein Sandbeet einsenken, in dem sommerliche Gewittergüsse schnell abfließen können. Bleibt die natürliche Bewässerung aus, muß je nach Wetterlage wöchentlich kräftig gegossen werden. Die Kakteen überstehen zwar auch lange Trockenperioden, aber mit Zuwachs und vor allem mit der Blühwilligkeit wäre es dann nicht mehr weit her. Etwa einen Monat nach Beginn des neuen Wachstums setzt dann auch die regelmäßige Düngung ein. Am problemlosesten ist ein spezieller Kakteendünger, der alle 2 Wochen gegeben wird, zur Not reicht auch ein gewöhnlicher Blumendünger in halber Konzentration.

Da gerade Kakteen im Blumenhandel aus Platzgründen in viel zu kleinen Gefäßen zum Verkauf kommen, schenken Anfänger dem Thema Umtopfen oft zu wenig Aufmerksamkeit. Weil die weichen Wurzeln trotz rasanten Wachstums die Pflanze nicht aus ihrem Gefäß herausdrücken und damit den Zeitpunkt des Umtopfens signalisieren, müssen Kakteen meist länger mit diesem beengten Quartier vorliebnehmen, als ihrem Gedeihen und der Blühwilligkeit guttut. Man sollte sich deshalb in jedem Frühjahr nach der Winterruhe seine Kakteen genau ansehen, sie am besten aus dem Topf herausnehmen und die Bewurzelung überprüfen. Füllt der Ballen das Gefäß völlig aus, ist es Zeit, in den nächstgrößerern Pflanzenbehälter umzusetzen.

Ein in mehreren Lagen zu einem festen Streifen zusammengefaltetes Zeitungsblatt um den Kaktus gelegt, bewahrt die Hände ebenso vor schmerzhaften Stichen wie die Arbeit mit einem scherenartigen Würstchenheber aus Metall.

Ausdrücklich gewarnt sei hier vor Verletzungen durch *Opuntia microdasys*, die statt sichtbarer Stacheln mit weißen oder rotbraunen, wie Samtplösterchen wirkenden Areolen (Haarkissen) besetzt ist. Diese winzigen, feinen „Haare" können tagelang quälende Hautreizungen hervorrufen. Es handelt sich dabei um die sogenannten Glochiden (Dornen der Areolen), die nur wenige Millimeter lang und mit mikroskopisch kleinen Widerhaken versehen sind. Die Glochiden brechen bei Berührung sofort ab, die Widerhaken bleiben in der Haut, in die sie bei jeder Berührung tiefer eindringen. Langjährige Erfahrungen haben gezeigt, daß sich alle Kakteen wie auch die meisten anderen Sukkulenten hervorragend für die Haltung in Hydrokultur eignen. Allerdings setzt das die Einhaltung eines minimalen Wasserstands bei allen Wüstenkakteen voraus, die im Winter kühl stehen wollen. Bei Pflanzen in Erdkultur kann man zum Gießen, sofern es nicht extrem hart ist, normales Leitungswasser verwenden, außer bei Blatt- und anderen Kakteen des tropischen Regenwaldes. Das Substrat soll durchlässig sein, damit keine Staunässe aufkommt. Entweder wird fertige Kakteenerde verwendet, oder man nimmt abgepackte Blumenerde, der man etwas Sand, Perlite, Granit- oder Lavagrus zusetzt. Blattkakteen haben einen wesentlich höheren Humusbedarf und gedeihen daher gut in üblicher Blumenerde oder TKS (Torfkultursubstrat).

Kakteensammlung

Aporocactus flagelliformis

*Blüte von Aporocactus
flagelliformis*

Astrophytum

Bischofsmütze

Sowohl *Astrophytum aste-
rias*, der Seeigelkaktus, als
auch *A. myriostigma*, die
Bischofsmütze, sind unbe-
dornt. Beide Mexikaner blühen gelb, *A. asterias* mit
rötlichem Schlund. Der
Pflanzenkörper ist nur wenig gerippt und fast kugel-
förmig. Es gibt neben den
hier genannten, am häufigsten kultivierten Arten auch
noch einige Sorten und
Hybriden.

STANDORT: vollsonnig, im
Winter bei 8 bis 15°C und
so hell wie möglich
GIESSEN: im Frühjahr und
Sommer nur sehr sparsam,
im Winter trocken halten

DÜNGEN: nur den Sommer
über monatlich mit Kak-
teendünger
VERMEHREN: durch Samen
einfach, da sehr keimfreu-
dig; die Jungpflanzen blühen schon im dritten Jahr
zum erstenmal
HINWEIS: *Astrophytum*
braucht nur selten und erst
nach völliger Durchwurze-
lung des Substrats umge-
topft zu werden.

Aporocactus

Schlangenkaktus

Durch seine nicht selten
1 m langen, überhängen-
den oder kriechenden Triebe ist dieser mit zahlreichen roten Blüten besetzte
Kaktus aus Mexiko hervor-
ragend für Ampelpflanzung
geeignet. Die Blüten wachsen aus mit Borsten besetzten Röhren hervor und wirken apart. Am häufigsten
bei uns angeboten wird
Aporocactus flagelliformis.
Eine Hybride aus *A. flagelliformis* x *Heliocereus specio-
sus* ist *A. mallisonii* hort.
mit besonders leuchtend-
roten Blüten.

STANDORT: sonnig, aber
etwas Vorsicht vor praller
Mittagssonne im Sommer;
am günstigsten ist in dieser
Zeit ein Aufenthalt im
Freien; Temperaturen im
Winter um 10°C, nicht
über 15°C
GIESSEN: im Sommer immer gut feucht halten, auch
im Winter nicht austrock-
nen lassen; Erhöhung der
Luftfeuchtigkeit ist günstig,
aber nicht Voraussetzung
DÜNGEN: von Frühjahr bis
Spätsommer monatlich mit
Kakteendünger
VERMEHREN: durch Kopfstecklinge der langen
Triebe, die Schnittstelle soll
etwas antrocknen
HINWEIS: *Aporocactus* ist
einfach in der Kultur und
daher auch dem Anfänger
zu empfehlen.

*Astrophytum
ornatum*

Cephalocereus

Greisenhaupt

Was *Cephalocereus senilis* aus Mexiko, das Greisenhaupt, wie mit weißen, wolligen Fäden einhüllt, sind in Wahrheit lange Randdornen. An ihren Heimatstandorten wirken diese dort bis zu 15 m groß werdenden Säulenkakteen wie majestätische Monumente. Eine Blüte ist in Zimmerkultur nicht zu erwarten; sie erscheint erst, wenn die Pflanzen 6 m hoch geworden sind. Aber auch ohne Flor ist *C. senilis* ein beliebter Zimmerkaktus, wenn auch etwas eigenwillig in den Ansprüchen.

STANDORT: ganzjährig sonnig im Zimmer; gegen zuviel Sonne schützt sich *Cephalocereus* mit seinem Haarkleid; im Winter trotz Ruhezeit Temperaturen zwischen 15 und 18°C; zugluftempfindlich

GIESSEN: den Sommer über mäßig feucht halten, Vernässung unbedingt vermeiden; im Winter Gießen ganz einstellen

DÜNGEN: nur den Sommer über monatlich mit Kakteendünger

VERMEHREN: nur durch Samen, der nicht mit Erde abgedeckt werden darf, da Lichtkeimer

HINWEIS: Beim Düngen sollten die Haare nicht benetzt beziehungsweise müssen danach mit klarem Wasser abgespült werden.

Cereus

Säulenkaktus

Die etwa 50 Arten sind in Südamerika unter anderem in Brasilien, Mexiko, Peru, Bolivien und Argentinien verbreitet, einige können bis zu 25 m hoch werden. Es gibt darunter so markante Pflanzengestalten, wie *Cereus peruvianus* 'Monstrosus', ein Felsenkaktus, der durch seine unregelmäßige, zerklüftete Wuchsform in kaum einer Sammlung fehlt. Er fällt wie die Art darüber hinaus durch seine bläuliche Färbung auf. Die Herkunft von

C. peruvianus ist nicht bekannt, man weiß nur, daß er seit 1576 kultiviert wird. Zum Blühen kommt diese Art bei Zimmerkultur nicht, andere Angehörige der Gattung werden für das Fensterbrett auf Grund ihrer Wüchsigkeit schon bald zu groß.

STANDORT: vollsonnig, im Sommer am besten draußen; im Winter bei Temperaturen um 10°C, aber nicht unter 6°C

GIESSEN: von Frühjahr bis Herbst immer für mäßige Feuchtigkeit sorgen, zur Entstaubung gelegentlich übersprühen; den Winter über völlig trocken halten, nur bei warmem Stand wöchentlich etwas Wasser geben

DÜNGEN: im Sommer nur gelegentlich mit Kakteendünger

VERMEHREN: durch Stecklinge mit vorher angetrockneter Schnittfläche; falls Saatgut erhältlich, ist auch Aussaat lohnend

*Cephalocereus
senilis*

*Cereus
peruvianus*

Cleistocactus

Silberkerze

Dieser mit dichten, silbrigen Dornen besetzte Wüstenkaktus sieht so aus, wie er heißt: schlank wachsend und am Grund kaum ver-

Coryphantha

zweigt. Die etwa 70 Arten der Gattung sind zum Teil in Argentinien und Peru zu Hause, in Bolivien findet man sie noch in über 3 000 m Höhe. Zwar werden auch einige weniger bekannte Arten von Kakteenliebhabern gesammelt, am häufigsten und wohl auch schönsten, zudem leicht zu pflegen, ist jedoch *Cleistocactus strausii*. Ab 1 m Höhe kann man bei ihm auch mit dem Erscheinen der leuchtend roten Blüten rechnen. *C. smaragdiflorus* beginnt damit schon bei 20 cm Wuchshöhe.

STANDORT: sonnig, im Sommer auch im Freien; Winterstandort kühl, um 10 °C, auch 5 °C werden noch vertragen

GIESSEN: stets mäßig feucht halten, im Winter völliges Austrocknen des Substrats vermeiden; sommerliches Übersprühen gegen Abend simuliert Nebel, ist aber nicht zwingend notwendig

DÜNGEN: von Frühjahr bis Herbst monatlich mit Kakteendünger

VERMEHREN: durch Stecklinge oder Aussaat im Frühjahr einfach

Cleistocactus strausii

Coryphantha

Coryphante

78 Arten dieser Wüsten- und Savannenkakteen, die über ein Gebiet von Kanada bis Mexiko verbreitet sind, kennt man. Entsprechend unterschiedlich sind die Pflegeansprüche. Die meist stärker bedornten Wüstenbewohner sollten in einer sehr kargen, durchlässigen, mit viel Sand oder Lavagrus vermischten Topferde stehen und nur wenig gegossen werden. Die spärlicher bewehrten, dickfleischigeren Arten des Graslands wollen humoses Erdreich und können im Sommer etwas mehr Feuchtigkeit gebrauchen. Mit den leuchtend gelben oder rosa Blüten, die den Scheitel-

punkt der Pflanze krönen, muß man etwas Geduld haben. Sie öffnen sich frühestens nach 5 Jahren.

STANDORT: vollsonnig, nur im Zimmer oder im Gewächshaus; Wintertemperatur zwischen 5 und 10 °C

GIESSEN: den Sommer über nur mäßig feucht, im Winter vollkommen trocken halten

DÜNGEN: von Frühjahr bis Spätsommer monatlich mit Kakteendünger

VERMEHREN: durch Samen im Frühjahr oder, soweit sie ausgebildet werden, auch durch Kindel wie bei der bekannten Art *C. elephantidens*

Echinocactus

Schwiegermutter-sessel

Bis 3 m hoch und 1 m dick können diese Kugelkakteen in ihrer mexikanischen und den Süden der USA umfassenden Heimat werden. Von den 9 heute zu der Gattung zählenden Arten ist *Echinocactus grusonii*, der Schwiegermuttersessel, die bekannteste. Auch *E. ingens*, der Igelkaktus mit gelbwolligen Areolen, gehört hierher. Von *E. grusonii*, der recht wuchsfreudig ist, gibt es bereits ansehnliche Exemplare zu kaufen, die dann allerdings unverhältnismäßig teuer sind. Besser ist es, diesen prachtvollen, gelbbestachelten Kaktus aus Samen selber heranzuziehen, oder man erwirbt Jungpflanzen.

STANDORT: vollsonnig, außer beim Austrieb im Frühjahr; Winterstandort ebenfalls sehr hell, damit die Kugelform erhalten bleibt, Temperaturen zwischen 10 und 15°C, zu niedrige Werte führen zu Braunfleckigkeit
GIESSEN: im Sommer immer gleichmäßig feucht halten, doch Vernässung unbedingt vermeiden; im Winter gerade vor dem Austrocknen bewahren
DÜNGEN: von Frühjahr bis Herbst alle 14 Tage mit Kakteendünger
VERMEHREN: nur durch Samen möglich

Echinocereus

Igelsäulenkaktus

65 Arten dieser kleinbleibenden, vielsprossigen und meist reichblühenden Gattung aus den südlichen USA und Mexiko wurden bisher systematisch erfaßt. Es gibt schön bestachelte oder behaarte und nur wenig bewehrte, grüne Formen. Einige wenige sind gleich manchen Opuntien in unserem Klima winterhart. Von empfindlichen Arten abgesehen ist *Echinocereus* ein lohnender Kaktus sowohl für die kleine Sammlung wie auch als einziges Exemplar, das wegen seiner großen Blüten stets Aufmerksamkeit finden wird.

STANDORT: alle Igelsäulenkakteen wollen warm, luftig und sonnig stehen, die grünen Arten den Sommer über am besten draußen; Standort im Winter durchgehend kühl bei 5–10°C; bei völlig trockenem Stand im Frühbeet oder Gewächshaus werden sogar geringe Frostgrade vertragen

Blüte von Echinocereus subinermis

GIESSEN: auch im Sommer nur sparsam, um Fäulnis zu vermeiden, obgleich stark wachsende Exemplare mehr Feuchtigkeit vertragen können; im Winter Ballen nicht völlig austrocknen lassen
DÜNGEN: nur im Sommer monatlich mit Kakteendünger
VERMEHREN: durch Stecklinge von Triebsprossen der reich verzweigten Arten

Echinocactus grusonii

Echinocereus

Blüte von Echinocereus berlandierii

Epiphyllum-Hybride

Epiphyllum

Blattkaktus

Die aus Mittel- und Südamerika stammenden und dort epiphytisch wachsenden Kakteen besitzen lange, meist herabhängende, abgeflachte oder dreikantige Triebe. Soweit sie bei uns in Kultur sind, handelt es sich meist um die Abkömmlinge verschiedener Arten. Man spricht deshalb auch von *Epiphyllum*-Hybriden (frühere Bezeichnung *Phyllocactus*). Die Blüten sind groß bis sehr groß, bisweilen duftend. Einige neue Hybriden bringen es auf eine Blütenlänge von 30 cm.
Die Farben leuchten in Weiß, Gelb, Rosa und allen Rotschattierungen, seltener auch zweifarbig. Wenn man diese „Bauernkakteen" an einen hellen, aber wenig besonnten Platz ins Freie stellt, für lockeres Substrat und guten Wasserabzug sorgt, blühen sie von Frühjahr bis Herbst und nach dem Einräumen auch noch im Winter.

STANDORT: hell, ohne direkte Sonne, im Sommer möglichst im Freien, zum Beispiel an einer Nord- oder Ostseite; bei Zimmerkultur sehr luftig; im Winter kühl, um 10°C und darunter; wegen der meist unbekannten Eltern schwankt hier die Verträglichkeit bis hinab zur Frostgrenze
GIESSEN: den Sommer über stets leicht feucht halten, kurzzeitige, schnell abfließende Nässe (keinen Untersetzer verwenden!) schadet ebensowenig wie gelegentliches Austrocknen; bei kühlem, hellem Winterplatz nicht mehr gießen
DÜNGEN: im Sommer gelegentlich mit Kakteen- oder normal dosiertem Blumendünger
VERMEHREN: durch Teilung oder Stecklinge aus den langen Blättern
HINWEIS: Die Pflanzen kann man im Frühjahr auslichten, indem sichtbar überalterte Sprosse und dünne Spieße herausgeschnitten werden. Der Laie sollte sich nicht davon irritieren lassen, daß nicht mehr oder noch nicht blühende „Phyllos" ebenso wie die „Königin der Nacht" einen eher bescheidenen Eindruck machen.

Gymnocalycium

Gymnocalycium

2 merkwürdige Varietäten haben diese aus Südamerika und hier vor allem aus Brasilien und Argentinien stammende, etwa 50 Arten umfassende Gattung mit kleinbleibenden Kakteen bei uns bekannt gemacht: *Gymnocalycium mihanovichii var. friedrichii* 'Rubra' und 'Aurea', beide heute als Massenware angeboten. Es handelt sich dabei um leuchtend rote oder gelbe, meist auf *Hylocereus*-Unterlagen veredelte Mutationen. Sie wurden 1941 beziehungsweise 1970 in Japan entdeckt und sofort vermehrt. Da beide kein Chlorophyll besitzen, sind sie ohne Fremdwurzel nicht lebensfähig. Die kleinen *Gymnocalycium*-Arten und Hybriden fallen durch ihre im Verhältnis zum meist rundlichen Pflanzenkörper großen Blüten in allen Farben – außer Blau – auf.

STANDORT: hell, auch leicht beschattet, keine direkte Sonne; Wintertemperatur um 10°C
GIESSEN: im Sommer nur mäßig feucht, im Winter ganz trocken halten
DÜNGEN: den Sommer über monatlich mit Kakteendünger
VERMEHREN: sofern vorhanden durch Ausläufer (Kindel), sonst durch Samen
HINWEIS: Auf den dreikantigen *Hylocereus* gepfropfte *Gymnocalycium*-Varietäten müssen wärmer, bei mindestens 18°C, überwintert werden und brauchen entsprechend etwas mehr Feuchtigkeit.

Gymnocalycium quehlianum

Mammillaria

Warzenkaktus

Die nach den Opuntien artenreichste Kakteengattung ist gleichzeitig auch die am häufigsten in Kultur anzutreffende. Über die genaue Anzahl der Arten sind die Ansichten geteilt, man kann aber wohl von 200 bis 300 ausgehen. Allen Mammillarien gemeinsam ist, daß sich die Rippen zu höckerförmigen Warzen umgebildet haben und daß die runden, seltener walzenförmigen Pflanzenkörper in für die Zimmergärtnerei erträglichen Größenordnungen bleiben. Die roten, rosa, gelben oder weißen Blütchen erscheinen meist als Kranz dicht bei dicht um den Scheitel. Die Bedornung ist bei manchen Arten fast lückenlos, häufig gefärbt und sehr regelmäßig, so daß diese kleinen Kakteen auch im blütelosen Zustand immer wie geleckt aussehen. Zudem sind die zahllosen, für Zimmerkultur angebotenen Mammillarien in der Pflege recht anspruchslos.

STANDORT: den Sommer über vollsonnig im Freien oder luftig im Zimmer; nur die grünen Arten etwas vor Prallsonne schützen; im Winter hell bei 10°C stellen; hohe Temperaturen wirken sich ungünstig auf die Blütenbildung aus
GIESSEN: im Sommer immer gut feucht halten, im Winter nur soviel, daß die Erde nicht austrocknet
DÜNGEN: von Frühjahr bis Herbst alle 14 Tage mit Kakteendünger
VERMEHREN: bei gruppenbildenden Arten durch Seitensprosse, sonst durch Aussaat

Notocactus

Buckelkaktus

Etwa 15 Arten zählen diese hübschen, leicht zu pflegenden Kugel- und Säulenkakteen aus Brasilien und Argentinien. Einige davon sind bei uns in Kultur, so *Notocactus ottonis* mit gelbbrauner Bedornung oder *N. leninghausii* mit wunderschönen, rein gelben Scheitelblüten, während *N. haselbergii* rote Blüten hervorbringt. Die Pflege dieser kleinen Kakteen ist relativ problemlos, zumal sie im Gegensatz zu den meisten anderen im Winter auch wärmere Temperaturen vertragen. *Notocactus* gehört jetzt zur Gattung *Parodia*.

STANDORT: hell, auch etwas sonnig, aber vor sommerlicher Mittagssonne schützen; Wintertemperaturen um 10–12°C sind ideal, aber auch mehr schadet nicht
GIESSEN: im Sommer, besonders während der Blüte, gut feucht, aber nie naß halten; indirektes Einsprühen in dieser Zeit wirkt sich günstig aus; im Winter möglichst trockener Stand, auch bei mehr Wärme nur zurückhaltend gießen
DÜNGEN: während der sommerlichen Vegetation monatlich mit Kakteendünger
VERMEHREN: durch Aussaat ohne Erdabdeckung einfach

Mammillaria

Notocactus

Opuntia microdasys

Opuntia
Feigenkaktus

Das Verbreitungsgebiet der riesigen, etwa 470 Arten zählenden Gattung reicht von Kanada bis nach Südchile, umfaßt also alle Klimate, in denen überhaupt Kakteen vorkommen. Eingebürgert wurden Opuntien außerdem in Australien, Südafrika, rund ums Mittelmeer und – als Nutzpflanzen – auf den Kanarischen Inseln. Die auf Opuntien lebende Cochenillelaus diente früher zur Gewinnung eines roten Farbstoffs, der in der Kosmetik und Lebensmittelindustrie Verwendung fand. Leider werden die meisten Opuntien zu groß, so daß sie für Fensterbrettkultur nur bedingt geeignet sind. Eine Ausnahme macht *Opuntia microdasys*, deren heimtückische Areolen (Haarpölsterchen) bereits erwähnt wurden. Blüten im Zimmer sind selten, entwickeln sich aber bei großen Arten, wenn man sie wie Kübelpflanzen im Sommer draußen hält, bisweilen sogar regelmäßig jedes Jahr.

STANDORT: hell bis vollsonnig, im Sommer im Freien, bei Zimmerkultur sehr luftig; Winterstandort sollte hell und kühl sein, um 10°C, auch bis 5°C absinkend
GIESSEN: im Sommer mäßig feucht, im Winter trocken halten
DÜNGEN: den Sommer über monatlich mit Kakteendünger
VERMEHREN: durch in ein Torf-Sand-Gemisch gesteckte „Ohren" (Stecklinge aus Einzelgliedern) nach Abtrocknen der Bruchstelle einfach

Rhipsalidopsis
Osterkaktus

2 Arten dieser aus Brasilien stammenden und dort als Epiphyt wachsenden Blattkakteen sind bekannt: *Rhipsalidopsis gaertneri* und *R. rosea*. Als Kreuzung aus diesen beiden ging *R. x graeseri* mit zahlreichen Auslesen hervor. Bei richtiger Pflege entfaltet der Osterkaktus im Frühjahr für etwa 2 Monate eine Fülle von rosa oder roten Blüten mit spitz gezipfelten Blütenblättern. *Rhipsalidopsis*, dem Weihnachtskaktus *Schlumbergera* sehr ähnlich, kann gut aus Ampeln herabhängen. Seit kurzem gehört der Osterkaktus zur Gattung *Hatiora*.

STANDORT: ganzjährig hell bis halbschattig im Zimmer, warm; im Dezember/Januar für etwa 8 Wochen bei 10° C hell und kühl stellen, damit sich die Blüten bilden können; danach zur Blütenentwicklung wieder zimmerwarmer Stand
GIESSEN: nur während der Kühleperiode sparsam, sonst stets gut feucht halten; zimmerwarmes, enthärtetes Wasser verwenden, ebenso zum erwünschten Übersprühen
DÜNGEN: ab Knospenbildung im Frühjahr bis August/September monatlich mit Kakteendünger
VERMEHREN: durch abgetrennte Glieder im Torf-Sand-Gemisch im Frühjahr und Sommer; Schnittstellen leicht antrocknen lassen

Rhipsalidopsis

Schlumbergera

Weihnachtskaktus

Auch der Weihnachtskaktus (syn. *Zygocactus* beziehungsweise *Epiphyllum*) ist ein Epiphyt aus Brasilien. Im Handel sind zahlreiche Hybriden mit roten, rotvioletten, rosa oder weißen, seit kurzem mit der Sorte 'Gold Charm' auch gelben Blüten. Sie erscheinen allerdings nur, wenn dieser wärmeliebende Blattkaktus im Herbst und Winter niedrigeren Temperaturen ausgesetzt wird. Sobald die Knospen zirka 2–5 mm lang sind, wird die Pflanze bei 18–22° C gehalten, damit sich die Blüten entwickeln können.

STANDORT: hell oder halbschattig, keine direkte Sonne, im Sommer auch draußen; ab Herbst Temperaturen zwischen 10 und 15°C; ab Erscheinen der Blütenknospen kein Standortwechsel mehr oder Lichtmarke anbringen

GIESSEN: nur zimmerwarmes, enthärtetes Wasser verwenden; den Sommer über mäßig, aber gleichmäßig feucht halten, jede Vernässung führt zu Wurzelfäule; ab Herbst bei kühlerem Stand noch vorsichtiger gießen, bis zur Blütenknospenbildung auch öfter übersprühen; nach der Blüte bis zum Neuaustrieb kurze Ruhezeit, in der die Pflanze trockener steht

DÜNGEN: außer in der Ruhepause alle 14 Tage mit üblichem Blumendünger

VERMEHREN: durch abgetrennte, angetrocknete Triebstücke vom Frühjahr bis Sommer

HINWEIS: Der oft beklagte Knospenfall kann mehrere Ursachen haben: Zugluft, Gießfehler, Temperaturschwankungen oder wechselnden Lichteinfall durch Drehen.

Selenicereus

Königin der Nacht

Wer den mittelamerikanischen, meist epiphytisch wachsenden Schlangenkaktus (*Selenicereus grandiflorus*) mit den meterlangen, fünfrippigen Tieben einmal hat blühen sehen, ist für den wenig attraktiven Anblick, den die blütelose Pflanze biete, reich entschädigt. Sehr ähnlich ist die Prinzessin der Nacht, *Selenicereus pteranthus*, mit meist nur vierrippigen Langtrieben und im Gegensatz zur Königin nicht duftend. Beide benötigen ein großes Spalier, um dessen Stäbe man die nur 2 cm dicken Triebe schlingen kann. Dennoch ist nicht auszuschließen, daß die Blütenwunder für Zimmerkultur eines Tages zu groß werden. Die cremeweißen Blüten mit bis zu 30 cm Länge und ebensolcher Breite öffnen sich zwar nur für wenige Stunden einer einzigen Nacht, doch können große Pflanzen mehrmals hintereinander blühen. Die Pflege ist viel weniger kompliziert, als der einmalig schöne Flor vermuten läßt.

STANDORT: hell, aber nicht vollsonnig; Temperaturen im Winter um 15°C

GIESSEN: den Sommer über gut feucht halten, im Winter sparsam gießen, bis zur Knospenentwicklung auch gelegentlich übersprühen

DÜNGEN: von Frühjahr bis Herbst alle 4 Wochen, bei großen Exemplaren häufiger mit Kakteendünger

VERMEHREN: durch Teilstücke der langen Triebe (Stecklinge) im Frühjahr und Sommer unproblematisch

HINWEIS: Es braucht viel Enthusiasmus, um unter Umständen einige Jahre mit dem blütelosen *S. grandiflorus* zusammenzuleben; eine lange Zeit, die nur durch die Hoffnung auf den einmaligen, kurzen Flor ihre Rechtfertigung erfährt. Denn, wie gesagt, eine Schönheit ist dieses Gebilde aus durcheinander wachsenden, schlangenähnlichen Trieben wahrhaftig nicht. Wenn es gar zu wirr wird, muß man mit der Schere dazwischengehen.

Schlumbergera

Blüte von Schlumbergera

Selenicereus

Farne (Filicopsida)

400 Millionen Jahre, bis in die Altzeit der Erde, reicht die Entstehung unserer heute noch im Zimmer oder Garten kultivierten Farnpflanzen zurück. Im Zeitalter des Karbon, vor 250 Millionen Jahren, breiteten sich dann dichte Wälder aus riesigen Farnen, Bärlapp- und Schachtelhalmgewächsen über die ganze Erde aus. Als Steinkohle sind uns die Überreste dieser Flora erhalten geblieben. Nur Algen sind älter, man vermutet ihr erstes Auftreten bereits in der Urzeit vor etwa 2 Milliarden Jahren, während Moose 100 Millionen Jahre nach den Farnen erschienen.

Wechselvoll wie ihre stammesgeschichtliche Entwicklung war auch die Bedeutung der Farne als Zimmerpflanzen. Hier gab es Höhepunkte der Beliebtheit und lange Zeiten, in denen diese blütelosen Blattschmuckgewächse nahezu in Vergessenheit gerieten. Ganz oben in der Gunst der Pflanzenfreunde rangierten Farne im England der 1. Hälfte des 19. Jahrhunderts, bei uns waren sie einige Jahrzehnte später groß in Mode und hielten diesen Platz als Dekorationsstücke der Salons auf hochbeinigen Blumenständern bis weit in die 20iger Jahre. Ein gutes halbes Jahrhundert mußte danach vergehen, bis man die Farne mit den ebenfalls lange vergessenen Palmen als nostalgischen Zimmerschmuck wiederentdeckte.

Farne beziehen ihre Zierwirkung einzig aus der Form und Farbe ihrer Blätter. Hervorstechendes Merkmal der meisten Arten sind ihre mehr oder wenig fein gefiederten, hell- oder dunkelgrünen, silbergrauen, rötlichen wie mehrfarbigen, zarten oder ledrig derben Wedel. Sie können lang und bogig herabhängen oder starr nach oben weisen. Andere Formen sind nicht weniger interessant und ansprechend. Denken wir nur an die zarten, spitzrunden Blättchen der Frauenhaarfarne *(Adiantum)* mit den auffallenden, dunklen Stielen oder an die mächtigen, mehrfach gegabelten Blätter des Geweihfarns *(Platycerium)*. Eine Besonderheit ist die epiphytisch wachsende Davallie, deren dicke, kriechenden und dicht behaarten Rhizome sich an die Unterlage im Blumenfenster oder der Vitrine klammern.

Für die Zimmerkultur kommt den Farnen zugute, daß die meisten von ihnen Waldpflanzen sind, der Lichtbedarf also insgesamt nicht sehr hoch liegt. Dagegen ist, auch dies der schattigen Herkunft entsprechend, erhöhte Luftfeuchtigkeit für das Gedeihen vorteilhaft bis notwendig. Hier kann man

Farne im Gewächshaus

sich mit einem Einsenken der Pflanzengefäße in die schon häufig erwähnten Wannen mit feuchtem Torf oder einem Tongranulat behelfen oder die Pflanzen öfter mit enthärtetem, handwarmem Wasser übersprühen. Auch der Topfballen sollte stets gleichmäßig feucht sein, wobei aber Staunässe unbedingt zu vermeiden ist. Man muß deshalb ein durchlässiges Pflanzsubstrat wählen und für eine gute Dränage sorgen, damit überschüssiges Wasser in den Untersatz abfließen und weggeschüttet werden kann. Ein gelegentliches Tauchen des ganzen Topfes in lauwarmes Wasser ist oft wirksamer als Gießen mit der Kanne und hat zudem den Vorteil, daß eventuell entstandene Salzanreicherungen aus dem Substrat gespült werden. Diese Pflegemaßnahmen entfallen natürlich, wenn man seine Farne in Hydrokultur hält, in der sich die meisten Arten hervorragend bewährt haben. Vorsicht, viele Farne reagieren empfindlich auf Pflanzenschutzmittel! Über die Vermehrung der Farne siehe Seite 85 f.

Adiantum
Frauenhaarfarn

Etwa 200 Arten der Gattung sind bekannt, die in Kultur befindlichen stammen fast alle aus dem tropischen Amerika. So reizvoll diese filigranen Pflanzen mit den zarten Blättern an haarfeinen, dunkelbraun bis schwarz gefärbten Stielen auch sind und obgleich sie im Blumenhandel häufig angeboten werden: Auf dem Fensterbrett kann man sich meist nur kurze Zeit an ihnen erfreuen. Von der fast ausschließlich vermehrten Art *Adiantum raddianum* gibt es einige Sorten wie 'Decorum' und 'Fritz Luethi'; außerdem hat sich noch *A. tenerum* als für Topfkultur einigermaßen geeignet erwiesen. Die Pflegeansprüche sind jedoch in jedem Fall hoch, und sofern nicht ein geschlossenes Blumenfenster oder eine Vitrine zur Verfügung stehen, muß trotz aller Mühe mit Rückschlägen gerechnet werden.

STANDORT: hell bis halbschattig, doch weder direkte Sonne noch dunkel; im Winter Zimmertemperatur nicht unter 20°C ; kühleres Substrat und Zugluft sind tödlich
GIESSEN: ganzjährig den Ballen feucht halten, weder Vernässung noch Austrocknung; wegen des hohen Bedarfs an Luftfeuchtigkeit häufig indirekt besprühen; wie bei allen Farnen nur kalkfreies, zimmerwarmes Wasser verwenden; gelegentliches Tauchen der ganzen Pflanze ist günstig
DÜNGEN: von Frühjahr bis Spätsommer mit Hydrodünger oder Blumendünger in schwacher Konzentration; weniger ist hier mehr
VERMEHREN: durch Teilung; Sporenaussaat gelingt dem Laien kaum
HINWEIS: Wenn die Wedel vertrocknen, kann man einen Rückschnitt bis zur Basis vornehmen. Ein Neuzuwachs ist möglich, aber ungewiß.

Asplenium
Nestfarn

Im Gegensatz zu *Adiantum* ist *Asplenium nidus*, der Nestfarn aus den tropischen Regenwäldern Afrikas, Asiens und Polynesiens eine gut zu kultivierende Zimmerpflanze. In seiner Heimat nimmt der dort epiphytisch lebende Farn gewaltige Ausmaße mit 1 m langen Blättern an. Auf dem Fensterbrett bleibt die Pflanze bescheidener. Besondere Attraktivität gewinnt sie durch die schwarzbraunen Mittelrippen des trichterförmig aus einer Rosette emporwachsenden, bei *A. nidus* ungefiederten Laubs.

STANDORT: hell, auch beschattet, ohne direkte Sonne; im Winter Zimmertemperatur, jedoch nicht unter 18°C
GIESSEN: durchweg mit enthärtetem Wasser leicht feucht halten; Übersprühen ist günstig, doch nicht Bedingung, da trockene Luft trotz der Herkunft toleriert wird; gelegentliches Tauchen wirkt sich vorteilhaft aus
DÜNGEN: nur den Sommer über monatlich mit Blumendünger
VERMEHREN: durch Sporenaussaat, für den Laien ungeeignet

Adiantum raddianum

Asplenium nidus

Blechnum

Rippenfarn

Auf Neukaledonien, einer Inselgruppe im Pazifik, erreicht *Blechnum gibbum* Stammhöhen bis zu 1 m. In Zimmerkultur kommt es nur selten zur Stammbildung, die Pflanze ähnelt hier eher dem Palmfarn *(Cycas)*. Die Pflege ist nicht ganz einfach, da gleichzeitig eine gewisse Luftfeuchtigkeit ebenso verlangt wird wie eine ausreichende Menge Frischluft.

STANDORT: hell bis halbschattig und luftig, keine direkte Sonne; im Winter Zimmertemperatur nicht unter 16°C bei ebensolcher Bodenwärme; keine „kalten Füße" und keine Zugluft

GIESSEN: den Sommer über mit enthärtetem Wasser sehr reichlich, Ballentrockenheit unbedingt vermeiden; nicht übersprühen; im Winter das Gießen einschränken

DÜNGEN: nur im Sommer monatlich mit schwacher Blumendüngerlösung

VERMEHREN: durch Sporenaussaat, für den Laien ungeeignet

HINWEIS: Um die benötigte Luftfeuchtigkeit zu erzielen, empfiehlt sich das Einstellen des Pflanzgefäßes in eine Wanne mit feuchtem Torf oder Tongranulat.

Cyrtomium

Ilexfarn

Der in Asien, Ozeanien und Südafrika beheimatete Farn ist in zehn Arten bekannt, von denen nur *Cyrtomium falcatum* als Zimmerpflanze Bedeutung hat. Im Handel befindet sich meist die Zuchtform 'Rochfordianum' mit 50 cm langen, einfach gefiederten, ledrig-grünen gezähnten Blättern, deren Fiederende spitz zuläuft. Die Oberseite ist stark glänzend. *Cyrtomium falcatum* macht, anders als viele Farne, in der Pflege wenig Schwierigkeiten, soll im Weinbauklima geschützt sogar im Freien überwintern können. Das Gelingen ist stets von den Kälteperioden abhängig.

STANDORT: hell, auch beschattet, doch keine volle Sonne; im Winter Temperaturen um 10°C, auch höhere Werte werden bei sehr hellem Stand und ausreichender Luftfeuchtigkeit vertragen

GIESSEN: ganzjährig mit kalkarmem Wasser mäßig feucht halten; bei niedrigen Wintertemperaturen nur vorsichtig gießen

DÜNGEN: von Frühjahr bis Herbst monatlich mit Blumendünger

VERMEHREN: am einfachsten durch Teilung der Rhizome im zeitigen Frühjahr oder Sporenaussaat.

Blechnum gibbum

Cyrtomium falcatum

*Davallia bullata;
rechts Rhizom*

Davallia
Davallie

In Spezialgärtnereien, die sich mit der Kultur tropischer Gewächse befassen, wird man *Davallia bullata (D. mariesii)*, einen Felsbewohner aus dem tropischen Asien, mit Sicherheit finden. Im üblichen Blumenhandel ist seine Entdeckung Glückssache, denn es handelt sich um eine Pflanze fürs geschlossene Blumenfenster oder die Vitrine. Maßgeblich für diese Standortbeschränkung sind nicht Temperaturanforderungen, sondern der Anspruch an hohe Luftfeuchtigkeit, die für die Kultur dieser Epiphyten ausschlaggebend ist. Der „Aufsitzer" muß an Rindenstücken oder einem Epiphytenstamm aufgebunden werden, damit die dikken, mit braun-roten oder silbrigen Schuppenhaaren besetzten Rhizome auf diesen Unterlagen Halt finden.

STANDORT: hell oder halbschattig, keine direkte Sonne; im Winter luftig bei Temperaturen um 15°C und ständig hoher Luftfeuchte von etwa 70%
GIESSEN: mit kalkarmem, luftwarmem Wasser stets feucht halten und öfter einnebeln
DÜNGEN: nur gelegentlich mit schwach konzentriertem Blumendünger, den man dem Sprühwasser zusetzt
VERMEHREN: durch abgeschnittene Endstücke der Rhizome, die man auf feuchter Anzuchterde bewurzeln läßt
HINWEIS: Bei stets riskanter Zimmerkultur muß *Davallia* täglich besprüht und häufig getaucht werden. Außer *D. bullata* und *D. canariensis* benötigen alle Baumfarne auch im Winter Temperaturen um 20°C.

Didymochlaena
Didymochlene

In den Tropen der ganzen Welt zu Hause, gehört *Didymochlaena truncatula* mit den doppelt gefiederten Blättern und braunroten Stielen zu den auch am schattigen Fensterplatz leicht zu haltenden Grünpflanzen. Diesen guten Eigenschaften ist wahrscheinlich auch ihr Comeback zu verdanken, denn es handelt sich hierbei eigentlich um eine in früheren Zeiten recht beliebte Farnart.

STANDORT: halbschattig, keine Sonne; Temperaturen während der winterlichen Ruhezeit 14–16°C
GIESSEN: den Sommer über reichlich mit kalkarmem Wasser, in dieser Zeit auch häufig übersprühen; im Winter trockener halten und nicht mehr einnebeln
DÜNGEN: nur im Sommer alle 2 Wochen mit salzfreiem Blumen- oder Hydrodünger
VERMEHREN: durch Sporenaussaat

*Didymochlaena
truncatula*

Nephrolepis

Schwertfarn

Von *Nephrolepis exaltata* wurden eine Reihe von Kultursorten entwickelt, die sich vor allem in der Form der Fiederung voneinander unterscheiden. Auch die Wuchseigenschaften sind unterschiedlich. Neben viel Platz beanspruchenden Formen mit 70 cm langen Wedeln gibt es kleiner bleibende wie 'Boston Zwerg' aus der bekannten Boston-Serie. *Nephrolepis* kommt mit etwa 30 Arten in allen tropischen und subtropischen Gebieten der Erde sowohl epiphytisch wie als Erdfarn vor, eignet sich auch für Ampelpflanzung und stellt geringe Ansprüche.

STANDORT: hell, auch etwas Sonne, außer über Mittag; Temperatur im Winter um 18°C
GIESSEN: mäßig feucht halten; Vernässung vermeiden und stets enthärtetes Wasser verwenden
DÜNGEN: nur von Frühjahr bis Herbst alle 2 Wochen mit Blumendünger
VERMEHREN: am einfachsten mit Hilfe der langen Ausläufer, die man abtrennt und einpflanzt

Pellaea

Pellefarn

Am häufigsten als Zimmerpflanze anzutreffen ist *Pellaea rotundifolia* aus Neuseeland, eine von den etwa 80 Arten der auch in Nord- wie Südamerika, Afrika und Asien vorkommenden Gattung. Die glänzend dunkelgrünen Fiedern an den etwa 30 cm langen Wedeln ähneln kleinen, rundlichen Blättern und geben der zierlichen Pflanze ihr ansprechendes Äußeres. Im Gegensatz zu fast allen anderen Farnen kommt *Pellaea* auf trockenen, kargen Böden vor, hat also auch gegen normales Leitungswasser nichts einzuwenden. Am härtesten ist *P. viridis*, ein Pellefarn aus dem südlichen Afrika.

STANDORT: hell, auch sonnig ohne Prallsonne; viel Frischluft; Freilandaufenthalt im Sommer ohne weiteres möglich; Wintertemperaturen 10–15°C
GIESSEN: im Sommer mäßig feucht halten, im Winter nur wenig gießen; Vernässung wird in dieser Zeit besonders übel genommen
DÜNGEN: von Frühjahr bis Herbst alle 2 Wochen mit Blumendünger
VERMEHREN: durch Sporenaussaat

Nephrolepis exaltata

Pellaea rotundifolia

Phlebodium aureum

Phyllitis
Hirschzungenfarn

Die in allen gemäßigten Zonen der Welt verbreitete, einzige Art der Gattung, *Phyllitis scolopendrium*, kommt in Europa wildwachsend vor, steht bei uns unter Schutz und ist als wintergrüne, attraktive Zierpflanze auch im Garten zu verwenden. Staudengärtnereien führen einige Sorten wie 'Crispa' mit stark gekräuselten Batträndern, 'Digitata', 'Marginata' oder 'Undulata'. Für Zimmerkultur ist ein kühler, schattiger und luftiger Platz, zum Beispiel an einem Nordfenster, am günstigsten.

STANDORT: beschattet und kühl, viel Frischluft; den Sommer über am besten im Freien; Wintertemperatur um 10°C

GIESSEN: mit kalkarmem Wasser ganzjährig mäßig feucht halten; bei trockener, warmer Zimmerluft empfiehlt sich das Einsenken des Farns in feuchten Torf oder erhöhter Stand in mit Wasser gefülltem Untersatz

DÜNGEN: von Frühjahr bis Herbst monatlich mit Blumendünger, bei Bedarf auch öfter in halber Konzentration

VERMEHREN: durch Teilung der Rhizome oder Stecklinge aus vom Blatt getrennten Stielenden

Phlebodium
Tüpfelfarn

Große, tiefgefiederte, bläulich schimmernde Blätter sind die Kennzeichen dieses Farns aus den südamerikanischen Tropenwäldern. Die teils über, teils unter der Erde kriechenden Rhizome besitzen eine gelblich-braune Behaarung und machen einen weiteren Reiz von *Phlebodium aureum* aus. Die Sorte 'Mandaianum' mit gekrausten Fiedern wird für die Fensterbank bald schon zu groß, 'Glaucum' bleibt etwas kleinwüchsiger. Trockene Luft wird vom Tüpfelfarn besser als von anderen vertragen, bei warmem Stand sollte im Winter dennoch besser täglich eingenebelt werden.

STANDORT: schattig, ganzjährig Zimmertemperatur; im Winter besser etwas kühler bei 16°C stellen; auch bis 12°C möglich

GIESSEN: mit enthärtetem, zimmerwarmem Wasser durchweg mäßig feucht halten

DÜNGEN: von Frühjahr bis Herbst wöchentlich mit Blumendünger in halber Konzentration

VERMEHREN: durch Abtrennen und Einpflanzen von Rhizomstücken oder Sporenaussaat

Phyllitis-Züchtung

Platycerium

Geweihfarn

Zwei verschiedene Blattformen mit unterschiedlichen Funktionen sind die Kennzeichen dieses im tropischen Südostasien, Australien, Afrika und Südamerika epiphytisch wachsenden Farns mit 17 Arten. Die sogenannten Nischen- oder Mantelblätter dienen der Wasser- wie Nährstoffaufnahme und als Halteorgane, verrotten nach einiger Zeit und liefern damit der Pflanze Humus „eigener Produktion". Die den Nischenblättern entspringenden, sporentragenden, geweihförmig eingeschnittenen Wedel, die meterlang werden können, sind das eigentlich Reizvolle an diesem Farn, von dem vor allem die Art *Platycerium bifurcatum* mit einigen Sorten angeboten wird. Andere, im Exotenhandel bisweilen erhältliche *Platycerium*-Arten wie *P. willinckii*

oder *P. grande* sind nur für Warmhauskultur geeignet. Wegen seiner Wuchseigentümlichkeit setzt man Geweihfarne in Orchideentöpfe oder -körbchen und hängt sie frei auf oder befestigt sie am Epiphytenstamm.

STANDORT: hell bis halbschattig, kein ausgesprochener Schattenplatz, keine direkte Sonne; Zimmertemperatur, im Winter auch kühler, jedoch nicht unter 14° C; bei warmer, trockener Luft öfter besprühen
GIESSEN: mit kalkarmem, zimmerwarmem Wasser immer feucht halten, Ballentrockenheit darf nicht auftreten; weil die Nischenblätter ein direktes Befeuchten des Substrats bei größeren Exemplaren erschweren, die Pflanze regelmäßig tauchen
DÜNGEN: von Frühjahr bis Spätsommer monatlich mit Blumendünger in halber Konzentration oder Hydronährstoff
VERMEHREN: manchmal bilden sich Seitentriebe, die man abtrennen und in lockeres Substrat einpflanzen kann; Sporenaussaat gelingt dem Laien meist nicht

Polystichum

Schildfarn

Hauptsächlich in Kultur ist bei uns *Polystichum tsus-simense* aus Japan und China, eine der etwa 200 Arten dieses über die ganze Welt verbreiteten, teilweise winterharten und immergrünen Farns. *P. setiferum* ist ein europäischer Schildfarn mit bis zu 1 m langen Wedeln, der bei uns unter Artenschutz steht, von dem aber eine Reihe sehr attraktiver, immergrüner Gartensorten im Handel sind. Für Zimmerkultur kommt außer *P. tsus-simense* noch *P. auriculantum* aus Vorderindien in Frage.

STANDORT: hell, ohne direkte Sonne; Wintertemperatur nicht wesentlich über 10°C
GIESSEN: mit enthärtetem, zimmerwarmem Wasser immer feucht halten, im Winter weniger gießen, doch stets soviel, daß der Ballen nicht austrocknet; da während der Bildung der neuen Wedel besonders viel Luftfeuchtigkeit von Vorteil ist, kann man den Farn von Frühling bis Sommer in feuchten Torf einbetten
DÜNGEN: von März bis September monatlich mit Blumendünger in halber Konzentration
VERMEHREN: im Frühjahr durch Teilung der Rhizome, die reinen Arten auch durch Sporenaussaat

Platycerium

Polystichum

Pteris

Saumfarn

Etwa 300 Arten zählt die weltweit über die Tropen und Subtropen verbreitete Gattung dieser Erdfarne, von denen viele als Zimmer- wie als Freilandpflanzen einen ausgezeichneten Ruf genießen. Unter den zahlreichen Sorten gibt es auch solche mit bunten Blättern, mit zarten, schmalen wie großen, über 1 m langen Wedeln. Eine sortenreiche Art ist *Pteris cretica* aus den Tropen und Subtropen der Alten Welt. Von *P. ensiformis* sind die weißbunten Sorten 'Victoriae' und 'Evergemiensis'

bekannt geworden, beide aus dem tropischen Asien und Australien stammend und in reiner Zimmerkultur etwas anspruchsvoller als *P. multifida* aus China und Japan mit der bekannten Sorte 'Cristata'. *P. tremula* und *P. umbrosa* aus Australien gelten als ziemlich schwierige Zimmerpflanzen; allerdings wächst *P. tremula* schnell und wird daher nach einiger Zeit für das Fensterbrett ohnedies zu umfangreich, so daß man auch aus diesem Grunde besser auf diese Art verzichtet.

STANDORT: hell bis halbschattig, keine direkte Sonne; buntlaubige Formen im Winter bei 18 °C und möglichst etwas erhöhter Luftfeuchtigkeit, grüne bei 12 ° C

GIESSEN: während der sommerlichen Wachstumszeit reichlich mit enthärtetem Wasser; in der Ruhezeit sparsamer, aber Ballentrockenheit nicht auftreten lassen

DÜNGEN: von Frühjahr bis Herbst alle 2 Wochen mit Blumendünger in halber Konzentration

VERMEHREN: durch Rhizomteilung im Frühjahr; sicherer durch Sporenaussaat

Vorne links: Polystichum tsus-simense; hinten: Pteris cretica 'Albolineata'; vorne rechts: Pteris cretica 'Wimsettii'

Orchideen (Orchidaceae)

Diese riesige Pflanzenfamilie, die größte von allen, ist mit etwa 750 Gattungen und 20 000 bis 25 000 Arten über die ganze Erde verbreitet. Nur die Gräser bringen es noch fertig, außer in reinen Wüsten und im Ewigen Eis, ihre Vertreter in jedem Klima und auch unter für Pflanzen widrigsten Verhältnissen wachsen zu lassen. Der Schwerpunkt der Orchideenbesiedlung liegt jedoch im tropischen Afrika, Amerika und Asien. Es gibt terrestrische, also in der Erde wurzelnde, wie epiphytische, auf Bäumen oder Felsen lebende Orchideen. Bei den Gattungen der gemäßigten Zonen Europas handelt es sich fast immer um Erdbewohner. Für den Zimmer- und Gewächshausgärtner interessanter sind die Epiphyten der Tropen und Subtropen, aber auch einige Erdorchideen unseres Klimas. In Kultur befinden sich fast ausschließlich Züchtungen, die auch für Zimmerkultur am ehesten in Frage kommen. Die reinen Arten bleiben Botanischen Gärten, Sammlern und Liebhabern mit geeigneten Kultureinrichtungen vorbehalten.

Hinsichtlich ihrer Wuchseigenschaften teilt man Orchideen in zwei große Gruppen ein: monopodiale mit einem senkrecht nach oben wachsenden Hauptsproß und sympodiale ohne dominierenden Mitteltrieb. Bei ihnen liegt die Sproßachse waagerecht im oder auf dem Boden. Sympodial wachsende Orchideen lassen sich auf einfache Weise vermehren, indem Einzelstücke der Sproßachse mit einigen Pseudobulben abgetrennt werden. Pseudo- oder Scheinbulben sind umgewandelte, verdickte, ältere Sprosse, die der Pflanze als Speicherorgane für Wasser und Nährstoffe dienen. Sie können belaubt sein, oder die Blätter entspringen dem oberen Ende dieser auch Sproßknollen genannten Bulben.

Lange Zeit stellten Orchideen den unerfüllbaren Traum der Zimmergärtner dar. Ihre phantastischen, oft bizarr geformten Blüten schienen unüberwindliche Schwierigkeitsgrade bei der Pflege zu signalisieren. Daß es heute durchaus möglich ist, auch einige dieser Exoten aufs Fensterbrett zu stellen, liegt nicht nur an speziell mit Blick auf die Eignung für Zimmerkultur entwickelten Zuchtformen, sondern auch an Pflegeerleichterungen wie im Handel erhältliche Spezialerden und Orchideennährstoffe, an elektrischen Luftbefeuchtern, Feuchtigkeit speichernden Tongranulaten und praktischen Bodenheizungen. Dennoch ist das geschlossene Blumenfenster immer noch der ideale Kulturraum für die meisten Orchideen, manche sind überhaupt nur hier zu halten. Wer ein warmes Kleingewächshaus besitzt, kann seine Pflanzenschätze dort pflegen und zur Blüte bringen und die blühenden Exemplare dann vorübergehend ins Wohnzimmer stellen.

Drei Ansprüche sollte das Substrat erfüllen, in dem Orchideen wachsen: Es sollte lange Zeit seine guten Eigenschaften bewahren, damit die empfindlichen Gewächse möglichst wenig gestört werden. Es sollte locker, durchlässig und luftig sein, aber dennoch eine ausreichende Dichte besitzen, um Wasser und Nährstoffe zu speichern und den Wurzeln Halt zu geben. Bewährt hat sich eine Mischung aus Torf, Sumpfmoos (*Sphagnum*) und Farnwurzeln (*Osmunda*). Ein Zusatz von etwas Lavagrus erhöht die Speicherfähigkeit. Auch Beimengungen von grober Nadelholzrinde, Buchenlaub und Styropor können ein gut strukturiertes Substrat ergeben.

Orchideensammlung

Links: monopodiales (eintriebiges) Wachstum; rechts: sympodiales (liegendes oder kriechendes) Wachstum bei Orchideen

Wer sich intensiver mit Orchideen beschäftigt, wird nach einigem Experimentieren sein eigenes Gemisch herausgefunden haben. In Gartencentern und Orchideengärtnereien kann man im Zweifelsfall Fertigsubstrate kaufen, die allen an das Substrat gestellten Anforderungen genügen. Bei einer geeigneten, lockeren Mischung sind die für andere Zimmerpflanzen verwendeten Gefäße auch für die Orchideenkultur geeignet.

Die Ansprüche vor allem der epiphytisch wachsenden Orchideen an Nährstoffe sind, verglichen mit anderen Topfpflanzen, gering. Ganz ohne Dünger aber kommen auch sie nicht aus. Hier lassen sich ebenfalls Fehler vermeiden, wenn spezielle Orchideendünger verwendet werden. Sonst gilt die Faustregel, daß übliche Blumendünger, ob in mineralischer oder organischer Form, nur ein- bis zweimal monatlich und in schwacher Konzentration, etwa $1/5 - 1/10$ der auf der Packung angegebenen Menge, zu verabreichen sind.

Vermehren kann der Hobbygärtner seine Orchideen einzig auf vegetativem Weg. Es wurde bereits darauf hingewiesen, daß dies bei sympodialen Arten durch Teilung der waagerecht wachsenden Rhizome relativ einfach ist. Man muß nur darauf achten, daß jedes Teilstück zwei oder mehr Pseudobulben beziehungsweise Blattbüschel besitzt. Monopodial, also mit einem Mittelsproß nach oben wachsende Orchideen, lassen sich manchmal durch Kopfstecklinge oder, falls vorhanden, Seitentriebe vermehren. Eine Aussaat ist für den Laien bei Orchideen nicht möglich. Der staubfeine Samen besitzt keinerlei Nährgewebe, er ist auf die Hilfe von bestimmten Bodenpilzen angewiesen, um zur Keimung zu gelangen. Fertige Nährböden werden heute zwar schon im Spezialhandel angeboten, dennoch erfordert die Anzucht aus Samen viel Erfahrung und zusätzliche Kultureinrichtungen, da sie völlig steril erfolgen muß; einmal ganz abgesehen von den Schwierigkeiten der Befruchtung und der Samenernte.

Es hat sich bei ausgedehnten Versuchen gezeigt, daß die meisten Erdorchideen und Epiphyten, die sich für Zimmerhaltung eignen, auch in Hydrokultur gut gedeihen. Voraussetzung ist ein niedriger bis extrem niedriger Wasserstand, um Fäulnis der teilweise sehr empfindlichen Wurzeln zu verhindern. Mit dem Hydrotank „S" (Spezial) des Systems Dr. Blaicher läßt sich diese diffizile Wasserstandsregulierung sicherer erreichen als mit üblichen Hydrogefäßen. Für den engagierten Hydrokulturexperten liegt die Schwierigkeit aber noch ganz woanders: Orchideen werden als Hydropflanzen kaum vom Handel angeboten. Ob dem Laien die Umstellung dieser gerade im Wurzelbereich äußerst sensiblen Gewächse von Erd- auf Hydrokultur gelingt, ist mehr als zweifelhaft, in jedem Fall aber mit einem so großen Risiko verbunden, daß nur wenige Zimmergärtner das ungewisse Experiment mit ihren teuren Orchideen wagen werden.

Brassia antherotes var. longissima

Brassia
Brassie

Das tropische Mittel- und Südamerika ist die Heimat der etwa 40 Arten umfassenden Gattung Brassia aus der Familie der Orchideengewächse. Es handelt sich dabei um Epiphyten, die sich als Zimmerpflanzen bewährt haben. Um Freude an den zierlichen, teilweise bizarren Blüten zu haben, braucht man also nicht unbedingt ein geschlossenes Blumenfenster. Die großen ledrigen Blätter wachsen aus Pseudobulben hervor, die Blüten sitzen zu mehreren an bis zu 50 cm langen Stielen.

STANDORT: hell bis halbschattig; ganzjährig Zimmertemperatur, wobei eine geringe Nachtabsenkung auf 16–18°C günstig ist
GIESSEN: mit kalkfreiem, zimmerwarmem Wasser stets mäßig feucht halten; nach dem Abblühen kurze Ruhepause mit verminderten Wassergaben; häufig übersprühen
DÜNGEN: nur den Sommer über bis Herbst monatlich mit Orchideendünger
VERMEHREN: durch Teilung der Rhizome im Frühjahr, falls genügend Pseudobulben vorhanden sind

Cattleya
Cattleye

Fast 50 cm lang können die Pseudobulben der großen Arten dieses Epiphyten aus dem tropischen Amerika werden, von dem es über 40 Arten und zahlreiche Hybriden gibt. Die Zimmerpflege ist nicht ganz so einfach wie bei *Brassia*, aber möglich, nur sollte man für das Fensterbrett auf die kleinen Formen zurückgreifen. Bei ihnen sind zwar auch die Blüten kleiner, erscheinen dafür aber in großer Zahl.

STANDORT: hell, keine Mittagssonne im Sommer; im Winter bei 18°C etwas kühler stellen; ist hohe Luftfeuchtigkeit vorhanden, zum Beispiel im Blumenfenster, können die Temperaturen um weitere 3 oder 4°C, besonders nachts, gesenkt werden; die Wärmeansprüche sind je nach Art unterschiedlich
GIESSEN: während der sommerlichen Wachstumszeit sehr reichlich mit enthärtetem, zimmerwarmem Wasser; beim Sprühen Blüten nicht benetzen; auch gelegentliches Tauchen tut den Pflanzen gut; im Winter Substrat gerade feucht halten und zwischen den Gießvorgängen oberflächig abtrocknen lassen; wie bei allen Orchideen zeigt das Schrumpfen der Pseudobulben Wassermangel an
DÜNGEN: von Frühjahr bis Herbst monatlich mit Orchideendünger
VERMEHREN: durch Teilen der Rhizome mit 2 oder 3 Bulben an jedem Teilstück

Cattleya-Hybride

Cattleya skinneri

Coelogyne cristata

Cymbidium
Cymbidie

Meistens als Erdorchideen mit etwa 50 Arten in Asien und Amerika vorkommend, gehören Cymbidien zum Sortiment wertvoller Schnittblumen. Je nach Art und Herkunft sind es Kalt- oder Warmhauspflanzen. Da die reinen Arten sehr groß und umfangreich werden können, sollte sich der Zimmergärtner an die sogenannten Mini-Cymbidien halten, die freilich immer noch üppig genug wachsen und deshalb von vornherein ausreichend große Gefäße benötigen

STANDORT: von Juni bis September besonnt, doch nicht vollsonnig im Freien; im Zimmer mit viel Frischluft; auch im Winter Wohnwärme, vor allem bei Mini-Cymbidien; nachts Temperaturen um 16°C
GIESSEN: von Frühjahr bis Herbst mit enthärtetem, zimmerwarmem Wasser gleichmäßig feucht halten, auch übersprühen; im Winter sparsamer gießen, doch nicht austrocknen lassen; das Schrumpfen der Bulben zeigt Wassermangel an
DÜNGEN: während der Wachstumszeit monatlich mit Orchideendünger
VERMEHREN: als sympodial wachsende Orchidee durch Rhizomteilung mit mindestens 2 Bulben im Frühjahr

Coelogyne
Coelogyne

Von den etwa 150 Arten dieser asiatischen, epiphytisch wie terrestrisch wachsenden Orchideen ist *Coelogyne cristata*, ein Epiphyt aus dem Himalaja und Nepal, für Zimmerkultur besonders gut geeignet. Sie bereitet kaum größere Probleme als andere bekannte und dankbare Topfgewächse. Bei *C. cristata* entspringen den eiförmigen Pseudobulben zwei 15–30 cm lange Blätter, die reinweißen Blüten mit goldgelben Kämmen erscheinen im Winter und Frühjahr zu mehreren an 30 cm langen Schäften.

STANDORT: ganzjährig hell und luftig; keine Mittagssonne im Sommer, am besten leicht beschattet im Freien; im Winter Temperaturen bei 16°C mit Nachtabsenkung um etwa 4°C
GIESSEN: im Sommer bis etwa Oktober mit enthärtetem, luftwarmem Wasser gleichbleibend gut feucht halten; ab Oktober bis nach der Blüte weniger gießen und Substrat immer wieder etwas abtrocknen lassen; durch Sprühen, außer in die Blüte und auf die Austriebsstellen der Pseudobulben, kann man die Luftfeuchtigkeit geringfügig erhöhen
DÜNGEN: von Frühjahr bis September monatlich mit Orchideendünger
VERMEHREN: durch Teilung der Rhizome mit mindestens 1 Bulbe im Frühjahr

Cymbidium

Epidendrum

Epidendrum

Epidendrum

Auch dies ist ein Epiphyt, der ohne Tropenfenster auskommen kann. Wie viele Arten davon im tropischen und subtropischen Amerika vorkommen, ist nicht genau festzustellen. Die Angaben reichen von 500 über 750 bis 1000. Zahlreiche Züchtungen und Kulturformen sind im Lauf der Zeit entstanden, die sich in Farbe und Form der Blüten stark voneinander unterscheiden. Der Flor erscheint meist von Spätsommer/Herbst bis Frühjahr. Die ledrigen Blätter entspringen Pseudobulben oder Stämmchen.

STANDORT: hell bis beschattet, keine Mittagssonne, viel Frischluft; im Winter auch Wohnwärme, aber möglichst Nachtabsenkung auf 14–16°C; bei insgesamt etwas kühlerem, hellem Winterquartier spielt die Luftfeuchtigkeit keine so große Rolle
GIESSEN: auch in der Hauptwachstumszeit ab Frühjahr/Frühsommer nur mäßig feucht halten; Substrat immer wieder etwas abtrock-

nen lassen; im Winter vor allem bei kühlerem Stand Austrocknen gerade noch vermeiden; nur zimmerwarmes, enthärtetes Wasser verwenden
DÜNGEN: von Frühjahr bis Herbst mit Orchideendünger
VERMEHREN: durch Rhizomstücke mit Pseudobulben im Frühjahr

Paphiopedilum

Frauenschuh

Wer einmal die Blüte dieser nach *Phalaenopsis*, der Malayenblume, beliebtesten Orchidee betrachtet hat, braucht über den Namen nicht zu rätseln: Die Blütenlippe ähnelt tatsächlich der Kappe eines Schuhs oder einem Pantoffel. *Paphiopedilum* ist als Erdorchidee mit etwa 50 Arten in ganz Südostasien verbreitet. In Amerika gibt es eine enge Verwandte, die den Namen *Phragmipedium* trägt, unsere heimische Frauenschuhorchidee heißt *Cypripedium calceolus*. Es gibt eine unübersehbare Anzahl von Hybriden, und was im Blumengeschäft angeboten wird, läßt sich in der Regel recht gut auch auf dem Fensterbrett kultivieren, wobei die Formen mit panaschierten Blättern etwas mehr Aufmerksamkeit und vor allem Wärme beanspruchen. Frauenschuhe bilden keine Speicherorgane (Pseudobulben).
Die Blütezeit fällt meist in den Winter und ins Frühjahr, wobei die Einzelblüte mehrere Wochen oder gar Monate halten kann.

STANDORT: hell bis halbschattig, vor allem im Sommer keine pralle Sonne; geflecktblättrige Frauenschuhe sind in dieser Beziehung besonders empfind-

lich; auch im Winter Wohnwärme, nachts nicht unter 18°C, die Substrattemperatur muß der Raumtemperatur entsprechen; also Vorsicht vor „kalten Füßen" zum Beispiel auf Kunststein- oder Marmorfensterbänken und bei schlecht schließenden Fenstern; wer sich spezialisiert, muß zwischen Frauenschuhen für das Warm-, das temperierte und das Kalthaus unterscheiden
GIESSEN: ganzjährig gleichmäßig feucht halten, ohne Vernässung oder Austrokkung; im Winter etwas sparsamer gießen, Substrat immer leicht trocken werden lassen; obgleich es auch kalkfreundliche Arten gibt, sollte für die Hybriden in Zimmerkultur immer nur enthärtetes, raumwarmes Wasser verwendet werden
DÜNGEN: von Frühjahr bis Herbst alle 2 Wochen mit Orchideendünger
VERMEHREN: durch Teilung der Rhizome mit jeweils einigen Blättern

Paphiopedilum callosum

Paphiopedilum-Hybride

Phalaenopsis

Nachtfalter-orchidee, Malayenblume

Für den Zimmergärtner ist *Phalaenopsis* die Orchidee schlechthin. Das ist nicht zuletzt den Bemühungen der Züchter zu verdanken, die durch Kreuzungen verschiedener Arten zahlreiche Hybriden mit relativ geringen Ansprüchen entwickelt haben. Heimat der 40 oder 50 epiphytisch wachsenden Arten sind die feuchten Tropenwälder Asiens, Ozeaniens und Australiens. Gemäß dieser Herkunft ist erhöhte Luftfeuchtigkeit auch das Einzige, was *Phalaenopsis* bei Fenster-brettkultur geboten werden muß. Dann blühen sie unermüdlich, oft sogar zwei-oder dreimal im Jahr, und da die Blüten viele Wochen halten, kann ein Flor in den nächsten über-gehen. Wichtig ist, die langen, abgeblühten Rispen nur bis zur Hälfte einzukürzen, da aus den Augen ein Neuaustrieb erfolgen kann.

STANDORT: hell bis beschattet, keine direkte Sonne außer im Winter; ganzjährig Wohntemperatur, im Herbst und Winter fördert Temperaturabsenkung in der Nacht bis 16°C die Blütenbildung
GIESSEN: mit enthärtetem, zimmerwarmem Wasser in der Wachstumsperiode mäßig feucht halten, im Winter und nach der Blüte Gießen kurzzeitig einschränken und das Substrat immer etwas abtrocknen lassen; nie ins Herz gießen, im Sommer auch reichlich sprühen, alles am besten morgens
DÜNGEN: in der Wachstumszeit alle 2 Wochen mit Orchideendünger
VERMEHREN: manchmal bilden sich an den eingekürzten Blütenrispen Seitentriebe die man eintopfen kann

Pleione

Pleione

Tibetorchidee

In älteren Beschreibungen kann man lesen, daß diese Orchidee aus China und dem Himalaja schwierig zu kultivieren sei. Das mag auf einige von den etwa 15 Arten zutreffen, bei der häufig angebotenen *Pleione bulbocodioides* ist das nicht der Fall. Dieser Frühjahrsblüher treibt aus der einjährigen, knollenartigen Pseudobulbe Blätter und Blüten, die Bulbe stirbt dann ab und macht einer neuen Platz. Im Herbst zieht das Laub ein, so daß es keine Überwinterungsprobleme gibt. Tibetorchideen sind also nur während der Blütezeit die in das Frühjahr und den Frühsommer fällt, attraktiv.

STANDORT: während der Vegetationszeit hell bis beschattet, etwas Sonne außer mittags schadet nicht; nach der Blüte Topf in den Garten stellen; vor Frosteintritt hereinholen, kühl (bis zur Frostgrenze) und dunkel stellen
GIESSEN: ab Austriebsbeginn bis Laubfall mäßig feucht halten; nur enthärtetes, zimmerwarmes Wasser verwenden; ab Herbst Gießen einstellen, die Bulben sollen völlig trocken überwintern; im Frühjahr nach dem jährlichen Umtopfen in lockeres Substrat wieder mit dem Gießen beginnen
DÜNGEN: die Vegetationszeit über alle 2 Wochen mit Orchideendünger
VERMEHREN: durch kleine Pseudobulben, die man beim Umtopfen abnimmt und einpflanzt

Phalaenopsis-Hybride 'Rubin'

Palmen (Palmae)

Im Gegensatz zum Weltbürger Orchidee sind Palmen in erster Linie Bewohner der Tropen. In Europa kennen wir nur 2 Arten: die Zwergpalme, *Chamaerops humilis*, mit dem Stammgebiet Spanien und Italien, sowie *Phoenix theophrastii* auf Kreta. Insgesamt zählt die Familie etwa 210 Gattungen und fast 3 000 Arten, von denen sich schätzungsweise 30 in Kultur befinden. Nur 9 oder 10 davon sind für den Zimmergärtner interessant, die anderen muß man Botanischen Gärten und Liebhabern überlassen.

Aufgrund ihres Blattaufbaus unterscheidet man Fieder- und Fächerpalmen. Bei Fiederpalmen sitzen die Blattfiedern in zwei Reihen links und rechts der Mittelrippe *(Phoenix, Caryota)*, bei Fächerpalmen entspringen die Blattsegmente strahlen- oder fächerförmig dem Stielende *(Trachycarpus, Chamaerops)*. Alle Blätter wachsen aus nur einem einzigen Vegetationspunkt (Endknospe) hervor, der sich in der Mitte des Blattschopfs befindet und von diesem verdeckt wird. Diese Eigentümlichkeit hat zur Folge, daß man bei Palmen zwar einzelne Wedel abschneiden, doch nie die ganze Pflanze einkürzen darf. Dabei würde die Endknospe mit entfernt werden, und die Pflanze könnte kein einziges neues Blatt austreiben.

In ihren Heimatländern sind viele Palmen Nutzpflanzen, und nimmt man alle zusammen, so gibt es außer den Wurzeln keinen Teil der Pflanze, der nicht in irgendeiner Form vom Menschen verwendet wird. Kokosnüsse, Datteln und Palmherzen als Dosengemüse sind auch bei uns bekannt. Doch der Wert dieser „Principes", also Fürsten unter den Pflanzen, wie Linné sie nannte, geht weit über diese Importe hinaus. Fasern, Holz und Wedel werden von den Einwohnern der Ursprungsgebiete zum Bau von Häusern und zur Fertigung von Gebrauchsgegenständen wie Bastmatten und anderem Flechtwerk verwendet, aus dem abgezapften Saft stellt man Wein und Arrak her, aus den Früchten der Öl- und Kokospalme werden Öle und Fette gewonnen. Das auch bei uns erhältliche Sago, eine pflanzliche Stärke, stammt von der Sagopalme, der Gärtnerbast von der Bastpalme; das Spanische Rohr und Peddigrohr, Material verschiedener Sitz- und sonstiger Möbel, liefern die langen Klettertriebe der asiatischen Rotangpalmen. Zahlreiche weitere Nutzungsmöglichkeiten kommen noch hinzu.

Bereits die Naturwissenschaftler der Antike haben sich mit Palmen befaßt, nachfolgende Botanikergenerationen widmeten ihnen ihre Aufmerksamkeit, und so konnte es nicht ausbleiben, daß auch Gartengestalter und Gärtner von diesen exotischen, imposanten Pflanzengestalten in ihren Bann gezogen wurden. Im 19. Jahrhundert begannen Palmen die großen, bereits beheizten Glashäuser und Wintergärten zu bevölkern, von dort war der Schritt in die Salons des Adels und begüterten Bürgertums nicht mehr weit. Heute rangieren diese Zimmerbäume im Topf- und Kübelpflanzensortiment ganz oben, kaum ein Blumengeschäft, eine Zierpflanzengärtnerei, ein Gartencenter, das sie nicht anbietet. Sie sind beliebte Dekorationspflanzen für drinnen und draußen, Möbelindustrie und Werbung bedienen sich ihrer auf Ausstellungen und Fotos. Ungewollt entsteht dadurch der Eindruck, Palmen seien Allerweltspflanzen, an jedem beliebigen Platz in der Wohnung zu plazieren und fast so bedürfnislos wie Seidenblumen.

Palmen verleihen jedem Garten einen südländischen Charme

In unseren Breiten können Palmen nicht das ganze Jahr über draußen bleiben. Nur wer über einen geeigneten Überwinterungsplatz verfügt, kann solch stattliche Exemplare pflegen.

Tatsache ist, daß für Zimmerkultur geeignete Palmen mit wenigen Ausnahmen nicht schwieriger zu pflegen sind als andere Topfgewächse. Es gibt Arten, die auch im Sommer die schützenden vier Wände nicht verlassen sollten, und andere, denen ein Freilandaufenthalt so gut bekommt wie den übrigen Kübelgewächsen. Verallgemeinern kann man allenfalls innerhalb dieser beiden Gruppen, wobei aber immer noch artspezifische Sonderwünsche zu berücksichtigen sind. Wie die meisten Zimmerpflanzen wollen auch Palmen hell stehen, sollten aber, drinnen wie draußen, zumindest vor sommerlicher Mittagssonne bewahrt werden. Die meisten Palmen vertragen im Winter Wohnwärme, solche, die im Freien übersommerten, gedeihen in der Regel besser, wenn man sie dann etwas kühler stellt.

Beim Gießen kann man nicht viele Fehler machen, sofern man eher etwas weniger als zuviel gießt und soweit möglich mit abgestandenem, enthärtetem Wasser oder Regenwasser. Als Substrat eignen sich Fertigerden, denen, falls zu bekommen, lehmige Erde hinzugefügt werden kann. Wegen des starken Wurzelwachstums, das ältere Palmen schließlich aus den Töpfen nach oben herausdrückt, wählt man eher hohe als flache und breite Gefäße, junge Pflanzen muß man in den ersten Jahren daher öfter umtopfen.

Als Beispiel für eine Art mit Sonderwünschen kann das Kokospälmchen *(Microcoelum)* stehen. Diese Kleinpalme aus den tropischen Regenwäldern Brasiliens bleibt ganzjährig im Zimmer, darf es auch im Winter nicht kühler als 18 °C haben, braucht viel Luftfeuchtigkeit und ständig Wasser im Untersetzer. Auf Dauer wird man das Kokospälmchen deshalb nur im geschlossenen Blumenfenster halten können, wo man ihren Bedürfnissen entsprechen kann.

Vermehrt werden Palmen vom Hobbygärtner in erster Linie aus Samen. Von vielen Palmen gibt es Saatgut in Portionstütchen im Gartenhandel zu kaufen; sofern es in Keimschutzpackungen eingeschweißt angeboten wird, kann man davon ausgehen, daß der Samen frisch und keimfähig ist. Bei Palmen stellt die Frische des Saatguts die Voraussetzung für einen Anzuchterfolg dar. Man sollte deshalb auf dem Versandweg nur bei Firmen kaufen, die nachweislich auf Palmensamen spezialisiert sind. Eine weitere Schwierigkeit bei der Gütebeurteilung des Samens liegt in seiner teilweise überlangen Keimdauer. Unter 1 Monat ist mit dem Erscheinen der ersten grünen Spitzen in der Regel überhaupt nicht zu rechnen, viele Arten brauchen mehrere Monate dazu, bei einigen kann sogar 1 Jahr darüber vergehen. Für den Zimmergärtner bedeutet das eine lange Zeit der Ungewißheit, die besonders quälend ist, weil die Qualität des Saatguts keineswegs von vornherein außer Frage steht. Bei einigen Palmen ist auch eine vegetative Vermehrung durch Teilung oder Abmoosen möglich.

Verschiedene Langzeitversuche haben gezeigt, daß nicht nur das Kokospälmchen, sondern Palmen allgemein für Hydrokultur gut geeignet sind. Sie werden als Hydropflanzen jedoch kaum angeboten, außerdem verbietet – ähnlich wie beim Oleander – allein schon die Größe der Pflanzen Hydrokultur im Wohnzimmer. Wer es sich zutraut, kann die Umstellung junger Palmen von Erd- auf Wasserkultur selbst versuchen.

Caryota mitis

Caryota

Fischschwanz-palme

Sie gehört zu denjenigen Palmen, die nur im Zimmer gehalten werden. Die Blätter ähneln länglichen Dreiecken, deren breites Ende abgerissen wurde. Bekannt sind über 25 Arten, die alle aus Südostasien stammen. *Caryota mitis* wird gelegentlich im Blumenhandel angeboten. *C. urens* wächst im Gegensatz zu *C. mitis* nur einstämmig und ist selten zu bekommen.

STANDORT: hell, auch besonnt, aber keine pralle Mittagssonne; kein Freilandaufenthalt; im Winter Temperatur nicht unter 18°C; bei trockener Luft sollte *Caryota* erhöht in einer Schale mit Wasser stehen
GIESSEN: ohne Austrocknung stets mäßig feucht halten
DÜNGEN: von Frühjahr bis Herbst monatlich mit Blumendünger
VERMEHREN: durch Samen

Chamaedorea

Bergpalme

Wie alle 130 Arten stammt auch die bei uns bekannteste, *Chamaedorea elegans*, aus Mittel- und Südamerika. Sie gehört zu den beliebtesten und recht pflegeleichten Zimmerpalmen, wird in Kultur kaum höher als 1,50 m und bewahrt sich dadurch ihren zierlichen Wuchs. Außergewöhnlich für Palmen: *Chamaedorea* kommt bereits als junge Pflanze zur Blüte. Die gelben, rispenartigen Blütenstände sind zwar vergleichsweise bescheiden, aber allein eine blühende Palme im Wohnzimmer zu haben, ist schon etwas Besonderes.

STANDORT: hell bis halbschattig, keine direkte Sonne; Temperaturen in der winterlichen Ruhezeit zumindest nachts möglichst auf 16°C absenken
GIESSEN: gleichmäßig gut feucht halten, im Sommer mehr als im Winter; häufig übersprühen, in der warmen Jahreszeit auch tauchen
DÜNGEN: von Frühjahr bis Herbst alle 2 Wochen mit Blumendünger
VERMEHREN: aus Samen

Chamaedorea elegans

Chamaerops

Zwergpalme

Hier handelt es sich außer der kretischen *Phoenix* um die einzige europäische Palme. Ihre Heimat ist der Mittelmeerraum. Von *Chamaerops humilis* gibt es eine Vielzahl von Formen und Varianten. Die meist buschig und verzweigt wachsenden Palmen unterschiedlicher Größe trifft man heute überall in Parks und Gärten Südfrankreichs, Spaniens und Italiens an, wo sie die milden Winter frei ausgepflanzt mühelos überstehen. Ähnlich der Hanfpalme, *Trachycarpus fortunei*, mit der *Chamaerops* manchmal verwechselt wird, kann sie kurzzeitig sogar geringe Frostgrade aushalten.

STANDORT: hell, sonnig; bei Zimmerkultur viel Frischluft, besser ist ein sommerlicher Freilandaufenthalt; Überwinterung sehr kühl und hell zwischen 5 und 10°C, möglichst nicht darüber

GIESSEN: den Sommer über ohne Vernässung gut feucht halten; bei sonnigem Stand muß häufig gegossen werden; im Winter nur geringer Wasserbedarf

DÜNGEN: von Frühjahr bis Herbst alle 2 Wochen mit Blumendünger

VERMEHREN: durch Samen im zeitigen Frühjahr; bei älteren Pflanzen eventuell auch mit Hilfe von Seitensprossen, die man beim Umtopfen entdeckt

Chrysalidocarpus lutescens

Chrysalidocarpus

Goldfruchtpalme

Häufig mit *Areca*, der Betelnußpalme, verwechselt und auch unter diesem Namen manchmal angeboten, gehört *Chrysalidocarpus* zu den pflegeleichten Zimmerpalmen. 20 Arten kommen auf Madagaskar vor, in Kultur ist nur die langsam wachsende, im Topf kaum höher als 1,20 m werdende *C. lutescens*. Die Pflanze breitet sich buschig aus und entwickelt im Alter Bodentriebe, die sich für die Vermehrung verwenden lassen. Als eine der wenigen Palmen wird die Goldfruchtpalme des öfteren auch in Hydrokultur angeboten.

STANDORT: hell, keine volle Sonne; ganzjährig Zimmertemperatur nicht unter 18° C; bei geschütztem Stand im Sommer auch draußen

GIESSEN: immer sehr reichlich; während des Sommers kann im Untersatz Wasser stehen; häufig übersprühen oder tauchen

DÜNGEN: von Frühjahr bis Herbst monatlich mit Blumendünger

VERMEHREN: falls vorhanden durch Bodentriebe, sonst durch Samen

Chamaerops humilis

Cocos

Kokospalme

Daß die großen Nüsse mit dem zunächst noch ungefiederten, spitz zulaufenden Keimsproß heute überall als Massenware angeboten werden, ist noch keine Garantie dafür, diese Palme im Zimmer über die Runden zu bringen. In den Tropen der Welt verbreitet, benötigt *Cocos nucifera* ganzjährig viel Licht, das sie bei uns im Winter nur dann in ausreichendem Maße erhält, wenn Zusatzbelichtung gegeben wird. Reelle Überlebenschancen hat *C. nucifera*, die einzige Art dieser als Nutzpflanze in ihren Heimatländern unentbehrlichen, dort 30 m Höhe erreichende Palme, nur in den großen Warmhäusern der botanischen Gärten.

STANDORT: das ganze Jahr über hell und sonnig, im Winter Zusatzbelichtung; etwas kühlere Temperaturen in dieser Zeit sind empfehlenswert

GIESSEN: durchgehend gleichmäßig feucht halten, mit zimmerwarmem Wasser häufig übersprühen oder auf andere Weise für erhöhte Luftfeuchtigkeit sorgen

DÜNGEN: von Frühjahr bis Herbst alle 2 Wochen mit Blumendünger

VERMEHREN: durch Samen, in diesem Fall also aus Kokosnüssen; bis zum Erscheinen der Keimspitze müssen sie bei 25°C Substrattemperatur in feuchtem Torf gelagert werden; erst danach eintopfen; gelingt dem Laien meist nicht, man kauft daher besser keimende Nüsse im Blumenhandel

Cocos nucifera

Howeia forsteriana

Howeia

Kentiapalme

Als „Kentie" ist diese auf einer Insel vor Australien beheimatete Palme, von der nur 2 Arten, *Howeia belmoreana* und *H. forsteriana*, bekannt und im Handel sind, seit langem eine bewährte und pflegeleichte Zimmerpflanze. Ihre Ansprüche an Licht und Luftfeuchtigkeit sind nicht sonderlich hoch. Die beiden Arten unterscheiden sich im Jugendstadium kaum voneinander, später hängen die Wedel von *H. belmoreana* stärker über als die von *H. forsteriana*. Diese geringfügigen Abweichungen braucht der Laie bei der Wahl nicht zu berücksichtigen.

STANDORT: hell bis halbschattig, keine pralle Sonne; sehr frischluftbedürftig, deshalb ist sommerlicher Freilandaufenthalt empfehlenswert; Wintertemperaturen nicht unter 18°C, ältere Exemplare vertragen auch eine Absenkung bis 14°C

GIESSEN: ganzjährig ohne Vernässung gut feucht halten; im Winter sparsamer gießen, im Sommer gelegentlich auch tauchen oder abduschen; bei Wohnwärme schafft häufiges Besprühen eine erwünschte Abkühlung

DÜNGEN: von Frühjahr bis Spätsommer alle 2 Wochen mit Blumendünger

VERMEHREN: durch Samen

Livistona
Livistonie

Ungefähr 30 Arten kommen in Südostasien, auf den Philippinen und in Australien vor. Als Zimmerpflanzen haben vor allem *Livistona australis* und *L. chinensis*, weniger *L. rotundifolia*, Bedeutung. In ihrer Heimat werden es 25 m hohe Bäume mit riesigen, breiten, gefiederten Wedeln. Im Topf oder Kübel bleiben Livistonien gedrungen, meist stammlos, können aber auch ziemlich in die Breite wachsen und deshalb viel Platz beanspruchen.

STANDORT: hell bis sonnig, aber keine pralle Mittagssonne im Sommer; bei Zimmeraufenthalt viel Frischluft, sonst ab Ende Mai im Freien; Wohnwärme im Winter nur bei sehr hellem Stand und erhöhter Luftfeuchtigkeit; besser sind Temperaturen zwischen 5 und 10°C
GIESSEN: gleichmäßig gut feucht halten, bei kühlem Winterstand Gießen auf ein Minimum reduzieren
DÜNGEN: von Frühjahr bis Herbst alle 2 Wochen mit Blumendünger
VERMEHREN: durch Samen oder, falls vorhanden, durch Nebensprosse

Microcoelum weddelianum

Microcoelum
Kokospälmchen

2 Arten hat diese zierliche, auch an ihren Heimatstandorten im brasilianischen Regenwald kaum mehr als 2 m Höhe erreichende Palme, nur eine davon ist in Kultur: *Microcoelum weddelianum.* Schon bei der allgemeinen Beschreibung wurde darauf hingewiesen, daß das Kokospälmchen von allen Palmen die höchsten Ansprüche stellt und es im Zimmer nur unter besonders günstigen Bedingungen längere Zeit aushält. Wahrscheinlich ist es auf die fast filigranen, graziös überhängenden Wedel und die ansprechende Wuchsform zurückzuführen, daß *Microcoelum* als Miniaturausgabe einer Palme in der Gunst des Publikums so weit vorn rangiert.

STANDORT: hell, aber keine direkte Sonne; ganzjährig Zimmerwärme, kein Freilandaufenthalt, keine Zugluft; kühlerer Stand bei 16–18°C im Winter nur zu empfehlen, wenn gleichzeitig hohe Luftfeuchtigkeit geboten werden kann

GIESSEN: den Sommer über reichlich mit stets etwas Wasser im Untersatz; häufig besprühen und Blätter feucht abwischen; wenn kein geschlossenes Blumenfenster vorhanden ist, Pflanze im Winter erhöht in eine mit Wasser gefüllte Schale oder in ein feuchtes Tonbett stellen; nur enthärtetes, zimmerwarmes Wasser verwenden
DÜNGEN: von Frühjahr bis Herbst monatlich mit kalkarmem Blumendünger
VERMEHREN: aus Samen bei hohen Bodentemperaturen ab 25°C im Vermehrungsbeet; dem Laien wegen geringer Chancen nicht zu empfehlen
HINWEIS: Von allen Palmen in Hydrokultur hat man mit *Microcoelum* die besten Erfahrungen gemacht.

Livistona australis

Phoenix

Dattelpalme

Wer es nicht eilig hat, kann sich eine echte Dattelpalme, *Phoenix dactylifera*, aus den Kernen gekaufter Früchte selbst ziehen. Allerdings dauert es einige Jahre, bis die Pflanze soweit herangewachsen ist, daß sie optisch etwas hergibt. Als Topf- oder Kübelpflanze im Blumenhandel angeboten werden 2 andere der etwa 10 Arten umfassenden Gattung aus Asien, Afrika und den Kanarischen Inseln: am häufigsten die anspruchslose *P. canariensis* von den Kanaren, seltener die kleinwüchsige *P. roebelenii* aus den asiatischen Tropen, die ihrer Herkunft entsprechend empfindlicher ist.

STANDORT: ganzjährig hell, sonnig, luftig; im Sommer am besten draußen; im Winter nur bei sehr hellem Stand 5–10°C, sonst wärmer; *P. roebelenii* nicht unter 15°C, im Sommer nicht in voller Sonne

GIESSEN: den Sommer über sehr reichlich, ohne daß es zu Staunässe kommt; im Winter entsprechend der Temperatur nur sparsam gießen; auch bei kühlem Stand zimmerwarmes und kein extrem hartes Wasser verwenden

DÜNGEN: von Frühjahr bis Spätsommer wöchentlich mit Blumendünger

VERMEHREN: durch Samen

HINWEIS: Umtopfen wenn die Pflanze von den Wurzeln aus dem Gefäß herausgedrückt wird. Vom Wurzelfilz kann man unten eine 5–10 cm dicke „Scheibe" abschneiden, um den Ballen zu verkleinern.

Rhapis excelsa

Rhapis

Steckenpalme

Was diese Palme aus Japan und China von den meisten anderen unterscheidet, ist der buschige Wuchs. Von den über 15 Arten sind 2 in Kultur: *Rhapis excelsa* und *R. humilis*, beide im Topf nicht höher als 1–2 m. Beide haben fächerartig unterteilte Blattwedel, die an langen Stielen sitzen. In der Pflege ähnelt *Rhapis* der Zwergpalme *(Chamaerops)*, ist also gut im Zimmer zu halten.

STANDORT: so hell und luftig wie möglich, jedoch nicht vollsonnig; im Sommer empfiehlt sich Freilandaufenthalt; Wintertemperaturen am hellen Platz 5–10°C

GIESSEN: den Sommer über sehr reichlich ohne Staunässe; im Winter der Temperatur angepaßt nur sparsam gießen

DÜNGEN: von Frühjahr bis Herbst alle 2 Wochen mit Blumendünger in angegebener Konzentration

VERMEHREN: durch Schößlinge (Kindel) im Frühjahr oder Samen

Phoenix roebelenii

Trachycarpus
Hanfpalme

Von allen in Kultur befindlichen Palmen ist *Trachycarpus* wohl die härteste. *T. fortunei*, eine der 6 oder 8 Arten aus Burma, China und Japan, hält es in Weinbaugebieten in milden Wintern sogar frei ausgepflanzt im Garten aus. Weil dabei jedoch stets das Risiko unverhoffter Kälte bleibt, sollte man die Hanfpalme wie eine Kübelpflanze behandeln und frostfrei überwintern, denn für das Zimmer wird sie bald schon zu mächtig. Die 10 bis 12 m Höhe am natürlichen Standort werden freilich auch im größten Gefäß nicht erreicht.

STANDORT: junge Pflanzen im Zimmer brauchen viel frische Luft; besser ist ein heller, sonniger oder auch etwas beschatteter Platz im Freien; im Winter reicht ein gerade frostfreier, heller und gut lüftbarer Raum; über 10°C sollten die Temperaturen möglichst nicht liegen
GIESSEN: den Sommer über immer gleichmäßig feucht halten; im kühlen Winterquartier nur soviel gießen, daß der Boden nicht völlig austrocknet
DÜNGEN: von Frühjahr bis Herbst alle 2 Wochen mit Blumendünger
VERMEHREN: durch Samen möglich

Washingtonia
Washingtonie

Die 2 Arten dieser Gattung *Washingtonia filifera* und *W. robusta*, stammen aus dem Süden der Vereinigten Staaten, wo sie mit ihren großen Fiederwedeln und über 20 m Höhe als Alleebäume Verwendung finden. Die Blätter sind mit den für diese Palmen charakteristischen Bastfäden besetzt. Auch die *Washingtonia* ist als ältere Pflanze besser für den Kübel als fürs Zimmer geeignet, in der Pflege anspruchslos wie *Chamaerops* und *Trachycarpus*.

STANDORT: hell, sonnig oder beschattet; im Zimmer viel Frischluft, Sommeraufenthalt im Freien ist besser; im Winter Stand hell und kühl bei 5–10°C
GIESSEN: den Sommer über gleichmäßig feucht halten, im Winter nur sehr zurückhaltend gießen
DÜNGEN: von Frühjahr bis Herbst alle 2 Wochen mit Blumendünger
VERMEHREN: durch Samen

Trachycarpus fortunei

Washingtonia filifera

Pflanzen von A–Z

Blüte

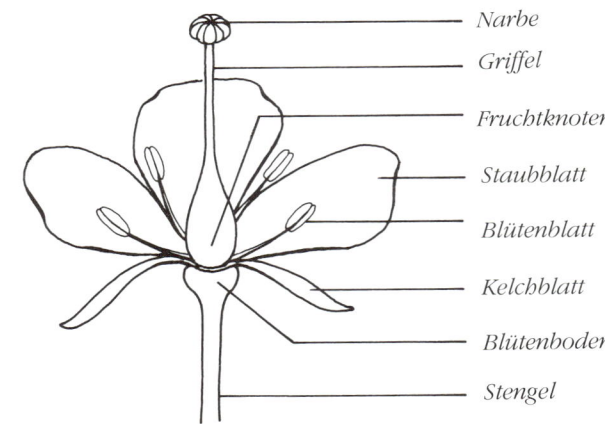

Narbe
Griffel
Fruchtknoten
Staubblatt
Blütenblatt
Kelchblatt
Blütenboden
Stengel

Blütenstand

  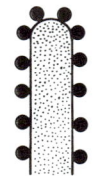  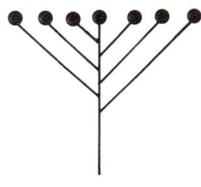 

Rispe   Doldenrispe   Kolben   Traube   Doldentraube   Ähre

Blattform

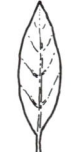   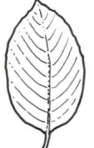 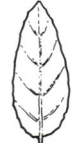 

länglich   lanzettlich   pfeilförmig   eiförmig   länglich eiförmig   verkehrt eiförmig

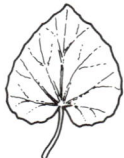 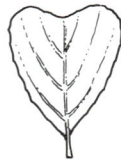  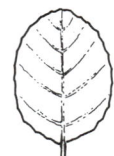  

herzförmig   verkehrt herzförmig   keilförmig   rundlich   dreieckig   gefingert

Abutilon

Schönmalve

Von den Hybriden, also den Kreuzungen verschiedener Arten dieser Malvengewächse (Malvaceae), gibt es wiederum eine Vielzahl von Sorten, teilweise mit gefleckten Blättern und glockig herabhängenden Blüten in Rosa-, Rot- und Gelbtönen. Der andere deutsche Name, Zimmerahorn, wird von der Form der Blätter abgeleitet. *Abutilon* kommt in den Tropen und Subtropen in etwa 150 Arten vor und zählt botanisch zu den strauchartigen Gehölzen. Die Pflanzen sind sehr licht-, aber nicht sonderlich wärmebedürftig. Sie können daher den Sommer über an einem hellen bis vollsonnigen Platz im Freien stehen.

STANDORT: im Sommer wie Winter möglichst hell, auch sonnig, aber ohne mittägliche Prallsonne; Wintertemperaturen um 10–15 °C

GIESSEN: während der Vegetationsperiode reichlich, im Winter gerade feucht halten; Ruhezeit beachten
DÜNGEN: von März bis August wöchentlich, danach alle 2 Wochen
VERMEHREN: im Frühjahr durch Kopfstecklinge; sofern Hybridsorten erhältlich, auch durch Aussaat
HINWEIS: Wegen Neigung zu sparrigem Wuchs im zeitigen Frühjahr kräftiger Rückschnitt; auf Weiße Fliege und Schildläuse achten, bei sehr warmem Winterstandort auch auf Rote Spinne und Blasenfuß; für Hydrokultur geeignet.

Weitere Arten und Sorten

A. megapotamicum: Reizvoll durch überhängende Zweige und gelbrote Blüten; die Sorte 'Variegata' hat gelbbuntes Laub, sehr hübsch als Hochstämmchen.
A. pictum: Bekannteste Sorte ist 'Thompsonii', mit panaschierten Blättern. Die Blütenglocken sind orangefarben bis hochrot.

Acacia

Acacia

Känguruhdorn

Die aus Australien stammende *Acacia armata* mit leuchtend gelben Blüten gehört in die Familie der Hülsenfrüchte (Leguminosae). Der Känguruhdorn wird bei uns nicht allzuoft angeboten und ist nur während der Blütezeit von März bis Mai attraktiv. Die Kultur mit jährlich wiederkehrendem Flor lohnt nur bei einem geeigneten Winterquartier.

STANDORT: im Sommer vollsonnig und möglichst im Freien; Winterplatz hell und sehr kühl, nicht über 10 °C, mit viel Frischluft
GIESSEN: von Frühjahr bis Herbst mäßig feucht halten, im Winter gerade vor dem Austrocknen bewahren

DÜNGEN: während der Blüte- und Wachstumszeit gelegentlich
VERMEHREN: durch nicht allzu weiche Stecklinge im Juni/Juli bei mäßiger Bodenwärme
HINWEIS: Ein Rückschnitt im Frühjahr nach der Blüte beugt Verkahlung vor.

Abutilon

Acalypha

Fuchsschwanz

Dieses Wolfsmilchgewächs (Euphorbiaceae), bei uns auch unter dem Namen Nesselschön und Katzenschwanz bekannt, kommt überall in den tropischen und subtropischen Gebieten der Erde vor. *Acalypha hispida* hat rein grünes Laub, fällt aber wegen ihrer bis zu 50 cm langen, meist leuchtend roten Blütenstände auf, die der Art ihren Namen gaben. Die Sorte 'Alba' blüht weiß. Mit unscheinbaren Blüten, dafür aber mehrfarbigem, meist in Rot- und Brauntönen gehaltenem Laub sind die *A.-Wilkesiana*-Hybriden und ihre Sorten attraktive Blattschönheiten.

STANDORT: ganzjährig hell, aber keine direkte Sonne; die Temperatur sollte nicht unter 16°C absinken
GIESSEN: im Sommer gleichmäßig feucht halten, aber Vernässung vermeiden; im Winter an kühlem Standort weniger gießen; da hohe Luftfeuchtigkeit erwünscht ist, sollte häufig, auch während der Blütezeit, gesprüht werden
DÜNGEN: von März bis August wöchentlich, danach alle 2 Wochen

VERMEHREN: im zeitigen Frühjahr durch Kopfstecklinge bei mindestens 20°C Bodenwärme und Glas- oder Folienabdeckung; Jungpflanzen entspitzen, um buschigen Wuchs zu erzielen
HINWEIS: Da die Pflanzen stark wuchern und im Lauf des Jahres an Schönheit einbüßen, werden sie von manchem Zimmergärtner in jedem Frühjahr neu angezogen; für Hydrokultur geeignet.

Weitere Arten und Sorten:
A.-Wilkesiana-Hybriden: 'Macrophylla' hat Blätter in verschiedenen Brauntönen, 'Godseffiana' glänzendgrünes Laub mit weißem Rand, 'Musaica' rotorangefarbene Zeichnungen auf bronzegrünem Grund.
Acalypha hispaniolae: Neue, reich blühende Ampelpflanze; die Sorte 'Bodes Feuerzauber' blüht rot; Blütezeit ganzjährig; Temperatur im Sommer 15–25°C, im Winter 8–15°C; im Sommer auch im Freien (überdacht); auf niedrigen pH-Wert (um 5) achten; bei höherem pH-Wert wird Eisen festgelegt, so daß sich die Blätter gelb verfärben.

Acalypha-Wilkesiana-Hybride 'Macrophylla'

Acalypha hispida

Acalypha-Wilkesiana-Hybride 'Godseffiana'

Achimenes
Schiefteller

Durch Züchtungsbemühungen gibt es heute von diesem südamerikanischen Gesneriengewächs (Gesneriaceae) viele reichblühende Sorten mit roten, rosa, rotvioletten, blauen oder weißen Blüten. Da Laub und Triebe im Herbst absterben und nur die kleinen, tannenzapfenähnlichen, geschuppten Rhizome (Wurzelstämme) überwintern, braucht man sich um seinen Schiefteller in dieser für Tropengewächse sonst kritischen Zeit nicht zu kümmern. Wenn man die Rhizome nach dem Abschneiden von Laub und Trieben nicht bis zum Umtopfen im Januar oder Februar in ihrem Gefäß beläßt, können sie ab Herbst in trockenem Torf bei etwa 20°C Raumtemperatur überwintert werden. Beim Antreiben im zeitigen Frühjahr in neuer Erde sollen die Bodentemperaturen ebenfalls nicht weniger als 20°C aufweisen.

STANDORT: hell, nicht vollsonnig; vor allem beim Austrieb der überwinterten Rhizome besser etwas schattieren
GIESSEN: in der Wachstums- und Vegetationszeit stets mäßig feucht halten, ab Knospenbildung auch gelegentlich mit handwarmem Wasser besprühen; ab September gießen ganz einstellen, um die Rhizome auf die Winterruhe vorzubereiten; Gießen stets nur mit enthärtetem, zimmerwarmem Wasser

DÜNGEN: ab 1 Monat nach Austriebsbeginn bis August alle 14 Tage mit Blumendünger
VERMEHREN: durch Teilung der Rhizome ab Januar einfach; auch Kopfstecklinge bewurzeln willig bei etwa 20°C Bodenwärme; Folienschutz geben
HINWEIS: Der Schiefteller hat seinen Namen von den asymmetrisch angeordneten Blüten. Die Einzelblüte hält nicht sehr lange, wird aber fortlaufend durch neue ersetzt. Arten und Sorten mit langen Trieben eignen sich sehr gut zur Ampelpflanzung, niedrig bleibende verwendet man als Topfpflanzen, die im Sommer an geschützten Stellen auch im Freien leben können.

Acorus
Zwergkalmus

In Kultur ist bei uns nur *Acorus gramineus* aus Japan, Thailand und China mit 3 Sorten: 'Argenteostriatus' hat weißgestreifte, 'Aureovariegatus' gelbgestreifte, schilfartige Blätter, die bis zu 45 cm lang werden können. 'Pusillus' bleibt mit 10 cm Blattlänge wesentlich kleiner.

STANDORT: am besten etwas beschattet, keinesfalls vollsonnig; im Winter hell, aber kühl bis zur Frostgrenze, möglichst nicht wärmer als 16°C
GIESSEN: als Sumpfpflanze sehr feuchtigkeitsliebend, die Erde darf ständig naß sein, aber nie austrocknen
DÜNGEN: im Sommer 14tägig, im Winter monatlich mit Blumendünger
VERMEHREN: durch Teilung des Wurzelballens im Frühjahr
HINWEIS: Dieses anspruchslose Aronstabgewächs (Araceae) eignet sich sehr gut als hübsche Begleitpflanze in einem Zimmerwassergarten. In Gesellschaft wärmeliebender Flora sollte man es zum Winter hin herausnehmen und kühl überwintern.

Acorus gramineus

Achimenes-Hybride 'Charm'

Adenium

Wüstenrose

In älteren Zimmerpflanzenbüchern wird man nach dem sukkulenten Steppengewächs aus dem östlichen Afrika vergebens suchen. Der Durchbruch aus den Sammlungen Botanischer Gärten in die Wohnzimmer erfolgte erst, nachdem es gelungen war, dieses Hundsgiftgewächs (Apocynaceae) auf den verwandten Oleander *(Nerium)* zu veredeln. Dadurch wurden die Pflanzen blühfreudiger und haltbarer. Den optischen „Knick" von dünnstämmiger Oleanderunterlage und dem kompakteren *Adenium* muß man ebenso in Kauf nehmen wie die hohe Giftigkeit des Milchsafts. Die rosaroten, zur Mitte häufig heller gefärbten Blüten erscheinen von Frühjahr bis Herbst. Gemäß seiner Herkunft kann man *Adenium obesum* ganzjährig ziemlich warm und trocken kultivieren.

STANDORT: im Sommer wie Winter möglichst sonnig, auch vollsonnig am Südfenster; eine winterliche Ruhezeit bei 12–15 °C ist möglich, aber nicht zwingend notwendig; sommerlicher Freilandaufenthalt an einem vollsonnigen Platz empfehlenswert
GIESSEN: den Sommer über gleichmäßig leicht feucht halten, nicht vernässen; zwischen den Gießphasen die Erde gut abtrocknen lassen; im Winter je nach Temperatur weniger Wasser geben
DÜNGEN: von Frühjahr bis Herbst alle 2 Wochen mit Kakteen- oder Blumendünger in schwacher Konzentration
VERMEHREN: durch Kopfstecklinge im Frühjahr oder Pfropfung auf Oleander; Stecklingen fehlen die sonst für Adenium typischen verdickten Sprosse
HINWEIS: Obgleich *Adenium obesum* nicht völlig trocken stehen darf, sollte ein Regenschutz die Pflanzen beim Aufenthalt im Freien vor gefährlicher Dauervernässung bewahren. Bei zu kühler Überwinterung können die Blätter abgeworfen werden. Wird die Pflanze durch sperrigen Wuchs unansehnlich, kann im Frühjahr ein kräftiger Rückschnitt erfolgen.

Adromischus

Adromischus

Kurzstiel

Das kleine Dickblattgewächs (Crassulaceae) stammt aus Südafrika und ist wie viele andere Mitglieder dieser Familie äußerst anspruchslos. Von den etwa 50 Arten hat als Zimmerpflanze nur *Adromischus cooperi* Bedeutung, der hier und da im Blumenhandel angeboten wird. In Kakteen- und Spezialgärtnereien findet man bisweilen auch noch andere Arten.

STANDORT: ganzjährig vollsonnig und warm, auch entsprechender Freilandaufenthalt; im Winter ist kühler Stand um 10 °C möglich, aber nicht unbedingt erforderlich

GIESSEN: sehr zurückhaltend, immer wieder abtrocknen lassen; im Winter nur bei warmem Standort gelegentlich etwas Wasser geben
DÜNGEN: im Sommer monatlich mit Kakteendünger
VERMEHREN: durch abgebrochene Blätter, die mit dem Ende in ein Torf-Sand-Gemisch gesteckt werden; Bruchstelle vorher einige Tage antrocknen lassen
HINWEIS: Als Einzelpflanze fällt *Adromischus* nicht besonders auf, ist aber eine reizvolle Ergänzung bei Schalenpflanzung zusammen mit anderen kleinbleibenden Sukkulenten oder Kakteen.

Adenium obesum

Aeonium

Aeonium

Das bekannteste dieser Dickblattgewächse (Crassulaceae) ist wohl *Aeonium arboreum*, dessen Rosetten aus dickfleischigen Blättern am Ende der bis zu 1 m hohen Stämme sitzen. Besonders ansehnlich die Sorte 'Atropurpureum' mit schwarzroter oder braunroter Belaubung. Bei abnehmender Helligkeit im Winter oder an einem zu dunklen Platz vergrünt das Laub. Die von den Kanarischen Inseln stammende Art *A. tabuliforme* bildet fast stammlose, flach dem Boden anliegende, bis zu 50 cm Durchmesser erreichende grüne Blattrosetten. Nach dem Verblühen der 50 cm langen, mit gelben Blüten besetzten Rispen stirbt die Pflanze ab. Wie auch bei *A. arboreum* er-

scheinen die Blüten nur an älteren Exemplaren, und auch dort bei Zimmerkultur nicht mit Sicherheit. Fast alle *Aeonium*-Arten wurden früher der Gattung *Sempervivum*, der Hauswurz, zugeordnet.

STANDORT: sehr hell bis vollsonnig, den Sommer über am besten im Freien; im Winter kühl, wenn möglich bei 10–12 °C, es werden jedoch auch höhere Temperaturen vertragen
GIESSEN: den Sommer über sparsam, die Erde immer wieder abtrocknen lassen; im Winter, außer bei höheren Temperaturen, gerade feucht halten; nicht in die Rosetten gießen
DÜNGEN: nur von Frühjahr bis Herbst 14tägig mit Kakteendünger
VERMEHREN: durch Kopfstecklinge mit einem beliebig langen Stammstück oder Stecken einzelner Blätter nach dem Abtrocknen der Bruchstelle in ein Torf-Sand-Gemisch; *A. tabuliforme* nur durch Samen
HINWEIS: Das „Tischaeonium" *A. tabuliforme* ist den Sommer über am besten in einem Beet untergebracht. Bei Topfkultur sollte man die Pflanze mit dem winzigen Stämmchen etwas schräg in die Erde setzen, damit Gieß- und Regenwasser wie an ihren Heimatstandorten von den Blättern abperlen können. Auf den Kanaren macht sich *A. tabuliforme* bevorzugt in Felsspalten breit.

Aeonium arboreum

Äschynanthus

Aeschynanthus

Eigentlich ist dieses Gesneriengewächs (Gesneriaceae) aus dem südöstlichen Asien eine Pflanze für das Warmhaus oder Tropenfenster. Dennoch sollte man sich von einem Versuch auf dem Fensterbrett nicht abhalten lassen, wo dieser ursprünglich als Epiphyt oder Kletterer wachsende Halbstrauch mit roten Röhrenblüten bei richtiger Pflege durchaus nicht kurzlebig zu sein braucht.
Hauptsächlich angeboten werden die Arten *Aeschynanthus radicans* und *A. tricolor* mit besonders langen Blüten, die rotorange gefärbt sind.

STANDORT: sehr hell, aber keine volle Sonne, auch im Winter warm (um 22 °C); eine vierwöchige Temperaturabsenkung in dieser Zeit auf 15 °C fördert die Blühfreudigkeit
GIESSEN: stets mäßig feucht halten, nur mit kalkarmem, zimmerwarmem Wasser gießen und häufig sprühen
DÜNGEN: von Frühjahr bis Spätsommer monatlich mit Blumendünger
VERMEHREN: durch Kopfstecklinge im Frühjahr und Sommer bei hohen Bodentemperaturen (um 25 °C) und hoher Luftfeuchtigkeit im Vermehrungsbeet
HINWEIS: Schwankungen der Temperatur und des Feuchtigkeitshaushalts haben Knospen- und Blütenfall zur Folge.

Aeschynanthus

Agave

Agave

Urlauber kennen die riesige *Agave americana* mit über 2 m langen, stammlos aus der Rosette wachsenden Blättern von Reisen in die Mittelmeerländer. Bisweilen sieht man solche großen Exemplare auch bei uns in Vorgärten als Kübelpflanze. Ihr Name „Hundertjährige Agave", der sich auf das späte Einsetzen der Blüte bezieht, trügt. Der bis zu mehrere Meter hohe Blütenstand kann bereits nach 8–10 Jahren erscheinen. Danach stirbt die Pflanze ab, hat aber bereits so viele Kindel ausgebildet, daß die Erhaltung der Art gesichert ist. Für das Zimmer werden diese Riesen bald schon zu groß und können dann eine Zeitlang noch im Kübel weiterkultiviert werden. Für Topfhaltung besser geeignet sind die kleiner bleibenden Arten *A. filifera*, mit trockenen Gewebefäden längs der Blattränder, und *A. victoriae-reginae*, die durch helle, unregelmäßig verlaufende Linien auf den Blättern gekennzeichnet ist.

STANDORT: im Sommer hell, vollsonnig, möglichst im Freien; Winterstandort ebenfalls hell, jedoch kühl, gerade frostfrei halten
GIESSEN: im Sommer in größeren Abständen nach Abtrocknen der Erde; im Winter nur gerade anfeuchten
DÜNGEN: von Frühjahr bis Spätsommer 14tägig mit Kakteendünger
VERMEHREN: durch Kindel, die man nach Abtrocknen der Schnittstelle in sandige Erde pflanzt; *A. victoriae-reginae* kann nur aus Samen vermehrt werden
HINWEIS: Von *A. americana* gibt es eine Reihe von Sorten: 'Marginata' mit gelb gerandeten Blättern wächst etwas langsamer als die rein grüne Art. Vorsicht vor der Bedornung! Alle kleinbleibenden Arten eignen sich für Hydrokultur.

Aglaonema

Kolbenfaden

Das Aronstabgewächs (Araceae) aus den Tropenwäldern Südostasiens ist mit der Dieffenbachie verwandt und hat ähnliche Pflegeansprüche. Auffällig sind bei der Art *Aglaonema commutatum* die roten Beerenfrüchte. Von dieser Art gibt es mehrere Sorten, die sich in Blattsprenkelung und -form unterscheiden. Besonders elegant sind *A. commutatum* 'Silver Queen' und 'Silver King' mit weißgrau marmoriertem Laub.

STANDORT: hell bis halbschattig, keine volle Sonne; auch im Winter Zimmertemperatur
GIESSEN: immer gleichmäßig feucht halten, auch zum häufigen Übersprühen nur enthärtetes, handwarmes Wasser verwenden; im Winter kann man die Feuchtigkeit etwas reduzieren
DÜNGEN: im Sommer alle 2 Wochen mit möglichst kalkarmem Blumendünger, im Winterhalbjahr nicht düngen
VERMEHREN: durch Kopfstecklinge im warmen Anzuchtbeet oder durch Teilung
HINWEIS: Am besten entwickelt sich der Kolbenfaden im Tropenfenster mit gleichbleibender Wärme und Luftfeuchtigkeit. Hervorragend für Hydrokultur geeignet.

Agave filifera   *Aglaonema*

Allamanda

Allamande

Wenn sie kann, wie sie will, schickt diese südamerikanische Liane aus der Familie der Hundsgiftgewächse (Apocynaceae) ihre Schlingtriebe meterweit in die Höhe. Die rein gelben Blüten, die wie kleine Trompeten aussehen, erreichen über 10 cm Durchmesser und öffnen sich nacheinander den ganzen Sommer über bis in den Herbst. Wegen ihrer Wuchsfreudigkeit ist *Allamanda cathartica* eigentlich keine Zimmer-, sondern eine Warmhauspflanze, ideal auch für die wieder aufkommenden, großen Wintergärten, sofern die Temperatur dort nicht unter 18°C absinkt. Gekaufte Pflanzen sind durch Hemmstoffe künstlich klein gehalten. Sobald später das volle Wachstum wieder einsetzt, hilft nur häufiges Einkürzen der Triebe. Das geht dann zwar auf Kosten der Blütenfülle, aber ohne Schnitt wächst die Pflanze rasch in schattige Zonen, und dann läßt sie ebenfalls im Blühen nach.

STANDORT: so hell wie möglich, auch vollsonnig; im Winter nicht unter 18°C bei ebenso hoher Bodentemperatur, besser wärmer
GIESSEN: sehr reichlich, auch übersprühen; im Winter beides etwas einschränken
DÜNGEN: während des rasanten Wachstums den Sommer über wöchentlich; Blattvergilbung zeigt Nährstoffmangel an; im Winter genügt einmal monatlich
VERMEHREN: durch Kopfstecklinge im Frühjahr bei hoher Bodenwärme (25° C) und Luftfeuchtigkeit im Vermehrungsbeet
HINWEIS: Wenn nicht ohnehin im Sommer öfter eingekürzt wird, ist im Herbst nach der Blüte oder im Frühjahr vor dem Austrieb kräftig zurückzuschneiden. Bei Zimmerkultur braucht die Pflanze eine Rankhilfe. Regelmäßiges Umtopfen im Frühjahr empfiehlt sich.

Alocasia lowii

Alocasia

Alokasie

Man zählt dieses Aronstabgewächs (Araceae) aus dem tropischen Südostasien mit Recht zu den schönsten Blattschmuckpflanzen. Bei den in Kultur bis zu 40 cm langen pfeilartigen, olivgrünen Blättern sind die Blattadern gelblich bis leuchtend weiß. So exotisch *Alocasia* wirkt, so hoch sind auch ihre Ansprüche, und Fensterbretthaltung wird selbst bei aufmerksamster Pflege mit hohem Risiko verbunden sein. Am besten aufgehoben ist die Pflanze daher im geschlossenen Blumenfenster.

STANDORT: hell bis halbschattig, keine Sonne; hoher Wärmebedarf erfordert auch im Winter Temperaturen von mindestens 18°C

GIESSEN: mit kalkarmem, handwarmem Wasser stets feucht halten; im Winter etwas weniger gießen, aber hohe Luftfeuchtigkeit unbedingt erforderlich; am besten in feuchten Torf oder Blähton einfüttern
DÜNGEN: von Frühjahr bis Spätsommer alle 14 Tage mit Dünger in schwacher Konzentration
VERMEHREN: durch Teilung der Rhizome und Anzucht bei hoher Bodenwärme und Luftfeuchte
HINWEIS: Wer sich von der vollen Schönheit dieser Pflanze ein Bild machen möchte, sollte im Tropenhaus eines Botanischen Gartens danach Ausschau halten.

Allamanda cathartica

Aloë

Aloe, Bitterschopf

Alle Angehörigen der etwa 250 Arten umfassenden Gattung aus der Familie der Liliengewächse (Liliaceae) stammen aus dem tropischen Afrika beziehungsweise aus Madagaskar. Seit langem bekannt und beliebt als Zimmerpflanze ist *Aloë variegata* mit unregelmäßigen weißen Flecken auf den rosettenartig angeordneten, ebenfalls weiß gerandeten Blättern. In der Volksheilkunde wurde der Saft bis in jüngste Zeit wegen seiner heilenden Wirkung auf Wunden gestrichen. Alte Leute auf dem Dorf haben allein aus diesem Grund auch heute noch eine *Aloë* auf dem Fensterbrett stehen. Meist handelt es sich dabei um *A. barbadensis (A. vera)*, die als einzige Art außer in Afrika auch in Indien und China vorkommt. Dieser „Wundkaktus" hat schmale, gezähnte Blätter. Andere Arten wie *A. arborescens* sind stammbildend und können durch zahlreiche Seitensprosse ziemlich breit und hoch werden. Als sukkulente Pflanzen erreichen diese Arten dann eine beträchtliche Größe und ein hohes Gewicht, so daß man Probleme mit der Standfestigkeit hat. Obgleich der Bitterschopf häufig mit reizvollen, rötlichen bis leuchtend roten Blütenständen auf hohem Schaft abgebildet wird, ist Blütenbildung bei Zimmerkultur meist nur von älteren Exemplaren zu erwarten. Manche Arten der stammlosen *Aloë* sehen der nahe

Aloë arborescens

verwandten *Haworthia* so täuschend ähnlich, daß beide Gattungen häufig verwechselt werden.

STANDORT: ganzjährig vollsonnig, im Winter kühl (um 10°C); Freilandaufenthalt ist günstig
GIESSEN: im Sommer nur mäßig feucht halten, im Freiland eventuell Regenschutz geben; im Winter, besonders bei kühlem Stand, auf ein Minimum reduzieren; trockene Luft wird vertragen
DÜNGEN: den Sommer über monatlich mit Kakteendünger
VERMEHREN: durch abgetrennte Seitensprosse, die man nach Abtrocknen in sandige Erde steckt; danach relativ trocken halten
HINWEIS: Alle *Aloë*-Arten haben sich in Hydrokultur bewährt.

Alpinia formosana

Alpinia

Alpinie

Die Heimat dieser Ingwergewächse (Zingiberaceae) erstreckt sich vom Himalaja über Indonesien bis nach Westafrika. Jetzt gelegentlich wieder angeboten wird *Alpinia sanderae (A. vittata)* aus Neuguinea, mit grünen, weißbänderten, zulaufenden Blättern

und einer Höhe von etwa 40 cm. Blüten sind bei Topfkultur selten und erscheinen nur, wenn eine kühle winterliche Ruhezeit eingehalten wird.

STANDORT: hell, sonnig, aber keine volle Mittagssonne; warm; im Winter ebenfalls hell, aber kühl (um 15°C)
GIESSEN: gleichmäßig feucht halten, im Winter Gießen stark reduzieren; hohe Luftfeuchtigkeit erforderlich
DÜNGEN: von April bis Oktober alle 2 Wochen mit Blumendünger, von November bis März Düngung einstellen
VERMEHREN: durch Teilung; viel Wärme und hohe Luftfeuchtigkeit erforderlich
HINWEIS: Die Alpinie ist im Sommer am besten im Tropenfenster aufgehoben; bei Fensterbrettkultur sollte sie in feuchtem Torf oder einem Tongranulat stehen.

Aloë variegata

Ampelopsis
Scheinrebe

Bei der systematischen Einordnung hat man sich bei diesem Weinrebengewächs (Vitaceae) aus China schwer getan. Nach einigen Umwegen trägt die heute am häufigsten angebotene Art die Bezeichnung *Ampelopsis brevipedunculata var. maxomowiczii* 'Elegans'. Einfacher als dieses Wortungeheuer ist *Vitis heterophylla* 'Elegans' zu behalten, und die Gärtner nennen die Scheinrebe meist auch so. Sie ist mit ihren grünweißen Blättern an langen Trieben eine typische Ampelpflanze, die nur einen kühlen Winterplatz haben will und sonst keine besonderen Ansprüche stellt.

STANDORT: hell, auch etwas beschattet, keine volle Sonne; Freilandaufenthalt im Sommer günstig, im Winter kühl bis an die Frostgrenze

Ampelopsis brevipedunculata var. maxomowiczii

GIESSEN: den Sommer über gut feucht halten, im Winter bei sehr kühlem Stand Gießen ganz einstellen
DÜNGEN: im Sommer alle 2 Wochen mit Blumendünger
VERMEHREN: im Frühjahr durch Kopf- oder Triebstecklinge, ohne besonders hohe Bodentemperaturen (15–20°C)
HINWEIS: Die Pflanze verliert über Winter ihr Laub, treibt jedoch im Frühjahr wieder aus. Davor sollte kärftig zurückgeschnitten werden.

Anastatica hierochuntica; rechts im Ruhezustand

Anastatica
Rose von Jericho

Dieser einjährige Kreuzblüter (Cruciferae) aus den Wüstengebieten Irans und Marokkos gehört eigentlich nicht ins Zimmerpflanzensortiment. Da *Anastatica hierochuntica* jedoch hin und wieder als Kuriosum im Blumenhandel angeboten wird, soll sie hier kurz miterwähnt werden. Ihr zweiter deutscher Name Auferstehungspflanze beschreibt anschaulich die seltsame Lebensweise dieses Wüstengewächses. Die Rose von Jericho verliert während der alljährlichen Trockenzeit sämtliche Blätter, die dürr und trocken gewordenen Triebe biegen sich nach innen, so daß eine Kugelform entsteht. In diesem Zustand wird die Pflanze vom Wüstenwind soweit getrieben, bis sie an eine feuchte Stelle gelangt oder die Regenzeit einsetzt. Dann entfalten sich wieder neue Blätter, und die Entwicklung endet mit der Blüte und Samenbildung. Zum Versand kommen die völlig eingetrockneten, kugelförmigen Gebilde, die in diesem Zustand verharren, bis wir die ganze Pflanze in ein Glasgefäß mit Wasser legen. Hier erwacht sie dann zu neuem Leben. Ein für Kinder interessanter Vorgang, mit dem die verschlungenen Wege der Arterhaltung demonstriert werden.

Anigozanthos

*Blüte von
Anigozanthos*

Anigozanthos

Känguruhblume

Einstmals schrieb sie sich *Anigosanthos* und wurde zu den Amaryllisgewächsen gezählt. Heute heißt sie *Anigozanthos* und gehört mittlerweile in die Familie der Haemodoraceae, die der Amaryllis sehr nahesteht. In botanischen Sammlungen und als Liebhaberpflanze war die Känguruhblume aus Westaustralien keineswegs unbekannt. Nun hat sie auch den Weg ins Zimmerpflanzensortiment gefunden. Samen von *A. manglesii* werden als Känguruhpfote sogar im Gartenfachhandel angeboten. Die langen, gelblichgrünen Röhrenblüten auf mit rötlichem Pflaum bedecktem Schaft öffnen sich von Mai bis Juli.

STANDORT: im Sommer an einem leicht beschatteten Platz möglichst im Freien; im Winter kühl bei 10–12°C
GIESSEN: mäßig, aber gleichmäßig; im Winter reduzieren
DÜNGEN: den Sommer über alle 14 Tage mit Blumendünger in schwacher Konzentration
VERMEHREN: durch im Handel erhältlichen Samen oder Teilung im Frühjahr
HINWEIS: Blüten entwickeln sich nur in warmen Sommern ohne längere Kühle- und Regenperioden. Als Zimmerpflanze ist Anigozanthos eher eine interessante Kuriosität.

Anisodontea

Scheinmalve

Man kennt dieses Malvengewächs (Malvaceae) aus Südafrika schon seit langem unter der alten Bezeichnung *Malvastrum capense*. Den volkstümlichen Namen Fleißiges Lieschen verdankt *Anisodontea capensis* wahrscheinlich ihrem unermüdlichen Blühen vom Frühling bis in den Herbst. Mit *Impatiens walleriana*, dem „richtigen" Fleißigen Lieschen, hat dieser in seiner Heimat meterhoch wachsende Strauch, der sich auch für Kübelhaltung eignet, nichts gemein. Die Blüten in Rosa und Rot sind ungefüllt.

STANDORT: im Sommer möglichst sonnig im Freien, bei Zimmerkultur sehr luftig; Winterstandort hell und kühl bei 8–12°C
GIESSEN: während der Vegetationszeit gleichmäßig feucht halten; im Winter nur wenig gießen
DÜNGEN: von Frühjahr bis Herbst mindestens alle 14 Tage; gelbe Blätter sind meistens ein Zeichen von Nährstoffmangel
VERMEHREN: im Frühjahr durch Kopfstecklinge, auch Samenanzucht ist einfach
HINWEIS: Da es sich um ein Gehölz handelt, empfiehlt sich für einen buschigen Wuchs im Frühjahr ein kräftiger Rückschnitt. Die Pflanze kann als Stämmchen gezogen werden.

Anisodontea

Blüte von Anisodontea

Anthurium

Flamingoblume

Am häufigsten angeboten werden *Anthurium-Scherzerianum*-Hybriden mit länglichen und *Anthurium-Andreanum*-Hybriden mit mehr herzförmigen Blättern. Diese Aronstabgewächse (Araceae) aus dem tropischen Mittel- und Südamerika mit roten oder weißen Hochblättern (Spatha), die bei *A.-Andreanum*-Hybriden, der sogenannten großen Flamingoblume, wie gehämmertes, glänzendes Metall aussehen, sind als Gewächse feuchtwarmer Tropenwälder nicht ganz anspruchslos. Einige wegen ihrer interessant geaderten *(A. crystallinum)* oder meterlangen Blätter *(A. veitchii)* besonders attraktiven Blattanthurien lassen sich nur im geschlossenen Blumenfenster oder im Warmhaus kultivieren. Die Blütezeit erstreckt sich, richtige

Pflege vorausgesetzt, bei *A.-Andreanum*-Hybriden über das ganze Jahr; *A.-Scherzerianum*-Hybriden blühen meist nur im Frühjahr. Hier wird auch eine winterliche Ruhezeit empfohlen, weil sie die Blütenentwicklung fördert.

STANDORT: ganzjährig hell bis halbschattig, aber nicht sonnig, kein Freilandaufenthalt; auch im Winter Zimmertemperaturen (*A.-Scherzerianum*-Hybriden, in der Ruhezeit kühler, bei etwa 16°C); die Bodentemperatur darf nicht unter die Raumtemperatur absinken, weshalb Plastiktöpfe besser geeignet sind als Tontöpfe

GIESSEN: Flamingoblumen benötigen viel Feuchtigkeit, das Substrat darf nie austrocknen; wichtig ist eine lockere und sauerstoffhaltige Erde mit guter Wasserführung, deshalb Fertigsubstraten eventuell Torf zusetzen; nur mit enthärtetem, zimmerwarmem Wasser gießen; dasselbe gilt für das gelegentliche Sprühen während der Wachstumszeit; alle Anthurien sind hohe Luftfeuchtigkeit gewohnt; die Spatha beim Sprühen nicht benetzen, das gibt häßliche Flecken

DÜNGEN: im Sommer alle 14 Tage mit Hydro- oder Blumendünger in halber Konzentration; Anthurien sind nicht nur kalk-, sondern auch salzempfindlich; im Winter nur gelegentlich düngen oder Versorgung ganz einstellen

VERMEHREN: am einfachsten durch Teilung größerer Wurzelstöcke im Frühjahr; auch Anzucht aus Samen ist möglich, Saatgut aber kaum erhältlich, weil die Aussaat innerhalb von nur 3–5 Tagen nach der Ernte der Samen erfolgen muß

HINWEIS: Durch Einrollen der Blätter zeigt die Flamingoblume zu geringe Luftfeuchtigkeit oder zu hellen, sonnigen Stand an. Anthurien sind ideale Pflanzen für die Hydrokultur.

Anthurium-Scherzerianum-Hybride

Anthurium crystallinum

Aphelandra

Glanzkölbchen

Das Akanthusgewächs (Acanthaceae) aus dem tropischen Amerika war lange Zeit, außer in Botanischen Gärten, als Zimmerpflanze nur mit der Art *Aphelandra squarrosa* aus Brasilien vertreten, von der es auch mehrere Sorten gibt. Neu ins Sortiment aufgenommen wurden *A. sinclairiana*, *A. liboniana* und vereinzelt auch *A. tetragona*. Die Hochblätter der je nach Art leuchtend gelben oder roten, bis zu 20 cm langen, aufrecht stehenden Blütenähren im Frühjahr und Sommer halten 6–8 Wochen, während die kleinen Blüten bereits nach wenigen Tagen abfallen. *A. squarrosa* und *A. liboniana* sehen durch ihre auffällig gezeichneten Blätter und den kompakten Wuchs auch ohne Blütenstände

Aphelandra tetragona

sehr attraktiv aus. Leider stellt diese hübsche Topfpflanze recht hohe Ansprüche, so daß sie eigentlich nur im geschlossenen Blumenfenster bei gleichbleibender Wärme – außer einer 2monatigen Kühlperiode mit viel Licht im Winter bei *A. squarrosa* – auf Dauer als Blütenpflanze zu kultivieren ist. Für einfache Zimmerkultur kauft man am besten jedes Jahr neue, blühende Exemplare.

STANDORT: hell, ohne direkte Sonne, im Winter nicht unter 20°C – außer der erwähnten Temperaturabsenkung auf 10°C bei *A. squarrosa*; sie dient der nächsten Blütenbildung, hat aber nur dann Sinn, wenn die Pflanze dabei sehr hell steht.

GIESSEN: immer mäßig feucht halten, während der winterlichen Kühlperiode sehr zurückhaltend gießen; Vernässung wie Ballentrockenheit sind gleichermaßen gefährlich; weil *Aphelandra* hohe Luftfeuchtigkeit benötigt, häufig übersprühen; nur kalkfreies, handwarmes Wasser verwenden; Tontopf am besten in feuchten Torf oder Tongranulat stellen

DÜNGEN: von Frühjahr bis Sommer alle 14 Tage mit Blumendünger

VERMEHREN: durch Kopfstecklinge im Frühjahr

HINWEIS: Damit der buschige Wuchs erhalten bleibt, sollte in jedem Frühjahr nach dem Umtopfen zurückgeschnitten werden. *Aphelandra* hat sich in Hydrokultur gut bewährt.

Aphelandra squarrosa

Araucaria heterophylla

Araucaria
Zimmertanne

Die einzige in Kultur befindliche Art, *Araucaria heterophylla*, aus der nur zwei Gattungen umfassenden Familie der Araukariengewächse (Araucariaceae) stammt von den Norfolk-Inseln im Stillen Ozean, wo sie als 60 m hohe Konifere (Nadelbaum) wächst. Andere Arten sind in den klimatisch gemäßigten Gebirgsregionen Südamerikas beheimatet. Der Bunya-Bunya-Baum Ostaustraliens, *A. bidwillii*, wird in der Holzindustrie verwendet, die Samen einiger Unterarten werden in Südamerika als Nahrungsmittel gesammelt. In Topfkultur wird die langsam wachsende Araukarie kaum höher als 1,50 m. *A. araucana* aus den chilenischen und argentinischen Anden ist in sehr geschützten Lagen Südwestdeutschlands vereinzelt als Ziergehölz ausgepflanzt im Garten anzutreffen. Die Kultur gelingt nur mit viel Glück und gutem Winterschutz vor allem noch junger Pflanzen. Auch im Zimmer ist die Pflege nicht ganz einfach, weil die Araukarie Licht von allen Seiten und einen kühlen Winterplatz braucht. Früher stand sie häufig im nur aus besonderen Anlässen beheizten Erkerzimmer der Bürgerhäuser, heute könnten die wieder aufkommenden Wintergärten der Araukarie zu neuen Ehren verhelfen.

STANDORT: im Sommer hell, auch sonnig, doch ohne pralle Mittagssonne, am besten im Freien; Winterstandort ebenfalls hell, aber kühl bis an die Frostgrenze, nicht wärmer als 10 °C
GIESSEN: stets mäßig feucht halten, am kühlen Winterplatz nur gerade vor Austrocknung bewahren; enthärtetes, auch im Sommer luftwarmes Wasser verwenden, gelegentlich übersprühen
DÜNGEN: den Sommer über alle 14 Tage mit kalkarmem, „saurem" Dünger (zum Beispiel Rhododendrondünger)
VERMEHREN: für den Hobbygärtner schwierig; verwendet wird der Mitteltrieb, den man unter der zweiten Astetage abtrennt; nur unter Einsatz von Bewurzelungshormon und bei hohen Bodentemperaturen ab 25 °C Aussicht auf Erfolg
HINWEIS: Lufttrockenheit schädigt die Pflanze, die Seitentriebe kümmern; einseitiger Lichteinfall bringt sie allmählich zum Absterben, geschädigte Zweigpartien regenerieren sich nicht mehr; Araukarien halten sich gut in Hydrokultur.

Ardisia
Spitzblume

Den Schmuckwert dieses Myrsinengewächses (Myrsinaceae) aus Ostasien machen die leuchtend roten Beeren aus, die das kleine, immergrüne Gehölz bei richtiger Pflege 1 Jahr lang zieren können. Auch die ledrigen, dunkelgrünen Blätter sind attraktiv. Die Knötchen an ihren Rändern beherbergen ein Bakterium, das Laub ist also nicht deformiert und darf nicht wegen vorgeblicher Erkrankung entfernt werden. Durch den hohen Bedarf an Luftfeuchtigkeit gehört *Ardisia crenata* zu den nicht ganz einfach zu pflegenden Zimmerpflanzen und setzt nur Früchte an, wenn man ihre Ansprüche erfüllt. Die kleinen weißen oder rosaroten Blüten sind vom Zierwert her bedeutungslos.

STANDORT: hell, keine pralle Mittagssonne; im Winter ist ein etwas kühlerer Stand mit Temperaturen um 18 °C günstig, weil er auch die Haltbarkeit der erbsengroßen Beeren fördert; Sommeraufenthalt an einem geschützten Platz im Freien ist möglich

GIESSEN: von Frühjahr bis Herbst mäßig, aber viel sprühen
DÜNGEN: während der Wachstumsperiode den Sommer über wöchentlich
VERMEHREN: durch Kopfstecklinge im Frühjahr ab 25 °C Bodentemperatur im Vermehrungsbeet; bei Aussaat der vom Fruchtfleisch befreiten Samen muß mit einer mehrjährigen Entwicklungszeit gerechnet werden, bis die Pflanze zu fruchten beginnt
HINWEIS: *Ardisia crenata* hat sich in Hydrokultur bewährt.

Ardisia crenata

Asparagus

Zierspargel

Das aus Afrika und Asien stammende Liliengewächs (Liliaceae) ist bei uns heute mit mehreren Arten und Sorten vertreten, die sich zum Teil deutlich von dem bekannten, auch als Schnittgrün in der Blumenbinderei viel verwendeten *Asparagus densiflorus* 'Sprengeri' unterscheiden. Diese altbekannte Art ist nahezu unverwüstlich, kann im warmen Raum überwintern und wächst auch noch an einem sonnigen Platz, was die anderen Zierspargelarten ebensowenig mögen wie winterliche Zimmertemperaturen. Unter Berücksichtigung dieser recht bescheidenen Wünsche bereitet die Kultur von Zierspargel keine Schwierigkeiten.

STANDORT: außer *A. densiflorus* 'Sprengeri', der volle Sonne verträgt, ziehen die anderen Arten etwas beschattete Plätze, im Sommer auch im Freien, vor; im Winter hell, etwas kühler (um 15°C) stellen; 'Sprengeri' hält es bei Wohnwärme aus

GIESSEN: stets mäßig feucht halten, nicht trocken werden lassen; im Winter bestimmt die Temperatur den Gießrhythmus

DÜNGEN: von Frühjahr bis Herbst wöchentlich

VERMEHREN: durch Teilung des Ballens im Frühjahr; auch Aussaat ist möglich

HINWEIS: Zierspargel entwickelt viel Wurzelwerk und braucht entsprechend geräumige Gefäße. Das muß beim öfter notwenig werdenden Umtopfen berücksichtigt werden. Vorsicht bei der Schädlingsbekämpfung, zum Beispiel von Roter Spinne: Nicht jedes Präparat wird vertragen. Für Hydrokultur sehr gut geeignet.

Weitere Arten und Sorten:

A. densiflorus 'Meyeri': dicht mit feinen Seitensprossen ("Blättern") besetzte, bis zu 60 cm lange Triebe, kompakter Wuchs

A. setaceus: blüht mit weißem Flor, aus dem sich dekorative, rote Beeren entwickeln; bekannte Sorten sind 'Plumosus' und 'Plumosus Nana'

A. asparagoides: rankender Kletterer, der eine Stützvorrichtung braucht

A. falcatus: ebenfalls kletternd, sehr starkwüchsig

Aspidistra

Schusterpalme

Von der Schusterpalme aus China und Japan gibt es nur eine einzige Art. *Aspidistra elatior* ist außerordentlich genügsam und widerstandsfähig und benötigt nur wenig Licht. Dieses Liliengewächs (Liliaceae) war daher eine der wenigen Topfpflanzen, die in den meist ziemlich düsteren Gewerberäumen früherer Zeiten als Grünschmuck ihr Dasein fristete; die Namen Schuster- oder Metzgerpalme gehen darauf zurück. Die bis zu 80 cm langen, immergrünen Blätter, die auf kurzen Stielen direkt dem Rhizom entsprießen, sind 10 cm breit und bei der Sorte 'Variegata' mit gelben oder weißen Streifen versehen. Diese weißbunte Sorte braucht etwas mehr Licht als die rein grüne Art. Ähnlich der Sanseverie nimmt die Schusterpalme kaum etwas übel.

STANDORT: außer in praller Sonne überall, ob hell oder schattig; das gilt auch für den Winter, wo aber im Zweifelsfall ein etwas kühlerer Platz zu bevorzugen ist, unter 5°C sollte die Temperatur jedoch möglichst nicht sinken

GIESSEN: immer gut feucht halten, im Winter der Standorttemperatur gemäß weniger

DÜNGEN: von Frühling bis Herbst wöchentlich

VERMEHREN: durch Teilung des Wurzelstocks im Frühjahr

HINWEIS: Vernässung oder Prallsonne sind die einzigen äußeren Einflüsse, die auch von der Schusterpalme mit Blattverbrennungen oder Wurzelfäule quittiert werden. Für Hydrokultur ist sie gut geeignet.

Asparagus densiflorus

Asparagus falcatus

Aucuba

Aukube

Der immergrüne Strauch aus Ostasien ist in Kultur mit nur einer Art vertreten und wegen seiner Größe eher den Kübel- als den Zimmerpflanzen zuzurechnen. Das Hartriegelgewächs (Cornaceae) wird bei uns in verschiedenen buntblättrigen Varianten angeboten, von denen die altbekannte Sorte 'Crotonifolia' mit stark und unregelmäßig gelb gefleckten Blättern nach wie vor die gefragteste ist. Weitere hübsche Spielarten sind *Aucuba japonica* 'Variegata', 'Picturata' und 'Goldieana'. In den Ansprüchen ist *Aucuba japonica* ähnlich bescheiden wie *Aspidistra*, mit der sie auch ihren deutschen Namen Metzgerpalme teilt.

STANDORT: hell oder schattig, nicht vollsonnig; im Sommer möglichst im Freien, bei Zimmerkultur viel frische Luft; Winterstandort kühl bis zur Frostgrenze; im Weinbauklima mit entsprechendem Schutz bei Auspflanzung Überwinterung im Freien möglich, doch stets riskant
GIESSEN: außer in der Ruhezeit immer gleichmäßig feucht halten und Staunässe vermeiden
DÜNGEN: von Frühjahr bis Herbst wöchentlich
VERMEHREN: durch Stecklinge im Frühjahr einfach
HINWEIS: Wenn Aukuben zu groß werden, kann ein nicht zu rigoroser Rückschnitt vorgenommen werden; für Hydrokultur geeignet.

Beaucarnea

Elefantenfuß

In seiner mexikanischen Heimat erreicht dieses Agavengewächs (Agavaceae) die stattliche Höhe von 8–10 m. Der gerade Stamm ist an der Basis stark verdickt und kann es hier zu dem beachtlichen Durchmesser von 1 m bringen. Der Blattschopf besteht aus bis zu 1 m langen, schmalen, bogig herabhängenden Blättern. In Kultur sind alle diese Ausmaße natürlich reduziert, und die ganze Pflanze ist mehr kurios als schön. Dennoch erfreut sich *Beaucarnea recurvata*, früher als *Nolina* bekannt, großer Beliebtheit als Zimmerpflanze. Mitunter wird sie auch als „Flaschenbaum" angeboten.

STANDORT: hell, auch sonnig, während des Sommers möglichst im Freien; im Winter ebenfalls hell, aber kühl bei etwa 10°C
GIESSEN: sehr sparsam, im Winter weitgehend trocken halten
DÜNGEN: den Sommer über nur einmal monatlich mit Blumendünger
VERMEHREN: durch Stecklinge aus Nebensprossen des Stamms, nachdem die Schnittstellen angetrocknet sind; dies ist jedoch nur bei hoher Bodenwärme und Luftfeuchtigkeit im Anzuchtbeet möglich
HINWEIS: *Beaucarnea* wächst im Lauf der Zeit zu einem stattlichen „Baum" heran und gehört daher eigentlich in die Gruppe der Kübelpflanzen. Sie ist ein dankbarer Zögling in Hydrokultur.

Beaucarnea recurvata

Aspidistra elatior

Aucuba japonica

Begonia
Schiefblatt

Wir haben es hier mit einer riesigen Gattung zu tun, die für sich allein, mit einer Ausnahme, die Familie der Begoniengewächse (Begoniaceae) ausmacht. Weit über 1000 Arten wurden bisher registriert, die daraus hervorgegangenen Hybriden und Sorten werden heute auf weltweit 12 000 geschätzt. Um für den Zimmergärtner diese schwer faßbare Vielfalt etwas überschaubarer zu machen, genügt es, die für Topfkultur geeigneten Begonien, die übrigens alle aus tropischen Regenwaldregionen stammen, in 3 große Gruppen einzuordnen: Blütenbegonien, Blattbegonien und Strauchbegonien. Diese Spezifizierung ist zwar botanisch und im Hinblick auf die Systematik nicht ganz korrekt und schließt Überschneidungen nicht aus, aber sie erleichtert die Kaufentscheidung und ermöglicht konkrete Pflegehinweise. Knollenbegonien als

Elatior-Begonie

Balkon- und Kübelpflanzen fürs Freiland sollen hier nicht näher behandelt werden.

Blütenbegonien
Hier sind wiederum 3 Gruppen zu unterscheiden: die winterblühenden Lorraine-Begonien, die zuerst Ende des 19. Jahrhunderts auftauchten und als 'Gloire de Lorraine' lange Zeit den Markt beherrschten. Sie blühen in Weiß und verschiedenen Rosatönen. Heute werden sie nur noch sehr selten angeboten.
Ebenfalls ursprünglich winterblühend, heute aber ganzjährig als Blütenpflanze im Handel, stießen zu An-

fang unseres Jahrhunderts die Elatior-Begonien hinzu, eine englische Züchtung, an der die Knollenbegonien maßgeblich beteiligt waren. Die Blüten der Elatior-Begonien gibt es in Weiß, Rot, Rosa und Gelb, einfach und gefüllt. Sie sind meist größer und strahlender gefärbt als die sehr ähnlichen der Lorraine-Hybriden. Bekannt wurden hier vor allem die Rieger-Begonien, nach ihrem Züchter so benannt.
Als 3. Gruppe wären die immerblühenden *Semperflorens*-Hybriden zu nennen, die sonnenverträglicher als die vorher genannten sind und die wir vor allem als Beet- und Einfassungspflanzen aus dem Garten und von Blumenrabatten öffentlicher Anlagen her kennen. Sie sind aber auch als Topfpflanzen gut zu verwenden.

STANDORT: bis auf *Begonia-Semperflorens-Hybriden* hell, aber ohne direkte Sonne; Wintertemperaturen bei allen Blütenbegonien um 18°C; Elatior-Hybriden keinesfalls darunter, bei den anderen Absenkung bis 15°C möglich
GIESSEN: immer gleichmäßig feucht halten, dabei Vernässung (Schattenstand!) ebenso vermeiden wie Ballentrockenheit; Winterblüher während der Blütezeit etwas mehr wässern als ruhende Pflanzen; möglichst kalkarmes, handwarmes Wasser verwenden
DÜNGEN: von Frühjahr bis Herbst wöchentlich, bei Winterblühern auch während des Flors gelegentliche Nährstoffgaben
VERMEHREN: durch Kopfstecklinge im Frühsommer
HINWEIS: Bei Lorraine- und Elatior-Begonien lohnt eine Weiterkultur meist nicht, man kauft besser neue Blütenpflanzen, die dann monatelang halten. Es gibt so viele Sorten, daß man sich am besten nach Augenschein etwas Passendes aussucht.

Begonia masoniana 'Eisernes Kreuz'

Lorraine-Begonie

Begonia-Rex-Hybride

Blattbegonien

Leider sind einige der schönsten Arten und Sorten so empfindlich, daß sie sich dauerhaft nur im geschlossenen Blumenfenster kultivieren lassen. Aber für Fensterbrettkultur bleiben immer noch genügend Schönheiten übrig, wie zum Beispiel die altbekannten *Begonia-Rex*-Hybriden, die Königsbegonien, mit ihren riesigen, lebhaft gezeichneten Blättern. Eine gewisse Berühmtheit erlangt hat auch *B. masoniana* 'Eisernes Kreuz' ('Iron Cross') mit einer diesem Emblem ähnelnden, dunklen Zeichnung auf dem runzelig-grünen Blatt. Diese Sorte ist allerdings in Zimmerkultur nicht ganz einfach.

STANDORT: hell, aber keinesfalls sonnig; kein Freilandaufenthalt, keine Zugluft; Wintertemperatur nicht unter 16 °C
GIESSEN: nur mit handwarmem, enthärtetem Wasser sehr gleichmäßig ohne Nässe oder Austrocknung; viel Fingerspitzengefühl bei kühlem Winterstand erforderlich; nur indirekt sprühen, um Blattflecken zu vermeiden; alle Blattbegonien wünschen hohe Luftfeuchtigkeit
DÜNGEN: von März bis September alle 2 Wochen mit möglichst kalkarmem Blumendünger, im Winter nur gelegentlich
VERMEHREN: durch Kopf- oder Blattstecklinge im Frühjahr und Sommer unter Verdunstungsschutz
HINWEIS: Von allen Begonien sind Blattbegonien die empfindlichsten. Dennoch braucht Laubfall im Herbst und Winter noch keine einschneidenden Folgen zu

haben, weil der Neuaustrieb die Verluste wieder ausgleicht. Gefährlicher ist Befall mit Echtem Mehltau bei feuchtwarmer Luft. Deshalb sollte häufig zugfrei gelüftet und ein enger Stand auf dem Fensterbrett vermieden werden. Blattbegonien lassen sich gut in Hydrokultur halten.

Einige empfehlenswerte Arten:

B. crispa: runde bis nierenförmige, hellgrün marmorierte, runzelige Blätter
B. serratipetala: grüne Blätter mit roten Punkten; sehr hübsch als Ampelpflanze
B. imperialis: smaragdgrüne oder rotbraune, samtig schimmernde Blätter mit teilweise interessanten Zeichnungen; einige Sorten mit kriechenden Sprossen; viele Hybriden
B. glabra: ebenfalls eine ansprechende Blattbegonie für Ampelpflanzung

Strauchbegonien

Sie sind weniger empfindlich als Blattbegonien, wachsen mehr aufrecht, obgleich es auch hier für Ampeln geeignete Arten mit herabhängenden Trieben gibt. Strauchbegonien sind sowohl interessante Blüten- als auch Blattpflanzen. Manche von ihnen sprengen mit 2 m Höhe fast die Möglichkeiten der Zimmerkultur, blühen dafür aber fast das ganze Jahr hindurch.

STANDORT: hell, auch leicht beschattet, aber nicht sonnig; kein Freilandaufenthalt; möglichst wenig drehen, eventuell Lichtmarke anbringen; im Winter etwas kühler, aber nicht unter 15 °C
GIESSEN: von Frühjahr bis Herbst stets gleichmäßig gut feucht halten, ohne stauende Nässe oder Ballentrockenheit; hohe Luftfeuchtigkeit ist erwünscht, jedoch nur indirekt, nie auf Blätter und Blüten sprühen; immer handwarmes, enthärtetes Wasser verwenden
DÜNGEN: von März bis September wöchentlich, im Winter nur gelegentlich

Begonia-Hybride

Begonia serratipetala 'Pink Spot'

VERMEHREN: im Frühjahr und Sommer durch Blatt- oder Kopfstecklinge unter Verdunstungsschutz
HINWEIS: Strauchbegonien kann man im Frühjahr vor dem Austrieb sparsam zurückschneiden, um einem Verkahlen entgegenzuwirken. Für Haltung in Hydrokultur sind sie gut geeignet.

Einige empfehlenswerte Arten:

B.-Corallina-Hybriden: hübsches, silbrig gefärbtes Laub und lange anhaltender Blütenflor in Rosa; sie gehören zu den dankbarsten Strauchbegonien, werden allerdings bis zu 2 m groß
B. limmingheana: mit roten oder rosa Blüten und hängenden Trieben
B. metallica: olivgrüne, behaarte, metallisch glänzende Blätter mit roten Adern. Blüten rosa und rot
B. maculata: lange Triebe, grüne Blätter mit silbrigweißen Sprenkeln und rosa Blüten

Begonia-Boweri-Hybride

Beloperone

Zimmerhopfen

Beloperone guttata stammt aus Mexiko. Auffällig an diesem Akanthusgewächs (Acanthaceae) sind die vollen, 10 cm langen, leicht gebogenen Blütenähren, bei denen die braunroten, zu den Spitzen hin gelblichen Hochblätter wie die Schuppen eines großen Tannenzapfens locker übereinander liegen. Dazwischen erscheinen die eigentlichen weißen Blüten mit den dunkler gefärbten Staubfäden. Bei richtiger Pflege halten die Ähren das ganze Jahr über.

STANDORT: ganzjährig hell und sonnig; sommerliche Prallsonne über Mittag jedoch meiden; im Winter möglichst etwas kühler halten, 12–15 °C sind ideal; notfalls wird jedoch auch Wohnwärme vertragen
GIESSEN: während der sommerlichen Wachstumsperiode sehr reichlich, im Winter bei kühlem Stand entsprechend weniger
DÜNGEN: von Frühjahr bis Herbst wöchentlich, im Winter nur einmal im Monat
VERMEHREN: durch Kopfstecklinge im Frühjahr, nach Bewurzelung Triebe stutzen, um buschigen Wuchs zu erzielen
HINWEIS: Da der kleine Strauch durch schnellen Wuchs leicht außer Form gerät, sollte er in jedem Frühjahr kräftig zurückgeschnitten werden. Im Sommer kann man zusätzlich dann und wann die Triebspitzen abknipsen.

Bertolonia marmorata

Bertolonia

Bertolonie

Neben den ebenfalls zu den Schwarzmundgewächsen (Melastomataceae) zählenden stattlichen Blütenpflanzen *Medinilla* und *Tibouchina* nimmt sich dieser kleine Bodenbewohner aus Brasilien eher bescheiden aus. Hybriden und die beiden Arten *Bertolonia maculata* und *B. marmorata* sind heute nicht mehr so schwer erhältlich wie ehedem, da sich einige Spezialgärtnereien ein umfangreiches Sortiment an Exoten zugelegt haben. Im Blumengeschäft sind diese Warmhauspflanzen kaum zu bekommen und auch vom Zimmergärtner auf Dauer nur im geschlossenen Blumenfenster kultivierbar. Dort freilich stellen sie mit ihrem hübsch gezeichneten Laub und den rosa Blütchen etwas Besonderes dar.

STANDORT: ganzjährig hell oder etwas beschattet, keine volle Sonne; Temperaturen auch im Winter um 22 °C, besser darüber bei etwa gleichhoch temperiertem Boden; keine Zugluft
GIESSEN: nur mit handwarmem, enthärtetem Wasser immer gut feucht halten, doch nicht vernässen; indirekt sprühen, ohne Blüten und Blätter zu benetzen
DÜNGEN: von März bis September alle 2 Wochen mit Blumendünger, im Winter selten oder gar nicht
VERMEHREN: durch Kopfstecklinge im Frühjahr und Sommer nur im Vermehrungsbeet bei hoher Bodenwärme (über 25 °C) möglich
HINWEIS: *Bertolonia* wie auch die ebenso hübsche, eng verwandte *Triolena* müssen bei Fensterbrettkultur mitsamt Topf in feuchten Torf oder ein Tongranulat eingesenkt werden, eventuell mit zusätzlicher Bodenheizung.

Beloperone guttata

Bougainvillea

Bougainvillee

Wie bei vielen anderen Blütenpflanzen sind es auch bei *Bougainvillea glabra* die Hochblätter, die diese Brasilianerin mit violetten bis roten Farbtönen förmlich überschütten können. Die richtigen Blüten, die zwischen diesen Hochblättern sitzen, sind unscheinbar. Eigentlich ist dieser Kletterstrauch aus der Familie der Wunderblumengewächse (Nyctaginaceae) eine prachtvolle Kübelpflanze für sommerlichen Stand auf der Terrasse oder im Garten; doch wurden mittlerweile auch kleinbleibende Formen entwickelt, die sich für Zimmerkultur eignen. Sehr reizvoll sind Hochstämmchen, die gut in den Wintergarten passen. Hier kann auch die stärker wachsende und rankende Art *B. spectabilis* einen ihr angemessenen Platz finden.

STANDORT: Blüten von Frühjahr bis Spätsommer nur bei warmem, vollsonnigem Stand, am besten im Freien, zu erwarten; in kühlen, regnerischen Sommern färben sich die Hochblätter nicht ein, dann muß man auf das nächste Jahr mit besserem Wetter hoffen; wegen der Frostempfindlichkeit darf man mit dem Einräumen nicht zu lange warten; im Winter ist eine Ruhezeit bei Temperaturen um 10°C für die nächstjährige Blüte wichtig

Bougainvillea spectabilis 'Beige Double'

GIESSEN: den Sommer über sehr reichlich, selbst kurzfristige Ballentrockenheit unbedingt vermeiden, da sie Blütenabwurf zur Folge hat; im Winter weniger gießen, doch gleichfalls nicht austrocknen lassen
DÜNGEN: nur von Frühjahr bis August wöchentlich
VERMEHREN: für den Laien mit halbverholzten Kopfstecklingen im Frühjahr bei hoher Bodenwärme ab 25° C Glückssache
HINWEIS: Ein kräftiger Rückschnitt im Frühjahr ist unbedingt empfehlenswert, da die Blühwilligkeit dadurch positiv beeinflußt wird und der Strauch kompakter wächst.

Brachychiton

Glücksbaum

Auch in der neueren Zimmerpflanzenliteratur wird man dieses Sterkuliengewächs (Sterculiaceae) vergeblich suchen. In seiner ostaustralischen Heimat kennt man das seltsame Gehölz, das aus einer ineinander verschlungenen Stammverdickung emporwächst, nur als Großbaum mit gewaltigen Ausmaßen. Nun haben wir ihn im Miniformat im Blumentopf, wobei er auch gleich einen weiteren Namen mit auf den beschwerlichen Weg bekam: Flaschenbaum. Er teilt sich diese Bezeichnung mit *Beaucarnea recurvata*, dem Elefantenfuß. Über die Eignung als Zimmerpflanze ist noch wenig bekannt.

STANDORT: den Sommer über am besten im Freien oder luftig im Zimmer, stets hell bis sonnig; im Winter bei 12°C kühler stellen
GIESSEN: im Sommer nur mäßig feucht halten, im Winter noch sparsamer gießen

DÜNGEN: von Frühjahr bis Spätsommer monatlich mit Blumendünger, mit fortschreitender Größe auch häufiger
VERMEHREN: es liegen noch keine gesicherten Erfahrungen vor; Versuche mit Kopfstecklingen im Frühjahr sollen erfolgreich verlaufen sein
HINWEIS: Bei einem ausreichend großen Pflanzgefäß kann man den Glücksbaum wachsen lassen und als dekorative Kübelpflanze kultivieren.

Bougainvillea glabra

Brachychiton

Browallia

Browallie

Für Topfkultur kommt nur *Browallia speciosa*, ein Nachtschattengewächs (Solanaceae), mit einigen Kultursorten in Frage. Alle anderen Angehörigen der Gattung sind einjährige Kräuter, die bei uns gelegentlich als Gartenpflanzen Verwendung finden. Ihre Heimat ist das tropische Amerika, vor allem Kolumbien und Peru, wo *B. speciosa* als kleiner Halbstrauch vorkommt. Browallien werden das ganze Jahr über angeboten, so daß man die blau blühende Pflanze auch als Winterblüher kultivieren kann.

Blüte von Browallia speciosa

STANDORT: ganzjährig hell bis sonnig ohne pralle Mittagssonne; kühlerer Stand im Winter bei 18°C kommt der Blühverlängerung zugute

GIESSEN: durchgehend mäßig feucht halten, am kühleren Winterplatz nicht vernässen

DÜNGEN: von Frühjahr bis Spätsommer alle 2 Wochen mit Blumendünger in halber Konzentration

VERMEHREN: im zeitigen Frühjahr durch Samen (nicht mit Erde bedecken, Lichtkeimer) oder durch Stecklinge, die nach dem Anwachsen entspitzt werden

HINWEIS: Meist lohnt eine Überwinterung und Weiterkultur nicht, da Browallien rasch vergreisen und in der Blüte nachlassen. Besser ist der jährliche Zukauf blühender Pflanzen.

Brunfelsia

Brunfelsie

Von diesem Nachtschattengewächs (Solanaceae) aus Brasilien, wo es als strauchartiges Gehölz vorkommt, ist bei uns nur die Art *B. pauciflora var. calycina* in Kultur. Es gibt einige Sorten, deren Namen man jedoch nicht kennen muß, weil sie sich alle ziemlich ähnlich sehen. Die relativ großen blauen Blüten erscheinen von Frühjahr bis Spätsommer, seltener im Winter. Die Einzelblüte hält nur wenige Tage, wird aber ständig durch neue ersetzt. So schön diese immergrüne Blütenpflanze auch ist, sie hat leider die Eigenschaft, sich nur wenig zu verzweigen und sparrig zu wachsen. Da sie plötzliche Wechsel in der Pflege leicht übel nimmt, hohe Luftfeuchtigkeit liebt und eine Kühlperiode im Winter zur Blütenbildung benötigt, gehört die Brunfelsie nicht gerade zu den pflegeleichtesten Zimmerpflanzen.

Brunfelsia pauciflora

Browallia speciosa

STANDORT: hell, auch halbschattig, nicht vollsonnig; im Winter für 2, höchstens 3 Monate kühler Stand bei 10–15°C ist wichtig für die Blütenanlage
GIESSEN: mit kalkarmem Wasser stets mäßig feucht halten; im Sommer nur indirekt übersprühen, um die Blüten nicht zu schädigen; im Winter nicht zuviel Wasser geben
DÜNGEN: von Frühjahr bis Herbst alle 2 Wochen mit Blumendünger
VERMEHREN: durch etwas verholzte Kopfstecklinge im Frühjahr bei hoher Bodenwärme von etwa 25°C im Vermehrungsbeet, Jungpflanzen entspitzen
HINWEIS: *Brunfelsia* hält es im Winter zwar auch bei normaler Zimmertemperatur aus, doch ist die Weiterblüte dann in Frage gestellt und Blattfall bei mangelnder Luftfeuchtigkeit wahrscheinlich. Im Frühjahr sollte zurückgeschnitten werden.

Caladium
Buntwurz

Von dieser Knollenpflanze aus der großen Familie der Aronstabgewächse (Araceae) sind bei uns nur die sogenannten *Caladium-Bicolor*-Hybriden mit herrlich bunt gezeichneten Blättern im Handel. Die etwa 100 bekannten Arten leben in südamerikanischen Urwäldern, viele im Gebiet des Amazonas. Weil die Kultur im Zimmer schwierig ist, werden Caladien, die man als Geschenk bekommen hat, meist weggeworfen, sobald die Farbenpracht der Blätter nachzulassen beginnt beziehungsweise das Laub verwelkt. Andererseits bietet die Tatsache, daß es sich um Knollengewächse mit winterlichem Vegetationsstillstand handelt, die Chance einer alljährlicher Weiterkultur.

STANDORT: vom Austrieb im Frühjahr bis zum Einziehen der Blätter im Spätsommer/Herbst möglichst hell, aber nicht sonnig stellen; hohe Temperaturen über 22°C sind erforderlich; die Pflanzen dulden keine Zugluft; Knollen im Topf trocken bei etwa 18°C überwintern; im Februar/März alte Erde abschütteln, neu in Einheitserde eintopfen, hell und warm stellen, Erde anfeuchten
GIESSEN: während der Vegetationszeit regelmäßig gießen; Vorsicht vor Austrocknung, da die großen Blätter viel Feuchtigkeit verdunsten; während des Austriebs mehrmals täglich indirekt besprühen; ab August Gießen einschränken, damit die Blätter einziehen, dann trocken halten
DÜNGEN: von Frühjahr bis Juli wöchentlich mit Blumendünger
VERMEHREN: durch Teilung der Knollen beim Einpflanzen im Frühjahr oder kleine Brutknöllchen
HINWEIS: Caladien sind eigentlich Pflanzen fürs Tropenfenster. Bei Zimmerkultur sollten sie mitsamt Topf in ein stets feuchtes Tongranulat oder in Torf eingesenkt werden.

Caladium

Caladium

Calathea

Korbmarante

Die Heimat dieses Blatt-
schmuckgewächses aus der
Marantenfamilie (Maranta-
ceae) ist das tropische Südamerika mit dem Schwer-
punkt Brasilien. *Calathea*
sehr ähnlich und eng mit
ihr verwandt sind *Ctenanthe, Stromanthe* und *Ma-
ranta*, wobei letztere für
Zimmerkultur noch am be-
sten geeignet ist. Von der
Korbmarante wird bei uns
fast ausschließlich die Art
Calathea makoyana ange-
boten. Unter den in den
Tropenhäusern der botani-
schen Gärten gezeigten Arten gibt es eine Reihe von
außerordentlich attraktiven
Sorten mit unterschiedlichsten Blattformen, -zeich-
nungen und -färbungen.

STANDORT: hell bis schattig,
keine Sonne; nur für
Zimmerkultur; warm, im
Winter nicht unter 18°C

Calathea crocata

GIESSEN: ganzjährig gut
feucht halten; handwarmes,
enthärtetes Wasser verwenden, auch zum häufigen,
indirekten Übersprühen
DÜNGEN: von Frühjahr bis
Herbst alle 2 Wochen mit
Blumendünger, bei Unver-
träglichkeit schwächere
Konzentration
VERMEHREN: durch Teilung
wüchsiger Pflanzen beim
Umtopfen in durchlässige,
humose Erde im Frühjahr
HINWEIS: *Calathea* ist sehr
gut in Hydrokultur zu
halten.

Calceolaria

Pantoffelblume

Man darf die *Calceolaria*-
Hybriden, die für eine meist
nur einjährige Zimmerkul-
tur geeignet sind, nicht mit
den Freilandarten verwechseln, die als Balkon- und
Rabattenpflanzen, meist
ebenfalls nur einen Som-
mer lang kultiviert, so beliebt sind. Die Gattung
selbst, die zur Familie der
Rachenblütler (Scrophula-
riaceae) gehört, umfaßt etwa 520 Arten und stammt
aus Südamerika. Eine der
bezauberndsten ist *C. dar-
winii*, eine kleine Staude
aus Patagonien, dem kalten
Süden des amerikanischen
Kontinents, der man bis-
weilen in Alpinensamm-
lungen begegnet. Die Blü-
ten der Pantoffelblumen
werden mit ihrer Form
dem Namen durchaus ge-
recht und lassen nicht selten unter ihrer Fülle das
Laub fast verschwinden.
Am häufigsten sind schwe-
fel- und goldgelb getigerte

Calceolaria

„Pantoffeln", aber auch
orangefarbene, braunrote
und fast rote Töne
kommen vor.

STANDORT: hell, aber nicht
sonnig; möglichst kühl und
luftig, zum Beispiel an einem Nordfenster
GIESSEN: immer gut feucht
halten, am schattigen, kühlen Platz darf es nicht zu
Vernässung kommen
DÜNGEN: wöchentlich mit
Blumendünger
VERMEHREN: aus Samen
zwar möglich, für den
Laien ohne temperiertes
Glashaus jedoch schwierig
und nicht lohnend; besser
ist jährlicher Zukauf
blühender Pflanzen

Calathea makoyana

Calceolaria

Callisia

Kallisie

Es besteht eine sehr große Ähnlichkeit mit Tradeskantien, mit denen dieses Commelinengewächs (Commelinaceae) auch verwandt ist. In Kultur findet man *Callisia elegans* und *C. repens*, beide mit kriechenden beziehungsweise bei Ampelpflanzung herabhängenden Trieben. Das Laub von *C. elegans* hat weißgelbe Längsstreifen. Wer Schwierigkeiten mit Luftfeuchtigkeit und Temperaturen umgehen will, sollte lieber gleich zur unproblematischen Tradeskantie greifen.

STANDORT: hell, keine Prallsonne; im Winter kühler stellen, doch nicht unter 12 °C

GIESSEN: bis auf die Ruheperiode im Winter stets gut feucht halten
DÜNGEN: von Frühjahr bis Herbst alle 2 Wochen mit Blumendünger
VERMEHREN: durch Kopfstecklinge; wie *Tradescantia* am besten zu mehreren in einen Topf stecken
HINWEIS: Die Pflanze ist für Hydrokultur gut geeignet.

Callistemon

Callistemon

Zylinderputzer

Callistemon citrinus ist die einzige der über 20 Arten dieses in Australien beheimateten Myrtengewächses (Myrtaceae), die für die Zimmerkultur Bedeutung hat. Bei ihr erscheinen die bürstenähnlichen, ungefähr 10 cm langen Blütenstände bereits an jungen Pflanzen. *C. citrinus* stellt außerdem keine besonders hohen Ansprüche und ist eigentlich nicht zuletzt wegen seiner späteren Größe am besten im Kübel und den Sommer über draußen aufgehoben.

STANDORT: nach den Eisheiligen vorzugsweise an einem vollsonnigen Platz im Freien; Überwinterung hell und kühl bei 6–10 °C, möglichst nicht darüber; trockene Luft wird vertragen
GIESSEN: mit enthärtetem Wasser im Sommer immer leicht feucht halten, im Winter nur wenig gießen

DÜNGEN: von Frühjahr bis Spätsommer alle 14 Tage mit Blumendünger
VERMEHREN: durch Kopfstecklinge im Sommer
HINWEIS: Bei Zimmerkultur empfiehlt sich ein regelmäßiger Rückschnitt im Frühjahr, um die Pflanze klein zu halten und einen buschigen Wuchs zu erzwingen.

Callisia

Camellia

Kamelie

Nur wenige andere Zimmerpflanzen haben einen so hohen Beliebtheitsgrad wie gerade die Kamelie, ein Teegewächs (Theaceae) aus Ostasien. *Camellia japonica* ist ein uraltes Kulturgewächs und die einzige der etwa 80 Arten der Gattung, die als Topfpflanze Bedeutung erlangt hat. Über kaum ein anderes Blütengewächs gibt es hinsichtlich der Pflege so unterschiedliche Meinungen, herrschen so viele Vorurteile, was die Kulturmöglichkeiten im Zimmer anbelangt. Allgemein gilt *Camellia* als schwierig, und man scheut nicht zuletzt wegen des

Camellia japonica

hohen Preises vor der Anschaffung zurück. Angesichts der rund 10 000 Sorten und Varietäten, mit denen die Kamelie zur Zeit weltweit Furore macht, ist es kaum sinnvoll, spezielle Empfehlungen in dieser Richtung zu geben, denn das Sortiment wandelt und vergrößert sich ständig. Allein 1987 wurden auf der nördlichen Halbkugel 120 neue Sorten angemeldet, wie viele davon schließlich die harten Prüfungen bestehen, ist ungewiß. Den Amerikanern ist dabei endlich auch die Züchtung einer gelben Form gelungen. Schließlich feiert dieses bisher in Weiß und allen Rot- und Rosaschattierungen sowie zweifarbigen Spielarten blühende Teegewächs auch sein Comeback als „Knopflochblume": der Modeschöpfer Karl Lagerfeld präsentierte die Kamelie in seiner Herbst- und Winterkollektion 1987/88 sogar als Clou für Kreationen aus Jeansstoff.

In einem wichtigen Punkt widerspricht Peter Fischer, mit über 300 Sorten Besitzer des wohl größten Sortiments in Europa und der einzigen kontinentaleuropäischen Prüfstation für winterharte Kamelien, allen landläufigen Meinungen: daß Kamelien die Knospen abwerfen, wenn ihr Standort gewechselt oder der Topf gedreht wird, ist seiner Ansicht nach ein alter Zopf. Der Grund für Knospen- oder Blütenfall sei vielmehr in Pflegefehlern und hier an 1. Stelle in mangelnder Luftfeuchtigkeit zu suchen, was freilich Wochen oder Monate zurückliegen

könne. Folgende Punkte sollte man bei der Kamelienpflege besonders berücksichtigen:
* Gekaufte oder im Freien übersommerte Pflanzen darf man nur über eine kühle Zwischenstation ins warme Zimmer bringen.
* Die beste Temperatur vor und während der üblichen Blütezeit von Januar bis April liegt bei 15–20°C. Bei einer Luftfeuchtigkeit von über 60% ist auch mehr Wärme möglich.
* Im Winter sollten die Blätter und Knospen täglich mit lauwarmem Wasser übersprüht werden, am besten mit der Brause in der Badewanne. Ein Stand in Heizungsnähe ist unbedingt zu meiden.
* Für das Düngen ab Blütenende beim Neuaustrieb wählt man besser schwächere Konzentrationen eines üblichen Blumendüngers. Ab der Knospenbildung Ende Juli wird das Düngen eingestellt.
* Umgetopft wird erst ab Austrieb bis Ende Juli.
* Schnittmaßnahmen sollten möglichst nicht vorgenommen werden.

Für Kamelien gilt, daß sie desto schöner werden, je älter sie sind. Deshalb ist bei diesen Pflanzen eine optimale Pflege besonders wichtig. Da sich ein kühler, heller Platz im Winter für nur einige wenige Exemplare überall finden lassen dürfte – vollerblühte Kamelien kann man übrigens für kurze Zeit, ohne daß sie Schaden nehmen, ins beheizte Wohnzimmer holen –, stellt das größte Problem der Bedarf an hoher Luftfeuchte dar. Außer täglichem Einnebeln hat sich auch hier das Einstellen in

feuchten Torf oder ein Tongranulat bewährt.

STANDORT: im Winter relativ kühl, besser 15 als 20°C; den Sommer über bis Frostbeginn ohne pralle Sonne im Freien, am besten den Topf in den Boden eingraben

GIESSEN: nur mit enthärtetem, handwarmem Wasser gleichmäßig feucht halten, der Boden darf nie austrocknen (beim Einsenken daran denken!); ab Ende Juli beim Knospenansatz etwas trockener halten

DÜNGEN: ab Austrieb bis Ende Juli wöchentlich mit Blumendünger in halber Konzentration; auch Spezial-Azaleendünger in vorgeschriebener Dosierung ist geeignet

VERMEHREN: durch knospenlose Kopfstecklinge im August unter Plastikhaube in üblicher Anzuchterde (TKS); Topf hell, nicht sonnig, und warm stellen; die Bewurzelung erfolgt innerhalb von 2 Monaten; olivfarbene Triebe liefern die besten Stecklinge

HINWEIS: Die Blühzeit seiner Kamelien kann man bis zu einem gewissen Grad selbst beeinflussen. Soll bei knospigen Pflanzen das Blühen hinausgezögert werden, kommt der Topf in einen dunklen, feuchten, etwa 8°C warmen Keller; weiteres Gießen nicht vergessen. Etwa 2 Wochen vor dem gewünschten Blühtermin wird die Pflanze dann wieder an ihren hellen, wärmeren Platz gestellt. In Hydrokultur soll die Blühwilligkeit der Kamelie nicht befriedigen.

Campanula isophylla

Capsicum annuum

Capsicum
Zierpfeffer

Wahrscheinlich befindet sich die ursprüngliche Heimat des „Spanischen Pfeffers", zu dem auch der bekannte Gemüsepaprika gehört, in Mexiko. Heute wird *Capsicum annuum* weltweit angebaut, wobei die Zierform davon eine untergeordnete Rolle spielt. Daß sie nur einjährig zu kultivieren ist, mindert nicht den Schmuckwert ihrer gelben, roten oder lilaroten, spitzen, walzen- oder kegelförmigen kleinen Früchte. Meist wird *C. annuum* bereits im Winter mit bunten Früchten und in mehreren Sorten vom Blumenhandel angeboten. Wie zum Beispiel Stechapfel, Korallenstrauch und Lampionblume gehört auch der Zierpfeffer in die große Familie der Nachtschattengewächse (Solanaceae), in der die Gattung mit etwa 32 Arten vertreten ist.

STANDORT: hell, vollsonnig, luftig, am besten im Freien; im Winter gekaufte Pflanzen zur Erhaltung der Früchte etwas kühler, um 15 °C, stellen
GIESSEN: immer gleichmäßig feucht halten; im Sommer reichlich Wasser geben, damit die Früchte nicht schrumpfen
DÜNGEN: wöchentlich mit Blumendünger
VERMEHREN: durch Aussaat im Frühjahr; Samen im Fachhandel erhältlich
HINWEIS: Liebhaber scharf gewürzter Speisen können die Zierpaprikafrüchte ohne weiteres auch zum Würzen verwenden. Eine Weiterkultur ist nicht lohnend.

Campanula
Glockenblume

Von unseren heimischen Wiesenblumen und den zahlreichen Beetstauden einmal abgesehen, sind es vor allem die alpinen Glockenblumen, die im Bereich des Steingartens für abwechslungsreiche Akzente sorgen. Für Zimmerkultur wird in erster Linie die Langtagpflanze *Campanula isophylla* mit einigen Sorten, hier vor allem 'Mayi' mit blauvioletten bis hellblauen und 'Alba' mit weißen Sternblüten angeboten. Diese Art aus der umfangreichen Familie der Glockenblumengewächse (Campanulaceae) stammt aus Italien und anderen Gebieten rings ums Mittelmeer und eignet sich wegen ihrer langen, nach unten hängenden Triebe vorzugsweise für eine Ampelbepflanzung.

STANDORT: den Sommer über hell, auch etwas besonnt, aber keine Prallsonne, am besten geschützt im Freien; bei durchgehender Zimmerkultur für viel frische Luft sorgen, auch im Winter; Standort dann hell, doch sehr kühl, bis nahe an die Frostgrenze und nicht über 12 °C
GIESSEN: den Sommer über gleichmäßig gut feucht halten, während der Ruhezeit nur sparsam gießen; Erde immer wieder abtrocknen lassen
DÜNGEN: von Frühjahr bis Herbst alle 14 Tage mit Blumendünger
VERMEHREN: durch Stecklinge im Frühjahr einfach
HINWEIS: Beim Vegetationsbeginn im Frühjahr werden die alten Triebe kräftig zurückgeschnitten. *C. isophylla* ist zwar kälteverträglich, aber sehr frostempfindlich und muß im Herbst deshalb rechtzeitig ins Haus genommen werden.

Capsicum annuum

Carex

Segge

Auf über 2 000 Arten schätzt man die Gattung der Sauergräser (Cyperaceae), die über die ganze Erde verbreitet ist. In Zimmerkultur kennt man nur die etwa 30 cm hoch werdende Sorte *Carex brunnea* 'Variegata' mit grüngelb gefärbten, bogig überhängenden Blättern. Außer einem kühlen Raum im Winter stellt dieses hübsche Gras keine besonderen Ansprüche.

STANDORT: halbschattig oder sonnig, pralle Mittagssonne ist weniger günstig; viel Frischluft erwünscht, deshalb kann die Pflanze im Sommer draußen stehen; Überwinterung um 10°C, ebenfalls luftig; bei hoher Luftfeuchte auch wärmer
GIESSEN: stets gleichmäßig feucht halten, nur im Winter gemäß der Zimmertemperatur weniger gießen; keine stauende Nässe und kein Fußbad im Untersetzer
DÜNGEN: den Sommer über monatlich mit Blumendünger
VERMEHREN: wie bei fast allen Gräsern durch Teilung des Ballens im Frühjahr; Aussaat der Sorte bringt nur rein grüne Nachkommen

Catharanthus

Catharanthus

Überall in den Tropen ist dieser kleine Halbstrauch mit weißen, rosa oder roten Blüten anzutreffen. Die Pflanze gehört in die Familie der Hundsgiftgewächse (Apocynaceae), ist giftig und mit unserem Immergrün *(Vinca minor)* verwandt. Sie kann ähnlich dem Fleißigen Lieschen auch als Beet- oder Rabattenschmuck an einem halbschattigen Platz im Garten oder als Balkonpflanze verwendet werden, versagt allerdings in kühlen, regnerischen Sommern. Man zieht *Catharanthus roseus* meist einjährig, doch ist eine Weiterkultur durchaus möglich.

STANDORT: hell, doch nicht vollsonnig, bei schönem Wetter auch im Freien; Überwinterung kühl, um 15°C, weniger als 10°C werden nicht mehr vertragen

Blüte von Catharanthus roseus

GIESSEN: den Sommer über reichlich, ohne Vernässung, im Winter sparsamer
DÜNGEN: nur im Sommer wöchentlich mit Blumendünger
VERMEHREN: durch Stecklinge oder Aussaat im Frühjahr; Jungpflanzen etwas stutzen

Carex brunnea

Catharanthus roseus

Ceropegia
Leuchterblume

Etwa 180 Arten dieser Gattung aus der Familie der Seidenpflanzengewächse (Asclepiadaceae) sind überall in den Tropen verbreitet. Es handelt sich um sukkulente Pflanzen, was bei der südafrikanischen *Ceropegia woodii*, der Leuchterblume unserer Wohnzimmerampeln, an den verdickten Blättern deutlich wird. Sie sind klein, herzförmig, oberseits hell- und dunkelgrün marmoriert und sitzen an haarfeinen, lang herabhängenden Trieben, die einer bewurzelten Knolle entsprießen. Diese Knollen werden übrigens häufig als Pfropfunterlage für Stapelien verwendet. Interessant sind die auf den ersten Blick unscheinbaren, fleischfarbenen Röhrenblüten mit einer rundlichen Ausbuchtung am Grund und kleinen Zipfeln am oberen Ende. Wegen ihrer lang herabhängenden Triebe ist die Leuchterblume eine ideale Ampelpflanze. In den Blattachseln entstehen im Lauf des Sommers kleine, runde Knöllchen, die sich bei Berührung mit Erde schnell bewurzeln. Andere Arten wie *C. distincta ssp. haygarthii*, *C. sandersonii* oder *C. stapeliiformis* haben noch interessantere, teilweise bizarre Blüten, sind aber nur etwas für Liebhaber mit Kultureinrichtungen.

STANDORT: sonnig bis vollsonnig, im Sommer entgegen anderslautenden Empfehlungen bis in den Herbst hinein auch draußen; kühle Nächte um diese Zeit werden vertragen; im Winter normale Wohnraumtemperatur, doch weniger ist besser

GIESSEN: durchgehend leicht feucht halten, zwischen den Gießvorgängen etwas abtrocknen lassen

DÜNGEN: nur im Sommer monatlich mit Blumendünger

VERMEHREN: durch die kleinen Knöllchen in den Blattachseln, die man in feuchte Erde drückt, völlig problemlos; auch Stücke der langen Triebe bewurzeln nach Abtrocknen der winzigen Schnittfläche

HINWEIS: *Ceropegia woodii* ist eine dankbare Hydrokulturpflanze.

Ceropegia woodii

Chlorophytum
Grünlilie

Das Liliengewächs (Liliaceae) mit den vielen deutschen Namen stammt aus Südafrika und gehört zu den unkompliziertesten Topfpflanzen überhaupt. Neben der rein grünen Art *Chlorophytum comosum*, die nur selten angeboten wird, gibt es einige Sorten mit grüner Mitte und gelbweißem oder gelbem Mittelstreifen und grünem Rand, wie zum Beispiel 'Variegata'. Charakteristisch für Grünlilien sind die an den Spitzen der bisweilen meterlang herabhängenden Triebe erscheinenden kleinen, weißen Blüten, aus denen sich dann eine Vielzahl von Kindeln entwickeln. Durch diese fortwährende Produktion von Nachkommenschaft kann *C. comosum* im Lauf der Jahre beachtliche Ausmaße annehmen. Dieses Gewächs ist prädestiniert für Ampelpflanzung, zumindest aber einen erhöhten Stand, zum Beispiel auf einem schmalen Blumenständer.

STANDORT: sonnig oder schattig, den Sommer über auch im Freien; Wohnwärme und trockene Luft im Winter werden ebenso vertragen wie niedrige Temperaturen

GIESSEN: stets gut feucht halten, doch wegen der fäulnisanfälligen, fleischigen Wurzeln nicht übergießen; bei warmem Stand im Winter gelegentlich übersprühen

DÜNGEN: von Frühjahr bis Herbst wöchentlich mit Blumendünger

VERMEHREN: durch Abtrennen und Einpflanzen der reichlich vorhandenen Kindel

HINWEIS: Grünlilien sollten wegen der starken Wurzelbildung einen genügend großen und breiten Topf bekommen und öfter umgesetzt werden. Für Hydrokultur sind sie besonders gut geeignet.

Chlorophytum comosum

Chrysanthemum

Chrysantheme

Eigentlich handelt es sich bei diesen Korbblütlern (Compositae) aus China und Japan nicht um Zimmer-, sondern um herbstblühende Gartenpflanzen. *Chrysanthemum-Indicum*-Hybriden (*Dendranthema-Grandiflorum*-Hybriden) gibt es jedoch auch als Topfpflanzen mit meist gefüllten Blüten in vielen Farben zu kaufen.
Im Zimmer sollten sie kühl, bei 15–18°C, und hell bis sonnig stehen. Man sorgt dafür, daß der Ballen nicht austrocknet und schneidet fortlaufend verwelkte Blüten und Triebe heraus. Nach dem Verblühen wirft man die Pflanzen weg, oder man versucht sein Glück und setzt sie an einen geschützten Gartenplatz, wo sie nach einem milden Winter wieder austreiben und im Herbst erneut blühen können. Wegen ihrer Frostunsicherheit ist das jedoch keineswegs sicher. Eine weitere Möglichkeit besteht darin, die abgeblühten Chrysanthemen bis auf kleine Stummel zurückzuschneiden, bei nur wenigen Graden kühl, dunkel und ziemlich trocken zu überwintern und den Austrieb des nächsten Jahres für die Stecklingsvermehrung zu verwenden.
Chrysanthemum-Indicum-Hybriden sind Kurztagpflanzen, die durchschnittlich 8–11 Wochen lang für die Blütenbildung und -entwicklung täglich nur 10 Stunden Licht haben dürfen. Andernfalls blühen sie wenig, verzögert, uneinheitlich oder gar nicht.

Chrysothemis

Chrysothemis, Sonnenglocke

Nur wenige Arten zählt diese Gattung aus der Familie der Gesneriengewächse (Gesneriaceae), von denen lediglich *Chrysothemis friedrichsthaliana* als Zimmerpflanze in Kultur genommen wurde. Alle stammen sie aus den südlichen USA und aus dem tropischen Mittelamerika. Die rauhen Blätter der Kleinstaude bekommen durch ihre dichte Behaarung einen bronzefarbenen Schimmer, die gelben Blüten sind von roten Kelchblättern umgeben.

STANDORT: hell, ohne direkte Sonne, kein Freilandaufenthalt
GIESSEN: immer leicht feucht halten
DÜNGEN: während der sommerlichen Vegetationszeit alle 14 Tage mit Blumendünger
VERMEHREN: durch Kopfstecklinge oder Teilung der überwinterten Knollen
HINWEIS: *Chrysothemis* wird bei uns nur einjährig kultiviert und im Frühjahr durch die frostfrei und trocken gelagerten Knollen wieder neu angezogen

Chrysothemis

Cissus rhombifolia

Chrysanthemum-Indicum-Hybride

Cissus

Klimme

Hauptsächlich in Kultur sind bei uns die beiden Arten *Cissus antarctica*, der Russische- oder Känguruhwein aus Australien, und *C. rhombifolia*, die Rauhblättrige- oder Königsklimme aus dem tropischen Amerika. Beides sind Kletterpflanzen aus der etwa 350 Arten zählenden *Cissus*-Gruppe der Weinrebengewächse (Vitaceae). Daneben gibt es eine Reihe sehr interessanter und attraktiver Arten wie *C. discolor* aus Java, die jedoch nur im Tropenfenster oder Warmhaus zu halten sind. Die gleich den beiden eingangs genannten Arten pflegeleichte *C. striata* aus Chile und Brasilien ist bei uns leider kaum erhältlich. Unter Berücksichtigung einiger, leicht erfüllbarer Ansprüche sind Känguruhwein und Königsklimme dekorative, rankende Grünpflanzen für alle nicht vollbesonnten Plätze in der Wohnung.

STANDORT: hell bis halbschattig, keine direkte Sonne, aber auch keine fensterlosen Zimmerecken; ganzjährig im Haus; im Winter nicht wesentlich unter 15 °C

GIESSEN: gleichmäßig leicht feucht halten, im Winter der Temperatur entsprechend weniger

DÜNGEN: von Frühjahr bis August wöchentlich mit Blumendünger

VERMEHREN: durch Kopfstecklinge im Frühsommer, am besten im warmen Vermehrungsbeet

HINWEIS: Von einem Freilandaufenthalt wird meist abgeraten. Er ist an einem windgeschützten Platz jedoch durchaus möglich, wenn die Pflanze bereits im Spätsommer wieder hereingeholt wird und ein krasser Temperaturwechsel damit entfällt. Blattfall oder Blattflecken können mehrere Ursachen haben: zuviel Nässe, zu kühler Stand, Zugluft, zu wenig Licht oder zu sonniger Platz. Beide hier genannten *Cissus*-Arten sind dankbare Hydrokulturpflanzen.

Citrus

Orangenbäumchen

Die reizenden kleinen, baumartigen Büsche mit den duftenden, weißen Blüten und gleichzeitig am Ast hängenden, gelben Miniapfelsinen werden unter der Bezeichnung Orangenbäumchen für teures Geld im Blumenhandel angeboten. Sie sind trotz des hohen Preises zu einer Art Modepflanze geworden, und auch gelegentliche Rückschläge oder Totalverluste können Liebhaber nicht von erneuten Kulturversuchen abhalten. Eine gesicherte Bestimmung der Abstammung all dieser kleinen Formen ist oft schwierig. Das spielt für den Zimmergärtner keine Rolle, dem es ja nur um die erfolgreiche Kultur dieser Rautengewächse (Rutaceae) mit fernöstlichem Ursprung geht. Hinsichtlich der besten Überwinterungstemperatur gibt es unterschiedliche Meinungen. Während früher für einen recht kühlen Stand mit Werten um 5 °C plädiert wurde, werden heute weitaus höhere Temperaturen empfohlen.

STANDORT: den Sommer über möglichst warm und sonnig im Freien; vor den ersten Frösten hereinholen und hell bei etwa 15–18 °C überwintern

GIESSEN: von Frühjahr bis Herbst reichlich, am besten mit abgestandenem oder Regenwasser; gelegentliches Übersprühen ist günstig; im Winter Vernässung unbedingt vermeiden, sie führt zusammen mit zu kühlem Stand unweigerlich zu Wurzelfäule und Blattfall

DÜNGEN: den Sommer über wöchentlich mit Blumendünger

VERMEHREN: durch Kopfstecklinge im Frühsommer im Anzuchtbeet bei Bodentemperaturen ab 25 °C; der Erfolg ist dennoch Glückssache

HINWEIS: Chlorotische Blattaufhellungen sind bei Citrus häufig und auf Eisenmangel in der Topferde zurückzuführen. Man kann dieser Erscheinung mit einem Spezialpräparat entgegenwirken. Es hat wenig Sinn, Zitronen- oder Apfelsinen aus Kernen gekaufter Früchte selber heranzuziehen. Was daraus entsteht, sind keine Zimmerpflanzen, sondern großwüchsige, sparrige Obstgehölze, die im geschlossenen Raum nicht kultiviert werden können, aber auch keinen Frost vertragen. Selbst unter günstigsten Bedingungen muß man jahrelang auf die Blüte warten, und die Fruchtqualität ist ungewiß.

Cissus antarctica

Citrus

Clerodendrum

Losbaum

Über 400 Arten des meist im tropischen und subtropischen Asien und Afrika beheimateten Verbenengewächses (Verbenaceae) sind bekannt. Als Zimmerpflanze interessant ist vor allem *Clerodendrum thomsoniae*, ein Kletterstrauch aus dem westlichen Afrika. Chemische Hemmstoffe haben die am natürlichen Standort über 4 m langen Ranken auf Zimmerformat getrimmt. Die kurzlebigen Blüten selbst sind leuchtendrot, umgeben von cremeweißen Kelchblättern, die lange halten. Wer sich einen Losbaum aufs Fensterbrett stellt, sollte das damit verbundene Risiko einkalkulieren: Dauerhaften Erfolg wird man mit dieser Wärme und Feuchtigkeit liebenden Pflanze nur im Tropenfenster haben. Neuerdings wird auch die blau blühende *C. ugandense* angeboten.

STANDORT: hell und warm, im Winter auch sonnig; winterliche Ruhezeit bei 10–12°C und hellem Stand; die Bodentemperatur darf nicht unter die Raumtemperatur absinken; Laubfall in der Ruhezeit ist nicht ungewöhnlich
GIESSEN: ohne Nässe gleichmäßig feucht halten, in der Ruheperiode nur sparsam gießen
DÜNGEN: den Sommer über alle 2 Wochen mit Blumendünger
VERMEHREN: durch Kopfstecklinge im Frühsommer unter Verdunstungsschutz; Jungpflanzen stutzen
HINWEIS: *Clerodendrum* sollte wegen des hohen Bedarfs an Luftfeuchtigkeit mitsamt dem Topf in feuchten Torf oder Tongranulat eingesenkt und täglich übersprüht werden.

Cleyera

Sperrstrauch

Nur mit der Sorte 'Tricolor' ist *Cleyera japonica* aus Ostasien, eine von 16 Arten dieses Teegewächses (Theaceae), in unserem Zimmerpflanzensortiment vertreten. Alle anderen Arten stammen aus Süd- und Mittelamerika. Es handelt sich um einen immergrünen Strauch, dessen Zuchtform mit den grünweiß gestreiften Blättern eine interessante Variante in die Fülle der Blattschmuckgewächse bringt.

STANDORT: hell bis halbschattig, im Sommer sehr gut im Freien zu halten, bei Zimmerkultur viel Frischluft; in der winterlichen Ruheperiode bei 10–12°C kühl stellen
GIESSEN: mit enthärtetem, handwarmem Wasser den Sommer über gleichbleibend feucht halten, im Winter gerade Ballentrokkenheit vermeiden
DÜNGEN: von Frühjahr bis August alle 2 Wochen mit Blumendünger in halber Konzentration oder mit Azaleen- beziehungsweise Hydrodünger
VERMEHREN: unter Verdunstungsschutz durch Kopfstecklinge im Frühsommer; Jungpflanzen stutzen

Clerodendrum thomsoniae

Cleyera japonica

Clivia

Klivie, Riemenblatt

Nur 3 Arten zählen die aus Südafrika stammenden Amaryllisgewächse (Amaryllidaceae), von denen lediglich *Clivia miniata* als Topfpflanze Bedeutung hat. Die Beliebtheit der bei richtiger Pflege jedes Jahr erneut orangerot bis rot blühenden „Großmutterpflanze" ist nach wie vor ungebrochen. Wenn es dennoch immer wieder Rückschläge gibt, die Blüten vor dem Öffnen steckenbleiben, ist das auf einen entscheidenden Kulturfehler zurückzuführen: Diese Frühjahrsblüher benötigen im Winter eine zwei- bis dreimonatige Ruhezeit, während der sie unbedingt kühl stehen müssen. Samenstände sollten entfernt und ein Standortwechsel vermieden werden. Eine Lichtmarke ist empfehlenswert.

STANDORT: ganzjährig hell, doch keine pralle Mittagssonne, im Sommer auch beschatteter Freilandaufenthalt; von November bis etwa Januar bei 8–12°C kühl stellen; beim Erscheinen des Blütenschafts wieder Zimmertemperatur
GIESSEN: stets mäßig feucht, während der Ruhemonate fast trocken halten; Staunässe unbedingt vermeiden; Erde zwischen den Gießvorgängen oberflächig abtrocknen lassen
DÜNGEN: von Februar bis September/Oktober wöchentlich mit Blumendünger
VERMEHREN: durch vorsichtiges Abtrennen der Kindel
HINWEIS: Die dickfleischigen Wurzeln des sogenannten Zwiebelstamms vertragen keine Dauervernässung (Fäulnis). Wenn die Wurzeln die ganze Pflanze aus dem Topf zu drücken beginnen, muß in ein größeres Gefäß umgesetzt werden. In Hydrokultur haben sich Klivien gut bewährt.

Clusia

Balsamapfel

Aus der Familie der Guttibaumgewächse (Guttiferae) ist bei uns außer *Clusia* nur noch die Gattung *Hypericum*, das Johanniskraut, in Kultur. Und von den etwa 150 *Clusia*-Arten wiederum kennen wir als Zimmerpflanze nur *C. rosea*, die wie die meisten anderen in den südlichen USA und in Mittelamerika beheimatet ist. Im Sortiment ist sie ziemlich neu, aber nicht mehr selten. Möglicherweise weckt die Ähnlichkeit mit dem Gummibaum das Interesse vieler Zimmerpflanzenfreunde. Selten in Kultur zu finden sind die buntblättrigen Sorten 'Marginata' und 'Aureo-Variegata'. Recht interessant ist die Lebensweise dieser immergrünen Bäume oder Sträucher, die an ihren natürlichen Standorten bis zu 25 m hoch werden können. Dort wachsen sie nämlich zunächst meist epiphytisch in den Astgabeln großer Bäume, bis die Wurzeln den Erdboden erreicht haben und *Clusia* auf der üblichen Weise Wasser und Nährstoffe zuführen.

STANDORT: möglichst hell, doch nicht sonnig, entsprechender Freilandaufenthalt im Sommer wird gut vertragen; Temperaturen im Winter nicht wesentlich unter 20°C
GIESSEN: immer mäßig feucht halten; gelegentlich übersprühen, da Luftfeuchtigkeit sich günstig auswirkt
DÜNGEN: durchgehend alle 2 Wochen mit Blumendünger in halber Konzentration
VERMEHREN: durch Kopfstecklinge im Frühjahr und Sommer bei hoher Bodentemperatur um 25°C im Vermehrungsbeet oder unter Folienschutz
HINWEIS: *Clusia* ist eine ansehnliche Zierpflanze mit bis zu 20 cm langen und fast ebenso breiten, sattgrünen, ledrigen Blättern. Die großen, rosafarbenen Blüten können gelegentlich auch bei Zimmerkultur erwartet werden. Mit Hydrokultur sollen positive Erfahrungen gemacht worden sein.

Clivia

Clusia rosea

Coccoloba

Coccoloba

Seetraube

Auch hierbei handelt es sich um eine Grünpflanze mit 20 cm langen, breiten, ledrigen Blättern. Die etwa 150 Arten der Gattung aus der Familie der Knöterichgewächse (Polygonaceae) stammen aus dem tropischen Mittel- und Südamerika, wo sie als Bäume und Sträucher vorkommen. Bei guter Pflege können sie in Kultur schon bald mehr Platz beanspruchen als ihnen auf dem Fensterbrett zur Verfügung steht. Das gilt besonders für *Coccoloba pubescens*, während *C. uvifera*, die Seetraube, etwas kleiner bleibt.

STANDORT: möglichst hell, doch nicht sonnig; ganzjährig warm, Temperaturen auch im Winter nicht unter 15°C
GIESSEN: vor allem im Sommer reichlich, da die großen Blätter viel Feuchtigkeit verdunsten

DÜNGEN: den Sommer über wöchentlich, im Winter monatlich mit Blumendünger
VERMEHREN: durch Kopfstecklinge, jedoch auch bei hoher Bodenwärme ab 25°C ungewiß

Codiaeum

Kroton, Wunderstrauch

Nur eine einzige Art dieses Wolfsmilchgewächses (Euphorbiaceae) aus Südostasien ist bei uns in Kultur: *Codiaeum variegatum var. pictum* mit panaschierten, rötlichen oder rotgrünen Blättern der unterschiedlichsten Form: schmal und spitz zulaufend, gelappt oder in sich gedreht. Manchmal trägt ein und dieselbe Pflanze verschiedenfarbiges Laub, weil sich die endgültige Färbung erst mit zunehmendem Alter einstellt. Von seiner früheren Bezeichnung *Croton variegatus* abgeleitet, hat der immergrüne Strauch den deutschen Namen Kroton beibehalten. Die manchmal auch in Zimmerkultur erscheinenden Blüten sind unscheinbar.

Codiaeum variegatum

Auf dem Fensterbrett im Wohnraum ist die Haltung des Wunderstrauchs immer noch mit einem gewissen Risiko verbunden, weil nur neuere Züchtungen mit diesen ungünstigen Bedingungen einigermaßen fertig werden. Ursprünglich war das feuchte Luft liebende Codiaeum eine reine Warmhauspflanze, für das Blumenfenster wegen ihrer Größe meist ungeeignet.

STANDORT: unbedingt hell stellen, weil sonst die Farben der Blätter verblassen, doch vor direkter Sonne schützen; Wintertemperaturen ziemlich genau zwischen 16 und 18°C, die Bodenwärme sollte der Raumtemperatur entsprechen; keine Zugluft, kein Freilandaufenthalt
GIESSEN: den Sommer über gleichmäßig feucht halten, ab September bis zum Frühjahr nur sparsam gießen; möglichst hohe Luftfeuchtigkeit durch häufiges Übersprühen schaffen
DÜNGEN: von März bis August wöchentlich, während des Winters höchstens monatlich mit Blumendünger
VERMEHREN: am sichersten durch Abmoosen; Stecklinge bewurzeln auch bei hoher Bodenwärme ab 25°C nicht zuverlässig
HINWEIS: Man kultiviert *Codiaeum* am besten in Wannen mit stets feuchtem Torf oder Tongranulat, auf keinen Fall aber in Heizungsnähe. Das führt zu Verkahlung und Schädlingsbefall (Rote Spinne, Schildläuse). Für Hydrokultur gut geeignet.

Coffea

Kaffeestrauch

Nordafrika und Arabien sind die Heimat des Krappgewächses (Rubiaceae); von den 50 oder 60 Arten der Gattung *Coffea* wird nur *C. arabica* als Zimmerpflanze hier und da im Blumenhandel angeboten. Das Reizvollste an diesem als Nutzpflanze so bedeutsamen Strauch, nämlich die duftenden, weißen Sternblüten, vor allem aber die kirschenähnlichen, leuchtend roten Früchte, wird der Liebhabergärtner kaum zu Gesicht bekommen. Sie erscheinen erst an älteren Exemplaren, und dann sind die Pflanzen für das Fensterbrett schon zu groß geworden. So bleiben als Schmuck nur die glänzend grünen Blätter.

STANDORT: hell, keine Sonne, außer im Winter; Temperatur dann etwas niedriger, etwa bei 16–18°C mit gleichmäßig hoher Bodenwärme; kein Freilandaufenthalt
GIESSEN: den Sommer über gut feucht halten, enthärtetes Wasser verwenden, auch zum Übersprühen; im Winter mit zimmerwarmem Wasser sparsamer gießen
DÜNGEN: nur im Sommer wöchentlich mit Blumendünger
VERMEHREN: durch Aussaat frischer (ungerösteter!) Kaffeebohnen bei 25°C Bodentemperatur; auch mit Kopfstecklingen kann man Erfolg haben

Coleus

Buntnessel

Das tropische Asien und Afrika sind die Heimat der etwa 150 Arten dieses Lippenblütlers (Labiatae). Die Kulturformen mit den farbenfrohen, in den verschiedensten Varianten gezeichneten Blättern sind als *Coleus-Blumei*-Hybriden bekannt und werden im breiten Spektrum ihrer Farben von keinem anderen Topfgewächs übertroffen. Auch als Beetrandbepflanzung im Garten sind die Hybriden attraktiv, wachsen dort jedoch nur einjährig. Unter Berücksichtigung einiger leicht erfüllbarer Sonderwünsche ist die Buntnessel eine dankbare und schöne Pflanze für Fensterbrett, Balkon und Terrasse.

STANDORT: vollsonnig, damit die Blätter nicht vergrünen; nur bei praller Mittagssonne hinter der Scheibe eines Südfensters etwas schattieren; da im Winter die Lichtausbeute zurückgeht, in dieser Zeit kühler (etwa 10°C) stellen
GIESSEN: den Sommer über reichlich, auch besprühen, im Winter entsprechend der Temperatur sparsamer
DÜNGEN: von Frühjahr bis Herbst wöchentlich, möglichst mit kalkarmem Blumendünger; im Winter monatlich
VERMEHREN: durch Samen im Frühjahr einfach und reizvoll, da überraschende Farbkombinationen zu erwarten sind; auch Stecklingsvermehrung bereitet keine Probleme; Jungpflanzen stutzen, damit sie buschig wachsen
HINWEIS: Da die Buntnessel zu sparrigem Wuchs und Verkahlen neigt, sollte die Pflanze immer wieder entspitzt werden. Jährlicher Zukauf oder Selbstanzucht von Jungpflanzen sind besser als die Weiterkultur älterer Exemplare, die trotz Schnitt unansehnlich werden. Buntnesseln gedeihen gut in Hydrokultur.

Coffea arabica

Coleus-Blumei-Hybride

Columnea

Kolumnee

Man zählt diese Gesneriengewächse (Gesneriaceae)
aus den tropischen Urwäl-
dern Mittel- und Südamerikas wohl zu Recht zu den
am schönsten und reichs-
ten blühenden Ampelpflan-
zen. In Kultur sind einige
Sorten sowie eine Anzahl
Hybriden der weit über 100
Arten zählenden Gattung,
unter denen nach wie vor
die bekannte Sorte 'Stavan-
ger' Spitzenreiter sein
dürfte. Auffällig an diesen
Epiphyten mit den lang
herabhängenden Trieben
sind die roten oder orange-
bis gelbroten Röhrenblüten,
die dicht bei dicht in den
Achseln der meist sehr kleinen, länglichen oder eiförmigen Blätter sitzen. Neuerdings gibt es auch Sorten
mit buntem Laub wie
Columnea microphylla
'Hostag' aus Costa Rica.
Moderne Züchtungen, die
im Blumenhandel jedoch
kaum als solche kenntlich
gemacht werden, sollen etwas unempfindlicher gegen
Lufttrockenheit sein.

STANDORT: hell bis halbschattig, keine direkte Sonne, keine Zugluft und kein
Freilandaufenthalt; zur An-
legung der Blütenknospen
sind 6–8 Wochen 12–15 °C
notwendig; sobald sie gut
erkennbar sind, in einen
wärmeren Raum mit
20 °C bringen, hier
gehen die Knospen
schnell auf
GIESSEN: mit enthärtetem,
handwarmem Wasser ohne
Vernässung stets feucht
halten
DÜNGEN: von Frühjahr bis
Herbst wöchentlich mit
Blumendünger, wenn
möglich kalkarm
VERMEHREN: durch Kopf-
und Triebstecklinge bei
25 °C Bodentemperatur
im Vermehrungsbeet
HINWEIS: Am schön-
sten und sichersten
blüht die Kolumnee im
geschlossenen Blumen-
fenster. Für Hydrokultur ist
sie gut geeignet.

Columnea-Hybride

Conophytum

Blühende Steine

Zählt diese Sukkulente aus
Südafrika nun 300 oder
400 Arten? So genau scheinen es die Botaniker nicht
zu wissen, denn die Anga-
ben sind widersprüchlich.
Überhaupt weicht dieses
hochsukkulente Mittagsblu-
mengewächs (Aizoaceae)
in seinem Lebensrhythmus
etwas von dem der meisten
anderen Zimmerpflanzen
ab: Die Wachstums- und
Blütezeit fällt in den Herbst
und Winter, während vom
Frühjahr bis in den Hoch-
sommer Ruhe verlangt und
dieser Wunsch auch de-
monstriert wird. Die prallen
runden oder länglichen
Pflanzenkörper (Blätter)
werden in dieser Zeit run-
zelig und schrumpfen ein.
Mit dem anschließenden
Aufplatzen der dünnen
Haut erscheinen dann neue
Blätter, und die weiße, rote
oder gelbe Blüte entfaltet
sich. Auf diese Eigenart
muß man bei der Pflege
Rücksicht nehmen.

STANDORT: hell, auch sonnig außer praller Mittagssonne hinter Glas; Tempe-
raturen während der
winterlichen Wachstums-
zeit mäßig warm um
18 °C, nicht unter 15 °C

Blüte von Conophytum

GIESSEN: verlangt wie bei
allen Mittagsblumenge-
wächsen Fingerspitzenge-
fühl; ab Ruhezeitbeginn im
Februar das Gießen lang-
sam verringern und dann
völlig einstellen; erst wenn
neues Wachstum im Juli/
August einsetzt, wieder vorsichtig Wasser geben, da-
zwischen die Erde immer
wieder abtrocknen lassen
DÜNGEN: nicht notwendig,
allenfalls im Winter ein-,
zweimal mit Kakteen-
dünger
VERMEHREN: durch Samen
oder Stecklinge, indem einzelne Pflanzenkörperchen
vorsichtig abgetrennt
werden

Conophytum

Cordyline

Keulenlilie

Daß diese aus dem tropischen und subtropischen Indien und Neuseeland stammende und dort bisweilen als hoher Baum oder Großbusch vorkommende Pflanze früher zur Lilienfamilie zählte, wird an ihrem deutschen Namen deutlich. Heute gehört sie wie die Drazänen zu den Agavengewächsen (Agavaceae). Die Ähnlichkeit mit Drazänen hat dazu geführt, daß manch ein Pflanzenfreund statt einer vermeintlichen *Cordyline* tatsächlich einen Drachenbaum in Pflege hat. Unterscheidungsmerkmale können die Wurzeln sein, die bei der Keulenlilie weiß und knollig, bei Drazänen gelborange und glatt sind. Angeboten werden vor allem Sorten von *Cordyline fruticosa*, bekannter unter der alten Bezeichnung *C. terminalis*, und hier wieder die kleiner bleibende Sorte 'Red Edge'. Keulenlilien wirken durch ihre je nach Sorte unterschiedlichen Blattzeichnungen. Auch die

Form des Laubs weist starke Unterschiede auf, bei *C. fruticosa* sind die Blätter langstielig und erkennbar geadert.

STANDORT: hell, ohne direkte Sonne; besonders *C. fruticosa* ist hier empfindlich; ganzjährig Wohnwärme, im Winter nicht unter 18°C; nur Zimmerkultur und Schutz vor Zugluft
GIESSEN: stets gut feucht halten, jedoch nicht vernässen; zum Gedeihen braucht die Pflanze hohe Luftfeuchtigkeit
DÜNGEN: von Frühjahr bis Herbst wöchentlich, im Winter monatlich mit Blumendünger
HINWEIS: Es gibt eine ganze Reihe von Sorten, die als Kübelpflanzen kultiviert werden können. Hierzu gehören unter anderem *C. australis* (sehr groß werdend), *C. stricta* und *C. indivisa*. *C. fruticosa* ist eine dankbare Hydropflanze. Bei Erdkultur sollte man sie mitsamt Topf in ein feuchtes Substrat einfüttern oder, noch besser, im Blumenfenster unterbringen.

Corokia

Corokia

Zickzackstrauch

Als Topfpflanze ist dieses Gehölz aus Neuseeland bei uns kaum bekannt. Sein deutscher Name wird von den unregelmäßig wachsenden Zweigen abgeleitet. Die kleinen Blätter sind unterseits weiß behaart, die gelben Blüten nicht sonderlich beeindruckend. Da es sich um ein strauchartiges Gewächs handelt, sollten die Triebe im zeitigen Frühjahr etwas eingekürzt werden. Botanisch gehört die kleine Gattung in die Familie der Steinbrechgewächse (Saxifragaceae).

STANDORT: hell, sonnig bis halbschattig, im Sommer auch im Freien; Wintertemperaturen 5–15°C
GIESSEN: im Sommer mäßig feucht halten, während des Winters gerade Ballentrockenheit vermeiden
DÜNGEN: von Frühjahr bis Herbst alle 2 Wochen mit Blumendünger, im Winter nur gelegentlich
VERMEHREN: im Sommer durch Kopfstecklinge unter Verdunstungsschutz

Cordyline fruticosa

Cordyline

Cotyledon

Cotyledon

Die an kleinen, verzweigten oder unverzweigten Stämmen sitzenden, mit einem weißen Wachsüberzug geschmückten, rosettenartigen Blätter sind dickfleischig und zeigen die Sukkulenz dieser etwa 40 Arten zählenden Dickblattgewächse (Crassulaceae) aus Südafrika deutlich an. An älteren Exemplaren erscheinen bisweilen auch rötlichgelbe Glockenblüten zu mehreren an langen Stielen.

STANDORT: vollsonnig, luftig, im Sommer auch draußen; im Winter etwas kühler halten, um 18°C; nicht unter 10°C; bei viel Licht wird auch Wohnwärme vertragen
GIESSEN: ganzjährig sehr zurückhaltend ohne Dauerfeuchte; im Winter fast trocken halten, außer bei warmem Stand
DÜNGEN: nur den Sommer über monatlich mit Kakteendünger

Cotyledon orbiculata

VERMEHREN: im Frühjahr und Sommer durch Kopfstecklinge nach Antrocknen der Schnittfläche
HINWEIS: Wie fast alle Kakteen und andere Sukkulenten ist auch *Cotyledon* eine dankbare Hydropflanze.

Crassula

Dickblatt

Unter den etwa 300 *Crassula*-Arten aus der Familie der Dickblattgewächse (Crassulaceae) mit Heimat Südafrika steht an erster Stelle der Zimmerpflanzen *Crassula arborescens*, die Deutsche Eiche. Sie ist auch als Geldbaum, Judasbaum und Elefantenbaum bekannt. Es handelt sich wie bei allen Crassulaceen um eine sukkulente Pflanze mit tropfenförmigen bis eirunden, dickfleischigen, glänzend grünen Blättern. Durch ihren baumartigen Stamm und die vielen, ebenfalls sukkulenten „Verzweigungen" sieht Crassula arborescens tatsächlich wie die Nachbildung eines Gehölzes aus. Sie kann auch in Zimmerkultur über 1 m hoch werden und erreicht ein beträchtliches Gewicht, was der Standfestigkeit im Topf nicht immer zum Vorteil gereicht. Wie die meisten ihrer Gattung ist die Deutsche Eiche eine äußerst dankbare, pflegeleichte Zimmerpflanze, die in seltenen Fällen sogar kleine weiße bis rosa Blüten ansetzt.

STANDORT: ganzjährig sehr hell bis vollsonnig, viel Frischluft; im Sommer Freilandaufenthalt; Winterstandort kühl, 6–10°C; höhere Temperatur am hellen Standort wird aber auch im Winter vertragen
GIESSEN: nur sehr sparsam, im Winter bei niedriger Temperatur fast trocken halten
DÜNGEN: nur den Sommer über monatlich mit Blumendünger
VERMEHREN: je nach Art durch Blatt- oder Kopfstecklinge nach Antrocknen der Schnittfläche
HINWEIS: Das Dickblatt ist bei großem Gefäß für Hydrokultur geeignet.

Weitere Arten:
C. coccinea: Blätter dachziegelartig übereinander liegend; rote Blütendolden im Frühsommer
C. muscosa (syn. C. lycopodioides): Blättchen liegen an dünnen, langen Trieben schuppenartig übereinander
C. perfoliata var. falcata: sicher und reichblühend mit leuchtend roten oder orangeroten Blütenständen
C. schmidtii: kleinbleibend; dunkelrote Blütenstände

Crassula rupestris

Crassula arborescens

Crassula muscosa

Crossandra infundibuliformis

Crossandra
Crossandre

Mit der Sorte 'Mona Wallhed' eines schwedischen Züchters wurde das bis dahin als schwierig geltende Akanthusgewächs (Acanthaceae) aus Ceylon und Indien salonfähig.
Von den etwa 50 Arten ist nur *Crossandra infundibuliformis* in Kultur, erfreut sich aber steigender Beliebtheit. Das mag nicht zuletzt an der langen Blütezeit liegen, die bei richtiger Pflege fast das ganze Jahr über – mit einer kurzen Ruhepause im Winter – anhält. Die lachsfarbenen, röhrenförmigen Blüten entspringen zu mehreren etwa 15 cm langen, behaarten Ähren.

STANDORT: hell bis halbschattig, im Sommer nicht vollsonnig; kein Freilandaufenthalt; im Winter nicht unter 18°C mit ebensolcher Bodentemperatur

GIESSEN: in der Ruhezeit nur sehr sparsam, sonst reichlich mit zimmerwarmem, enthärtetem Wasser indirekt sprühen; Blätter und Blüten sollen nicht benetzt werden
DÜNGEN: nur während der sommerlichen Hauptwachstumszeit alle 2 Wochen mit Blumendünger
VERMEHREN: im Frühjahr und Sommer durch Kopfstecklinge; junge Pflanzen mehrmals stutzen
HINWEIS: *Crossandra* ist gut in Hydrokultur zu halten. Als Erdpflanze füttert man den Topf am besten in feuchtes Substrat ein.

Ctenanthe
Ctenanthe

Etwa 10 Arten zählt dieses mit *Calathea, Stromanthe* und *Maranta* verwandte Marantengewächs (Marantaceae) aus den tropischen Regenwäldern Brasiliens. In botanischen Gärten kann man einige besonders schöne Arten bewundern, für den Zimmergärtner kommen nur *Ctenanthe oppenheimiana* und *C. lubbersiana* mit einigen für den Laien unwichtigen Sorten in Frage. Die bis zu 40 cm langen, spitz oder rundlich endenden Blätter sind unterseits wie bei *C. oppenheimiana* rot gefärbt, auf der Oberseite unregelmäßig weiß bis gelb gefleckt oder gestreift und sitzen an langen Stielen. Ctenanthen können – wie viele andere Arten der Gattung – recht groß (bis zu 80 cm) und breit werden.

STANDORT: ganzjährig warm, hell bis halbschattig im Zimmer; auch im Winter nicht unter 18°C; Vorsicht vor Bodenabkühlung
GIESSEN: mit enthärtetem, handwarmem Wasser stets gleichmäßig feucht halten und häufig

einnebeln; hohe Luftfeuchtigkeit ist Voraussetzung für gutes Gedeihen
DÜNGEN: nur von Frühjahr bis Spätsommer mit Blumendünger in halber Konzentration
VERMEHREN: durch Kopfstecklinge oder Abtrennen von Blattschöpfen im Frühjahr bei hoher Bodentemperatur ab 25°C im Vermehrungsbeet oder durch Teilung größerer Stöcke
HINWEIS: Wenn kein Tropenfenster zur Verfügung steht, sind alle Marantengewächse wegen der erforderlichen hohen Luftfeuchtigkeit am besten in einen Behälter mit feuchtem Substrat einzusenken. Die Erde sollte sehr humos und durchlässig sein.

Ctenanthe oppenheimiana

Ctenanthe lubbersiana

Cupressus

Zimmerzypresse

Wenn man die bizarre kalifornische Ursprungsform der gärtnerischen Weiterentwicklung *Cupressus macrocarpa* 'Goldcrest' kennt, ist zwischen beiden keinerlei Ähnlichkeit im Habitus festzustellen. Die goldgelbe Benadelung der Zimmerzypresse weicht mit zunehmendem Alter reinem Grün, so daß der mittelgroße Baum damit viel von seinem Reiz verliert. Weil das Gehölz ziemlich schnellwüchsig ist, wird man es ohnedies nur kurze

Zeit im Zimmer unterbringen können und später als Kübelpflanze weiterkultivieren. Über den Wert von *C. macrocarpa* 'Goldcrest' als Topfgewächs kann man also geteilter Meinung sein.

STANDORT: von Frühjahr bis Herbst im Freien, leichte Minusgrade werden kurzfristig vertragen; volle Sonne ist zu meiden; im Winter hell und kühl, zwischen 5 und 10°C; bei genügend Licht wird auch mehr Wärme vertragen
GIESSEN: gleichmäßig leicht feucht halten; im Winter der Temperatur entsprechend sparsamer gießen
DÜNGEN: während des Sommers von Zeit zu Zeit mit etwas Blumendünger versorgen
VERMEHREN: durch Kopfstecklinge im Sommer möglich, was jedoch nicht immer gelingt

Cycas

Palmfarn

Es handelt sich hierbei um die aus grauer Vorzeit übriggebliebene kleine Gattung der Palmfarngewächse (Cycadaceae), von der nur *Cycas revoluta* als seltene Zimmerpflanze hier und da im Blumenhandel auftaucht. Die Merkmale von Palmen und Farnen sind bereits im deutschen Namen enthalten, doch überwiegen die Eigenschaften, die *Cycas* mit den Farnen gemeinsam hat. Der äußerst langsam wachsende Palmfarn aus Südostasien – pro Jahr ist höchstens mit 1 Blatt Zuwachs zu rechnen – erreicht im Alter beachtliche Ausmaße, die ihn zu einer ansehnlichen Pflanze botanischer Gärten machen.

STANDORT: hell, sonnig, luftig, keine Prallsonne; im Winter bei Zimmertemperatur gleichfalls sehr hell, jedoch nicht unter 15°C
GIESSEN: durchgehend mäßig feucht halten, Nässe vermeiden und bei kühlem Winteraufenthalt besonders vorsichtig gießen
DÜNGEN: den Sommer über monatlich mit organischem Dünger, zum Beispiel in Wasser aufgelöstem Trockenrinderdung (sofern erhältlich), andernfalls Blumendünger nur in halber Konzentration
VERMEHREN: nur in gärtnerischer Kultur durch Aussaat möglich

Cupressus macrocarpa 'Goldcrest'   *Cycas revoluta*

Cyclamen

Alpenveilchen

Heimat dieses Primelgewächses (Primulaceae) sind nicht die Alpen, sondern Höhenzüge im östlichen Mittelmeergebiet (Libanon, Palästina, Türkei, Zypern). Im Lauf der Zeit wurden aus der kleinblütigen Wildform wahre Prachtexemplare entwickelt, mit dichtem, auf langen Stielen hoch über dem teilweise hübsch marmorierten Laub sich erhebendem Blütenstand. Die Farben reichen von reinem Weiß über alle Rosatönungen bis hin zu leuchtendem Rot und Violett. In letzter Zeit gewinnen auch die den zierlichen Wildformen ähnlichen „Minicyclamen" zunehmend Bedeutung, die den Pflanzenliebhaber begeistern. Viel zu wenig wird bedacht, daß sich *Cyclamen persicum* ohne große Mühe nach der Blüte weiterkultivieren läßt, also keineswegs zu den sogenannten Wegwerfpflanzen gehören muß. Das große Problem ist die Zurschaustellung blühender Pflanzen im Winter, da sie ihren Flor nur behalten, wenn sie kühl stehen können. An Plätzen also, wo man sie während der kalten Jahreszeit nur sporadisch zu Gesicht bekommt.

STANDORT: hell, nicht prallsonnig; während der winterlichen Blüte bei 12–15° C, doch nicht unter 10°C; abgeblühte Pflanzen normal bei 16–18°C weiterpflegen, Laub nicht entfernen; nach den Eisheiligen halbschattig in den Garten stellen; Düngen nicht vergessen; vor den ersten Frösten ins Haus holen

Cyclamen persicum

GIESSEN: mit zimmerwarmem, kalkarmem Wasser gleichmäßig feucht halten, auch übersprühen; Vernässung führt zu Knollenfäule, deshalb besser über den Untersetzer gießen und überschüssiges Wasser nach einiger Zeit wegschütten; auch übersommernde Pflanzen in dieser Weise weiterpflegen

DÜNGEN: bei Weiterkultur ganzjährig wöchentlich mit Blumendünger

VERMEHREN: durch im Fachhandel erhältlichen Samen bei 18–20°C ab September; die Körner müssen 0,5–1,0 cm mit Erde bedeckt sein (Dunkelkeimer); Aussaatgefäß bis zum Aufgehen der Sämlinge (nach 25–30 Tagen) zusätzlich mit Zeitungspapier zudecken

HINWEIS: Es ist wichtig, abgeblühtes und welkes Laub regelmäßig auszuzupfen, nicht abzuschneiden; Umtopfen der Knolle im Abstand von 1 oder 2 Jahren nach der Blüte in frische, humose Erde; die Knolle soll dabei nicht völlig bedeckt sein.

Cyperus

Zypergras

Die Ried- oder Sauergräser sind mit etwa 600 Arten in allen tropischen, subtropischen und gemäßigten Zonen der Erde anzutreffen, wie unsere bekannte Zimmer- oder Gartenteichpflanze *Cyperus alternifolius (C. involucratus)* meist als Bewohner feuchter Uferbereiche. *C. alternifolius* aus Madagaskar wird über 1 m groß, an der Spitze der Halme befinden sich die schirmartigen Blätter mit den bräunlichen, unauffälligen Blüten in der Mitte. Mit 30 cm wesentlich kleiner bleibt *C. gracilis*, das Zwergzypergras, während *C. albostriatus* breitere Schopfblätter hat und nicht ständig im Wasser stehen darf. Seit einiger Zeit taucht im Fachhandel immer mal wieder auch die echte Papyrusstaude auf, *Cyperus papyrus*, von der sogar Samen angeboten werden. Die Pflanze erreicht bei uns eine Höhe von 2–3 m und sieht mit ihrem Blattschopf aus haarfeinen, bogig herabhängenden Blättern außerordentlich attraktiv und exotisch aus.

STANDORT: halbschattig oder sonnig, im Sommer mit viel Frischluft am besten im Freien (*C. albostriatus* nur in Zimmerkultur); im Winter wird übliche Wohnwärme akzeptiert, aber kühler Stand ist ihnen lieber; Temperaturen unter 10°C werden auf Dauer nicht vertragen

GIESSEN: ständig sehr feucht bis naß halten, Wasser im Untersatz ist günstig; im Zimmer empfiehlt sich gelegentliches Übersprühen

DÜNGEN: im Sommer wöchentlich mit Blumendünger; bei hellem, warmem Winterstandort können gelegentlich Nährstoffe gegeben werden

VERMEHREN: durch Teilung oder Abschneiden der Schirme mit einem kurzen Stück Stiel; Blätterkranz ringsum mit der Schere etwas einkürzen und den Schopf in Wasser oder feuchten Sand legen

HINWEIS: Zypergras ist eine ideale Hydropflanze.

Cyperus alternifolius

Cytisus
Geißklee

Die zu den Hülsenfrüchten (Leguminosae) gehörende Hybride *Cytisus x racemosus* ist mit ihren leuchtend gelben Schmetterlingsblüten an langen Trauben ein reizender Frühjahrsblüher (März und April). Da die Pflanze den Sommer über ohnedies am besten im Freien aufgehoben ist und im Lauf der Jahre ein beachtlicher Busch werden kann, sollte sie eigentlich einen Platz im Kübel erhalten. Besonders gut macht sie sich dort als Hochstämmchen.

STANDORT: hell und sonnig, sehr luftig; am besten bis Frosteintritt draußen; Winterstandort hell, luftig, kühl bei Temperatur von 6–10°C

GIESSEN: gleichmäßig feucht halten, Leitungswasser verwenden, da kalkliebend; im Winter nur sehr sparsam gießen
DÜNGEN: den Sommer über alle 2 Wochen mit Blumendünger, im Winter nur gelegentlich
VERMEHREN: durch nicht völlig verholzte Stecklinge im Sommer; Jungpflanzen stutzen
HINWEIS: *Cytisus* sollte nach der Blüte regelmäßig zurückgeschnitten werden, damit der Strauch nicht verkahlt.

Blüte von Cytisus x racemosus

Darlingtonia californica

Darlingtonia
Kobrapflanze

Dieser kalifornische Sumpfbewohner mit der einzigen Art *Darlingtonia californica* aus der Familie der Schlauchpflanzengewächse (Sarraceniaceae) gehört zu den Karnivoren oder fleischfressenden Pflanzen. Die zu Fangfallen umgebildeten Blätter erinnern tatsächlich an eine angriffsbereite Kobra mit geblähtem Nackenschild. Duftstoffe locken Insekten an, für die es aus der Kesselfalle kein Entrinnen gibt. Die Tierkörper werden durch Verdauungssäfte aufgelöst und die freiwerdenden Nährstoffe für die Pflanze verfügbar gemacht. Allerdings handelt es sich nur um eine Art Zusatzkost zu der Nahrungsaufnahme über die Wurzeln. Sehr reizvoll sind die gelblichen oder braunroten Blüten, die auf langen Stielen im Juni erscheinen. Trotz züchterischer Bemühungen, die Pflanzen zimmerfreundlicher zu machen, ist die Topfkultur nach wie vor nicht ganz einfach. Am besten sind Kobrapflanzen in einem extra für sie hergerichteten Frühbeetkasten aufgehoben, den man mit Styropor, Moospolstern und einer Laubanschüttung gegen winterliche Fröste schützt. Dunkelheit während dieser Ruhezeit schadet nicht. Als Pflanzsubstrat für *Darlingtonia californica* hat sich gewöhnlicher Torf bewährt.

STANDORT: hell bis sonnig, keine Prallsonne im Sommer, viel Frischluft; im Winter kühl, gerade frostfrei
GIESSEN: als Moor- und Sumpfpflanzen immer sehr feucht halten, am besten mitsamt dem Kulturtopf in feuchten Torf einfüttern oder erhöht in eine Schale mit Wasser stellen, häufig übersprühen; nur voll enthärtetes Wasser verwenden, während der Ruhezeit kaum noch gießen
VERMEHREN: durch Aussaat möglich, aber für den Laien kompliziert; am besten ist Teilung im Frühjahr

Cytisus x racemosus

Datura

Stechapfel

Wie viele Arten, Varietäten und Formen dieses Nachtschattengewächses (Solanaceae) aus Südamerika es nun tatsächlich gibt, ist nach wie vor ungeklärt, die Nomenklatur unsicher. Nicht einmal *Datura sanguinea*, die einzige für Zimmerkultur geeignete Art, steht nomenklatorisch auf sicheren Füßen. Nach Fritz Encke, dem ehemaligen Direktor des Frankfurter Palmengartens und Spezialisten für tropische Zierpflanzen, ist diese Art nicht mehr in Kultur. Tatsächlich soll es sich dabei um *D. rosei* Saff. handeln. Im Gegensatz zu der als Kübelpflanze 3 m hoch und ebenso breit werdenden *D. suaveolens*, der Engelstrompete, bleibt *D. sanguinea* wesentlich kleiner und im Wuchs gedrungener.

Auch die orangeroten Blüten sind zierlicher und erscheinen während des Sommers nur vereinzelt. Der Hauptflor fällt in die Herbst- und Wintermonate, ausreichende Helligkeit und nicht zu warmer Stand vorausgesetzt.

STANDORT: den Sommer über sehr luftig, am besten nicht vollsonnig im Freien; im Winter heller, auch sonniger Stand bei mäßiger Wärme um 18°C; sofern Heizungsnähe gemieden wird auch wärmer
GIESSEN: stets gleichmäßig feucht halten, an warmen Sommertagen tritt rasch Wassermangel ein
DÜNGEN: ganzjährig wöchentlich mit Blumendünger
VERMEHREN: durch krautige Stecklinge unter Verdunstungsschutz; die Bewurzelung kann jedoch bei *D. sanguinea* auf sich warten lassen

Dieffenbachia

Dieffenbachie

Von diesem Aronstabgewächs (Araceae) aus dem tropischen Südamerika sind eine Reihe von Arten mit zahllosen Sorten und Hybriden in Kultur. Die Aufzählung würde den Zimmergärtner überfordern. Sofern es sich um weiß oder gelblich gemusterte Blätter handelt, ist auch von der Färbung her eine Unterscheidung schwierig, wegen der Ähnlichkeit eigentlich auch nicht notwendig. Zu erwähnen wären *Dieffenbachia bowmannii* mit bis zu 70 cm langen, grünweiß bis grüngelb gefleckten Blättern, und die meist kleiner bleibende *D. seguine* mit einer Reihe von Hybridzüchtungen. Bei der sehr attraktiven, bis zu 1 m hohen, im Laub grün und weiß gesprenkelten *D.*-Hybride 'Exotica' handelt es sich vermutlich um eine

Mutation. Von *D. maculata* gehören die schwachwachsende 'Jenmannii' und 'Rudolph Roehrs' neben einigen anderen zu den besonders bewährten Züchtungen.

STANDORT: hell bis leicht beschattet, keine volle Sonne; ganzjährig Zimmertemperatur, im Winter nicht unter 15°C absinkend; keine Zugluft
GIESSEN: nur mit handwarmem, enthärtetem Wasser immer feucht halten und im Sommer häufig übersprühen; den Winter über sparsamer gießen
DÜNGEN: während des Sommers wöchentlich mit Blumendünger, im Winter etwas Ruhe gönnen und Düngen einstellen
VERMEHREN: bei älteren, ohnedies verkahlenden Exemplaren Triebspitze abschneiden und in Torf-Sand-Gemisch bewurzeln lassen, am besten unter Folienschutz; auch Stammstecklinge, waagerecht mit den Augen nach oben in ein Anzuchtsubstrat gedrückt, bewurzeln bei einer Bodenwärme von 25°C und hoher Luftfeuchtigkeit (Vermehrungsbeet)
HINWEIS: Im Gegensatz zu älteren Sorten sind moderne schon als relativ junge Pflanzen ausgesprochen blühfreudig. So sehr das den Zimmergärtner zunächst freut, so sollte er dennoch den für alle Aronstabgewächse typischen Blütenstand ausbrechen. Andernfalls hört das Blattwachstum vorübergehend auf, und die Pflanze verkahlt von unten her. Dieffenbachien haben sich in Hydrokultur sehr gut bewährt. Ihr Saft ist haut- und schleimhautreizend.

Datura

Dieffenbachia-Hybride

Dionaea

Venusfliegenfalle

In letzter Zeit findet man das karnivore, das heißt fleischfessende Sonnentaugewächs (Droseraceae) in fast jedem Katalog der großen Pflanzenversandhäuser. Denn der bewegliche Fangmechanismus wird von dieser Nordamerikanerin am eindrucksvollsten demonstriert. *Dionaea muscipula*, die einzige Art ihrer Gattung, hat zwei, am Rand mit ineinandergreifenden Wimpern besetzte, zu einer Klappfalle umgeformte Blätter. Werden durch ein hineinkrabbelndes Insekt auf der Innenseite der Falle befindliche Fühlborsten berührt, klappen die Fallendeckel blitzschnell zusammen, die Beute vermag nicht mehr zu entweichen. Diese Bewegung kann von jedem Blattpaar nur wenige Male ausgeführt werden. So reizvoll die Beobachtung des Vorgangs auch ist, in Zimmerkultur überlebt die Venusfliegenfalle wegen mangelnder Luftfeuchte und zu hoher Wintertemperaturen meist nur kurze Zeit.

Dionaea muscipula

STANDORT: auch im Sommer möglichst kühl und luftig, am besten an einem hellen, aber schon wegen der Temperatur nicht ständig besonnten Platz im Freien; Wintertemperaturen zwischen 5 und 10 °C bei gleichzeitig hohem Lichtbedarf; eventuell muß Zusatzbeleuchtung gegeben werden, wodurch aber leicht die Temperatur ansteigt; ideal ist ein frostfrei gehaltenes Kleingewächshaus
GIESSEN: nur mit enthärtetem Wasser; immer gut feucht halten; im Winter ist dafür viel Fingerspitzengefühl erforderlich, um Dauervernässung zu vermeiden; nicht besprühen, besser ist die Haltung in einem Aquarium oder anderem Glasgefäß, das jedoch nicht geschlossen sein darf (Fäulnisgefahr)
DÜNGEN: nur gelegentlich mit schwach dosiertem Blumendünger

VERMEHREN: am besten durch Teilung bei ohnedies empfehlenswerter Gruppenpflanzung oder durch Blattstecklinge; auch Aussaat ist möglich, doch schwierig, und Samen sind kaum zu bekommen
HINWEIS: Wie alle Moorpflanzen braucht auch die Venusfliegenfalle ein saures, durchlässiges Substrat. Gute Erfahrungen hat man mit Torf gemacht. Um eventuell erhöhte Salzkonzentrationen zu beseitigen, empfiehlt sich jährliches Umtopfen in frisches Substrat im Frühjahr.

Dipladenia

Dipladenie

Neben einer ganzen Anzahl moderner Hybriden gehört *Dipladenia sanderi* 'Rosea' mit dunkelrosa, im Innern gelben, großen Blüten wohl zu den schönsten Dipladenien, die bisweilen auch unter der älteren Bezeichnung *Mandevilla* angeboten werden. Über 100 Arten zählt diese im tropischen Amerika beheimatete Gattung aus der Familie der Hundsgiftgewächse (Apocynaceae). Die Blütezeit erstreckt sich bei richtiger Pflege über das ganze Sommerhalbjahr, die Einzelblüte hält länger als 2 Wochen. Der Kletterstrauch kann sehr lange Triebe ausbilden und sollte deshalb im Zimmer ein Gerüst erhalten. Wegen des hohen Bedarfs an Luftfeuchtigkeit ist der beste Platz für dieses Tropengewächs das geräumige, geschlossene Blumenfenster.

STANDORT: möglichst hell, aber nicht sonnig; zu wenig Licht beeinträchtigt die Blütenbildung; während der winterlichen Ruhepause bei 12–15 °C kühler stellen, sonst Zimmerwärme
GIESSEN: bis auf die Ruhezeit, in der sparsamer gegossen wird, gleichmäßig feucht halten, ohne Vernässung; nur kalkarmes Wasser verwenden

DÜNGEN: von Frühjahr bis Spätsommer alle 2 Wochen mit Blumendünger

VERMEHREN: im Frühjahr durch Kopfstecklinge von jungen Trieben; hohe Bodenwärme um 25°C und Luftfeuchte erforderlich, daher am besten im Vermehrungsbeet oder unter Folie

HINWEIS: Um das Längenwachstum in Grenzen zu halten, empfiehlt sich ein starker Rückschnitt nach dem Abblühen im Herbst, denn der Flor erscheint nur an den jungen Trieben desselben Jahres.

Dizygotheca

Fingeraralie

Was man bei uns in Blumengeschäften antrifft, ist fast immer *Dizygotheca elegantissima*, eine der etwa 15 Arten dieser Gattung aus der Familie der Araliengewächse (Araliaceae), alle auf Neukaledonien und benachbarten Inselgruppen der Südsee beheimatet. Andere kultivierte Arten sind *D. kerchoveana* und *D. veitchii* mit der kleinbleibenden Sorte 'Gracillima'. *D. elegantissima* wächst zwar langsam, kann jedoch im Lauf der Zeit bis zu fast 2 m groß werden. Die im Jugendstadium kupferroten, feingezähnten Fiederblätter verfärben sich mit zunehmendem Alter in ein dunkles Grün.

STANDORT: hell, keine direkte Sonne, keine Zugluft; ganzjährige Zimmerwärme, auch im Winter nicht unter 18°C, Bodenwärme besser darüber; kalte Füße sind auf die Dauer tödlich; ältere Exemplare können den Sommer an einem sehr geschützten, warmen Platz im Freien verbringen

GIESSEN: den Sommer über mit kalkarmem Wasser stets mäßig feucht halten, in dieser Zeit auch übersprühen; im Winter weniger gießen

DÜNGEN: nur von Frühjahr bis Spätsommer alle 2 Wochen mit Blumendünger

VERMEHREN: durch Kopfstecklinge nur unter gärtnerischen Kulturbedingungen möglich; Aussaat scheitert am Mangel an frischem Samen

HINWEIS: Wegen des hohen Bedarfs an Luftfeuchtigkeit stellt man vor allem jüngere Pflanzen in ein feuchtes Substrat, noch besser in ein Tropenfenster. Für Hydrokultur sind Fingeraralien sehr gut geeignet. *Dizygotheca* gehört jetzt zu *Schefflera*.

Dipladenia sanderi

Dizygotheca elegantissima

Dracaena

Drachenbaum

Wie monumental Drachen-
bäume an ihren Heimat-
standorten aussehen kön-
nen, wissen Urlauber, die
die berühmte *Dracaena
draco* auf Teneriffa besich-
tigt haben. Bei uns sind
von den etwa 40 Arten dieser Gattung aus der Familie
der Agavengewächse (Aga-
vaceae) einige als Topf-
oder Kübelpflanzen in
Kultur, die schönsten
buntblättrigen allerdings
überwiegend als Warm-
hauspflanzen.

Am besten für Zimmerkul-
tur geeignet und daher
auch am häufigsten anzu-
treffen ist *D. fragrans* mit
einigen Sorten, von denen
'Lindenii', 'Massangeana',
'Rothiana' und 'Victoria' zu
den bekanntesten gehören,
alle mit mehr oder weniger
breiten, gelbgrünen Streifen. Die Heimat der Drazänen reicht von den Kana-
ren und den Tropen Afrikas
über Asien bis zu den Inselgruppen des Stillen Ozeans.
Bei der gärtnerischen Ver-
marktung gibt es keine
großen Schwierigkeiten,
weil Drachenbäume als ab-
gesägte Stammstücke, den
sogenannten Ti-plants, ver-
sandt und vermehrt wer-
den. Von der bei manchen
Arten fast zum Verwechseln
ähnlichen Keulenlilie *(Cordyline)* unterscheiden sich
Drazänen durch ihre gelb-
farbenen glatten Wurzeln,
die bei der Keulenlilie weiß
und durch Speicherorgane
verdickt sind.

STANDORT: hell, auch halbschattig, keine direkte Sonne; *D. draco, D. fragrans*
und *D. hookeriana* können
im Freien übersommern
und bei Temperaturen von
12°C abwärts frostfrei überwintert werden; alle anderen ganzjährig im Zimmer
und im Winter nicht unter
18°C; Vorsicht bei nach
unten abweichenden
Bodentemperaturen

Dracaena fragrans

*Dracaena reflexa
'Song of India'*

Dracaena deremensis

GIESSEN: ohne Vernässung gleichmäßig feucht halten
DÜNGEN: den Sommer über wöchentlich, im Winter monatlich mit Blumendünger
VERMEHREN: durch Kopf- oder Stammstecklinge bei 25°C Bodentemperatur und Verdunstungsschutz
HINWEIS: Die meisten Drachenbäume lassen sich gut in Hydrokultur halten. Generell gilt, daß die Pflanzen desto härter sind, je mehr Grünanteile die Blätter aufweisen. Vorsicht beim Umgang mit Arten, die schmales, starres, nadelspitzes Laub besitzen!

Weitere Arten und Sorten:
D. deremensis 'Bausei' und 'Warneckii': relativ schnell sehr groß werdend; schmalblättrig und buntlaubig
D. hookeriana: bis zu 80 cm lange, schmale grüne Blätter
D. marginata 'Tricolor': sehr schmale, rotbraun gestreifte Blätter
D. reflexa 'Song of India': stark verzweigt; breite, kurze Blätter mit gelbem Rand
D. sanderiana: weiß gestreifte Blätter

Drosera

Sonnentau

Von den über 80 Arten der Gattung aus der Familie gleichen Namens (Droseraceae) sind nur 3 bei uns heimisch. Die Mehrzahl verteilt sich auf die anderen Kontinente, wobei Australien und Neuseeland einen deutlichen Besiedlungsschwerpunkt bilden. In Kultur befinden sich einige Arten aus Afrika und Australien, doch werden diese im Gegensatz zur Venusfliegenfalle recht unscheinbaren Vertreter der insektenfangenden Pflanzen wohl weitgehend dem Liebhaber und botanischen Sammlungen vorbehalten bleiben.

STANDORT: hell und sonnig mit viel frischer Luft; im Winter kühl stellen, um 5°C; nicht wesentlich über 10°C ; immergrüne subtropische Arten bei 15–18°C
GIESSEN: außer im Winter bei kühlem Stand stets gut feucht halten; nur enthärtetes Wasser verwenden; Wasser im Untersatz schadet nicht

Drosera aliciae

DÜNGEN: im allgemeinen nicht notwendig; bei Mangelerscheinungen nur gelegentlich einmal mit Blumendünger in schwächster Konzentration oder ebenfalls verdünntem Hydrodünger
VERMEHREN: durch Aussaat auf feuchten Torf im Vermehrungsbeet bei hoher Luftfeuchtigkeit; staubfeinen Samen nicht abdecken; auch Blattstecklinge bewurzeln unter gleichen Bedingungen recht gut

Dracaena marginata

Drosera aliciae

Duchesnea indica

Duchesnea
Indische Erdbeere

Dieses aus Indien stammende, als Bodendecker im
Garten oder Ampelpflanze
im Zimmer, auf Balkon
und Terrasse zu verwen-
dende Rosengewächs
(Rosaceae) blüht gelb und
ziemlich unscheinbar von
Juli bis zum Herbst und bildet kleine, den Monatserd-
beeren ähnliche Schein-
früchte. Sie sind zwar nicht
giftig, im Geschmack je-
doch völlig nichtssagend.
Im Garten kann diese aus-
läuferbildende, winterharte
Staude lästig werden, weil
sie sich stark ausbreitet. Als
Ampelpflanze sieht sie mit
ihren roten Beeren recht
hübsch aus.

STANDORT: im Sommer
hell, nicht vollsonnig, am
besten im Freien; Überwinterung hell und kühl bei
12°C
GIESSEN: den Sommer über
reichlich, im Winter nur
sparsam
DÜNGEN: während der
Wachstumszeit wöchentlich
mit Blumendünger
VERMEHREN: durch bewur-
zelte Ausläufer im Frühjahr
HINWEIS: Da ältere Pflanzen
leicht struppig und unan-
sehnlich werden, ist es besser, im Frühjahr Jungpflanzen heranzuziehen.

Echeveria
Echeverie

Die kleinen, meist stammlosen Rosettengewächse aus
den südlichen USA, Mittel-
und Südamerika sind an-
spruchslose Zimmer- oder
nicht frostharte Einfassungspflanzen für den Garten,
wo sie sich rasch ausbreiten
können. Es gibt Sommer-
wie Winterblüher; die
roten, gelben oder auch
gemischt gefärbten Blüten
sitzen als kleine Ähren an
den Pflanzenkörper überragenden Stielen. Bekannt
sind über 150 Arten der
Gattung *Echeveria*, die zu
den Dickblattgewächsen
(Crassulaceae) zählt. Viele
Arten und Hybriden wur-
den in Kultur genommen,
und wer Freude an diesen
kleinen Pflanzen gefunden
hat, kann sich ohne Mühe
eine reizvolle Sammlung
zusammenstellen.

*Blüte von Echeveria
derenbergii*

STANDORT: heller und sonniger Platz; im Sommer
auch im Freien, außer bei
empfindlicheren Winterblühern; Temperaturen in
dieser Zeit um 10°C

Echeveria pulvinata

BLÜTENBILDUNG: bei vielen Arten durch niedrige Temperatur von 6–10 °C über mehrere Wochen ausgelöst; bei ständig hoher Temperatur kann kaum mit Blüten gerechnet werden; nach niedriger Temperatur jedoch warm stellen, damit die Knospen aufgehen
GIESSEN: immer nur sehr sparsam, Nässe unbedingt vermeiden; bei kühlem Winterstand fast trocken halten
DÜNGEN: nur von Frühjahr bis August einmal monatlich mit Blumendünger
VERMEHREN: durch Blattstecklinge nach Abtrocknen der Schnittfläche unproblematisch, ebenso einfach ist Abnehmen der Kindel; von Arten mit keimfähigem Samen auch Aussaat möglich
HINWEIS: Echeverien sind dankbare Hydropflanzen.

Elettaria

Kardamom

Die Heimat dieser kleinen Gattung aus der Familie der Ingwergewächse (Zingiberaceae) ist Südwestindien und Ceylon. Die einzige als Topfgewächs kultivierte Art, *Elettaria cardamomum*, ist auch als Gewürz- und Heilpflanze bekannt. Die Blätter verströmen beim Zerreiben einen würzigen Geruch, die Blüten sind klein und unscheinbar. Wer viel Platz auf dem Fensterbrett zu vergeben hat, kann *Elettaria* als Lückenfüller dorthin stellen oder einen Ort damit begrünen, an dem die Lichtverhältnisse für andere Pflanzen unzulänglich sind.

Elettaria cardamomum

STANDORT: hell bis ziemlich lichtarm, keine volle Sonne; im Winter Zimmertemperatur nicht unter 16 °C
GIESSEN: von Frühjahr bis Herbst gleichmäßig feucht halten; im Winter gerade soviel gießen, daß der Ballen nicht austrocknet
DÜNGEN: den Sommer über alle 2 Wochen mit Blumendünger

VERMEHREN: durch Kopfstecklinge oder Teilung zu kompakt gewordener Pflanzen im Frühjahr
HINWEIS: Die Blätter sind abgeschnitten sehr gut haltbar, deshalb eignen sie sich als grünes Beiwerk für Sträuße bestens.

Echeveria derenbergii

Epipremnum

Efeutute

Nach *Pothos aureus, Raphidophora aurea* und *Scindapsus aureus* heißt diese asiatische Kletterpflanze aus der Familie der Aronstabgewächse (Araceae) heute *Epipremnum pinnatum* und wartet mit einigen weiß- oder gelbgrün belaubten Sorten auf. Die Pflanze kann meterlange Triebe ausbilden und, da das Lichtbedürfnis nicht allzu groß ist, an einem Gerüst auch als Raumteiler Verwendung finden. Ebenso geeignet ist die Efeutute für eine Ampelpflanzung.

STANDORT: geringe Lichtansprüche, auch Beschattung wird vertragen; bei zu dunklem Stand aber vergrünen die Blätter oder bleiben klein; ganzjährig Zimmertemperatur, im Winter nicht unter 16°C

GIESSEN: stets mäßig feucht halten, Lufttrockenheit wird zwar vertragen, ist jedoch nicht ideal; zum erwünschten Besprühen wegen sonst drohender Blattflecken nur kalkarmes, handwarmes Wasser verwenden
DÜNGEN: von Frühjahr bis Herbst alle 2 Wochen mit Blumendünger
VERMEHREN: durch Kopf- oder Triebstecklinge einfach
HINWEIS: *Epipremnum* hat sich als dankbare Hydropflanze erwiesen. Zu lang gewordene Triebe sollte man im Frühjahr zurückschneiden.

Episcia

Schattenröhre

Sowohl als Bodendecker, und hier vor allem im Tropenfenster oder Warmhaus, wie auch als Hängepflanze für etwas lichtärmere Plätze ist dieses kleine Gesneriengewächs (Gesneriaceae) aus dem tropischen Amerika gut zu verwenden. Verschiedene Sorten, alle mit bunt strukturierten Blättern und leuchtend roten, gelben oder weißen Blüten sind im Handel, die meisten Abkömmlinge der rot blühenden *Episcia cupreata* aus Kolumbien. Da sich an den langen Ausläufern reichlich Jungpflanzen bilden, macht sich die Schattenröhre in Ampeln sehr hübsch. Allerdings muß das Gefäß fernab einer Heizung aufgehängt und die Pflanze mehrmals täglich übersprüht werden.

STANDORT: hell, ohne direkte Sonne, auch etwas beschattet; zu dunkler Stand kann auf Kosten der Blühfreudigkeit gehen; ganzjährig Zimmertemperatur, im Winter nicht unter 18°C; kühlere Bodentemperaturen werden schlecht vertragen
GIESSEN: mit kalkarmem, zimmerwarmem Wasser stets mäßig feucht halten; öfter übersprühen
DÜNGEN: nur von Frühjahr bis Spätsommer alle 2 Wochen mit Blumendünger in halber Konzentration

Epipremnum pinnatum

Episcia

Eugenia

Kirschmyrte

Dieses bei uns nicht blühende Myrtengewächs (Myrtaceae) aus Südamerika ist eher eine Kübel- denn eine Zimmerpflanze. Allerdings wächst der dicht-verzweigte Strauch mit schmalen, kleinen Blättern nur langsam, so daß man ihn einige Zeit auf dem Fensterbrett halten kann. Die wenig bekannte, aber botanisch korrekte Bezeichnung von *Eugenia paniculata* lautet *Syzygium paniculatum*.

STANDORT: möglichst vollsonnig, den Sommer über im Freien; Wintertemperatur um 10°C

GIESSEN: den Sommer über nur sparsam, im Winter Substrat gerade leicht feucht halten

DÜNGEN: von Frühjahr bis Spätsommer alle 2 Wochen mit Blumendünger

VERMEHREN: durch Kopfstecklinge im Frühjahr bei hohen Bodentemperaturen über 25°C und viel Luftfeuchte, am besten also im Vermehrungsbeet; Jungpflanzen entspitzen

HINWEIS: Um einen buschigen Wuchs zu erreichen, sollte man die Kirschmyrte immer wieder zurückschneiden. Der etwas langweilige Strauch gewinnt, wenn man ihn als Hochstämmchen zieht.

Euonymus japonica 'Albomarginata'

Euonymus japonica 'Aureomarginata'

Euonymus

Spindelstrauch

An unser einheimisches Pfaffenhütchen, *Euonymus europaea*, aus der Familie der Spindelbaumgewächse (Celastraceae), erinnert kaum etwas bei der einzigen für Zimmerkultur geeigneten, immergrünen Art *E. japonica* aus Japan und Korea. Die buntblättrigen Sorten wie 'Aureomarginata', 'Albomarginata', 'Argenteovariegata' oder 'Macrophylla' können gut als Zimmerpflanzen Verwendung finden, da sie nicht allzu groß werden. Besser sind sie jedoch im Kübel aufgehoben, weil ihnen im Sommer viel Frischluft gut bekommt.

STANDORT: hell, im Sommer vor direkter Sonne schützen, am besten im Freien; am kühlen Winterstandort mit Temperaturen zwischen 6 und 12°C ist Sonneneinwirkung erwünscht

GIESSEN: den Sommer über nicht allzu reichlich, am kühlen Winterplatz sehr sparsam

DÜNGEN: von Frühjahr bis Herbst wöchentlich mit Blumendünger

VERMEHREN: durch Kopfstecklinge im Frühjahr und Sommer; Jungpflanzen etwas zurückschneiden

Eugenia

Euphorbia

Christusdorn, Weihnachtsstern

An erster Stelle, weil als Topfpflanzen am weitesten verbreitet, wären aus der Familie der Wolfsmilchgewächse *(Euphorbiaceae)* Christusdorn *(Euphorbia milii)* und Weihnachtsstern *(E. pulcherrima)* zu nennen. Neben diesen beiden „Volkspflanzen" zählt die Gattung weltweit über 1600 Arten mit einigen interessanten Vertretern vor allem im sukkulenten Bereich der südafrikanischen Flora.

Manche davon sehen Kakteen zum Verwechseln ähnlich *(E. canariensis,*

E. pseudocactus), andere bringen direkt aus den kantigen, geraden Stämmen gestielte Blätter hervor *(E. lophogona)* oder scheinen nur aus dünnen, verzweigten, grünen „Ästen" zu bestehen *(E. tirucalli)*. *E. obesa* und *E. meloformis* haben fast kugelförmige, gekantete Pflanzenkörper. Allen Euphorbien ist der weiße Milchsaft zu eigen, der bei empfindlicher Haut zu Ausschlägen führen kann. *E. tirucalli* ist sogar hochgiftig und gehört nicht an Plätze, die Kleinkindern zugänglich sind. Von einigen Arten werden auch Sorten angeboten, aber das

ist dann schon etwas für fortgeschrittene Liebhaber. Die Mehrzahl der kakteenähnlichen Euphorbien sowie *E. milii* und *E. tirucalli* haben sich als gute Hydropflanzen erwiesen. Bei der Pflege der meisten sukkulenten Euphorbien kann man die Hinweise für den ebenfalls sukkulenten Christusdorn als Richtschnur nehmen, wobei artspezifische Abweichungen beim Kauf erfragt werden sollten.

Der aus Madagaskar stammende, ursprünglich nur rot blühende Christusdorn *(E. milii)* hat inzwischen züchterisch einige wichtige Schritte nach vorn getan, ohne daß der Blumenliebhaber die Namen der einzelnen Züchtungen kennen muß. So gibt es jetzt neben rosa und rot blühenden Sorten auch solche mit gelbem Flor, wobei der farbliche Effekt von den Hochblättern (Brakteen) herrührt, die Blütchen selbst sind unscheinbar. Die Blütezeit kann sich über fast das ganze Jahr erstrecken. Es gibt auch in Privathand riesige Exemplare vom Christusdorn, wahre Prachtstücke, die wegen ihrer Größe und der bewehrten, dicht wachsenden Triebe kaum mehr einen Platzwechsel möglich machen.

Euphorbia milii

Euphorbia lophogona

Euphorbia tirucalli

STANDORT: ganzjährig hell und sonnig, im Sommer geschützt auch im Freien; im Winter Wohnwärme, kühlerer Stand nur bei viel Licht und ausreichenden Bodentemperaturen, was ohne eine Heizung im Substratbereich kaum zu erreichen ist

GIESSEN: ganzjährig etwas zurückhaltend, da die Pflanze trockenheitverträglich ist; auch trockene Luft schadet nicht; geringe, aber gleichmäßige Feuchtigkeit kommt Blüten wie Blättern zugute

DÜNGEN: von Frühjahr bis Herbst alle 2 Wochen oder seltener mit Kakteendünger

VERMEHREN: im Frühjahr durch etwas ältere Kopfstecklinge nach Abtrocknen der Schnittfläche

HINWEIS: Gelbwerden des Laubs und Blattfall sind bei *Euphorbia milii* nichts Außergewöhnliches und auf nicht zusagende Temperaturverhältnisse und/oder gestörten Wasserhaushalt zurückzuführen. Auch Lichtmangel im Winter kann derartige Erscheinungen zur Folge haben. Die Pflanze treibt dann im Frühjahr neu aus. Der Christusdorn scheint sich in Hydrokultur besonders wohl zu fühlen und blüht dort unermüdlich.

Beim Weihnachtsstern *(Euphorbia pulcherrima)* kommt die Wirkung ebenfalls nicht von den unauffälligen kleinen Blüten, sondern von den rot, rosa, creme und weiß gefärbten bzw. gescheckten Brakteen (Hochblätter), denen man es bei dieser Mexikanerin noch ansieht, daß es sich dabei ursprünglich um Blätter handelt. Ihre natürliche Form als mehrere Meter hoch werdender Strauch zeigt die Pflanze auch bei Topfkultur: Sind die vom Gärtner beigegebenen Wuchshemmstoffe verbraucht, wird der Habitus staksig und licht, die immergrüne Pflanze verkahlt, gibt nicht mehr viel her. Sie wird dann meist weggeworfen. Bei einer Weiterkultur wird nach der Blüte stark zurückgeschnitten und bis auf einige wenige Triebe ausgelichtet. Bis etwa März/April wird bei niedriger Temperatur eine Ruhepause ohne Düngergaben und mit nur mäßiger Feuchtigkeit eingehalten. Danach wird wieder bis etwa Ende September wöchentlich gedüngt und mehr gegossen. Da *E. pulcherrima* als Kurztagpflanze zur Blütenbildung bei etwa 20°C eine 2monatige Phase mit nur 10 bis höchstens 12 Stunden Licht am Tag benötigt, stellt man sie ab Oktober jeden Tag 12 bis 14 Stunden völlig dunkel (Eimer oder Karton darüberstülpen), so daß die gewünschte lichtlose Stundenzahl erreicht wird. Die Pflanze blüht dann ab Dezember. Vorsicht, schon der nächtliche Schein der Straßenbeleuchtung reicht aus, um die Dunkelperiode zu unterbrechen! Danach wieder hell und zimmerwarm halten, während der Blüte möglichst etwas kühler (18°C) stellen, damit der Flor länger andauert.

STANDORT: hell, keine direkte Sonne; ganzjährig 18–22°C

GIESSEN: bis auf die kurze Ruhezeit nach der Blüte reichlich; auch indirektes Übersprühen ist günstig, aber nicht unbedingt notwendig

DÜNGEN: den Sommer über wöchentlich mit Blumendünger, ab Beginn der Dunkelphase Düngen einstellen

VERMEHREN: durch Kopfstecklinge während der Wachstumszeit; den Austritt des weißen Milchsafts durch Eintauchen der Schnittstelle in lauwarmes Wasser stoppen; der Saft ist giftig

Euphorbia obesa

Euphorbia pulcherrima

Exacum

Blaues Lieschen

Heimat dieses Enziange-
wächses (Gentianaceae) ist
die vor der afrikanischen
Ostküste am Golf von Aden
gelegene Insel Sokotra. Das
zweijährige, blau blühende
Exacum affine ist die einzige Art ihrer Gattung, die
für Zimmerkultur, hier nur
einjährig gezogen, eine gewisse Bedeutung erlangt
hat. Wie lange diese vom
Blumenhandel forcierte Beliebtheit anhält, ist fraglich,
denn neu ist die kleine
Blüherin keineswegs. Eine
Weiterkultur nach dem
sommerlangen Flor lohnt
nicht, man kann allenfalls
versuchen, von kühl über-
winterten Mutterpflanzen
im Frühjahr Stecklinge zu
ziehen.

Blüte von Exacum affine

STANDORT: hell, nicht prallsonnig, möglichst viel
Frischluft; am geschützten
Platz auch im Freien; bei
Überwinterung Temperatu-
ren um 16°C
GIESSEN: den Sommer über
mäßig feucht halten
DÜNGEN: von Frühjahr bis
Blühschluß alle 2 Wochen
mit Blumendünger
VERMEHREN: durch Kopfstecklinge im Frühjahr oder
zeitige Aussaat; Licht-
keimer, Samen
nicht mit Erde
bedecken

x Fatshedera

Efeuaralie

x Fatshedera lizei ent-
stammt einer in Frankreich
1912 gelungenen Kreuzung
aus *Fatsia japonica*, der
Zimmeraralie, und *Hedera
helix*, unserem heimischen
Efeu. Das Ergebnis war eine
äußerst widerstandsfähige,
wenig lichtbedürftige, immergrüne Zimmerpflanze,
die es im Sommer auch gut
im Freien aushält. Ihr Längenwachstum muß durch
häufigen Rückschnitt allerdings in Grenzen gehalten
werden. Wer *x Fatshedera*
größer haben will, behan-
delt sie als Kübelpflanze
und sorgt für helle und
kühle Überwinterung. Die
mehrlappigen Blätter sind
sehr attraktiv.

STANDORT: hell, auch beschattet, keine volle Sonne;
Überwinterung am besten
kühl mit Temperaturen
zwischen 12 und 15°C; bei
hoher Luftfeuchtigkeit wird
auch normale Wohnwärme
vertragen
GIESSEN: während der
Wachstumszeit von Früh-
jahr bis Spätsommer reichlich, danach einschränken
DÜNGEN: im Sommer
wöchentlich mit Blumen-
dünger, dann Düngen
einstellen
VERMEHREN: durch Kopfstecklinge im Frühjahr,
Abmoosen oder Aussaat
HINWEIS: *x Fatshedera* ist
eine bewährte Hydro-
kulturpflanze.

*Exacum
affine*

x Fatshedera lizei

Fatsia

Zimmeraralie

Dieser aus Ostasien stammende, immergrüne Elternteil von *x Fatshedera, Fatsia japonica*, ebenfalls ein Araliengewächs (Araliaceae), ist seit fast 200 Jahren als Zimmerpflanze bekannt und beliebt. Es gibt einige buntblättrige Sorten, die im Winter etwas wärmer und heller stehen sollten als die rein grünen. Die 7–9lappigen Blätter können 40 cm breit werden und sitzen an ebenso langen Stielen. 1,50 m Höhe bei älteren Exemplaren sind keine Seltenheit und machen die Zimmeraralie zu einem ansehnlichen Dekorationsstück für größere Räume, vor allem aber auch für kühle Wintergärten.

STANDORT: hell und luftig, mit Tendenz zur Beschattung, keine direkte Sonne; unter diesen Voraussetzungen ist ein sommerlicher Freilandaufenthalt empfehlenswert; Winterstandort hell bei 6–10 °C, buntblättrige Sorten um 16 °C
GIESSEN: im Sommer sehr reichlich, ohne Vernässung stets gut feucht halten; im Winter der Temperatur entsprechend weniger
DÜNGEN: von Frühjahr bis Herbst wöchentlich mit Blumendünger
VERMEHREN: durch Kopfstecklinge im Frühjahr, Abmoosen oder Aussaat
HINWEIS: Ältere, große Exemplare sind am besten wie Kübelpflanzen zu behandeln. Die Zimmeraralie ist für Hydrokultur sehr gut geeignet.

Blüte von Faucaria tigrina

Faucaria

Tigerrachen

Über 30 Arten dieser zu den Mittagsblumen (Aizoaceae) gehördenden kleinen Sukkulenten aus Südafrika sind bekannt, nur 6 davon, wenn es hoch kommt, als Zimmerpflanzen in Kultur, am häufigsten wohl *Faucaria tigrina*, der Tigerrachen. Mit etwas Phantasie kann man in den sich paarweise gegenüberstehenden, gezähnten, dickfleischigen Blättern ein weit aufgerissenes Raubtiergebiß erkennen, je nachdem, ob man die Pflanze seitlich oder von oben betrachtet. Die leuchtend gelben Strahlenblüten erscheinen im Spätsommer und Herbst.

STANDORT: hell, möglichst vollsonnig; bester Standort den Sommer über im Freien; Temperaturen im Winter um 10 °C
GIESSEN: im Sommer mäßig, ab beginnender Ruhezeit im Herbst und Winter einschränken und bald ganz einstellen

DÜNGEN: während der sommerlichen Wachstumsphase nur in größeren Abständen mit etwas Kakteendünger
VERMEHREN: durch Aussaat oder Blattstecklinge nach Antrocknen der Schnittfläche bei hohen Bodentemperaturen ab 25 °C im Frühsommer
HINWEIS: *Faucaria* verträgt im Winter zwar auch Lufttrockenheit und Zimmertemperaturen, kommt aber nur nach einer kühlen Ruhezeit sicher zur Blüte.

Faucaria tigrina

Fatsia japonica

Ficus

Gummibaum

Obgleich es um die 2000 Arten der Gattung *Ficus* aus der Familie der Maulbeerbaumgewächse (Moraceae) gibt, sind es mehr oder weniger immer dieselben, die man in Zimmerkultur antrifft: die altbekannte *Ficus elastica*, der Gummibaum. *F. benjamina*, die Birkenfeige, die sich an die erste Stelle im Sortiment zu setzen beginnt, *F. pumila*, die Kletterfeige, und, seltener, *F. lyrata*, die Geigenfeige.

Die Gattung ist in tropischen und subtropischen Gebieten der Alten Welt vom Mittelmeer mit *F. carica*, der eßbaren Feige, über Afrika, Indien bis nach Ostasien und die Archipele des pazifischen Ozeans verbreitet. Ihre Arten kommen als riesige, 30 m hohe Bäume (*F. elastica* und *F. benghalensis*, der indische Banyanbaum), als teilweise epiphytisch wachsende Sträucher oder als Kletterpflanzen vor. Von den in Kultur genommenen Arten gibt es eine Vielzahl Zuchtformen, häufig mit mehrfarbig gefleckten, gestreiften oder gesprenkelten Blättern.

Ficus elastica ist mit der Sorte 'Decora' der klassische Gummibaum mit großen, glänzenden, ledriggrünen Blättern. Die Sorten 'Tricolor', 'Variegata', 'Doescheri' und 'Schrijvereana' haben unterschiedlich bunt gefärbtes Laub. Die Pflanze erreicht auch bei Zimmerkultur nach einigen Jahren eine Größe, die das Abschneiden oder Abmoosen eines Teils des Mitteltriebs notwendig macht. Sofern danach eine seitliche Verzweigung auftritt, ist *F. elastica* eines Tags für jedes Zimmer zu groß geworden. Ein derartiger Seitenwuchs mit meterlangen Trieben kann auch

ohne Einkürzen vorkommen. Ähnliche Ausmaße erreicht *F. lyrata*, die Geigenfeige, die ihren Namen von den gebuchteten, einem Violinkörper ähnlichen Blättern ableitet.
F. benjamina, die Birkenfeige, erinnert mit ihrem zierlichen Laub und ihrer starken, graziös überhängenden Verzweigung im Habitus tatsächlich an unser heimisches Laubgehölz. Sie kann 2 m hoch werden. Am niedrigsten und zierlichsten bleibt die Kletterfeige, *F. pumila*, die ebenfalls mit einigen buntblättrigen Sorten vertreten ist.

Ficus elastica

Ficus pumila

Ficus lyrata

Ficus deltoidea

HINWEIS: Bei den verschiedenen *Ficus*-Arten und -Sorten gibt es widersprüchliche praktische Erfahrungen, besonders hinsichtlich der günstigsten Temperatur während der Ruhezeit. Das scheint mit dem von Fall zu Fall unterschiedlichen Zusammenspiel der Pflegefaktoren zusammenzuhängen. Der Pflanzenliebhaber tut gut daran, durch behutsame Tests die für seinen *Ficus* idealen Bedingungen zu ermitteln. In Hydrokultur haben sich die meisten Feigenbäume gut bewährt.

Weitere Arten und Sorten:

F. aspera 'Parcellii': weiß marmorierte Blätter, früh fruchtend

F. leprieurii: noch nicht lange im Sortiment; schnell wachsend; kleine dreieckige Blätter; empfindlich

F. deltoidea: gute Verzweigung; schon früh nicht eßbare Früchte tragend; langsam wachsend und kleinbleibend (höchstens 1 m)

F. microcarpa 'Variegata': panaschiertes Laub; im Habitus der Birkenfeige ähnlich

F. rubiginosa: glänzend grünes, unterseits rostfarbenes, ledriges Laub; gute Verzweigung; auch buntblättrige Sorten

F. sagittata: Kletterficus, auch als Bodendecker; 'Variegata' mit weißbunten Blättern

STANDORT: hell und luftig, keine direkte Sonne; ältere Exemplare von *F. elastica* halten es an einem geschützten, wenig besonnten Platz im Sommer gut draußen aus; Wintertemperaturen 16–18°C; buntlaubige Sorten um 20°C, viel Licht und Feuchtigkeit vorausgesetzt; die grünblättrigen Arten von *F. benjamina* und *F. rubiginosa* vertragen es kühler, jedoch nicht unter 12°C; *F. pumila* kann sogar bei 5°C überwintert werden

GIESSEN: den Sommer über reichlich, besonders die großblättrigen Arten und Sorten; im Winter Ruhezeit einhalten und Erde gerade anfeuchten; Trockenheit, warmer Stand ausgenommen, schadet in dieser Zeit weniger als Vernässung; buntlaubige Gummibäume im Sommer öfter übersprühen, bei hartblättrigen Arten das Laub gelegentlich mit feuchtem Wattebausch abwischen oder Blattglanzspray verwenden

DÜNGEN: von Frühjahr bis Spätsommer, je nach Größe, wöchentlich oder seltener mit Blumendünger, im Winter gar nicht mehr oder nur nach Bedarf düngen

VERMEHREN: durch Kopfstecklinge im Frühjahr oder bei älteren Exemplaren der aufrecht wachsenden Arten durch Abmoosen

Ficus benjamina

Fittonia

Fittonie

Als Bodendecker für Blumenfenster und Vitrinen ist dieses Akanthusgewächs (Acanthaceae) aus den südamerikanischen Regenwäldern seit langem geschätzt; in Topfkultur am Zimmerfenster wird man nur kurzzeitig Freude an den hübschen, silberweiß oder rötlich geaderten, ovalen oder rundlichen Blättern haben. Angeboten werden bei uns 3 Sorten von *Fittonia verschaffeltii*: 'Minima', die sehr klein und zwergig bleibt, mit silberweiß geaderten Blättern wie die etwas größere Sorte 'Argyroneura', während 'Pearcei' rotgeadertes Laub hat.

Fittonia verschaffeltii 'Pearcei'

STANDORT: sehr hell bis schattig, nur Sonne muß gemieden werden; ganzjährig Zimmertemperatur von 18–20°C

GIESSEN: mit enthärtetem, zimmerwarmem Wasser gleichmäßig feucht halten, ohne die Erde zu vernässen; im Winter kann der Boden oberflächig zwischen den Gießvorgängen etwas abtrocknen; bei zu geringer Luftfeuchte öfter übersprühen

DÜNGEN: von Frühjahr bis Herbst alle 2 Wochen mit Blumendünger in halber Konzentration oder mit Hydronährstoff; zuwenig ist hier besser als zuviel

VERMEHREN: durch Kopfsteckling im Frühjahr und Sommer einfach

Fuchsia

Fuchsie

Die Sortenvielfalt dieses Nachtkerzengewächses (Onagraceae) aus den Gebirgsregionen Südamerikas ist heute auch vom Fachmann kaum noch zu überblicken. Da es sich bei den Kulturformen meist um Kreuzungen der verschiedensten Herkünfte handelt, spricht man der Einfachheit halber von *Fuchsia*-Hybriden. Sie präsentieren sich als Hochstämmchen, einfache Topf- und Kübelpflanzen oder mit herabhängenden Trieben für Ampeln und hochstehende Schalen. Ebenso groß wie die Anzahl der Züchtungen – Schätzungen gehen weltweit von einigen 1000 Sorten aus – ist die Vielgestaltigkeit und Färbung der einfachen oder gefüllten Blüten. Bei *Fuchsia magellanica* aus Chile und Argentinien mit einer Anzahl Sorten handelt es sich um eine Freilandfuchsie, die es im Garten mit entsprechendem Schutz auch den Winter über aushält. Die meisten anderen werden

Fuchsia-Hybride

bei uns als Topf- oder vor allem Kübelschmuck für schattige Hauseingänge, Nordseiten und Terrassen, hängende Formen auch in Balkonkästen verwendet.

STANDORT: den Sommer über am besten hell, aber nicht vollbesonnt im Freien; bei Zimmerkultur für viel frische Luft sorgen; mit abnehmender Tageslänge im Spätsommer schadet, außer mittags, auch sonniger Stand nicht; Temperatur im Winter zwischen 5 und 15°C

GIESSEN: von Frühjahr bis Herbst gleichmäßig feucht halten; am kühlen Winterstandort nur soviel gießen, daß die Erde nicht austrocknet

DÜNGEN: ab Austriebsbeginn bis Herbst wöchentlich mit Blumendünger

VERMEHREN: durch Kopfstecklinge von März bis August

HINWEIS: Als strauchartige Gehölze neigen Fuchsien zum Verkahlen; deshalb im Frühjahr vor dem Neuaustrieb kräftig zurückschneiden; Laubfall bei zu warmem, zu dunklem oder zu trockenem Stand im Winter ist natürlich; gelegentliches Entspitzen während des Sommers fördert kompakten Wuchs. In jüngster Zeit werden auch kleinwüchsige, aufrecht wachsende Fuchsien für das Zimmer angeboten.

Fittonia verschaffeltii 'Argyroneura'

Fuchsia-Hybride 'James Travis'

Gardenia
Gardenie

Ähnlich der ebenfalls aus China stammenden Kamelie ist auch die immergrüne *Gardenia jasminoides* eine „Pflanze mit Vergangenheit". Im 19. Jahrhundert trug die vornehme Herrenwelt eine Gardenie zu feierlichen Anlässen im Knopfloch. Und wie bei der Kamelie scheint sich bei der Gardenie ein Comeback anzukündigen. Die etwa 60 Arten aus der Familie der Krappgewächse (Rubiaceae) sind außer in Ostasien im tropischen und subtropischen Afrika zu Hause. Als Topf- oder Kübelpflanze ist nur *G. jasminoides* mit cremefarbenen, duftenden, gefüllten oder ungefüllten Blüten in Kultur. Der im Sommer und Herbst blühende Strauch mit den glänzend dunkelgrünen, ledrigen Blättern stellt in der Pflege einige Ansprüche. Im Handel werden mehrere Sorten angeboten, von denen die gefülltblühenden 'Fortunei' und 'Veitchii' die wichtigsten sein dürften.

STANDORT: hell, auch sonnig, doch keine pralle Mittagssonne; Freilandaufenthalt an einem geschützten Platz ist empfehlenswert, sofern der Strauch wegen der bevorstehenden Blüte im Herbst rechtzeitig hereingenommen wird; Winterstandort bei 16–18°C und sehr luftig; die Bodentemperatur soll der Raumwärme entsprechen oder darüber liegen

GIESSEN: gleichmäßig leicht feucht halten; es darf nur enthärtetes, zimmerwarmes Wasser verwendet werden; während der Blütenbildung ist hohe Luftfeuchtigkeit erforderlich; daher die Pflanze in dieser Zeit in feuchten Torf einfüttern oder erhöht in einen mit Wasser gefüllten Untersatz stellen; bis zur Blüte häufig übersprühen, danach wegen Wasserflecken nicht mehr

DÜNGEN: nur von Frühjahr bis Spätsommer wöchentlich mit einem kalkfreien Nährstoff

VERMEHREN: durch Kopfstecklinge im Frühjahr und Sommer bei Bodentemperaturen um 25°C und mit Verdunstungsschutz am besten im Vermehrungsbeet

HINWEIS: Gardenien reagieren während der Knospen- und Blütenbildung empfindlich auf Temperaturschwankungen oder zu viel Wärme. Auch bei unregelmäßiger Wasserzufuhr – zu naß oder zu trocken – werden die Blütenansätze abgeworfen.

Gasteria
Gasterie

Charakteristisch für dieses sukkulente Liliengewächs (Liliaceae) aus Südafrika, von dem es 50 oder 60 Arten gibt, sind die zungenförmigen, spitz zulaufenden, zweizeilig oder rosettenartig wachsenden, weißgepunkteten, dickfleischigen Blätter. Die kleinen rötlichen Blüten sitzen von Frühjahr bis Sommer in Trauben an langen Stielen: Obgleich von ihren Heimatstandorten her sonnenliebend, halten es Gasterien im Zimmer oder den Sommer über im Freien auch an einem Schattenplatz aus. Von den verschiedenen, in Kultur befindlichen Arten sei die besonders hübsche *Gasteria verrucosa* genannt, deren dunkelgrüne Blätter dicht mit kleinen, weißen Warzen besetzt sind.

STANDORT: am besten ganzjährig in voller Sonne; Schatten wird zwar ebenfalls toleriert, beeinträchtigt jedoch die Blütenbildung;

Blüte von Gasteria verrucosa

gut geeignet für sommerlichen Freilandaufenthalt; Temperaturen während der Ruhezeit im Winter zwischen 10 und 14°C

GIESSEN: als Sukkulente empfindlich gegen zuviel Feuchtigkeit; im Sommer daher zurückhaltend gießen und die oberste Erdschicht immer wieder abtrocknen lassen; im Winter die Erde nur gerade vor dem Austrocknen bewahren

DÜNGEN: nur im Sommer gelegentlich mit etwas Kakteendünger

VERMEHREN: durch Kindel oder Blattstecklinge, nachdem die Schnittfläche angetrocknet ist, einfach

Gardenia jasminoides

Gasteria verrucosa

Gloriosa superba

Gloriosa

Ruhmeskrone

Die eigenartigen, bis zu 12 cm langen, roten Blüten mit gelbem Rand, die an gestreckten Stielen sitzen, sind das Auffallendste an dieser Kletterlilie (Liliaceae) aus dem tropischen Afrika und Asien. Die Triebe können eine Länge von über 2 m erreichen und benötigen eine Rankhilfe. Von den wenigen Arten der Gattung wird fast ausschließlich *Gloriosa superba* bei uns angeboten. Da es sich um ein Knollengewächs handelt, bereitet die Überwinterung keine Schwierigkeiten.

STANDORT: hell, warm und sonnig; im Sommer sehr gut im Freien aufzubinden; nach dem Einziehen des Laubs im Spätsommer Knollen im Topf lassen und bei 12–15°C trocken überwintern; ab Februar ausputzen, in frische Blumenerde eintopfen und bei Temperaturen um 20°C austreiben lassen

GIESSEN: den Sommer über normal feucht halten; ab Herbst Wassergaben reduzieren und nach dem Einziehen des Laubs Gießen ganz einstellen; beim Neuaustrieb im Frühjahr wirkt sich erhöhte Luftfeuchtigkeit durch häufiges Übersprühen günstig aus

DÜNGEN: ab Austrieb bis Spätsommer wöchentlich mit Blumendünger

VERMEHREN: durch Abtrennen und Einpflanzen der Nebenknollen im Frühjahr beim Topfen; auch Teilung der Knollen ist möglich

HINWEIS: Da die Nebenknollen lediglich einen einzigen Vegetationspunkt besitzen, erkennbar an der kleinen, grünen Spitze, kann ein Austrieb nur erfolgen, wenn diese Stelle nicht beschädigt wird. Darauf muß beim Vermehren geachtet werden.

Glottiphyllum

Zungenblatt

Die über 50 Arten dieser kleinen Mittagsblumengewächse (Aizoaceae) aus den Trockengebieten des südlichen Afrika fallen durch ihre dickfleischigen, zungenähnlichen Blätter an kaum sichtbaren Stämmen und durch die großen, gelben Blüten auf. Sie öffnen sich je nach Art im Sommer, Herbst oder Winter. Die Pflege beschränkt sich auf Maßhalten im Gießen und Düngen.

STANDORT: sonnig, den Sommer über auch im Freien; Wintertemperatur 5–10°C

GIESSEN: ganzjährig sparsam, besonders im Winter fast trocken halten

DÜNGEN: während der sommerlichen Wachstumszeit nur gelegentlich mit etwas Kakteendünger; besser gar nicht als zuviel düngen

VERMEHREN: durch Blattstecklinge nach Abtrocknen der Schnittstelle, bei Gruppenpflanzung durch Teilung

Glottiphyllum unclinatum

Gloxinia

Gloxinie

Bei dem Gesneriengewächs (Gesneriaceae) aus dem tropischen Amerika kann der Name leicht zu Mißverständnissen führen. *Gloxinia sylvatica* hieß früher *Seemannia latifolia*, während unsere bekannten Gartengloxinien, die auch als einjährige Topfpflanzen im Handel sind, botanisch korrekt als *Sinningia*-Hybriden bezeichnet werden. Auch die ehedem selbständige Gattung *Rechsteineria* gehört jetzt zu *Sinningia*. Für den Laien ein Namenswirrwarr, der jedoch die enge Verwandtschaft der 3 genannten Pflanzen dokumentiert. Wer sie im Blumenhandel kaufen will, fragt besser nach *Seemannia*, *Gloxinie* und *Rechsteineria*.
G. sylvatica wurde erst Mitte der sechziger Jahre aus Amerika kommend bei uns eingeführt. Es ist eine hübsche, 60 cm groß wer-

dende Topfpflanze mit graugrünen, behaarten Blättern und 3 cm langen, roten oder gelben Röhrenblüten von Juli bis zum Herbst. Zum Winter sterben die oberirdischen Teile ab. Die Pflanze überdauert als Rhizom.

STANDORT: hell bis beschattet, keine direkte Sonne; die wärmeliebende Gewächshauspflanze verträgt keine Temperaturen unter 15°C; daran muß man im Herbst bei Zimmerkultur denken; die Rhizome werden trocken bei nicht weniger als 8°C überwintert; im Frühjahr zum Antreiben übliche Zimmertemperatur 20–25°C
GIESSEN: während der sommerlichen Wachstumsperiode sehr reichlich; Luftfeuchtigkeit durch häufiges Übersprühen erhöhen; ab Laubwelke Gießen einstellen
DÜNGEN: vom Austrieb bis Spätsommer wöchentlich mit Blumendünger in halber Konzentration
VERMEHREN: durch Kopfstecklinge oder Teilung der Rhizome im Frühjahr

Gossypium

Baumwolle

Baumwolle kommt in Asien, Kleinasien, den südlichen USA und Lateinamerika vor; das bei uns als Samen für die Selbstanzucht angebotene *Gossypium herbaceum* stammt aus Kleinasien. Dieses Malvengewächs (Malvaceae) wird nur einjährig kultiviert, und das Gelingen ist Glückssache, weil nur bei früher Aussaat der Zeitraum bis zum Erscheinen der aus Kapseln hervorquellenden, schneeweißen Fruchthaare ausreicht. Erschwerend kommt die Empfänglichkeit der Pflanze für tierische und pilzliche Schadorganismen hinzu. Um Infektionen aus dem Wege zu gehen, sollte *Gossypium* nicht in der Nähe anderer Topfgewächse stehen.

STANDORT: hell und sonnig, im Sommer geschützter Platz im Freien; bei Zimmerkultur viel frische Luft, um die Krankheitsgefahr zu mindern

Blüte und Frucht von Gossypium herbaceum

GIESSEN: gleichmäßig gut feucht halten, der Wasserbedarf an warmen Sommertagen ist hoch; Trockenschäden sind selten reparabel
DÜNGEN: wöchentlich mit Blumendünger
VERMEHREN: durch Aussaat im zeitigen Frühjahr bei Zimmertemperatur

Gloxinia sylvatica

Gossypium herbaceum

Grevillea

Australische Silbereiche

Die riesigen, bizarren Blüten verschiedener Proteengewächse (Proteaceae) begegnen uns in den Prachtgestecken der Floristen, und auch *Grevillea robusta*, die Australische Silbereiche, eine der etwa 170 Arten ihrer Gattung aus dieser Familie, wartet als ausgewachsene Pflanze mit einem derartigen Blütenschmuck auf. Am Zimmerfenster wird man freilich vergebens darauf hoffen, denn hier kommt der in seiner australischen Heimat 50 m Höhe erreichende Baum kaum über 2 m hinaus, selbst dazu bedarf es einiger Jahre. Für uns handelt es sich um eine reine Grünpflanze, die durch ihre farnwedelähnlichen, 30 cm langen Blätter auffällt.

STANDORT: hell bis halbschattig; Freilandaufenthalt gut möglich, jedoch auch dort keine direkte Mittagssonne; im Winter bei 6–12 °C schadet Sonne nicht
GIESSEN: gleichmäßig ohne Austrocknung feucht halten; im Winter gemäß der Temperatur sparsamer gießen
DÜNGEN: nur im Sommer wöchentlich mit Blumendünger
VERMEHREN: durch Aussaat, falls frischer Samen erhältlich
HINWEIS: *Grevillea robusta* sollte nicht zurückgeschnitten werden. Sie läßt sich gut in Hydrokultur halten.

Gynura aurantiaca

Gynura

Gynure

Die kleine Gattung mit etwas über 20 Arten aus der Familie der Korbblütler (Compositae) ist in Afrika, vor allem aber im tropischen Ostasien verbreitet. Von dorther stammt auch *Gynura aurantiaca*, ein kletternder Halbstrauch, den man jetzt häufig im Angebot des Blumenhandels findet. Die kleinen, gelborange gefärbten Blüten sollten besser ausgekniffen werden, weil sie unangenehm riechen und die optischen Qualitäten der auch für Ampeln geeigneten Pflanze ohnedies von den mit purpurvioletten Haaren besetzten Blättern ausgehen. Weil *Gynura*, besonders an lichtarmen Plätzen, bis zu 1 m lange Triebe ausbildet, sollten diese Ranken immer wieder zurückgeschnitten werden. Dadurch wird auch eine dichtere Verzweigung erreicht.

STANDORT: hell und sonnig, nur pralle Mittagssonne im Sommer vermeiden; Lichtmangel mindert die Haarfärbung; ganzjährig warm, nicht unter 18 °C; bei viel Luftfeuchtigkeit auch kühler
GIESSEN: im Sommer gleichmäßig feucht halten, im Winter etwas sparsamer gießen; nicht sprühen und Blätter nicht benetzen
DÜNGEN: nur den Sommer über wöchentlich mit Blumendünger
VERMEHREN: durch nicht zu weiche Kopfstecklinge von Frühjahr bis Herbst einfach
HINWEIS: Da ältere Gynuren viel an Attraktivität einbüßen, sollte man sie spätestens ab dem 2. Jahr durch selbstgezogene Jungpflanzen ersetzen. *Gynura* hat sich in Hydrokultur hervorragend bewährt.

Grevillea robusta

Haemanthus

Elefantenohr, Blutblume

Nur zwei der etwa 50 Arten dieser in ganz Afrika verbreiteten Amaryllisgewächse (Amaryllidaceae) sind in unserem Zimmerpflanzensortiment anzutreffen. An 1. Stelle steht hier das unverwüstliche und pflegeleichte Elefantenohr, *Haemanthus albiflos*, eine immergrüne Zwiebelblume mit dickfleischigen, breiten „Lappenblättern". Die Blutblume, *Haemanthus (Scadoxus) katherinae*, ist eine Warmhauspflanze und nicht ganz so problemlos. Das Laub zieht ab Herbst ein, so daß sich die Zwiebel leicht überwintern läßt. Beide haben eindrucksvolle Blütenstände, die einzeln auf dicken Schäften sitzen. Bei *H. albiflos* ist die Blüte weiß mit unzähligen gelben Staubfäden, so daß der Gesamteindruck einer dikken, cremefarbenen Pinselquaste entsteht. *H. katherinae* entfaltet leuchtend rote Blütenkugeln, das Laub ist im Gegensatz zum Elefantenohr nicht dickfleischig. Angeboten wird vor allem die Hybride 'König Albert'. Beide sind Hochsommerblüher, bei *H. albiflos* kann sich der Flor bis in den Herbst hinziehen.

STANDORT: beide hell oder halbschattig. *H. albiflos* auch sonnig; im Winter ist etwas kühlerer Stand um 15°C besser als volle Wohnwärme; die Zwiebel von *H. katherinae* wird nach dem Einziehen des Laubs im Topf gelassen und bei 10–14°C kühl gestellt

Haemanthus-Hybride 'König Albert'

GIESSEN: von Frühjahr bis Herbst gleichmäßig feucht halten; das dickblättrige Elefantenohr nimmt gelegentliche Trockenheit weniger übel als Vernässung; im Winter nur sparsam Wasser geben; die Blutblume ab Spätsommer/Herbst immer weniger gießen, damit das Laub einzieht; Topferde auch über Winter nicht völlig trocken werden lassen
DÜNGEN: nur den Sommer über alle 2 Wochen mit Blumendünger
VERMEHREN: durch Abtrennen der Brutzwiebeln im Frühjahr
HINWEIS: *Haemanthus albiflos* ist eine gute Hydropflanze.

Haworthia

Haworthie

Über 160 Arten zählt die Gattung dieser kleinen sukkulenten Liliengewächse (Liliaceae) aus Südafrika. Zahlreiche Arten, Sorten und Varietäten sind in Kultur, alle wachsen in mehr oder weniger geschlossener Rosettenform. Die dickfleischigen, breiten oder länglich-spitz zulaufenden Blätter sind je nach Art mit weißen Punkten, Flecken, Querbändern oder Warzen besetzt. Wegen ihrer geringen Größe und Anspruchslosigkeit ist *Haworthia* eine dankbare Zimmerpflanze, die auch in einer Sukkulentensammlung nicht fehlen sollte. Da alle Haworthien in der Pflege identisch sind, sucht man sich aus dem Angebot zweckmäßiger Weise das aus, was am besten gefällt.

STANDORT: ganzjährig möglichst viel Licht, doch keine direkte Sonne; im Sommer auch Freilandaufenthalt; während der winterlichen Ruhezeit werden Zimmertemperaturen zwar vertragen, doch ist ein kühler Stand bis zu 10°C günstiger
GIESSEN: den Sommer über sehr zurückhaltend, die Erde zwischen den Gießvorgängen an der Oberfläche gut abtrocknen lassen; im Winter das Substrat nur gerade vor völliger Austrocknung bewahren
DÜNGEN: von Frühjahr bis Herbst monatlich mit Kakteendünger
VERMEHREN: durch Abtrennen der Seitensprosse und Einpflanzen nach Abtrocknen der Schnittfläche ebenso einfach wie durch Aussaat

Haemanthus albiflos

Haworthia

Hebe

Strauchveronika

Eigentlich handelt es sich bei diesen kleinen Sträuchern, die früher zur Gattung *Veronica*, also dem Ehrenpreis gehörten, mehr um Gewächse fürs Freiland. Dort kann man sie den Sommer über zu den anderen Kübelpflanzen stellen oder als ungewöhnlichen Balkonschmuck verwenden. Von den etwa 140 Arten dieses in Australien und Neuseeland heimischen Braunwurzgewächses (Scrophulariaceae) sind die *Hebe-Andersonii*-Hybriden als Kulturpflanzen die wichtigsten. Die weißen, roten oder violettblauen, aufrechten Blütentrauben erinnern aus der Ferne etwas an die Blütenstände von *Buddleja*, dem Schmetterlingsstrauch oder Sommerflieder des Ziergartens. Die Sorte 'Variegata' hat weißbuntes Laub und ist deshalb besonders gefragt.

Blüte von Hebe

STANDORT: bei sommerlichem Freilandaufenthalt, was der Pflanze am besten bekommt, muß wegen Frostempfindlichkeit rechtzeitig eingeräumt werden; der Platz sollte hell bis sonnig, doch etwas geschützt sein; im Zimmer wird viel Frischluft verlangt; Überwinterung der immergrünen Pflanze hell bei 5–10°C
GIESSEN: im Sommer reichlich und regelmäßig, im kühlen Winterquartier nur noch gelegentlich, um Austrocknung zu vermeiden
DÜNGEN: den Sommer über wöchentlich mit Blumendünger
VERMEHREN: durch Kopfstecklinge im Frühjahr und Sommer; Jungpflanzen mehrmals stutzen, damit reichlich Seitentriebe gebildet werden

Hedera

Zimmerefeu

Neben verschiedenen Zuchtformen von *Hedera helix, ssp. canariensis*, dem Kanarischen, und *H. colchica*, dem Kaukasischen Efeu, sind es vor allem die unzähligen Sorten, Varietäten und Formen von *Hedera helix*, der auch bei uns wildwachsend vorkommenden Art, die für die Zimmerkultur Bedeutung haben. Blattgröße, -form und -färbung sind außerordentlich variabel, ständig kommen neue Züchtungen auf den Markt, andere verschwinden wieder, so daß es wenig Sinn hat, sich die unzähligen Phantasienamen zu merken. Außerdem gibt es große Unterschiede in der Jugend- und Altersform. Einzig die großblättrige, weißbunte Sorte 'Gloire de Marengo' hat ihren festen Platz im Riesensortiment über die Jahre hinweg behaupten können. Alle Arten und Sorten dieses Araliengewächses (Araliaceae) sind selbstklimmend, das heißt, ihre Haftwurzeln halten sich an jeder verfügbaren Unterlage fest. Man braucht die Pflanze also nicht anzubinden. Dank ihrer langen Triebe machen sich kleinere Formen sehr gut in Hängeampeln.

STANDORT: halbschattig bis schattig; besonders die buntblättrigen Sorten wollen zwar viel Licht, aber keine Sonne im Sommer; im Winter sollte der Platz kühl sein, grüne Sorten stehen am besten bei 10°C, panaschierte – also grünweiße – um 16°C
GIESSEN: während der sommerlichen Wachstumszeit gleichmäßig feucht halten, im kühlen Winterquartier Gießen einschränken
DÜNGEN: den Sommer über wöchentlich mit Blumendünger, im Winter nur monatlich
VERMEHREN: durch halbverholzte Kopfstecklinge von Frühjahr bis Sommer
HINWEIS: Wegen der oft ungewissen Herkunft der verschiedenen Kulturformen lassen sich beim Efeu keine starren Pflegeschemen aufstellen. Alle Empfehlungen hinsichtlich der Licht- und Temperaturwünsche sind nur Annäherungswerte, die von Fall zu Fall Abweichungen zulassen. Für Hydrokultur haben sich 'Gloire de Marengo' und andere *H. helix*-Abkömmlinge als gut geeignet erwiesen.

Hebe-Andersonii-Hybride

Hedera helix

Hemigraphis repanda

Hemigraphis
Halbgriffel

Das kleine Akanthusgewächs (Acanthaceae) aus Malaysia mit auf der Oberseite silbrigen, unterseits rötlich gefärbten, eiförmigen Blättern ist eine Pflanze für das geschlossene Blumenfenster oder die Vitrine. In Kultur sind bei uns von den etwa 20 Arten *Hemigraphis alternata* (Blattoberfläche metallisch glänzend) und *H. repanda* (mit dunkelgrüner Blattober- und roter -unterseite). Sie lassen sich sowohl als Bodendecker wie für kleine Ampeln im Blumenfenster verwenden. Vor allem wegen des hohen Bedarfs an Luftfeuchtigkeit und gleichmäßiger Wärme wird man *Hemigraphis* in üblicher Zimmerkultur nur eine begrenzte Zeit halten können.

STANDORT: hell bis leicht schattig ohne direkte Sonneneinstrahlung; gleichbleibende Temperatur auch im Winter nicht unter 18°C; Vorsicht vor Abkühlung des Substrats

GIESSEN: nur leicht feucht halten, nicht vernässen; hohe Luftfeuchtigkeit von 60% und mehr ist unumgänglich; nur kalkfreies, temperiertes Wasser verwenden, eventuell auch übersprühen

DÜNGEN: mit Hydronährstoff oder kalkfreien Spezialdüngern; allenfalls Blumendünger in schwacher Konzentration von Frühjahr bis Spätsommer alle 2 Wochen

VERMEHREN: aus Stecklingen im Frühjahr, am besten im warmen Vermehrungsbeet

Hibiscus
Roseneibisch

Dieses aus Asien und dort wahrscheinlich aus Südchina stammende, mittlerweile überall in den Tropen und Subtropen verbreitete Malvengewächs (Malvaceae) mit etwa 250 Arten ist ein Beispiel für erfolgreiche Züchtungsbemühungen. Ursprünglich rein rosa oder rot und ungefüllt blühend, entstand im Lauf der Zeit eine Vielzahl von Sorten, die den *Hibiscus rosa-sinensis* zu einer der attraktivsten Zimmer- und Kübelpflanzen werden ließen. Die bis zu 15 cm großen Trichterblüten mit den weit herausragenden Staubgefäßen präsentieren sich heute in allen Rosa-, Rot-, Gelb- und Orangetönen, gefüllt oder ungefüllt, auch zweifarbig. Eine Sonderstellung nimmt *H. rosa-sinensis* 'Cooperi' durch sein buntgeschecktes Blattwerk ein. Diese Sorte hat höhere Pflegeansprüche.

STANDORT: im Sommer hell und sonnig, hinter der Fensterscheibe sollte pralle Sonne gemieden werden; im Freien kann die Pflanze ganztägig in voller Sonne stehen; im Winter ist eine Ruhezeit an einem hellen Platz bei Temperaturen zwischen 14 und 16°C günstig und beeinflußt die nächste Blüte positiv; man kann den *Hibiscus* aber auch bei etwa 20°C im Wachstum halten

GIESSEN: den Sommer über so reichlich, daß das Substrat immer gut feucht ist; im Winter, besonders bei kühlem Stand, nur wenig gießen; Ballentrockenheit führt zu Knospenfall; bei höheren Wintertemperaturen öfter übersprühen

DÜNGEN: von Frühjahr bis August wöchentlich mit Blumendünger; in der Winterruhe keine Nährstoffgaben, bei warmem Stand nur gelegentlich düngen

VERMEHREN: im Mai durch halbreife Kopfstecklinge bei Temperaturen ab 22°C und Verdunstungsschutz

HINWEIS: *Hibiscus* soll als Jungpflanze jährlich umgetopft werden, später bei Bedarf. Dabei schneidet man zu lang gewordene Triebe zurück, um einen buschigen Wuchs zu erzielen. Die Pflanzen werden in den Gärtnereien meist mit Hemmstoffen behandelt. *Hibiscus* wirft im Zimmer die Knospen ab, wenn er umgestellt wird (Lichteinfall). Vernässung oder Ballentrockenheit sowie starke Temperaturwechsel und Lichtmangel führen ebenfalls zu Knospenfall. In Hydrokultur hat sich der Roseneibisch bestens bewährt.

Hibiscus

Hippeastrum

Ritterstern, „Amaryllis"

Mit der „richtigen" *Amaryllis bella-donna*, der Bella-donna-Lilie aus Südafrika, hat *Hippeastrum* nur die Familie der Amaryllisgewächse (Amaryllidaceae) gemein. Es stellt jetzt eine eigenständige Gattung mit etwa 70 Arten aus dem tropischen Amerika dar. Bei den riesenblütigen Zimmerpflanzen, die ihre bis zu 70 cm langen, riemenförmigen Blätter und oft ebenso langen Blütenschäfte aus einer großen Zwiebel im Winter und zeitigen Frühjahr emporschieben, handelt es sich ausnahmslos um Hybriden, also gärtnerische Zuchtformen. Die Blütenfarben reichen von reinem Weiß über alle Rosa- und Rotfärbungen bis hin zu mehrfarbigen Kelchen mit Streifenmustern und kontrastreich getöntem Schlund. Pro Schaft sind 1 oder mehrere, bis zu 20 cm breite Blüten möglich, pro Zwiebel nicht selten 2 Schäfte. Da *Hippeastrum* aus Gebieten mit ausgeprägten Trockenperioden stammt, in denen die Pflanze eine strenge Ruhezeit durchmacht, muß dieser Rhythmus auch bei Zimmerkultur eingehalten werden.

ANTREIBEN: im Winter gekaufte Zwiebeln nur gut zur Hälfte in einen nicht zu großen Topf in Erde legen; Substrat anfeuchten und das Gefäß hell und warm (über 20 °C) stellen; ab Austriebsbeginn mit zimmerwarmem Wasser mehr gießen, von jetzt an wöchentlich düngen und bis zum Erscheinen der Blüte auch einsprühen; wenn man blühende Rittersterne etwas kühler stellt, hält der Flor länger; nach dem Abwelken ist der Schaft dicht über der Zwiebel abzuschneiden, da Samenbildung die Pflanze schwächt

WEITERKULTUR: entweder sonnig und luftig im Zimmer, noch besser Topf ab Ende Mai in den Garten oder auf Balkon/Terrasse stellen; regelmäßig gießen und weiterhin wöchentlich mit Blumendünger versorgen; das Ziel ist eine Kräftigung der Zwiebel, um die nächste Blüte zu gewährleisten

RUHEZEIT: ab August Gießen und Düngen vermindern und dann ganz einstellen, so daß die Zwiebel von Oktober bis etwa Mitte/Ende Dezember eine völlige Ruhezeit durchmacht; in dieser Zeit kann der Topf mäßig warm bei 10–15 °C stehen; danach bekommt der Ritterstern entsprechend der größer gewordenen Zwiebel ein geräumigeres Gefäß mit frischer Erde und wird erneut angetrieben

VERMEHREN: durch Brutzwiebeln oder Aussaat; aus Samen gezogene Pflanzen wachsen die ersten 3, 4 Jahre ohne Ruhezeit heran

HINWEIS: Bei dem gefürchteten „Roten Brenner" handelt es sich um eine amaryllistypische Pilzinfektion. Der Pilz macht sich durch rissige rote Streifen oder Flecken an Blütenschaft, Blüten und Zwiebeln bemerkbar. Vorbeugend kann man sich bemühen, die Pflanze beim Gießen möglichst wenig zu benetzen. In Hydrokultur hat man mit dem Ritterstern die besten Erfahrungen gemacht, wenn die Ruhezeit durch Absenken des Wasserstands auf ein Minimum in gewohnter Weise eingehalten wird. *Amaryllis bella-donna* hat einen um 3 Monate vorverlegten Lebensrhythmus: Ruhezeit ab Juli, Antriebsbeginn ab September/Oktober.

Hippeastrum

Hoya bella

Hoya

Wachsblume

Die aus Ostasien, Malaysia und Australien stammenden Klettersträucher gehören zur ersten Garnitur der bei uns seit langem beliebten Zimmerpflanzen. Von den etwa 200 Arten aus der Familie der Seidenpflanzengewächse (Asclepiadaceae) sind nur 2 für Topfkultur wichtig. *Hoya carnosa* ist die klassische Wachsblume, immergrün und mit meterlangen, später verholzenden Trieben. An ihnen sitzen die Trugdolden der wachsartigen, weißen oder rosa angehauchten Sternblüten mit roter Nebenkrone im Innern. Bei *H. carnosa* dürfen die Dolden nach dem Verblühen nicht entfernt werden, da an den Kurztrieben des alten Holzes immer wieder neuer Flor erscheint.

Bei *Hoya bella* sind die Nebenkronen noch intensiver rot gefärbt, die Pflanze bleibt kleiner und wirkt am schönsten in Ampeln oder hochgestellten Pflanzgefäßen, wo man von unten her in die Blüte sehen kann.

Blüte von Hoya carnosa

Beide *Hoya*-Arten sind stark duftend, wobei die Blüten einen süßlichen Nektar absondern, der sich als klebriger Überzug auf den dickfleischigen Blättern niederschlägt. Sobald sich im Frühjahr die ersten Blütenknospen der den ganzen Sommer bis in den Herbst hinein in Flor stehenden Wachsblumen zeigen, darf die Pflanze nicht mehr bewegt, schon gar nicht vom Licht weggedreht werden. Knospenabwurf wäre die unausweichliche Folge. Von *H. carnosa* gibt es eine schwächer wachsende, buntblättrige Sorte 'Variegata'; 'Compacta' hat gedrehte Blätter.

STANDORT: hell, sonnig und luftig; keine Prallsonne über Mittag, kein Freilandaufenthalt; Wintertemperatur um 12–15 °C; höhere Werte bringen die Pflanze nicht um, beeinträchtigen jedoch durch Fehlen der Ruhezeit die Blühwilligkeit

GIESSEN: während der Wachstumsphase gleichmäßig feucht halten, beim Austrieb auch besprühen; im Winter Gießen gemäß der Temperatur stark einschränken, doch keine Trockenheit aufkommen lassen

DÜNGEN: nur von Frühjahr bis Spätsommer alle 2 Wochen mit Blumendünger

VERMEHREN: durch leicht verholzte Kopfstecklinge im Frühjahr und Sommer

HINWEIS: Obgleich damit ein Teil der Blütenansätze zunichte gemacht wird, muß man *Hoya carnosa* von Zeit zu Zeit etwas zurückschneiden, wenn die Triebe zu lang geworden sind. Die Wachsblume hat sich in Hydrokultur sehr gut bewährt.

Hyacinthus

Hyacinthus

Hyazinthe

Meist kauft man Hyazinthen im Winter und Frühjahr als blühende Topfpflanzen im Blumengeschäft, freut sich einige Zeit an diesen duftenden Frühlingsboten und wirft sie dann weg. Speziell zum Treiben präparierte Zwiebeln von *Hyacinthus orientalis* werden ab Oktober angeboten und können selber zur Blüte gebracht werden.

Zum Vortreiben kommen die Zwiebeln in Töpfe oder Schalen mit Blumenerde, dann stellt man sie bei 7–10 °C (nicht wärmer!) zum Beispiel in einen Keller, eine frostfreie Garage oder dergleichen. Das Substrat muß stets leicht feucht gehalten werden. Innerhalb von 2 bis 2½ Monaten hat sich die Zwiebel bewurzelt. Jetzt muß das Gefäß bei etwa 15 °C stehen, der Austrieb wird mit einem Hütchen aus Karton noch solange abgedunkelt, bis er eine Höhe von 10–15 cm erreicht hat. Dann ist die Abdeckung zu entfernen und für gleichmäßige Feuchtigkeit zu sorgen. Bei sogenannter Wasserkultur verfährt man ebenso, nur daß die Treibzwiebeln hier in speziellen Hyazinthengläsern sitzen, bei denen sich, bedingt durch die Form des Gefäßes, der Wasserstand stets einige Millimeter unterhalb des Zwiebelbodens befindet. Hyazinthen zunächst dunkel und kühl stellen, eventuell ebenfalls mit einem Hütchen vor Lichteinfall schützen, bis der Austrieb kräftig gewachsen ist. Dann bei mäßiger Wärme auf dem Fensterbrett zur Blüte kommen lassen. Abgeblühte Hyazinthenzwiebeln kann man in den Garten pflanzen, für erneutes Treiben sind sie danach nämlich nicht mehr zu gebrauchen.

Hydrangea

Hortensie

Von den etwa 90 Arten der subtropischen und gemäßigten Zonen Ostasiens, Nord- und Südamerikas ist nur *Hydrangea macrophylla* aus Japan für Zimmerkultur geeignet. Dieses Steinbrechgewächs (Saxifragaceae) stellt an die Pflege einige Ansprüche. Das häufig praktizierte Auspflanzen in den Garten ist mit Risiken verbunden. Unter günstigen klimatischen Bedingungen können Hortensien hier allerdings bisweilen jahrzehntelang als große Sträucher blühen. Frieren die oberirdischen Teile einmal ab, kann man sie bis zum Boden zurückschneiden und trotzdem auf eine Blüte im darauffolgenden Jahr hoffen. Sonst soll außer dem Entfernen abgewelkter Blütenstände an Hortensien nicht herumgeschnitten werden.

Das Substrat muß im Topf wie später beim Auspflanzen in den Garten humos und bei blau blühenden Sorten sauer reagierend sein (siehe auch bei „Hinweis"). Dazu verwendet man ein Substrat wie für Moorbeetpflanzen und Azaleen.

Die riesigen, halbrunden, weißen, rosa, roten oder blauen Blütendolden bestehen aus den Kelchblättern der sterilen Einzelblüten.

STANDORT: hell bis halbschattig, keine volle Sonne; im Sommer am besten an einem kühlen Platz eingesenkt im Freien; für die ebenfalls kühle Überwinterung bei 4–10°C benötigt die laubabwerfende Hortensie kein Licht; wie die anderen Kübelpflanzen wird sie ab Ende Februar zum Austrieb wieder hell und wärmer gestellt, doch in der Endphase nicht wesentlich über 20°C

GIESSEN: vom Frühjahr bis zum Herbst sehr hoher Wasserverbrauch, der Wurzelballen darf nie austrocknen; kalkfreies, zimmerwarmes Wasser verwenden; während der Ruhezeit nur soviel gießen, daß die Erde nicht austrocknet

DÜNGEN: den Sommer über wöchentlich mit Azaleen- oder Hydronährstoff oder einer anderen kalkfreien Mischung

VERMEHREN: durch Kopfstecklinge im zeitigen Frühjahr bei 20–22°C und hoher Luftfeuchte; Jungpflanzen stutzen

HINWEIS: Die blaue Blütenfarbe bei Hortensien ist auf eine sehr saure Reaktion des Substrats zurückzuführen, in dem sie wachsen. Bei schwach saurem Erdreich (pH 6,0–6,5) bleibt der Flor rosa oder rot. Die Blaufärbung kann man selber herbeiführen, wenn dem Boden geringe Mengen (5 g/l) Aluminiumsulfat oder Kalialaun zugefügt werden. Bei regelmäßigem Umpflanzen im Frühjahr vermeidet man Rückschläge durch eventuell mit Kalkrückständen angereichertes Substrat.

Hydrangea macrophylla

Hymenocallis

Hymenocallis

Schönhäutchen, Ismene

Das nördliche Südamerika und Westindien sind die Heimat der etwa 40 Arten dieses in duftenden Dolden weißblühenden Zwiebelgewächses aus der Amaryllisfamilie (Amaryllidaceae). Blütezeit ist der Sommer. *Hymenocallis narcissiflora* zieht im Herbst das Laub ein und wird wie alle anderen nicht winterharten Zwiebelgewächse behandelt, während *H. speciosa* zu den Warmhauspflanzen gehört und auch im Winter etwas Pflege braucht. Der alte Name Ismene ist heute noch gebräuchlich.

STANDORT: hell bis sonnig; *H. narcissiflora* kann nach der Blüte bis zum Einräumen im Herbst ins Freie gestellt und dort normal weitergepflegt werden; *H. speciosa* benötigt auch im Winter Wärme nicht wesentlich unter 20°C, während die Zwiebeln von *H. narcissiflora* trocken und kühl bei etwa 10°C überwintern, ab März neu eingetopft und zum Antreiben wieder wärmer gestellt werden

GIESSEN: den Sommer über gleichmäßig feucht halten; *H. speciosa* auch im Winter nicht austrocknen lassen

DÜNGEN: während der Wachstumszeit wöchentlich mit Blumendünger; *H. speciosa* gelegentlich auch im Winter

VERMEHREN: beide Arten durch Brutzwiebeln im Frühjahr

Hypocyrta

Kußmäulchen

Seinen auffallend geformten, gelborange bis scharlachroten Blüten, die, ballonartig geformt, sich zur Öffnung hin wie ein gespitzter Mund verengen, verdankt dieses Gesneriengewächs (Gesneriaceae) aus den Tropenwäldern Brasiliens seinen Namen. Am bekanntesten von den etwa 10 Arten ist *Hypocyrta glabra*, ein niedriger Halbstrauch mit kleinen, ledrigen, glänzend grünen Blättern. Die später überhängenden Triebe machen ihn zu einer hübschen, sommerblühenden Ampelpflanze.
Nach dem Abblühen kann man das Kußmäulchen, um Neuzuwachs zu fördern, einkürzen.

Blüte von Hypocyrta glabra

STANDORT: so hell wie möglich, aber nicht prallsonnig; Schattenplätze werden zwar auch akzeptiert, beeinträchtigen jedoch die Blütenbildung; auch ein sommerlicher Freilandaufenthalt ist möglich; während der für den Flor ebenfalls wichtigen Ruhezeit im Winter *Hpocyrta* bei 12–15°C kühler stellen

GIESSEN: von Frühjahr bis Herbst mäßig feucht, im Winter fast trocken halten

DÜNGEN: den Sommer über alle 2 Wochen mit Blumendünger

VERMEHREN: durch Kopf- oder Triebstecklinge im Sommer einfach

Hypocyrta glabra

Hypoestes

Hypoestes

Wenn man diesen Halbstrauch gewähren läßt, wird er im warmen Gewächshaus bis zu 1 m hoch. Besser, auch wegen der erwünschten Verzweigung, ist ein Kurzhalten durch Schnitt bei 40–50 cm Höhe. Etwa 150 Arten dieser Akanthusgewächse (Acanthaceae) sind in Madagaskar und Südafrika beheimatet, in Kultur ist nur *Hypoestes phyllostachya*. Der Strauch wirkt vor allem durch seine intensiv buntgefärbten, mit roten, rosa oder weißen Punkten oder Flecken besetzten, olivgrünen Blätter. Es gibt einige Sorten.

STANDORT: möglichst hell, damit sich die bunten Blätter gut ausfärben; Morgen- oder Abend-, jedoch keine pralle Mittagssonne; in geschützten Lagen den Sommer über auch im Freien; im Winter Wohnwärme nicht unter 18°C und ebenso temperiertes Substrat; am besten ist eine Kultur in Tropenfenstern oder Vitrinen

GIESSEN: durchgehend mäßig feucht halten; nur zimmerwarmes, enthärtetes Wasser verwenden, auch zum Übersprühen besonders während des Austriebs

DÜNGEN: von Frühjahr bis Herbst alle 2 Wochen mit Blumendünger; im Winter nur monatlich

VERMEHREN: durch Kopfstecklinge im Frühjahr und Sommer bei Temperaturen über 20°C und Verdunstungsschutz

Impatiens

Impatiens

Fleißiges Lieschen

Mit etwa 600 Arten ist das Springkraut oder die Balsamine in der ganzen Welt vertreten, im tropischen und subtropischen Asien und Afrika ebenso wie in den gemäßigten Zonen Europas und Amerikas. *Impatiens walleriana*, unsere beliebte Garten- und Balkonpflanze mit vielen Sorten, stammt aus dem tropischen Ostafrika. *I. balsamina*, die einjährige Gartenbalsamine, ist in Europa heimisch. Viele Freunde unter den Zimmergärtnern haben sich die *I.-Neu-Guinea*-Hybriden mit weiß- oder gelbbunten Blättern erworben, von denen einige Sorten nich nur im Zimmer, sondern auch im Garten oder als einjährige Balkonpflanzen verwendet werden können. Die Blütenfarben reichen vom reinen Weiß über alle Rosa- und leuchtenden Rottöne bis zum dunklen Violett. Auch Züchtungen mit mehrfarbigen Blüten wurden entwickelt. Viele der modernen Sorten, wie zum Beispiel die 'Miss Swiss'- oder 'Futura'-Serie, sind sonnenverträglich.

Bei zusagendem Standort kann *Impatiens* nahezu ganzjährig blühen. Im Topf sorgt gelegentliches Stutzen für kompakteren Wuchs, da Fleißige Lieschen zu Langtriebigkeit neigen.

STANDORT: hell bis halbschattig; moderne Hybridzüchtungen auch sonnig, doch Prallsonne meiden; Überwinterungstemperatur 10–16°C; nur bei viel Licht und erhöhter Luftfeuchtigkeit auch wärmer

GIESSEN: im Sommer immer gut feucht halten; während der Ruhezeit sparsamer mit zimmerwarmem, enthärtetem Wasser gießen

DÜNGEN: von Frühjahr bis Herbst wöchentlich mit Blumendünger; bei offensichtlicher Unverträglichkeit nur halbe Konzentration verwenden

VERMEHREN: durch Frühjahrsaussaat von überall erhältlichem Samen oder Kopfstecklinge, die leicht bewurzeln

HINWEIS: Die Anzucht aus Samen von F_1-Hybriden – falls sie nicht steril sind – kann bei *I. walleriana* zu einem spannenden Spiel werden, weil die Nachkommen solcher Pflanzen einen in allen Farbnuancen der Vorgängergenerationen leuchtenden „Blütenflor der Überraschungen" hervorbringen. *Impatiens* sind gute Hydropflanzen.

Hypoestes phyllostachya

Iresine

Iresine

Obgleich diese durch die dunkelrote Färbung ihrer Blätter sehr dekorative Südamerikanerin aus der Familie der Fuchsschwanzgewächse (Amaranthaceae) eine dankbare Zimmer-, Balkon- und Rabattenpflanze ist, hat sie sich, im Gegensatz zu Holland und den USA, bei uns nie so recht durchsetzen können. Erst seit Mitte der achtziger Jahre trifft man sie häufiger im Blumen- und Gartenhandel an. *Iresine herbstii* und *I. lindenii*, die einzigen der etwa 70 Arten, die sich in Kultur befinden, unterscheiden sich in der Rotfärbung und Panaschierung ihrer eiförmig-höckrigen (*I. herbstii*) oder länglich-zugespitzten (*I. lindenii*) Blätter.
Je lichtärmer Iresinen stehen, desto mehr verändert sich das Laub bis hin zu einem dunklen Schwarzrot.

Bei *I. herbstii* kommt die Blattfärbung am besten zur Geltung, wenn man die Pflanze vor dem Hintergrund eines Fensters betrachtet.
Ein Rückschnitt im Frühjahr beim Umtopfen fördert buschigen Wuchs, zu lange Triebe können auch während des Sommers eingekürzt werden.

STANDORT: möglichst hell, sonnig und luftig; den Sommer über am besten im Freien; Winterstandort um 15–18°C und ebenfalls hell
GIESSEN: im Sommer immer gut feucht halten, der Wasserbedarf ist hoch; im Winter nur sparsam gießen, aber nicht austrocknen lassen
DÜNGEN: von Frühjahr bis Herbst wöchentlich mit Blumendünger
VERMEHREN: durch Kopfstecklinge im Frühjahr oder Sommer problemlos; Jungpflanzen etwas stutzen
HINWEIS: Iresinen sind dankbare Hydropflanzen.

Ixora

Ixora

Das Auffälligste an *Ixora coccinea* aus dem tropischen Indien, eine von etwa 400 Arten dieses Krappgewächses (Rubiaceae), sind die leuchtend roten Doldenblüten, die am Sproßende über den ledrig-grünen Blättern stehen. Im Tropenfenster blüht der Strauch den ganzen Sommer über, bei Zimmerkultur muß man trotz aller Mühe hinsichtlich hoher Luftfeuchtigkeit und gleichbleibender Wärme mit Blütenabwurf rechnen. Erhältlich sind heute eine Reihe von Hybridsorten mit teilweise lachs- und rosafarbenem Flor. Als Gehölz neigt *Ixora* zu etwas staksigem Wuchs, doch sollte der Rückschnitt nur sehr behutsam erfolgen, damit man sich nicht selbst der Blüten beraubt.

STANDORT: hell, auch sonnig (außer über Mittag); langfristige Kultur nur im geschlossenen Blumenfenster oder in der Vitrine möglich; im Winter Temperaturen nicht unter 18°C; auf ebensolche Wärme des Substrats achten
GIESSEN: mit enthärtetem, zimmerwarmem Wasser mäßig feucht halten, im Frühjahr und Sommer häufig übersprühen; im Winter sparsam gießen
DÜNGEN: von März bis September wöchentlich mit Blumendünger
VERMEHREN: durch Kopfstecklinge im Vermehrungsbeet bei Temperaturen über 25°C und hoher Luftfeuchtigkeit; Jungpflanzen stutzen

Iresine lindenii

Ixora coccinea

Jacaranda

Palisanderbaum

Als Topfpflanze hat *Jacaranda mimosifolia*, eine der etwa 50 Arten dieses Bignoniengewächses (Bignoniaceae) aus Argentinien, einiges mit *Grevillea robusta*, der Australischen Silbereiche, gemein. Auch ihre bis zu 30 cm langen Blätter ähneln gefiederten Wedeln, kommen allerdings Mimosen näher als Farnen, ebenso wächst sie in ihrer Heimat als großer Baum und taucht in unseren Zimmern nur in ihren Jugendformen auf. Ihre blaßvioletten, beeindruckenden Blütenstände bekommen wir deshalb nie zu Gesicht.

Mit Blattabwurf in der lichtarmen Zeit muß auch bei hellem Stand gerechnet werden, allerdings erfolgt im Frühjahr ein Neuaustrieb. Je älter die Pflanzen werden, desto stärker verkahlen sie und büßen dadurch immer mehr an Schönheit ein.

STANDORT: hell, keine direkte Sonne; Temperaturen im Winter um 15°C; bester Platz im großen Tropenfenster oder im Warmhaus
GIESSEN: während der sommerlichen Hauptwachstumszeit mit enthärtetem Wasser gleichmäßig feucht halten, täglich übersprühen; im Winter sparsamer gießen, aber nicht trocken werden lassen
DÜNGEN: nur von Frühjahr bis Herbst alle 2 Wochen mit Blumendünger
VERMEHREN: durch Aussaat bei etwa 25°C Bodentemperatur, falls frischer Samen erhältlich

Jacobinia

Jakobine

Von 40 oder 50 kommen nur 2, allerdings in der Pflege recht unterschiedliche Arten dieser brasilianischen Akanthusgewächse (Acanthaceae) als Zimmerpflanzen in Betracht: *Jacobinia carnea* mit einem ährenförmigen Blütenstand aus vielen rosaroten bis orangefarbenen länglichen, klebrigen Einzelblüten, und *J. pauciflora*. Der Flor von *J. carnea* dauert von Frühsommer bis Herbst, während es sich bei *J. pauciflora* um einen Winter- und Frühjahrsblüher handelt. Die herabhängenden Röhrenblüten erscheinen in großer Zahl und sind an der Basis rot, zur Öffnung hin gelb. Der kleine Strauch erreicht kaum mehr als einen halben Meter Höhe und ist im Gegensatz zu *J. carnea* eine ziemlich unempfindliche Pflanze, die man wie ein Kübelgewächs halten kann. Beide können nach Bedarf zurückgeschnitten werden, am besten im Frühjahr beim Umtopfen.

STANDORT: *J. carnea* ganzjährig warm und ohne direkte Sonne; im Winter nicht unter 18°C; wegen des hohen Anspruchs an Luftfeuchtigkeit am besten im Tropenfenster; *J. pauciflora* kann im Sommer vollbesonnt draußen stehen; zur winterlichen Blütezeit ist ebenfalls ein heller, sonniger Standort bei niedrigeren Temperaturen um 10–12°C am besten geeignet
GIESSEN: beide Arten im Sommer gut feucht halten und den Ballen nicht austrocknen lassen; häufig übersprühen, *J. pauciflora* vor allem während der Blüte; im Winter gemäß den Temperaturen weniger gießen
DÜNGEN: nur von Frühjahr bis Herbst alle 2 Wochen mit Blumendünger
VERMEHREN: durch Kopfstecklinge im Frühjahr; *J. carnea* kräftig stutzen

Jacaranda mimosifolia

Jacobinia carnea

Jasminum officinale

Jasminum
Jasmin

Jasminum officinale aus
Kleinasien und China ist
eine Kletterpflanze mit duftenden, weißen Sternblüten
den ganzen Sommer über.
J. officinale kann man
sowohl im Topf am
Zimmerfenster als auch im
Kübel kultivieren. Nicht zu
verwechseln mit *J. nudiflo-
rum*, dem winterblühenden
Jasmin unserer Gärten. Seltener trifft man *J. sambac*
aus Indien und Ceylon, eine ebenfalls weiß blühende
und duftende, immergrüne
Kletterpflanze, von der es
auch eine gefüllt blühende
Sorte gibt. Dieses Jasminum
ist empfindlicher als *J. officinale*, muß im Winter bei
18–20°C stehen und ent-
sprechend öfter gegossen
werden. Insgesamt umfaßt
diese zur Familie der Öl-
baumgewächse (Oleaceae)
gehörende und in Afrika,
Asien, Australien und Amerika beheimatete Gattung
etwa 200 Arten, einige sind
in Europa eingebürgert.

STANDORT: hell, luftig, keine volle Sonne; im Som-
mer möglichst im Freien;
Überwinterung kühl bei
10°C und darunter
GIESSEN: im Sommer
gleichmäßig gut feucht halten; im Winter am kühlen
Standort nur noch wenig
gießen; häufiges Übersprühen im Sommer ist günstig
DÜNGEN: den Sommer über
alle 2 Wochen mit Blumen-
dünger
VERMEHREN: durch halbverholzte Kopfstecklinge im
Frühjahr und Sommer

Jatropha
Flaschenpflanze

So merkwürdig dieses süd-
amerikanische Wolfsmilch-
gewächs (Euphorbiaceae)
mit seinem an der Basis
flaschenförmig verdickten,
nach oben hin sich verjün-
genden Stamm auch aus-
schaut – die Pflege im Zimmer ist denkbar einfach.
Das mag auch der Grund
dafür sein, daß *Jatropha
podagrica* von den etwa
160 Arten aus Amerika und
Afrika als einzige in Kultur,
heute teilweise als Massenware in Kaufhäusern und
Supermärkten angeboten
wird. Die Flaschenpflanze
hat schildförmige, gelappte
Blätter und rote Blüten, die
im Frühsommer an langen
Schäften erscheinen.

STANDORT: hell, auch sonnig, außer über Mittag; im
Winter Zimmertemperatur
oder kühler bis 15°C
GIESSEN: immer nur mäßig
feucht halten; beim Abwerfen der Blätter im Herbst
oder Winter Wassergaben
ganz einstellen; erst beim
Neuaustrieb im zeitigen
Frühjahr wieder mit sparsa-
mem Gießen beginnen
DÜNGEN: nur im Sommer
monatlich mit Kakteen-
dünger
VERMEHREN: bei größeren
Pflanzen durch Stecklinge;
sonst nur durch Aussaat,
doch Samen kaum zu
bekommen

*Jatropha
podagrica*

Kalanchoë

Kalanchoë

Mit dem botanischen Namen verbindet sich zuallererst das Flammende Käthchen, *Kalanchoë blossfeldiana*, das im Zimmerpflanzensortiment weltweit ganz oben steht. Die Niederländer versteigern auf ihren großen Blumenauktionen davon jährlich über 20 Millionen Töpfe.

Es gibt mittlerweile eine Vielzahl von Sorten, die Blütenfarbe reicht vom leuchtenden Gelb über Rot und Rosa bis zu Violett. Relativ neu sind *K. porphyrocalyx,* das Madagaskarglöckchen, und gärtnerische Weiterentwicklungen von *K. manginii,* beide, mit roten oder rosafarbenen, herabhängenden länglichen Blüten, auch für Ampelpflanzung geeignet. Beim Madagaskarglöckchen lohnt eine Weiterkultur kaum, da die Pflanze unansehnlich wird, sobald die in der Gärtnerei beigegebenen Wuchshemmstoffe aufgebraucht sind.

Kalanchoë tomentosa, die Filzige Kalanchoë oder das Katzenohr, hat dicke, längliche, mit einem dichten, silbrigweißen Filz überzogene Blätter, die sich an den Rändern dunkelbraun bis fuchsrot verfärben. Dieser kleine Halbstrauch kommt bei uns nur selten zur Blüte.

Zu *Kalanchoë* gehört auch die früher selbständige Gattung *Bryophyllum* mit etwa 20 Arten. Es handelt sich dabei um „lebendgebärende" Pflanzen, die wegen dieser Eigenschaft schon Goethe interessierten. Bei ihnen entstehen in den Lücken der gezähnten Blatt-

ränder winzige Adventivpflänzchen (Brutpflanzen) mit Luftwurzeln. Sie fallen von alleine ab und wachsen problemlos dort an, wo sie in der Umgebung der Mutterpflanze etwas Erde vorfinden.

Bekannt ist auch *K. daigremontiana* mit länglichdreieckigen Blättern und leicht eingerollten Rändern. Die Pflanze wird in Kultur etwa 50 cm hoch und ist deshalb für Zimmerkultur besser geeignet als *K. pinnata*, eine Art, die mit dem Längenwachstum gar nicht aufhören will und bei einer Höhe von 1 m und darüber allen Charme eingebüßt hat. *K. tubiflora*, das Röhrenförmige Brutblatt, hat schmale, zusammengerollte Blätter, an deren Spitze die Brutpflänzchen sitzen. Über die Schönheit dieser Art kann man ebenfalls geteilter Meinung sein, wenn sie einmal ihre volle Größe von etwa 90 cm erreicht hat. Alle Brutblätter haben kleine, glockige, meist rötlich gefärbte Blüten.

Kalanchoë aus der Familie der Dickblattgewächse (Crassulaceae) ist mit über 200 Arten vor allem auf Madagaskar und in Afrika, seltener in Asien vertreten. Es handelt sich um mehr oder weniger sukkulente Pflanzen, die ihre Blüten nur an den kurzen, lichtarmen Tagen ausbilden. Diese Eigenschaft machen sich die Gärtner zunutze, indem sie das Flammende Käthchen, eigentlich ein Winterblüher, durch eine künstlich herbeigeführte Dunkelphase zu jeder beliebigen Jahreszeit blühend anbieten.

STANDORT: alle Arten bevorzugen einen hellen, sonnigen Platz ohne Mittagssonne; für *K. blossfeldiana* ist ein Freilandaufenthalt im Sommer besser als ein wenig gelüftetes Zimmer; im Winter kühler stellen; *K. blossfeldiana* nicht unter 15°C, die anderen bei 10–12°C, um die Blütenbildung zu gewährleisten; trockene Zimmerluft wird allgemein gut vertragen

GIESSEN: als sukkulente Pflanze von Frühjahr bis Herbst nur mäßig feucht halten, Erde immer wieder oberflächig abtrocknen lassen; nur *K. blossfeldiana* braucht je nach Größe und Stand etwas mehr Wasser, auch im Winter; die anderen zu dieser Zeit fast trocken stellen

DÜNGEN: von Frühjahr bis Spätsommer wöchentlich mit Kakteen- oder alle 2 Wochen mit Blumendünger; bei den Bryophyllen und *K. tomentosa* auch in größeren Abständen, um das Wachstum nicht unnötig anzuregen

VERMEHREN: bei den „lebendgebärenden" Arten durch Einpflanzen der „Kinder" oder der Triebspitzen nach Antrocknen der Schnittfläche; sonst durch Blattstecklinge oder Samen, die bei diesen Lichtkeimern nicht mit Erde bedeckt werden dürfen

HINWEIS: Das Flammende Käthchen kann nach dem Abblühen gestutzt werden, wenn die Form nicht mehr befriedigt. Das Madagaskarglöckchen und verwandte Hybriden zieht man, wenn sie zu groß und unansehnlich geworden sind, besser aus Stecklingen neu heran. Alle *Kalanchoë*-Arten haben sich als gute Hydropflanzen erwiesen.

Kalanchoë blossfeldiana

Kalanchoë daigremontiana   *Kalanchoë tomentosa*

Kohleria-Hybride

Kohleria

Kohlerie

Die reinen Arten dieser Gesneriengewächse (Gesneriaceae) aus dem nördlichen Südamerika kann man heute wohl nur noch in botanischen Gärten bewundern. Im Blumengeschäft begegnen uns fast ausschließlich Hybriden von *Kohleria amabilis,* *K. bogotensis* und *K. eriantha.* Es handelt sich um kleinbleibende Stauden mit roten, orange- und gelborangefarbenen Röhrenblüten und einem schuppigen Rhizom, das dem der eng verwandten *Achimenes* (Schiefteller) ähnelt. Man kann zwar das Rhizom für sich allein in leicht feuchtem Substrat bei etwa 10°C überwintern, empfehlenswerter ist es jedoch, die Pflanzen in belaubtem Zustand mit einer Ruhezeit durchzukultivieren. Die Blütezeit währt je nach Sorte vom Frühjahr bis zum Herbst. Bekannt sind etwa 65 Arten.

Kohleria bogotensis

STANDORT: hell, auch beschattet, keine direkte Sonne; im Winter Ruhezeit bei etwa 12–15°C; droht das Laub abzusterben, etwas wärmer stellen
GIESSEN: im Sommer nur mäßig, im Winter gerade leicht feucht halten; Luftfeuchtigkeit ist erwünscht, jedoch sollen die behaarten Blätter nicht besprüht werden
DÜNGEN: nur von Frühjahr bis Herbst monatlich mit Blumendünger
VERMEHREN: im Frühjahr durch Teilung der Rhizome oder durch Kopfstecklinge

Lachenalia

Lachenalie

Die Klimaverhältnisse in der südafrikanischen Kapprovinz haben diesem Liliengewächs (Liliaceae) mit etwa 50 Arten eine strenge sommerliche Ruhezeit mit absoluter Trockenheit aufgezwungen. Die hübschen länglichen, gelben oder violetten Blütenglocken, die von Januar bis März an schmalen Schäften zu mehreren über dem riemenförmigen Laub stehen, entwickeln sich nur bei kühlen Wintertemperaturen um 10°C. Für den Pflanzenliebhaber ist es dennoch keine Frage, daß sich die Kultur lohnt. Angeboten werden hauptsächlich Abkömmlinge von *Lachenalia aloides* (*L.-Aloides*-Hybriden).

STANDORT: so viel Sonne und Frischluft wie möglich; ab Ende Mai Topf bei voller Sonne ins Freie stellen; im Oktober an einen ebenfalls vollsonnigen, kühlen Platz mit Temperaturen zwischen 6 und 10°C ins Haus holen; nach dem Abblühen kann die Lachenalie auch wärmer stehen
GIESSEN: während der Wachstums- und Blütezeit von Oktober bis April stets mäßig feucht halten; mit Einziehen des Laubs Gießen reduzieren; im Sommer, wenn die Pflanze ihre Ruhezeit im Freien durchmacht, bis September/Oktober völlig trocken halten
DÜNGEN: von Oktober bis einige Zeit nach dem Verblühen alle 2 Wochen mit Kakteendünger oder Blumendünger in halber Konzentration
VERMEHREN: vor dem Austrieb im Spätsommer durch Brutzwiebeln beim jährlichen Umtopfen in Einheitserde

Lachenalia-Aloides-Hybride

Lampranthus zeyheri

Lampranthus
Eiskraut

Obgleich die Mittagsblumengewächse (Aizoaceae) ihre in vielen Farbvariationen leuchtenden Strahlenblüten nur bei voller Sonne, am sichersten also um die Mittagszeit, öffnen, befinden sich diese Sukkulenten aus Südafrika bei uns deutlich im Aufwind – nicht nur als Zimmer-, sondern auch als Balkon- und Gartenpflanzen. Das in diese große Familie gehörende, etwa 150 Arten zählende Eiskraut *(Lampranthus)*, das von Juli bis September seine lilaroten, roten oder rosa Blüten entfaltet, macht da keine Ausnahme. Immer neue Zuchtformen dieses mit kriechenden Trieben und hochsukkulenten, walzenförmigen Blättern versehenen Halbstrauchs tauchen am Markt auf, so daß man sich beim Kauf (in voller Sonne!) besser aufs Auge denn auf verwirrende Namen verläßt. Eiskraut macht sich besonders hübsch in Blumenampeln.

STANDORT: stets vollsonnig, im Sommer auch draußen; im Winter ebenfalls sehr heller Stand, aber niedrige Temperaturen zwischen 5 und 10°C; Wohnwärme wird hingenommen, ist aber nicht ideal
GIESSEN: den Sommer über wenig, am kühlen Winterplatz gar nicht gießen; bei wärmerem Stand gerade leicht feucht halten
DÜNGEN: nur von Frühjahr bis Herbst monatlich mit Blumendünger
VERMEHREN: durch Kopfstecklinge im Sommer oder aus Samen im Frühjahr
HINWEIS: Wie die meisten Mittagsblumengewächse läßt sich auch *Lampranthus* gut in Hydrokultur halten.

Laurus
Lorbeer

Eigentlich keine Zimmer-, sondern „die Kübelpflanze für alle Zwecke", seit altersher als solche bekannt und Schnittobjekt phantasiebegabter Gärtner. Von der Gattung aus der gleichnamigen Familie (Lauraceae) gibt es nur 2 Arten. Lediglich eine, *Laurus nobilis* aus dem Mittelmeerraum, hat es als Zierpflanze zu Ruhm gebracht. Die ledrig dunkelgrünen Blätter, als Würze wie als Siegerkranz der Antike unentbehrlich, verströmen beim Zerreiben den bekannten aromatischen Duft. Junge Exemplare des immergrünen Strauchs kann man noch im Topf kultivieren, später wird er dafür zu groß.

STANDORT: wenn möglich den Sommer über vollsonnig im Freien, bei Zimmerkultur viel Frischluft; Schatten wird vertragen; Winterquartier hell und kühl, gerade frostfrei
GIESSEN: im Sommer reichlich, im Winter gerade noch Ballentrockenheit vermeiden; auch bei tiefen Temperaturen nicht zu kaltes Wasser verwenden
DÜNGEN: nur während der Hauptwachstumszeit monatlich mit Blumendünger
VERMEHREN: durch Kopfstecklinge (Spätsommer), die kühl überwintert werden

Laurus nobilis

Leptospermum

Leptospermum

Der im Frühjahr und Frühsommer weiß, rot oder rosa blühende, kleinbleibende immergrüne Strauch mit 50 Arten gehört zu den Myrtengewächsen (Myrtaceae) und stammt aus Australien und Neuseeland. Im Topfpflanzensortiment trifft man die Art *Leptospermum scoparium*, von der es eine Reihe Sorten gibt, nicht allzu häufig an. Dabei ist das Gehölz mit den teilweise bronzefarbenen, schmalen Blättern recht einfach zu kultivieren.

*Blüte von
Leptospermum scoparium*

STANDORT: möglichst vollsonnig, sommerlicher Freilandaufenthalt ist günstig; im Winter sehr kühl bei 4–10 °C stellen
GIESSEN: im Sommer reichlich mit enthärtetem Wasser, während der Ruhezeit nur sehr sparsam
DÜNGEN: nur von Frühjahr bis Spätsommer alle 2 Wochen mit Blumendünger
VERMEHREN: durch Kopfstecklinge bei etwa 25 °C Bodenwärme im Vermehrungsbeet oder durch Aussaat
HINWEIS: Um eine dichtere Verzweigung zu erreichen, sollte *Leptospermum* nach der Blüte oder vor dem Einräumen etwas zurückgeschnitten werden.

*Leptospermum
scoparium*

Lilium

Topflilie

Wie beim Lorbeer und einigen anderen Gewächsen muß man die Frage offen lassen, ob Lilien ideale Zimmerpflanzen sind. In Frage kommen dafür hauptsächlich die sogenannten *Lilium-Tigrinum*-Hybriden und die zu ihnen gehörenden *Mid-Century*-Hybriden, mit vielen bekannten und weniger bekannten Sorten. Auch von *L. auratum, L. longiflorum und L. speciosum* gibt es eine Vielzahl von Kreuzungen, die als Topfpflanzen Verwendung finden.
Insgesamt zählt die Gattung *Lilium* etwa 100 Arten. Die Sorten, Hybriden und Formen der weltweit in den gemäßigten Zonen vorkommenden Zwiebelpflanze sind nicht mehr zu zählen, das Sortiment vor allem der in Amerika entwickelten Gartenzüchtungen wird von Jahr zu Jahr unübersichtlicher.

STANDORT: im Herbst in lockere, mit gutem Wasserabzug versehene Erde eingepflanzte Zwiebeln zunächst kühl stellen und nur gerade feucht halten; bei Austriebsbeginn, meist Anfang März, Töpfe heller und wärmer (10–12 °C) aufstellen und mehr gießen; ab Ende Mai beschatteter Platz im Freien; in der Wohnung sehr luftig und möglichst kühl halten
GIESSEN: von Austriebsbeginn bis zum Einziehen der Blätter im Herbst stets mäßig feucht halten, Staunässe ist für Lilien tödlich; in der Ruhezeit nicht mehr gießen
DÜNGEN: von März bis Spätsommer alle zwei Wochen mit Blumendünger
VERMEHREN: durch Brutzwiebeln, Zwiebelschuppen oder Samen

*Lilium-
Hybride*

Lithops

Lebende Steine

Wie die meisten Mittagsblumengewächse (Aizoaceae) ist auch die Gattung *Lithops* mit etwa 50 Arten in den Trockengebieten Südafrikas beheimatet. Man traut diesen mit meisterhafter Mimikry ihrer steinigen Umgebung angepaßten, hochsukkulenten Winzlingen die großen weißen oder gelben, strahlenförmigen Blüten im Sommer und Herbst gar nicht zu. Die Einzelblüte erscheint im Spalt, der das fast zusammengewachsene Blattpaar trennt. Die Aufzählung der in Kultur befindlichen Arten ist nur für den Liebhaber und Sammler von Interesse. Größer als einige Zentimeter werden sie alle nicht.

STANDORT: vollsonnig; vor Regen geschützt den Sommer über auch im Freien; im Winter kühl um 10–12°C, doch nicht unter 8°C

Blüte von Lithops marmorata

GIESSEN: nur im Sommer, und auch dann äußerst sparsam; Erde zwischen den Gießvorgängen gut abtrocknen lassen; zuviel Feuchtigkeit bringt die Blätter zum Aufplatzen; ab September Gießen ganz einstellen; die im Winter und Frühjahr neu sich bildenden Blattkörper beziehen ihren Wasserbedarf zunächst aus dem alten Blattpaar; Gießen generell am besten über den Untersatz
DÜNGEN: im allgemeinen nicht notwendig, allenfalls während der sommerlichen Wachstumszeit einmal mit Kakteendünger in halber Konzentration
VERMEHREN: durch überall im Handel erhältlichen Samen im Frühjahr möglich; 1. Blüte frühestens nach 2 Jahren

Maranta

Marante, Pfeilwurz

Zusammen mit *Calathea*, *Ctenanthe* und *Stromanthe* haben wir hier eine Gruppe von Blattschönheiten vor uns, die alle aus den tropischen Regenwäldern Südamerikas stammen und entsprechende Ansprüche an die Pflege stellen. Von *Maranta* aus der gleichnamigen Familie (Marantaceae) sind ungefähr 25 Arten bekannt. In ihren Heimatgebieten wird die Pfeilwurz wegen ihrer knolligen, stärkehaltigen Rhizome als Nutzpflanze angebaut.
Die wichtigsten Zierformen sind *M. bicolor* und vor allem *M. leuconeura* mit einigen bekannten Sorten wie 'Erythroneura', 'Kerchoviana' und 'Massangeana'. Am einprägsamsten und buntesten ist wohl *M. leuconeura* 'Fascinator' mit auffällig strukturierten, rotgeaderten Blättern. Sie ist nicht nur die schönste, sondern zudem auch noch die gutmütigste aller *Leuconeura*-Abkömmlinge und läßt sich gut auf dem beschatteten Fensterbrett halten. Wegen ihres kriechenden Wuches pflanzt man sie am besten in größere Schalen.

STANDORT: hell, auch beschattet; keine volle Sonne; in Gegenden mit verläßlich warmen Sommern ohne weiteres geschützt auch draußen; im Winter Wohnwärme nicht unter 18°C bei gleichhoch temperiertem Substrat
GIESSEN: nur mit enthärtetem, zimmerwarmem Wasser; ohne Staunässe immer gut feucht halten; häufig übersprühen, besser indirekt einnebeln, um Wasserflecken auf den Blättern zu vermeiden; bei trockener Heizungsluft Schale erhöht in einen mit Wasser gefüllten Untersetzer stellen
DÜNGEN: nur von Frühjahr bis Spätsommer alle 2 Wochen mit Blumendünger in halber Konzentration
VERMEHREN: durch Teilung im Frühjahr
HINWEIS: Maranten sind ausgezeichnete Hydropflanzen.

Lithops

Maranta leuconeura 'Fascinator'

Medinilla
Medinille

Die über 125 Arten dieser Schwarzmundgewächse (Melastomataceae) kommen in Ostasien und auf den Inseln der Südsee wie des Indischen Ozeans vor. In Kultur befindet sich überwiegend *Medinilla magnifica* aus den Tropenwäldern der Philippinen. Es ist ein eindrucksvoller Strauch mit rosaroten, in Rispen herabhängenden, bis zu 40 cm langen Blütenständen. Die tiefgeaderten, 30 cm messenden Blätter sitzen an vierkantigen, verholzenden Stengeln, was anzeigt, daß es sich um ein Gehölz handelt. Über die Kulturwürdigkeit als Zimmerpflanze gehen die Meinungen auseinander, die meisten Fachleute neigen zu der Ansicht, daß dieses Tropengewächs auf Dauer nur im Warmhaus oder im großen, geschlossenen Tropenfenster zu halten sei. Dem widersprechen Erfahrungen von Zimmergärtnern, deren Medinillen auf dem Fensterbrett Jahr für Jahr willig und reich blühen. Blütezeit ist Frühjahr und Sommer.

STANDORT: hell, außer morgens oder abends keine Sonne; kein Freilandaufenthalt; günstig sind Ost- oder Nordwestfenster; reichlich Frisch-, jedoch keine Zugluft; in großen, luftigen Räumen ganzjährig Wohnwärme; Heizungsnähe im Winter und in der 2 Monate dauernden Ruhezeit bei 15 °C meiden; in dieser Periode wird die Blütenbildung eingeleitet; danach wieder wärmer stellen

GIESSEN: von Frühjahr bis Spätsommer mit zimmerwarmem, enthärtetem Wasser gleichmäßig feucht halten und häufig sprühen; im Winter sparsam gießen, Erde immer wieder an der Oberfläche abtrocknen lassen; bei Knospenansatz Wassergaben wieder erhöhen, da hohe Luftfeuchtigkeit erwünscht ist; Pflanze während der Blüte- und Wachstumszeit erhöht in einen Untersetzer mit Wasser stellen

DÜNGEN: ab Austriebsbeginn im Frühjahr bis September wöchentlich mit Blumendünger; im Winter nicht düngen

VERMEHREN: durch Kopfstecklinge im Frühjahr nur im geschlossenen Vermehrungsbeet bei hoher Luftfeuchtigkeit, hohen Bodentemperaturen und mit Bewurzelungshormon möglich; dem Laien nicht zu empfehlen

HINWEIS: Medinillen können recht umfangreich werden. Es empfiehlt sich ein Rückschnitt nach der Blüte bis ins alte Holz. Die Pflanze soll nach dem Knospenansatz nicht mehr bewegt, vor allem der Lichteinfallswinkel nicht verändert werden, um Knospen- und Blattfall zu vermeiden.

Medinilla magnifica

Maranta leuconeura 'Kerchoviana'

Metrosideros

Metrosideros
Eisenholzbaum

Die enge Verwandtschaft zu *Callistemon*, dem Zylinderputzer, zeigt sich schon daran, daß einige *Callistemon*-Arten früher *Metrosideros* zugerechnet wurden. Beide Gattungen und Bäume aus der Myrtenfamilie (Myrtaceae) sind in Australien beheimatet. Die immergrünen Sträucher haben auffällige Blüten, bei denen vor allem die langen, haarförmigen Staubfäden dominieren. Bei *Metrosideros* sind sie weiß, rosa oder leuchtend rot.
Metrosideros excelsa ist eine unempfindliche Kübelpflanze, die als Busch oder als Stämmchen gezogen werden kann. Die Verwendung ist derjenigen von Lorbeer ähnlich. Die Blätter

sind behaart. Die Blüte erscheint etwa im Mai, jedoch erstmals, wenn die Pflanze 3–4 Jahre alt ist.

STANDORT: vollsonnig, im Sommer im Freien; im Zimmer nur bei viel frischer Luft; Winterstandort kühl, um 5–10 °C, und hell
GIESSEN: von Frühjahr bis Herbst gleichmäßig feucht halten; im Winter gerade soviel gießen, daß das Laub nicht abfällt
DÜNGEN: den Sommer über alle zwei Wochen mit Blumendünger
VERMEHREN: durch Kopfstecklinge im Sommer möglich
HINWEIS: als Gehölze können *Metrosideros* wie *Callistemon* nach der Blüte zurückgeschnitten werden.

Mimosa
Sinnpflanze

Mit etwa 500 Arten ist dieser Hülsenfrüchtler (Leguminosae) im tropischen und subtropischen Amerika vertreten, nur eine davon wurde als interessante Zimmerpflanze bekannt: *Mimosa pudica*, die Schamhafte Sinnpflanze aus Brasilien. Es ist eines der wenigen Gewächse, das gleich der Venusfliegenfalle für das Auge sichtbare Bewegungen ausführt. Das langgestielte Blatt teilt sich in vier „Finger", von denen jeder wiederum mit feinen Fiederblättchen besetzt ist. Bei der geringsten Berührung klappen diese Fiedern zusammen, stärkere Reize bewirken, daß sich das ganze viergliedrige Blatt mitsamt dem Stiel nach unten senkt. Auch Hitze, zum Beispiel durch ein in Blattnähe gehaltenes, brennendes Streichholz, löst eine derartige Bewegung aus, während bei Wind keine Reaktion erfolgt. Wird dieses Spiel in kurzer Folge öfter wiederholt, erlahmt der Mechanismus, der zum Wiederaufrichten des Blatts zwischen 5 und 30 Minuten benötigt.

Am nur 50 cm hohen Halbstrauch erscheinen im Frühjahr und Sommer kleine, rosafarbene Kugelblüten. Bei Zimmerkultur wirft man die Pflanze im Herbst am besten weg.

STANDORT: hell und warm; keine volle Sonne
GIESSEN: mit enthärtetem, luftwarmem Wasser stets mäßig feucht halten; Luftfeuchtigkeit durch Einsenken des Topfes in feuchten Torf oder ähnliche Maßnahmen erhöhen
DÜNGEN: alle 2 Wochen mit Blumendünger
VERMEHREN: durch Samen im Frühjahr; am besten im Vermehrungsbeet oder unter Verdunstungsschutz
HINWEIS: Es lohnt kaum, *M. pudica* weiterzukultivieren. Im 2. Jahr verliert die Pflanze sichtbar an Vitalität und wird unansehnlich. Ein Rückschnitt ist nicht empfehlenswert, da keine neuen Triebe nachwachsen. Außerdem ist die Überwinterung schwierig, die bei relativ hohen Temperaturen, viel Licht und entsprechender Luftfeuchtigkeit allenfalls im warmen Gewächshaus gelingt. Besser ist jährliche Anzucht von Jungpflanzen. Die Mimose reagiert empfindlich auf Luftverunreinigungen und ist daher keine Pflanze für Raucher.

Monstera

Fensterblatt

Häufig mit dem nahe verwandten Philodendron verwechselt, ist *Monstera deliciosa* nicht nur eine unserer dankbarsten, sondern zugleich auch imposantesten Blattschmuckpflanzen. Das Aronstabgewächs (Araceae) erreicht bei zusagenden Bedingungen auch im Zimmer gewaltige Ausmaße. Die riesigen, im Alter nicht mehr gefensterten, sondern tief eingeschnittenen Blätter und die bleistiftdick herabhängenden Luftwurzeln (niemals abschneiden!) können diesen mittel- und südamerikanischen Tropenwaldbewohner ein ganzes Zimmer beherrschen lassen. Der in seiner Heimat oft epiphytisch wachsende Schlinger, von dem über 25 Arten bekannt sind, braucht unbedingt ein Gerüst, an dem er sich im Lauf der Jahre zu seiner vollen, imposanten Größe ausbreiten kann. Die am

häufigsten in Zimmerkultur gehaltene Art *M. deliciosa* ist mit einigen Sorten vertreten, von denen 'Borsigiana' die bekannteste sein dürfte. Die weißgrün panaschierte 'Variegata' ist etwas empfindlicher und wächst langsamer.

STANDORT: je heller (nicht sonnig) der Stand, desto besser der Wuchs, desto größer die Blätter und desto ausgeprägter die Fensterung; auch Halbschatten wird ohne weiteres vertragen; kleinere Pflanzen kann man im Freien übersommern, ältere sollten ihren angestammten Platz nicht mehr verlassen; ganzjährig Zimmertemperatur, aber auch 10°C im Winter tun der *Monstera* nichts, allerdings stellt sie dann in dieser Zeit jegliches Wachstum ein

GIESSEN: stets gleichmäßig feucht, nicht naß halten; im Sommer häufig übersprühen oder die Blätter wie beim Gummibaum mit einem feuchten Lappen abwischen; das Wasser sollte enthärtet und zimmerwarm sein, die Bodentemperatur der Raumtemperatur entsprechen; bei kühlem Stand weniger gießen

DÜNGEN: alle 2 Wochen mit Blumendünger; in einem kühlen Winterquartier Düngen stark reduzieren oder ganz einstellen

VERMEHREN: durch Kopfstecklinge bei Bodentemperaturen um 25°C oder durch Abmoosen

HINWEIS: Manchmal erscheint auch bei Zimmerkultur die reinweiße, callaähnliche Blüte, aus der sich violette Beerenfrüchte entwickeln. Sie duften nach Ananas, sind eßbar, können jedoch zu Schleimhautreizungen führen. Wer ein genügend großes Spezialgefäß besitzt, kann *Monstera* gut als Hydropflanze pflegen. Bei Erdkultur leitet man einige Luftwurzeln ins Substrat, wo sie sich zu Erdwurzeln umbilden und für zusätzliche Nährstoffaufnahme sorgen.

Monstera deliciosa

Mimosa pudica

Myrtus

Myrte

Der mediterrane, immergrüne Strauch *Myrtus communis*, dessen Weg sich bis weit in die ägäische Kultur verfolgen läßt, hat auch im deutschen Brauchtum des Mittelalters als Brautkranz oder -strauß eine Rolle gespielt. Die übrigen etwa 100 Arten in Amerika und Australien haben als Zierpflanzen keine Bedeutung. Die weißen oder hellrosa Blüten mit gelben Staubfäden erscheinen im Sommer, die blauschwarzen Beerenfrüchte (eßbar, aber nicht wohlschmeckend) im Herbst. Das in Kultur selten höher als 80 cm werdende Myrtengewächs (Myrtaceae) sollte nicht zurückgeschnitten werden, weil das auf Kosten der Blüte geht, obgleich es, ähnlich dem Buchs, beliebig mit der Schere in Form gebracht werden kann.

STANDORT: hell, auch sonnig; viel Frischluft; da ein zu enger Stand mit Nachbargewächsen nicht erwünscht ist, im Sommer vorzugsweise draußen und freistehend; Überwinterung hell bei 5–8°C

GIESSEN: den Sommer über mit enthärtetem Wasser reichlich, ohne dabei Staunässe zu verursachen; auch häufiges Übersprühen ist vorteilhaft; im kühlen Winterquartier Substrat gerade feucht halten

DÜNGEN: von Frühjahr bis Herbst alle 2 Wochen mit Blumendünger

VERMEHREN: im Frühjahr und Sommer durch Kopfstecklinge; Jungpflanzen mehrmals stutzen, um die Verzweigung anzuregen

Nepenthes

Nepenthes

Kannenpflanze

In den feuchtwarmen Urwäldern verschiedener Inselgruppen des Indischen und Pazifischen Ozeans lebt dieser Kletterstrauch, der zu den fleischfessenden Pflanzen gehört, meist als Epiphyt. Die mit einem Deckel versehenen Fallgruben in Kannenform bestehen aus umgebildeten Blättern. Insekten werden durch Duftstoffe in die Kannen gelockt und mit Hilfe von Sekreten verdaut. Die einzige Gattung der Nepenthesgewächse (Nepenthaceae) zählt etwa 70 Arten und eine Vielzahl von Hybriden, die vor allem in England entstanden. Bereits aus dem Jahr 1872 sind hier Kreuzungsversuche bekannt. Im Zimmer ist die Kultur nur kurzzeitig und vorübergehend möglich, denn die Kannenpflanze verlangt hohe Luftfeuchtigkeit gepaart mit Wärme. Ist kein Tropenfenster oder Warmhaus vorhanden, lohnt die teure Anschaffung nicht.

Am besten kommt *Nepenthes* zur Geltung, wenn man sie in Ampeln oder Holzkörbchen pflanzt, so daß die Kannen am äußeren Rand herabhängen können.

STANDORT: ganzjährig hell, jedoch keine direkte Sonne; durchgehende Wärme um 20°C; im Winter fördert eine geringfügige Temperaturabsenkung über Nacht die Kannenbildung

GIESSEN: das durchlässige, luftige Substrat ohne Vernässung stets gleichmäßig feucht halten; Pflanze öfter tauchen; nur lauwarmes, enthärtetes Wasser verwenden; günstigste Luftfeuchtigkeit um 80%

DÜNGEN: von März bis September alle 2 Wochen mit Blumendünger in halber Konzentration

VERMEHREN: durch Kopfstecklinge im zeitigen Frühjahr; gelingt nur im Vermehrungsbeet bei Bodentemperaturen ab 25°C und hoher Luftfeuchtigkeit

Myrtus communis

Nerium

Oleander

In einer Zeit, in der Kübelpflanzen Hochkonjunktur
haben, ist auch ein Oleander am sonnigen Hausein-
gang oder auf der Terrasse
nichts Besonderes mehr. Im
Zimmer wird man sich von
diesem immergrünen
Strauch der Mittelmeerländer mit weißen, roten oder
rosa, einfachen oder gefüllten Blüten nach einiger Zeit
trennen müssen, weil er zu
groß und breit geworden
ist. Zwar verträgt Oleander
einen radikalen Rückschnitt
gut, doch geht das stets auf
Kosten der Blütenfülle.
Auch verregnete Sommer
können das Aufblühen ver-
hindern, das dann aber im
darauffolgenden Jahr nach-
geholt wird.
Von der in allen Teilen giftigen Gattung aus der Familie der Hundsgiftgewächse
(Apocynaceae) sind nur
2 Arten bekannt.

STANDORT: vollsonnig und
warm; den Sommer über
draußen, im Zimmer
mit viel Frischluft;
Überwinterung hell
und kühl bei 4–8°C;
wärmerer Stand führt zu
Schwächung, Geilwuchs
und Schädlingsbefall, vor
allem durch Schildläuse;
bei dunkler Überwinterung
wird das Laub abgeworfen,
was ebenfalls eine Beein-
trächtigung von Wuchs und
Blühfreudigkeit zur Folge
hat

GIESSEN: mit enthärtetem,
luftwarmem Wasser den
Sommer über sehr feucht
halten; Wasser im Untersatz
für stete Dauerbewässerung
in voller Sonne ist günstig;
in der Ruhezeit Gießen
stark einschränken, nicht
zu kaltes Wasser ver-
wenden
DÜNGEN: von Frühjahr bis
Spätsommer wöchentlich
mit Blumendünger
VERMEHREN: im Sommer
durch Kopfstecklinge
– auch im Wasser – einfach
HINWEIS: Solange es die
Größe nicht verbietet, kann
Oleander auch als Hydro-
pflanze kultiviert werden.

Nertera

Korallenmoos

Mittel- und Südamerika
sowie Australien sind die
Heimat dieser kleinen
Kriechstaude, die nach der
unscheinbaren Blüte mit
korallenroten, erbsengro-
ßen Beeren dicht bedeckt
ist.
Dieser aparte Frucht-
schmuck kann bis in den
Winter halten. Außer der in
Kultur befindlichen *Nertera
granadensis* gibt es 6 oder
8 weitere Arten dieser
Krappgewächse (Rubia-
ceae).
Wer sich mit einer Weiterkultur nicht abgeben mag,
wirft die Pflanze weg,
wenn die Beerchen nicht
mehr schön aussehen.

Nertera granadensis

STANDORT: hell bis halbschattig, ohne pralle Sonne,
im Sommer auch draußen;
bei Zimmerkultur ist viel
Frischluft erforderlich; helle
Überwinterung bei 10°C
GIESSEN: den Sommer über
gleichmäßig feucht halten,
außerhalb der Blütezeit
auch übersprühen; im Win-
ter sehr sparsam gießen,
kalkarmes oder abgestande-
nes Wasser verwenden
DÜNGEN: nur den Sommer
über monatlich mit
Blumendünger
VERMEHREN: durch Teilen
im Spätsommer/Herbst
oder Aussaat

Nerium oleander

Ophiopogon jaburan

Ophiopogon
Schlangenbart

Die enge Verwandtschaft zwischen *Ophiopogon* und *Liriope*, beides Liliengewächse (Liliaceae) aus China, Japan und Korea, hat schon häufig zu Verwechslungen geführt. Das ist nicht weiter schlimm, denn nicht nur äußerlich, sondern auch in der Pflege ähneln sich die beiden anspruchslosen Stauden. Von *Ophiopogon jaburan* gibt es Sorten mit weiß- oder gelbgestreiftem Laub, die etwas heller stehen sollten als die reingrünen. Beide Stauden mit den schmalen, grasartigen Blättern kann man auch als Bodendecker oder an den Rand von Rabatten frei auspflanzen. Allerdings werden dort nur milde Winter überstanden.

STANDORT: außer den buntblättrigen Sorten halbschattig bis schattig stellen; Wintertemperaturen 5–10 °C, Wohnwärme wird bei häufigem Übersprühen gerade noch toleriert
GIESSEN: im Sommer gleichmäßig leicht feucht halten, im Winter entsprechend der Temperatur weniger gießen
DÜNGEN: von Frühjahr bis Herbst alle 2 Wochen mit Blumendünger
VERMEHREN: durch Teilung im Frühjahr

Pachyphytum
Pachyphytum

Bei der Pflege dieser hochsukkulenten, kurzstämmigen Dickblattgewächse (Crassulaceae) aus Mexiko gibt es keinerlei Probleme. Die dicken, eirunden bis länglichen Blätter sind graublau bereift, die rotorangefarbenen Glockenblüten erscheinen im Frühjahr und sitzen zu mehreren an 5–15 cm langen Stielen. Von den 8 bekannten Arten wird meist *Pachyphytum oviferum* angeboten. Identisch in der Pflege ist *x Pachyveria*, eine Kreuzung aus *Pachyphytum* und *Echeveria*, doch sind die ebenfalls sukkulenten Blätter hier schmaler, länglichspitz und noch deutlicher rosettenartig angeordnet als beim Elternteil *Pachyphytum*. Die Blüten, gleichfalls an der die Rosette überragenden Stielen, sind rötlich bis weiß.

STANDORT: vollsonnig mit reichlich frischer Luft, im Sommer möglichst im Freien; im Winter ist eine Ruhezeit bei 6–8 °C günstig; zur Not wird auch Wohnwärme vertragen, was sich jedoch negativ auf die Blütenbildung auswirkt
GIESSEN: auch im Sommer eher trocken halten, die Erde soll nicht ständig feucht sein; am kühlen Winterplatz Gießen weitgehend einstellen; Lufttrockenheit wird gut vertragen
DÜNGEN: nur im Sommer monatlich mit Kakteendünger
VERMEHREN: durch Blattstecklinge nach Abtrocknen der Schnittfläche im Frühjahr oder durch Samen

x Pachyveria

Pachypodium

Madagaskarpalme

Mit Madagaskar hat dieses Hundsgiftgewächs (Apocynaceae) sehr viel zu tun, weil es dort beheimatet ist, mit Palmen überhaupt nichts. Einige Arten kommen auch in Südafrika vor. In den siebziger Jahren, als *Pachypodium geayi* und *P. lamerei* in unseren Blumengeschäften auftauchten, wirkten sie auf den Zimmergärtner wie eine kleine Sensation. In der Tat gleicht die Pflanze mit ihrem dicken, stark bestachelten Stamm und den dem Scheitelpunkt entsprießenden, schmalen Blättern einem „Säulenkaktus mit Laubschopf". In ihrer Heimat können diese Sukkulenten eine Höhe von 10 m und einen Stammdurchmesser von 1 m erreichen: In unseren Blumengeschäften werden von den 18 bekannten Arten nur die beiden erwähnten angeboten.
Bei den Madagaskarpalmen ist die Ruhezeit, die in ihrer Heimat in unsere Sommermonate fällt, nicht erblich festgelegt. Bei günstigen Wachstumsbedingungen (Wärme, Licht) fallen die Blätter deshalb nicht ab.

STANDORT: ganzjährig möglichst viel Sonne, Freilandaufenthalt im Sommer ist günstig; auch im Winter Wohnwärme (nicht unter 18°C)

GIESSEN: durchgehend nur leicht feucht halten; werden die Blätter abgeworfen, so zeigt die Pflanze damit an, daß sie zu trocken steht; schwarze, schmierige Blätter, bei Pachypodium häufig, gehen auf Pflegefehler zurück: zu viel Nässe, vor allem bei kühlem Winterplatz
DÜNGEN: nur den Sommer über monatlich mit Kakteendünger
VERMEHREN: durch Aussaat im Vermehrungsbeet, doch Samen kaum erhältlich
HINWEIS: Madagaskarpalmen sind wie ihre Verwandten Wüstenrose (*Adenium*) und Oleander (*Nerium*) sehr giftig. Man kann sie gut in Hydrokultur halten.

Pachystachys

Goldähre

Pachystachys lutea ähnelt mit ihrer aufrecht stehenden Blütenähre aus leuchtend gelben Deckblättern sowohl dem Glanzkölbchen (*Aphelandra*), allerdings ohne dessen attraktives Laub zu haben, als auch ein wenig dem Zimmerhopfen (*Beloperone*). Mit beiden hat sie die Familie der Akanthusgewächse (Acanthaceae) gemein. Die etwa 6 Arten der ausdauernden Kräuter und Sträucher stammen aus dem tropischen Amerika, die einzige bei uns in Kultur befindliche *P. lutea* ist in Peru beheimatet. Als Topfblume bekannt ist die Goldähre schon seit Ende des vorigen Jahrhunderts. Möglicherweise liegt es an ihrem lichten Wuchs, der durch Hemmstoffe anfänglich klein gehalten wird, daß die Pflanze offenbar wenig

Zuspruch fand und erst seit einigen Jahren als „Neuheit" wieder auf dem Markt ist. Obgleich die Blütezeit von Frühjahr bis Herbst andauert, wird die Freude an mehrjähriger Kultur durch den zunehmend unattraktiver werdenden Habitus des Strauchs gemindert.

STANDORT: ganzjährig hell und sonnig ohne Prallsonne; auch im Winter Temperaturen nicht unter 18°C bei gleichbleibend hoher Bodenwärme
GIESSEN: ohne Unterbrechung stets mäßig feucht halten und für erhöhte Luftfeuchtigkeit durch Übersprühen – besonders im Winter – sorgen
DÜNGEN: von Frühjahr bis Herbst alle 2 Wochen mit Blumendünger
VERMEHREN: durch Kopfstecklinge im Frühjahr im Vermehrungsbeet, Jungpflanzen stutzen
HINWEIS: Für einen kompakten Wuchs kann man *Pachystachys* im Frühjahr leicht zurückschneiden

Pachypodium lamerei

Pachystachys lutea

Pandanus

Schraubenbaum

Zur Familie der Schrauben-
baumgewächse (Pandana-
ceae) gehören nur 2 Gat-
tungen, von denen die des
Schraubenbaums allerdings
allein etwa 600 Arten auf
Madagaskar, im tropischen
Afrika und auf Inseln des
Indischen Ozeans zählt. Sie
wachsen dort als große
Sträucher oder Bäume, und
etwas von dieser Wuchs-
freudigkeit bringen auch
die wenigen in Kultur be-
findlichen Schraubenbäu-
me ins Zimmer mit. Die
wichtigste immergrüne Art
mit grünweiß oder -gelb
gestreiften, riemenförmigen
Blättern ist wohl *Pandanus
veitchii*. Im Jugendstadium
ähnelt die Pflanze einer
Drazäne, später erkennt
man am Stamm die Schrau-
bengewinden ähnliche An-
ordnung der Blätter, die
dem Gewächs seinen Na-
men gab. Typisch sind
auch die Stelzwurzeln, die
verholzen und dem Stamm

mit den meterlangen Blät-
tern zusätzlich Halt ver-
schaffen. Das führt dazu,
daß Pandamus im Lauf der
Zeit aus seinem Topf her-
ausgeschoben wird, was
aber nicht dazu verleiten
sollte, nach größeren und
höheren Gefäßen Ausschau
zu halten. Das Problem
beim Schraubenbaum liegt
nicht in der Kultur, son-
dern in der Größe, die ihn
im Zimmer schließlich zum
Problem werden läßt.

STANDORT: hell, auch besonnt außer über Mittag im
Sommer; kein Freilandauf-
enthalt; im Winter hell
und relativ warm stellen,
Temperaturen nicht unter
18°C
GIESSEN: während der sommerlichen Wachstumszeit
immer gut feucht halten;
im Winter Gießen etwas
reduzieren, aber nicht
trocken werden lassen
DÜNGEN: von Frühjahr bis
Spätsommer alle 2 Wochen
mit Blumendünger
VERMEHREN: durch meist
reichlich vorhandene
Kindel, die schon einige
Würzelchen haben sollten
HINWEIS: *Pandanus* ist eine
gute Hydropflanze, solange
seine Größe das zuläßt.

Passiflora

Passionsblume

Herkunftsschwerpunkt die-
ser weit über 400 Arten
umfassenden Kletterpflan-
zengattung aus der Familie
der Passionsblumengewäch-
se (Passifloraceae) ist das
tropische Amerika, einige
Arten kommen in Asien,
Australien und Polynesien
vor. Als Zimmer- und be-
dingt winterharte Garten-
pflanze ist vor allem *Passiflora caerulea* mit einigen
Zuchtformen wie 'Kaiserin
Eugenie' mit großen violetten und 'Constance Eliott'
mit cremeweißen Blüten
bekannt. Die anderen in
Kultur befindlichen Arten
wie *P. edulis* und *P. race-
mosa* hält man besser im
geschlossenen Blumenfen-
ster, während die pracht-
volle *P. quadrangularis*,
die Riesengrenadille, schon
wegen ihrer meterlangen
Ranken nur im Warmhaus
untergebracht werden
kann. Hauptsächlich von
ihr stammen die auch bei

uns erhältlichen Maracuja-
früchte, die unter anderem
zur Saftherstellung verwendet werden.
Als Kletterpflanzen müssen
Passiflora ein Gerüst
erhalten.

STANDORT: hell, sonnig und
luftig, im Sommer am be-
sten draußen; Wintertemperaturen um 10°C, Warm-
hausarten nicht unter 18°C
GIESSEN: den Sommer über
so reichlich, daß das Substrat stets gut feucht ist; im
Winter gerade Austrock-
nung vermeiden
DÜNGEN: den Sommer über
monatlich mit Blumen-
dünger
VERMEHREN: durch Ableger
oder Kopfstecklinge im
Frühling und Sommer;
auch durch Aussaat
möglich
HINWEIS: Im Frühjahr beim
Umtopfen sollte *Passiflora*
auf etwa 8 Augen kräftig
zurückgeschnitten werden,
um einen guten Austrieb
anzuregen. In Hydrokultur
haben sich Passionsblumen
gut bewährt.

Pandanus veitchii

*Passiflora
caerulea*

Pavonia

Pedilanthus tithymaloides

Pavonia

Pavonie

Es handelt sich hierbei um ein Malvengewächs (Malvaceae), das eigentlich ins temperierte Gewächshaus oder ins Blumenfenster gehört, da eine hohe Luftfeuchtigkeit für Dauerkultur unerläßlich ist. Weil Pavonien heute aber auch als Zimmerpflanzen angeboten werden, kann man einen Versuch mit diesem rotblühenden Strauch machen. Etwa 170 Arten in Südamerika, Afrika, Asien und Australien sind bekannt, im Handel ist bei uns die immergrüne *Pavonia multiflora,* eine Winterblüherin aus Brasilien, die jetzt botanisch korrekt *Triplochlamys multiflora* heißt.

STANDORT: hell, keine volle Sonne, nur Zimmerkultur; Winterstandort ebenfalls hell und nicht unter 15°C
GIESSEN: mit enthärtetem, zimmerwarmem Wasser den Sommer über mäßig feucht halten; im Winter gemäß der Raumtemperatur weniger gießen; häufig, im Sommer wie im Winter, übersprühen
DÜNGEN: von Frühjahr bis Herbst wöchentlich mit Blumendünger
VERMEHREN: durch Kopfstecklinge im Frühjahr nur im Vermehrungsbeet bei Bodentemperaturen ab 30°C und mit Bewurzelungshormon möglich; dem Laien nicht zu empfehlen
HINWEIS: Es muß versucht werden, auf jede nur mögliche Weise die Luftfeuchtigkeit wenigstens in unmittelbarer Nähe der Pavonie zu erhöhen, zum Beispiel durch Einfüttern des Topfes in feuchtes Tongranulat. Die Pavonie blüht ständig.

Pedilanthus

Schuhblüte

Charakteristisch für dieses selten einmal im Blumenhandel auftauchende Wolfsmilchgewächs (Euphorbiaceae) aus dem tropischen Mittel- und Südamerika sind die in Zickzackform wachsenden grünen Triebe. Von *Pedilanthus tithymaloides* gibt es die weißbunte Sorte 'Variegata'; andere Abkömmlinge haben rötlich angehauchte Blätter. Insgesamt sind von dem Strauch etwa 15 Arten bekannt.

STANDORT: hell, keine volle Sonne, im Winter Temperaturen nicht unter 18°C bei ebensolcher Bodenwärme
GIESSEN: den Sommer über mäßig feucht, im Winter fast trocken halten; besonders hohe Luftfeuchtigkeit ist nicht erforderlich
DÜNGEN: von Frühjahr bis Herbst alle 2 Wochen mit Blumendünger
VERMEHREN: durch Kopfstecklinge im Frühjahr, nachdem der Milchsaft (Vorsicht, giftig!) durch Eintauchen des Triebendes in warmes Wasser zum Abtrocknen gebracht wurde; Jungpflanzen mehrmals stutzen

Pelargonium

Pelargonie, Geranie

Mit wenigen Ausnahmen ist Südafrika das Stammland der Pelargonien; sie wachsen dort in etwa 250 Arten als mehr oder weniger sukkulente Kräuter und Sträucher. Da Pelargonien zu den Storchschnabelgewächsen gehören, die botanisch Geraniaceae heißen, sind vor allem die Balkon- und Kastenpflanzen unter ihnen die volkstümliche Bezeichnung Geranien nicht losgeworden.

Man kann 3 Gruppen von Pelargonien unterscheiden: zum einen die bekannten Balkonpflanzen, die sich wiederum in *Pelargonium-Peltatum-* und *P.-Zonale-*Hybriden aufteilen. Bei den

Pelargonium-Zonale-Hybride

erstgenannten handelt es sich um unsere Hängepelargonien, vor allem in Süddeutschland und im Elsaß beliebt. Wir kennen sie auch unter den Bezeichnungen Elsässer oder Efeupelargonien. *P.-Zonale-*Hybriden sind die aufrecht wachsenden Formen mit teilweise buschigem Wuchs und samtig behaarten, oft nach Zonen verschiedenartig getönten Blättern. Bei beiden Gruppen handelt es sich um Freilandpflanzen, die im Zimmer fehl am Platze sind.

Edelpelargonien oder *Pelargonium-Grandiflorum-*Hybriden, manchmal heißen sie auch Englische Pelargonien, sind Zimmerpflanzen, obgleich ein Übersommern an einem geschützten Platz im Freien durchaus möglich ist. Es gibt viele neue Sorten mit gedrungenem Wuchs, die mit großen, dicht beieinander stehenden Blüten von Weiß über Rosa bis zum tiefsten Rot oder auch mehrfarbig von Frühsommer bis Frühherbst in Flor stehen.

Von Duftpelargonien oder -geranien mit teilweise intensiv aromatisch duftenden Blättern kennt man ebenfalls eine Reihe Arten und Sorten. Leider werden sie im Blumenhandel nur selten angeboten. Am populärsten von ihnen sind die sogenannten Rosenpelargonien *P. graveolens* und *P. radens*, deren Laub bei Berührung einen rosenblütenähnlichen Duft verströmt.

STANDORT: hell, sonnig und luftig, im Sommer etwas geschützt auch im Freien; Winterstandort ebenfalls hell bei 10–12 °C

GIESSEN: im Sommer reichlich, im Winter ziemlich trocken halten; die bei allen Pelargonien vorhandene Sukkulenz macht sie recht trockenverträglich

DÜNGEN: von Frühjahr bis Herbst wöchentlich mit Blumendünger

VERMEHREN: durch Kopfstecklinge im Frühjahr oder Herbst einfach

Pelargonium-Peltatum-Hybride

Pelargonium-Grandiflorum-Hybride (kleinwüchsige Sorte)

Pentas

Pentas

Es handelt sich hier um einen Halbstrauch, der seine in Dolden zusammengefaßten weißen, rosafarbenen, violetten oder purpurroten Röhrenblüten vom Sommer bis in den Winter hinein öffnet. Von den etwa 30 Arten des im tropischen Afrika, in Arabien und auf Madagaskar beheimateten Krappgewächses (Rubiaceae) ist nur *Pentas lanceolata* aus Südafrika bei uns in Kultur. Da die vom Gärtner mit Wuchshemmstoffen behandelten Pflanzen ihren kompakten Habitus nicht lange behalten, sollten sie von Zeit zu Zeit, bis die Blütenknospen erkennbar sind, etwas gestutzt werden.

STANDORT: hell, luftig und sonnig, im Sommer auch draußen; im Winter kühl, jedoch nicht unter 10°C, und hell stellen
GIESSEN: den Sommer über mäßig feucht halten; nach der Blüte und im Winter tritt eine gewisse Ruhezeit ein, in der kaum noch gegossen wird; wenn möglich, enthärtetes Wasser verwenden
DÜNGEN: von Frühjahr bis Herbst wöchentlich mit Blumendünger
VERMEHREN: durch Kopfstecklinge im Frühjahr

Peperomia

Zwergpfeffer

Der Vielfalt der Arten und Sorten dieses kleinen Pfeffergewächses (Piperaceae) aus den Regenwäldern des tropischen Amerika entsprechen dem Formen- und Farbenreichtum der Blätter, so daß es sich lohnen würde, eine Sammlung der häufig epiphytisch lebenden, niedrig bleibenden, kriechenden oder hängenden, krautigen Pflanzen anzulegen. Leider sind bei uns von den geschätzten 1000 Arten nur wenige im Handel erhältlich. Es gibt *Peperomia* mit rein grünen oder bunten Blättern, mit runzeligem Laub und merkwürdigen Kolbenblüten.

STANDORT: hell bis beschattet; Zimmertemperaturen im Winter nicht unter 18°C bei gleich hoher Bodenwärme; kein Freilandaufenthalt. Grundsätzlich sind die dickblättrigen Arten robuster als die weichlaubigen
GIESSEN: durchgehend nur mäßig feucht halten, Nässe kann zu schweren Schädigungen führen; im Winter noch etwas weniger gießen; je höher die Luftfeuchtigkeit, desto wohler

Peperomia argyreia

fühlt sich der Zwergpfeffer; zum Gießen und Sprühen (bei Arten mit glatten, glänzenden Blättern) nur zimmerwarmes, enthärtetes Wasser verwenden
DÜNGEN: von Frühjahr bis Spätsommer alle 2 Wochen mit Blumendünger
VERMEHREN: durch Kopfstecklinge im Frühjahr, buntblättrige Arten auch durch Blattstecklinge
HINWEIS: *Peperomia* ist eine dankbare Hydropflanze.

Arten und Sorten:
P. argyreia: grünes Laub mit silbrigen Streifen; Blattstiele rot; 10 cm lange, weiße Blütenähren
P. caperata (mit einigen Sorten): runzelige, sukkulente Blätter, weiße Blütenähren; 'Tricolor' mit weißgerandetem Laub
P. fraseri: rosettenartig angeordnete Blätter; Blütenähren weiß, duftend
P. griseoargentea: Blätter graugrün, silbrig überhaucht; Blattstiele rosa
P. obtusifolia (mit einigen Sorten): Blätter dunkelgrün, Triebe leicht purpurn; Blütenähren 8 cm lang und weiß; 'Greengold' gelb bebändertes oder geflecktes Laub, 'Albo-marginata' mit silberweißem Rand; bei der Zwergform 'Minima' Blätter nur 3 cm lang
P. rotundifolia: kriechende Triebe: 1 cm große, runde Blätter; für Ampelpflanzung geeignet

Pentas lanceolata

Peperomia caperata

Peperomia obtusifolia

Persea americana

Persea
Avocado

Der Reiz der Pflanze für den Zimmergärtner liegt wohl hauptsächlich in der Möglichkeit, sich dieses Lorbeergewächs (Lauraceae) aus heute überall im Feinkosthandel angebotenen Avocadofrüchten selber heranzuziehen. *Persea americana* ist eine von etwa 135 Arten, die vorwiegend in Mittel- und Südamerika beheimatet sind. In Zimmerkultur kann man weder Blüten, noch gar Früchte erwarten; auch der immergrüne Strauch selbst mit dem langen, unbeblätterten Mitteltrieb gehört nicht zu den optisch besonders ansprechenden Topfgewächsen. Das ändert sich erst, wenn man *Persea* als Kübelpflanze behandelt und zur vollen Größe heranwachsen läßt. Erschwerend kommt jedoch hinzu, daß die Kultur nicht ganz einfach ist.

STANDORT: hell bis sonnig, ohne pralle Mittagssonne im Sommer; Überwinterung hell bei 10–12 °C, trotzdem ist mit Blattfall zu rechnen, der aber durch den Neuaustrieb im Frühjahr wieder wettgemacht wird

GIESSEN: im Sommer sehr reichlich gießen und häufig mit luftwarmem Wasser übersprühen; im Winter gemäß der Temperatur Wassergaben einschränken

DÜNGEN: von Frühjahr bis Spätsommer wöchentlich mit Blumendünger

VERMEHREN: durch Aussaat der Kerne in feuchten Torf einfach; man kann den Avocadosamen zum Keimen auch mit einer Befestigung so dicht über ein Glas mit Wasser hängen, daß er die Oberfläche gerade berührt

Philodendron
Baumfreund

Es sind immer wieder dieselben Schwierigkeiten, vor die sich der Zimmergärtner bei der Pflanzenauswahl gestellt sieht: Entweder ähneln sich die verschiedenen Arten ein und derselben Gattung in so hohem Maße, daß eine Unterscheidung für den Laien so gut wie unmöglich ist, oder sie weichen in ihrem Erscheinungsbild so stark voneinander ab, daß man an eine gemeinsame Gattung nicht glauben mag. Beim *Philodendron* kommt noch eine weiter Eigenart hinzu, die sogar Botaniker bisweilen etwas ratlos macht: Junge Exemplare sehen oftmals völlig anders aus als die Altersformen. So ist zum Beispiel im „Zander – Handbuch der Pflanzennamen" bei *Philodendron ilsemannii* vermerkt, daß es sich hierbei möglicherweise um die Jugendform von *P. sagittifolium* handelt. Die etwa 275 *Philodendron*-Arten aus der Familie der Aronstabgewächse (Araceae) stammen aus den tropischen Regenwäldern Mittel- und Südamerikas, wo sie überwiegend als epiphytische Lianen die Urwaldbäume bewohnen – daher der deutsche Name „Baumfreund" –, seltener aufrecht wachsend und in der Erde wurzelnd. Viele Arten und Sorten sind in Kultur, die meisten als Warmhauspflanzen, einige sind auch für das Zimmer geeignet.

Philodendron cannifolium

Hauptunterscheidungsmerk-
mal sind die Blätter: klein
und fest, rund, herzförmig,
spitz zulaufend, länglich,
pfeilförmig, tief eingeschnitten, glänzend grün mit rost-
roter Blattunterseite, pana-
schiert. Manche der klein-
blättrigen *Philodendron*-Ar-
ten machen sich besonders
hübsch, wenn sie ihre langen Triebe aus Blumenam-
peln herabhängen lassen
oder wenn man sie am
Epiphytenstamm anbindet.

STANDORT: ganzjährig hell,
auch leicht beschattet, doch
nicht vollsonnig im Zim-
mer; im Winter nicht unter
18°C bei ebensolcher oder
darüber liegender Boden-
wärme
GIESSEN: ohne Vernässung
oder Austrocknung mit
zimmerwarmem Wasser
stets mäßig feucht halten;
oft übersprühen oder die
Blätter feucht abwischen,
besonders im geheizten
Winterquartier
DÜNGEN: von Frühjahr bis
Herbst alle 2 Wochen, sehr
wüchsige Pflanzen wö-
chentlich mit Blumendün-
ger; im Winter monatlich
VERMEHREN: durch Kopf-
beziehungsweise Stamm-
stecklinge oder Abmoosen;
falls vorhanden, auch

durch Einpflanzen bewur-
zelter Kindel; Aussaat mit
im Gartenhandel erhältli-
chem Samen ebenfalls
einfach
HINWEIS: Wie bei vielen
Aronstabgewächsen ist
auch der Saft des *Philodendron* mehr oder minder
toxisch, Kleinkinder sollten
mit ihm nicht in Berührung
kommen. Sehr lange Triebe
können eingekürzt werden.
Alle für Zimmerkultur
geeigneten Arten sind
auch hervorragende Hydro-
pflanzen.

Arten

P. bipinnatifidum: nicht
kletternd; Blätter herz- oder
pfeilförmig, bis 60 cm lang
P. elegans: kletternd; Blätter
tief eingeschnitten, bis
70 cm lang
P. erubescens (mit einigen
Sorten): kletternd; pfeilför-
mige Blätter bis 40 cm
    lang; Unterseite kupfer-
    farben bis rot

P. cannifolium: nicht kletternd; kurzstämmig; längliche Blätter dunkelgrün, bis
50 cm lang
P. scandens: mit dünnen
Trieben kletternd; Blätter
herzförmig und ledrig grün,
bis 15 cm lang; relativ
anspruchslos
P. selloum: nicht kletternd;
Blätter mit durchscheinen-
den Flecken bis 90 cm lang
an ebenso langen Stielen
P. wendlandii: nicht kletternd; lanzettliche Blätter
bis 50 cm lang, dunkelgrün
mit auffälligen Mittelrippen

*Philodendron
selloum*

Philodendron scandens

Philodendron

Pilea

Kanonierblume

Außer in Australien kommt dieses niedrig bleibende Nesselgewächs (Urticaceae) in den Tropen der ganzen Welt vor. Von den etwa 200 Arten sind einige in Kultur und wurden züchterisch weiterentwickelt. *Pilea* wirkt durch den Farbenreichtum ihrer unterschiedlich strukturierten Blätter. Besonders schön sind die kriechende *Pilea spruceana* 'Norfolk' mit rosettenartig angeordnetem silberbläulich gestreiftem Laub, und *P. spruceana* 'Silver Tree', deren bronzegrüne Blätter in der Mitte silbern bebändert sind. *P. microphylla* ist von sämtlichen *Pilea*-Arten die anspruchsloseste, die es im Sommer auch im Freien aushält, bei allen anderen kommt nur ganzjährige Zimmerkultur in Frage. Weit verbreitet ist die grünweiße *P. cardierei*.

STANDORT: mäßig hell bis halbschattig, keine Sonne; Temperaturen im Winter nicht unter 12 °C
GIESSEN: den Sommer über mäßig feucht halten, nicht übersprühen, im Winter Gießen reduzieren; da erhöhte Luftfeuchtigkeit erwünscht ist, sollte die Pflanze während der Ruhezeit möglichst kühl stehen; im Sommer kann man den Topf in feuchtes Tongranulat einsenken
DÜNGEN: von Frühjahr bis Herbst alle 2 Wochen mit Blumendünger
VERMEHREN: durch Kopfstecklinge im Frühjahr einfach; Jungpflanzen stutzen
HINWEIS: Da ältere Pflanzen unansehnlich werden, sollte man sich jährlich Nachwuchs heranziehen. In Hydrokultur hat sich *Pilea* gut bewährt.

Piper crocatum

Piper

Pfeffer

Bei wahrscheinlich weit über 700 in den Tropen heimischen Arten ist es eigentlich verwunderlich, daß nur einige wenige dieser meist kletternden Sträucher in Kultur genommen worden sind. Und das, obgleich es sich bei einigen dieser Pfeffergewächse (Piperaceae) um ausgesprochene Blattschönheiten handelt. Ein Grund für diese Zurückhaltung ist wahrscheinlich die Empfindlichkeit der immergrünen Pflanzen, von denen sich einige besonders gut in Blumenampeln oder an Klettergerüsten machen. Einzig *Piper nigrum*, der bekannte Gewürzpfeffer, von

dem unsere Pfefferkörner stammen, hält es auch gut im Zimmer aus, ist allerdings weniger attraktiv als die sensiblen, buntblättrigen Arten.
Am bekanntesten als Kletter- oder Hängepflanzen mit hohem Blattschmuckwert dürften *P. crocatum* und *P. ornatum* sein.

STANDORT: hell, doch nicht sonnig und nur im Zimmer; *P. nigrum* nimmt auch Halbschatten und Schatten nicht übel; Temperaturen am hellen Winterstandort nicht unter 18 °C
GIESSEN: durchgehend mit enthärtetem, zimmerwarmem Wasser mäßig feucht halten; öfter übersprühen oder Topf in feuchtes Tongranulat einfüttern; *P. nigrum* verträgt auch trockene Luft
DÜNGEN: den Sommer über alle 2 Wochen mit Blumendünger
VERMEHREN: durch Kopfstecklinge bei Bodentemperaturen ab 22 °C und hoher Luftfeuchtigkeit im Vermehrungsbeet
HINWEIS: Pfeffer läßt sich gut in Hydrokultur kultivieren.

Pilea cadierei

Pilea crassifolia

Pilea spruceana

Pisonia

Pisonie

Etwa 30 Arten des Wunderblumengewächses (Nyctaginaceae) kommen in Australien und auf den Inselgruppen der Südsee vor. In Kultur ist bei uns nur *Pisonia umbellifera* mit der weiß oder gelblich gefleckten Sorte 'Variegata'. Der Strauch ist reichverzweigt, wird im Gefäß wenig höher als 1 m, blüht aber bei Zimmerkultur kaum jemals. Pisonien sind nicht mit dem Gummibaum verwandt, dem sie ähnlich sehen, sondern mit *Bougainvillea*.

STANDORT: möglichst hell, um die Panaschierung zu erhalten, doch keine direkte Sonne; Raum- und Bodentemperaturen im Winter nicht unter 18°C
GIESSEN: mit enthärtetem, zimmerwarmem Wasser ohne Vernässung stets gleichmäßig feucht halten; Blätter öfter übersprühen oder feucht abwischen
DÜNGEN: den Sommer über alle 2 Wochen mit Blumendünger
VERMEHREN: durch Kopfstecklinge bei Bodentemperaturen ab 25°C und hoher Luftfeuchtigkeit im Vermehrungsbeet
HINWEIS: *Pisonia* scheint sich besser im Zimmer halten zu lassen, als oft beschrieben wird. Eventuell stellt man den Topf erhöht in einen Untersetzer mit Wasser. Im Bedarfsfall kann man die Pflanze zurückschneiden. Die Eignung für Hydrokultur ist gut.

Pittosporum

Klebsame

Dunkelgrün glänzende, kleine ledrige Blätter und weiße, duftende Blüten im Frühjahr sind die Kennzeichen dieses immergrünen Strauchs aus Ostasien, Japan, Neuseeland und Afrika. Er zählt eigentlich zu den Kübelpflanzen, ist aber auch dort im einschlägigen Sortiment relativ selten zu finden. Insgesamt sind etwa 160 Arten dieses Klebsamengewächses (Pittosporaceae) bekannt, einige davon schon lange in gärtnerischer Kultur, manche mit weißbunten 'Variegata'-Sorten. Wer sich *Pittosporum* als Jungpflanze ins Zimmer holt, sollte die Möglichkeit haben, sie später, wenn sie zu groß geworden ist, im Kübel weiter zu kultivieren. Besonders beliebt und schon seit altersher bekannt ist die dichtverzweigte und buschige Art *Pittosporum tobira* aus den Subtropen Japans und Chinas.

Blüte von Pittosporum

STANDORT: hell, vollsonnig bis leicht beschattet, im Sommer am besten draußen; winterliche Ruhezeit hell und kühl bei 5–10°C
GIESSEN: im Sommer sehr reichlich; im Winterquartier weniger, aber immer noch soviel gießen, daß der Ballen gut durchfeuchtet ist; möglichst enthärtetes Wasser verwenden
DÜNGEN: von Frühjahr bis Spätsommer alle 2 Wochen mit Blumendünger
VERMEHREN: durch halbverholzte Kopfstecklinge im Frühjahr oder Sommer (August), grünblättrige Arten auch durch Samen

Pisonia umbellifera

Pittosporum

Plectranthus fruticosus

Plectranthus coleoides

Plectranthus

Harfenstrauch

Unter seinem deutschen Namen Harfenstrauch ist dieser immergrüne Lippenblütler (Labiatae) aus den Tropen und Subtropen Afrikas, Asiens und Australiens den älteren Zimmergärtnern wahrscheinlich weniger geläufig als unter der volkstümlichen Bezeichnung Mottenkönig. Tatsächlich duften die Blätter beim Zerreiben herb-aromatisch, was offensichtlich die Motten in den Kleiderschränken unserer Altvorderen in die Flucht schlug.

Interessanter als diese rein grüne Art *Plectranthus fruticosus* sind einige Arten und Sorten mit weniger gleichförmigem Laub: *P. coleoides* 'Marginatus' hat grüne Blätter mit weißem Rand, bei *P. oertendahlii* sind die Blattadern weiß gefärbt, die Blattunterseiten purpurrot. Etwa 120 Arten sind bekannt, einige davon mit herabhängenden Trieben, so daß sie sich gut für die Ampelpflanzung eignen.

STANDORT: ganzjährig sonnig oder halbschattig im Zimmer mit viel Frischluft oder im Freien; Wintertemperaturen nicht unter 15 °C, *P. fruticosus* bis 10 °C
GIESSEN: gleichmäßig feucht halten, im Winter sparsam gießen
DÜNGEN: den Sommer über alle 2 Wochen mit Blumendünger
VERMEHREN: durch Kopfstecklinge im Frühjahr und Sommer einfach
HINWEIS: Wenn die hängenden oder kriechenden Triebe zu lang werden, kann man kräftig zurückschneiden; wird der Halbstrauch im Wuchs zu licht und staksig, sollte man für Stecklingsnachwuchs sorgen. Gute Hydrokulturpflanze.
P. oerthendahlii blüht im Frühjahr und Herbst mit schönen, aufrechten, weiß gefärbten Rispen.

Plectranthus coleoides 'Marginatus'

Pogonatherum

Zimmerbambus

Zwar gehört *Pogonatherum paniceum* aus Ostasien, China und Malaysia in die riesige Familie der Echten oder Süßgräser (Gramineae), doch das ist auch schon das einzige, was es mit dem Bambus gemein hat. Sein alter Gattungsname *Saccharum* zeigt, wo die nahe Verwandtschaft zu suchen ist: bei *Saccharum officinarum*, dem Zuckerrohr aus derselben Familie. Als nicht übermäßig hohes, aber buschig wachsendes Gras mit leicht bogig überhängenden Halmen ist *Pogonatherum* eine recht ansehnliche Grünpflanze, die es allerdings noch nicht allzu lange im Sortiment des Blumenhandels gibt.

STANDORT: hell und sonnig; im Winter nicht unter 18°C
GIESSEN: sehr feuchtigkeitliebend; daher reichlich gießen und nie trocken werden lassen, auch in der winterlichen Ruhezeit nicht; erhöhte Luftfeuchtigkeit ist erwünscht, doch nicht Bedingung
DÜNGEN: von Frühjahr bis Herbst alle 2–3 Wochen mit Blumendünger
VERMEHREN: beim jährlichen Umtopfen im Frühjahr durch Wurzelausläufer oder Teilung

Polyscias

Fiederaralie

Im tropischen Asien, Ozeanien und auf Madagaskar zu Hause, verlangt die zu den Araliengewächsen (Araliaceae) gehörende Pflanze zum guten und dauerhaften Gedeihen das Warmhaus oder das geschlossene Blumenfenster. Es gibt bei uns einige Arten und Sorten, die aber nur selten angeboten werden und häufig gefiedertes oder geteiltes Laub haben. Zu den attraktivsten, gleichzeitig aber auch anspruchsvollsten gehört *Polyscias scutellaria* mit fast runden, weißgerandeten oder am Rand gesprenkelten Blättern. Insgesamt sind 70–80 Arten bekannt.

Polyscias scutellaria

STANDORT: hell bis beschattet, keine direkte Sonne; ganzjährig Zimmerkultur bei mindestens 18°C
GIESSEN: mit zimmerwarmem, enthärtetem Wasser durchgehend mäßig feucht halten; bei Zimmerkultur wegen des hohen Bedarfs an Luftfeuchtigkeit Gefäß erhöht in einen Untersatz mit Wasser stellen
VERMEHREN: im Frühjahr durch Kopfstecklinge bei Bodentemperaturen um 25°C und hoher Luftfeuchtigkeit im Vermehrungsbeet

Pogonatherum paniceum

Polyscias guilfolei

Primula
Primel

Wer das Glück hat, bei einem Spaziergang im Frühling gelb blühenden Schlüsselblumen oder Himmelsschlüsseln zu begegnen, weiß nur selten, daß er Primeln vor sich hat. Andere Angehörige dieser Gattung leuchten uns im zeitigen Frühjahr im Garten entgegen, als Topfblumen werden sie ab Ende Dezember blühend im Blumenhandel angeboten. Bekannt sind über 500 Arten der Gattung Primula aus der gleichnamigen Familie (Primulaceae). Sie sind je nach Art in Mitteleuropa und in den gemäßigten Zonen Asiens und Nordamerikas beheimatet. Es handelt sich um einjährige Kräuter oder ausdauernde Stauden. Je kühler sie im Zimmer zur Blütezeit gehalten werden, desto länger kann man sich an ihnen erfreuen.
Primula malacoides, die duftende Flieder-, Braut- oder Etagenprimel hat weiße, rote oder rosa Blüten, deren lange Schäfte das Laub überragen. Die aus

Primula malacoides

China stammende Pflanze ist einjährig und wird nach dem Abblühen weggeworfen. Blütezeit vom Winter bis zum Frühjahr.
Bei *Primula obconica*, der ebenfalls in China beheimateten Becherprimel, stehen die Blüten in Weiß, Rot, Rosa oder Lavendelblau zu mehreren in Dolden beisammen. Es handelt sich hier um eine Staude, die nach der Blüte weiterkultiviert werden kann. Günstig ist ein Gartenaufenthalt bis zum Einräumen vor Frostbeginn. *P. obconica* kann ganzjährig zum Blühen gebracht werden, wird aber meist im zeitigen Frühjahr in Blumengeschäften und Gärtnereien blühend angeboten. Becherprimeln genießen einen etwas zweifelhaften Ruf, weil ihre Blätter das unangenehm riechende und hautreizende Primin enthalten. Seit einiger Zeit gibt es Züchtungen, bei denen dieses Sekret der Blattdrüsenhaare weniger stark vorhanden ist.
Primula sinensis, häufig auch unter der alten Bezeichnung *P. praenitens* im Handel, ist die gleichfalls ausdauernde China- oder Chinesenprimel. Die

weißen, rosa, roten oder orangefarbenen Blüten sitzen als Dolden an langen Stielen. Es gibt gefüllte wie ungefüllte Sorten, die Blätter und Blütenstiele sind flaumig behaart. Eine Weiterkultur ist zwar theoretisch möglich, lohnt aber meist nicht. Blütezeit ist das frühe Frühjahr bis Mai.
Primula vulgaris, Handelsname *P. acaulis*, ist die altbekannte Kissenprimel unserer Frühlingsgärten mit einer großen Anzahl von Hybriden. Die kurzgestielten Blüten besitzen meist ein gelbes Auge und zeigen sich in allen Farben des Regenbogens, bei Topfpflanzen bereits im Winter. Man kann diesen Frühjahrsblüher nach dem Verwelken des Flors im Garten auspflanzen und dort weiterkultivieren, allerdings mit ungewissem Ausgang, da die Zuchtformen auf eine kurze Blütenpracht im geschlossenen, kühlen Raum programmiert sind. Eine erneute Blüte im Zimmer ist nicht zu erwarten. *P. vulgaris* eignet sich auch sehr gut für Kasten- und Schalenpflanzung.

STANDORT: hell bis sonnig, doch keine pralle Mittagssonne; Temperaturen während der winterlichen- und Frühjahrsblütezeit so niedrig wie möglich, zwischen 10 und 12 °C
GIESSEN: gleichmäßig feucht halten; Vernässung wie Ballentrockenheit kann Verlust, zumindest Beeinträchtigung der Blüte bedeuten; Blätter möglichst nicht benetzen
DÜNGEN: während der Blütezeit alle 2 Wochen mit Blumendünger in halber Konzentration; bei Weiterkultur im Garten bis Spätsommer wöchentliche Folgedüngungen
VERMEHREN: durch Samen im Sommer; für den Laien kaum lohnend

Primula-Hybriden

Primula obconica

Pseuderanthemum

Schein-eranthemum

Purpurrote, rotbraune oder weißbunt panaschierte Blätter kennzeichnen dieses Akanthusgewächs (Acanthaceae) mit 70 Arten in den Tropengebieten der Welt. Am bekanntesten, wenngleich bei uns ebenfalls nur selten erhältlich, ist *Pseuderanthemum atropurpureum* aus Polynesien. Es handelt sich botanisch um kleine Sträucher, aus denen in Kultur niedrig bleibende Pflanzen für das Tropenfenster oder den Flaschengarten wurden; im Zimmer nur geringe Überlebenschancen.

STANDORT: halbschattig, keine direkte Sonne; Temperaturen auch im Winter um 20°C, Bodenwärme eher höher
GIESSEN: mit enthärtetem, zimmerwarmem Wasser ganzjährig mäßig feucht halten und häufig übersprühen; Zimmerkultur gelingt nur, wenn die Luftfeuchtigkeit bei mindestens 60% gehalten wird
DÜNGEN: von Frühjahr bis Herbst mit Blumendünger in halber Konzentration
VERMEHREN: durch Kopfstecklinge im Frühjahr bei etwas zusätzlicher Bodenwärme einfach und empfehlenswert, um ständig für Jungpflanzennachschub zu sorgen; ältere Exemplare verlieren durch lichten Wuchs an Reiz

Punica

Granatapfel

Wer einen Granatapfel im Zimmer halten möchte, sollte sich für die Zwergform *Punica granatum* 'Nana' entscheiden – obgleich auch diese Züchtung über 1 m hoch wird. Eigentlich ist dieses vorderasiatische Granatapfelgewächs (Punicaceae) mit 2 Arten eine Kübelpflanze. Heute wird *P. granatum* im gesamten mediterranen Raum als Nutzpflanze angebaut, deren orangerote Früchte einen wohlschmeckenden Saft liefern. Bei uns erhöhen sie nach den roten Blüten im Frühjahr und Sommer den Zierwert des strauchartigen Baums.

STANDORT: am besten ab Ende Mai vollsonnig im Freien; bei Zimmerkultur ist viel Frischluft erforderlich; überwintern hell und luftig bei 5–10°C

Blüte von Punica granatum

GIESSEN: im Sommer mäßig, am kühlen Winterstandort Gießen auf ein Minimum beschränken
DÜNGEN: von Frühjahr bis Spätsommer alle 2 Wochen mit Blumendünger
VERMEHREN: durch Kopfstecklinge im Frühjahr

Pseuderanthemum atropurpureum

Punica granatum

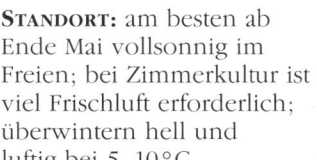

Reinwardtia

Reinwartie

Der Flor dieses bei uns noch selten erhältlichen Leingewächses (Linaceae) aus Nordindien dauert den ganzen Winter über bis ins Frühjahr hinein. Auffällig an *Reinwardtia indica* sind die goldgelben Trompetenblüten, die in großer Zahl erscheinen, so daß der in Kultur kaum mehr als 1 m Höhe erreichende Halbstrauch immerzu in leuchtendem Schmuck steht.

STANDORT: den Sommer über empfiehlt sich ein etwas beschatteter Platz im Freien oder ein sehr luftiger, sonnenferner Standort im Zimmer; Überwinterung kühl und hell bei 8–10°C

GIESSEN: während der sommerlichen Wachstumszeit nur mäßig feucht halten, am kühlen Winterstandort sehr sparsam gießen

DÜNGEN: von Frühjahr bis Herbst alle 2 Wochen mit Blumendünger

VERMEHREN: im Frühjahr durch Kopfstecklinge; keine zusätzliche Bodenwärme erforderlich

HINWEIS: Im Sommer können die Triebe von *Reinwardtia indica* – je nach Bedarf – öfter gestutzt werden.

Rhododendron

Zimmerazalee

Für Zimmerkultur kommen 2 Azaleen in Frage: *Rhododendron obtusum*, die Japan-Azalee, und *R. simsii*, die Indische Azalee, deren Heimat die kühlen Bergwälder Chinas sind. *R. simsii* mit zahlreichen Hybriden ist die Stammform unserer Zimmerazaleen und nicht winterhart, während man *R. obtusum* nach der Blüte in den Garten pflanzen und sich dort noch jahrelang an einer immer reicher erscheinenden Blütenfülle erfreuen kann. Von beiden Arten gibt es gefüllte und ungefüllte Sorten, beide sind immergrüne Winterblüher und auch als Hochstämmchen im Handel. Insgesamt kennt man über 1000 verschiedene *Rhododendron*-Arten. Heimat dieser Heidekrautgewächse (Ericaceae) ist Ostasien von China bis Japan.

STANDORT: hell und luftig, keine direkte Sonne; von Ende Mai bis Frostbeginn ist ein Freilandaufenthalt möglich und empfehlenswert; nach dem Einräumen möglichst kühl bei 10–15°C aufstellen, beim Anschwellen der Blütenknospen etwas wärmer, aber nicht über 18°C halten; Blüherfolg ist nicht immer gegeben

GIESSEN: mit enthärtetem, zimmerwarmem Wasser während der Blüte und danach bis Spätsommer stets gut feucht, jedoch nie naß halten; Pflanzen öfter tauchen, außer während der Blüte auch besprühen; ab Spätsommer bis Blütebeginn Gießen etwas einschränken

DÜNGEN: von Frühjahr bis Spätsommer wöchentlich mit einem kalkfreien Blumen- oder speziellen Azaleendünger

VERMEHREN: durch Kopfstecklinge im Frühjahr bei 25°C Bodenwärme im Vermehrungsbeet; Erfolg jedoch ungewiß

HINWEIS: Zur Vermeidung schwächender Samenbildung sollten die verwelkten Blütenstände ausgebrochen werden. Da es sich um strauchartige Gehölze handelt, soll man Azaleen im April/Mai – nicht später – stutzen. Beim Umtopfen alle 2 oder 3 Jahre Spezialerde für Moorbeetpflanzen verwenden, die übliche Blumenerde zur Hälfte mit Torf mischen.

Reinwardtia indica

Rhododendron simsii

Rhoeo spathacea

Rhoeo

Rhoeo

Rhoeo (Tradescantia) spathacea aus dem tropischen Mittelamerika ist die einzige Art dieser Commelinengewächse (Commelinaceae). Die schwertförmigen, 30 cm langen Blätter sind unterseits rot, auf der Oberseite reingrün oder, bei der Sorte 'Vittata', gelbgestreift. Die weißen, nicht sehr auffälligen Blütenstände werden von muschelförmigen Hochblättern umhüllt.

STANDORT: hell bis halbschattig, keine Prallsonne; Temperatur im Winter nicht unter 16°C

GIESSEN: mit enthärtetem, zimmerwarmem Wasser stets gleichmäßig feucht halten; im Winter etwas sparsamer gießen

DÜNGEN: von Frühjahr bis Herbst wöchentlich mit Blumendünger

VERMEHREN: durch Seitentriebe und Kopfstecklinge im Frühjahr oder durch Samen; alles gelingt meist ohne Schwierigkeiten; Rhoeo läßt sich gut als Hydropflanze kultivieren

Rhoicissus

Kapwein

Für eine Ampelpflanzung wie andere *Cissus*-Arten eignet sich der Kap- oder Sumachwein weniger. Seine Wuchskraft und die starken Triebe verlangen vielmehr nach einem stabilen Klettergerüst. Die bis zu 15 cm breiten, herzförmigen Blätter sind unterseits rotbraun und mit einem Haarfilz überzogen. Wer am Mittelmeer von *Rhoicissus capensis* berankte Mauern oder Hauswände gesehen hat, kann sich eine Vorstellung von der Wüchsigkeit dieses in Südafrika beheimateten Weinrebengewächses (Vitaceae) machen. Es gibt nur diese eine Art, die freilich im Topf nicht ganz so vehement wächst. Als Zimmerpflanze ist der Kapwein dankbar und unkompliziert.

STANDORT: hell, halbschattig oder schattig; viel Frischluft, im Sommer auch im Freien; im Winter wird ein heller, kühler Platz mit Temperaturen um 10°C bevorzugt, jedoch auch Wohnwärme vertragen

GIESSEN: ganzjährig feucht halten, bei kühlem Winterplatz Gießen reduzieren; im warmen Wohnzimmer häufig übersprühen und Blätter feucht abwischen, da Luftfeuchtigkeit erwünscht ist

DÜNGEN: den Sommer über alle 2 Wochen mit Blumendünger

VERMEHREN: durch Trieb- oder Kopfstecklinge im Frühjahr und Sommer einfach; *Rhoicissus* ist eine gute Hydropflanze

Rhoicissus capensis

Rochea coccinea

Rochea

Rochea

Der neuesten Literatur zufolge gehört die hier beschriebene Art, nachdem sie einige Zeit der Gattung *Rochea* zugerechnet wurde, ebenso wie *R. versicolor* nun wieder zu *Crassula*. Von den 4 Arten dieses südafrikanischen Dickblattgewächses *(Crassulaceae)* ist nur *R. coccinea* für den Zimmergärtner interessant. Die anderen werden selten angeboten und bleiben daher Liebhabern vorbehalten.

Der kleine Strauch wird bis zu 60 cm hoch, die leuchtend roten Blüten öffnen sich in Trugdolden an den Spitzen der Triebe.

STANDORT: hell, keine direkte Sonne; möglichst kühl und luftig; Überwinterung ebenfalls hell bei 6–10°C; höhere Temperaturen machen eine Blüte fraglich

GIESSEN: den Sommer über als Sukkulente nur sehr sparsam gießen, im Winter gerade Austrocknen vermeiden

DÜNGEN: von Frühjahr bis Spätsommer alle 2 Wochen mit Kakteendünger oder monatlich mit schwacher Blumendüngerlösung

VERMEHREN: durch Kopfstecklinge im Frühjahr und Sommer

HINWEIS: Nach der Blüte im Frühjahr kann man die Triebe einkürzen und die Pflanze schattig und kühl im Freien weiterkultivieren. Rochea ist gut geeignet für Hydrokultur.

Rosa

Topfrose

Überwiegend Abkömmlinge von *Rosa chinensis* 'Minima', auch als Kußröschen oder *Rosa* 'Rouletii' bekannt, und Neuzüchtungen kommen für Zimmerkultur in Frage. Mit 10–20 cm Höhe bleiben diese Zwergrosen zwar sehr klein, sind ihrer Natur nach jedoch uneingeschränkt Freilandpflanzen. Die zahlreichen Kreuzungen haben manchmal nur pfenniggroße Blüten, gefüllt und ungefüllt, bisweilen leicht duftend und in allen Rosenfarben. Topfrosen sollten soviel Zeit wie möglich draußen verbringen und nur zur Blütezeit ins Zimmer geholt werden. Verblühtes ist zu entfernen, beim Umpflanzen im Frühjahr kann zurückgeschnitten werden.

STANDORT: hell, sonnig, aber keine pralle Mittagssonne; viel Frischluft; soweit möglich Freilandaufenthalt; Überwinterung frostfrei im Haus oder eingegraben und mit Fichtenreisig geschützt im Garten; ab Frühjahr wieder langsame Gewöhnung an Zimmerwärme

GIESSEN: vom Frühjahr bis zum Einräumen gleichmäßig feucht halten, im Winterquartier gerade Ballentrockenheit vermeiden

DÜNGEN: ab Austrieb den Sommer über alle 2 Wochen mit Blumendünger

VERMEHREN: durch Stecklinge im Sommer oder Samen; Veredelung auf schwachwüchsige Sorten ist ebenfalls möglich; man sollte das Vermehren dieser nicht ganz problemlosen Topfpflanzen allerdings besser dem Fachmann überlassen

Rosa chinensis

Saintpaulia

Usambaraveilchen

Den Namen Usambaraveilchen leitet es von seiner tropischen Heimat ab, dem ostafrikanischen Usambaragebirge, wo dieses Gesneriengewächs (Gesneriaceae) von einem deutschen Kolonialbeamten um 1890 entdeckt wurde. Von den etwa 20 Arten hat sich nur *Saintpaulia ionantha* einen festen Platz im Zimmerpflanzensortiment erobern können. Mittlerweile gibt es eine unübersehbare Anzahl von Sorten mit einfachen oder gefüllten, gekrausten oder gewellten Blüten in allen Rot-, Rosa- und Blautönen, in reinem Weiß und mehrfarbig. Usambaraveilchen blühen nahezu das ganze Jahr. Die Blätter sind dickfleischig und behaart.

STANDORT: hell bis halbschattig, keine volle Sonne, kein Freilandaufenthalt; Wintertemperaturen nicht unter 18°C bei ebensolcher Bodenwärme; keine Heizungsnähe

GIESSEN: mit zimmerwarmem, enthärtetem Wasser stets gleichmäßig feucht halten; Blätter und Blüten nicht benetzen; im Zweifelsfall über den Untersetzer gießen, aber das Wasser darf dort nicht stehenbleiben; am besten den Topf in der Heizungsperiode erhöht in einen Untersetzer mit Wasser stellen, um etwas Luftfeuchtigkeit zu schaffen

DÜNGEN: während des sommerlichen Wachstums alle 2 Wochen mit Blumendünger

VERMEHREN: am einfachsten durch Blattstecklinge; die Blüte beginnt ungefähr ein halbes Jahr später

HINWEIS: Usambaraveilchen haben sich in Hydrokultur bewährt

Sanchezia parvibracteata 'Variegata'

Sanchezia

Sanchezie

Sanchezien aus Mittel- und Südamerika ähneln etwas dem Glanzkölbchen (*Aphelandra*), mit dem sie die Familie der Akanthusgewächse (Acanthaceae) gemeinsam haben. Von den insgesamt etwa 60 Arten befinden sich nur 2 in Kultur: *Sanchezia nobilis* mit der Sorte 'Glaucophylla', deren Blattadern gelb gefärbt sind, und *S. parvibracteata* 'Variegata' mit goldgelbem Laub. Wegen des auch im Zimmer beachtlichen Längenwachstums von bis zu 1 m sollte man die Pflanze mit den attraktiven, 30 cm langen Blättern von Zeit zu Zeit zurückschneiden. Die gelben Blüten sitzen zu mehreren in Form einer Rispe an den Triebspitzen und erscheinen im Sommer. Am besten gedeiht der Strauch im geschlossenen, großen Blumenfenster oder temperierten Kleingewächshaus.

STANDORT: hell, Prallsonne muß durch leichte Schattierung gemildert werden; auch im Winter Zimmertemperatur nicht unter 15°C

GIESSEN: ganzjährig mit enthärtetem, zimmerwarmem Wasser gleichmäßig feucht halten; in der Ruhezeit kann das Gießen etwas eingeschränkt werden

DÜNGEN: von Frühjahr bis Herbst alle 2 Wochen mit Blumendünger

VERMEHREN: durch Kopfstecklinge im Sommer; Jungpflanzen mehrmals stutzen

Saintpaulia ionantha

Sansevieria

Bogenhanf

Die wenigen engagierten Sammler haben ganze Kleingewächshäuser mit ihren Sansevierien aus dem tropischen Afrika und – seltener – Asien gefüllt. Es gibt 60–70 Arten dieses Agavengewächses (Agavaceae), einige mit grazilen Blütenrispen von faszinierender Schönheit. Die Sorten, Formen und Varietäten sind nur Experten bekannt und unter diesen in der richtigen Zuordnung häufig umstritten. Für den Zimmergärtner sind meist nur die *Sansevieria-trifasciata*-Sorten greifbar, entweder mit straff aufrecht wachsenden, schmalen, bis 1 m langen oder rosettenartig angeordneten, kurzen, breiten Blättern. Die Art selbst hat grünes Laub mit dunklen Querbändern. Von ihr leiten sich die niedrigen *Hahnii*-Sorten wie 'Golden Hahnii' mit goldgelb gestreiften und 'Silver Hahnii' mit weiß panaschierten Blättern ab. *S. trifasciata* 'Laurentii' ist eine hochwachsende Züchtung mit gelben, 'Craigii' mit besonders breiten, weißgelben Blatträndern. Diese sukkulenten Bewohner von Trockengebieten kann im Zimmer kaum etwas erschüttern.

Sansevieria trifasciata 'Hahnii'

STANDORT: sonnig bis halbschattig; schattiger Stand ist möglich, aber nicht ideal; im Winter Wohnwärme, aber nicht unter 15°C; bei niedrigeren Temperaturen muß die Pflanze völlig trocken stehen; vor Regen geschützter Freilandplatz im Sommer schadet nicht

GIESSEN: mäßig feucht halten, Erde immer wieder oberflächig abtrocknen lassen; gelegentliche Trockenheit wird eher toleriert als Nässe; da Sansevierien kalkverträglich sind, kann Leitungswasser zum Gießen verwendet werden

DÜNGEN: von Frühjahr bis Herbst alle 2 Wochen mit Kakteendünger; längere Pausen schaden nicht

VERMEHREN: am einfachsten durch Teilung; auch Blattstecklinge sind möglich, indem man ein Blatt in 5 cm lange Stücke zerschneidet und jeden Abschnitt, untere Schnittfläche nach unten, in sandige Erde steckt; von buntblättrigen Sorten gibt es immer nur grünlaubige Abkömmlinge; durch Teilung der Pflanzen bleibt die Buntblättrigkeit erhalten

HINWEIS: Sansevierien sind dankbare Hydropflanzen.

Sarracenia

Schlauchpflanze

Früher war diese fleischfressende Moorpflanze aus Nordamerika kaum im Zimmer zu kultivieren. Inzwischen wurden einige Zuchtformen entwickelt, die etwas weniger empfindlich sind. Auffällig sind die zu langen Schlauchfallen umgebildeten Blätter, die direkt dem Wurzelstock entspringen. Über den Fallen sitzt als Erweiterung des Griffels ein breiter, gestielter Schirm. Bei zusagender Pflege erscheinen im Mai/Juni einzeln stehende rote oder rotviolette Blüten an hohen Stielen. Von *Sarracenia* aus der Familie der Schlauchpflanzengewächse (Sarraceniaceae) sind 9 Arten bekannt.

STANDORT: möglichst vollsonnig und luftig; im Winter bei Temperaturen gerade über dem Gefrierpunkt auch dunkel; am besten ist ein durch Laub und andere Abdeckungen frostfrei gehaltenes Frühbeet

GIESSEN: nur mit enthärtetem Wasser immer reichlich gießen; günstig ist es bei Zimmerkultur den Topf in feuchten Torf einzufüttern oder ihn, zum Beispiel am Teichrand, den Sommer über bis an den Rand in feuchten Gartenboden einzusenken

DÜNGEN: meist nicht notwendig, höchstens im Sommer 1–2mal mit kalkfreiem Blumendünger in sehr geringer Konzentration

VERMEHREN: durch Teilung oder Samen

Sansevieria trifasciata

Sarracenia mooreana

Sauromatum

Eidechsenwurz

Mit diesem Aronstabge-
wächs (Araceae) aus dem
tropischen Afrika und
Südostasien verhält es sich
ähnlich wie mit der Rose
von Jericho (*Anastatica
hierochuntica*): interessant
sind die ungewöhnlichen
Lebensgewohnheiten, eine
richtige Zimmerpflanze ist
es nicht.
Der Versandhandel hat sich
die Eigenarten der Pflanze
zunutze gemacht und bietet
Knollen von *Sauromatum
venosum*, bekannter unter
der Bezeichnung *Sauroma-
tum guttatum*, in seinen Katalogen an. Aus den tennis-
ballgroßen Knollen schiebt
sich im warmen Zimmer
ohne Erde und Feuchtigkeit
der typische Aronstabkol-
ben heraus, der von einem
außen rötlichen, an der
Innenseite rotbraun bis rot-
violett gefärbten Hüllblatt
(Spatha) umgeben ist.
Nicht weniger seltsam ist
das große, tief eingeschnit-
tene Einzelblatt an einem
50 cm langen Stiel, das erst
nach dem Verwelken des
einen unangenehmen
Aasgeruch verströmenden
Blütenstands erscheint. Von
dieser kuriosen Pflanze sind
6 Arten bekannt.

STANDORT: die Knolle im
Frühjahr in Fensternähe
hell, trocken und warm
treiben lassen, am besten
auf einem Teller bei Zim-
mertemperatur; nach der
Blüte gegen Ende Mai
pflanzt man sie mit oder
ohne Topf an einem sonni-
gen Platz im Garten aus;

Sauromatum venosum

vor den ersten Frösten
nach dem Einziehen des
Blatts Knolle hereinholen,
trocken und kühl bei
8–10°C überwintern; ab
Februar/März im Zimmer
trocken und warm erneut
zur Blüte kommen lassen;
wer keinen Garten besitzt,
topft die abgeblüte Knolle
in Blumenerde ein und
stellt sie ins Freie
GIESSEN: nach der Blütezeit
bis zum Einziehen des
Blatts mäßig feucht halten
DÜNGEN: nur gelegentlich
mit Blumendünger in hal-
ber Konzentration
VERMEHREN: durch Abtrennen und Eintopfen der
Brutknöllchen, die nach
2 oder 3 Jahren die erste
Blüte bringen

Saxifraga

Steinbrech

Viele der über 300 Arten
umfassenden Gattung der
Steinbrechgewächse (Saxi-
fragaceae) kennen wir als
reizende, anspruchslose
Schmuckpflanzen des Steingartens, von Einfassungen
oder Trockenmauern her.
Steinbrech kommt weltweit
in Höhenlagen der gemä-
ßigten Zonen vor, fürs Zimmer eignet sich nur *Saxifraga stolonifera*, der Judenbart oder Hängende Stein-
brech aus China und Japan.
Die kleine Staude mit den
unterseits roten, behaarten
und fast runden Blättern
sollte stets erhöht stehen;
am besten läßt man ihre
langen Ausläufer mit Jungpflänzchen am Ende aus
einer Ampel herabhängen.
Die etwas mehr Wärme
als die Art vertragende
Sorte 'Tricolor' hat
weißbuntes Laub.
Der Wuchs des
Judenbarts ist rosetten-
tenartig, die Blätter
sitzen an mehr oder
weniger langen Stie-
len. Im Sommer er-
scheinen die Rispen
mit unzähligen weißen
Sternblütchen.

STANDORT: hell bis halbschattig, Morgen- und
Abendsonne schadet nicht;
viel Frischluft, im Sommer
auch im Freien; Stand im
Winter möglichst kühl bei
5–10°C; zur Not wird aber
auch Wohnwärme hinge-
nommen; die Sorte 'Trico-
lor' nicht unter 15°C
GIESSEN: gleichmäßig
feucht halten; im Winter
bei kühlem Stand sehr
sparsam gießen
DÜNGEN: von Frühjahr bis
Herbst alle 2–3 Wochen
mit Blumendünger
VERMEHREN: durch die kleinen Ausläuferpflanzen im
Sommer einfach
HINWEIS: Der Judenbart
läßt sich gut in Hydrokultur
halten.

*Saxifraga
stolonifera*

Schefflera

Strahlenaralie

In ihrer Heimat, die sich über alle Tropengebiete der Erde erstreckt, wachsen die zu den Araliengewächsen (Araliaceae) gehörenden *Schefflera* als Sträucher oder große, bis 40 m hohe Bäume, und auch als Topfpflanzen haben sie sich noch etwas von dieser Wuchseigenschaft bewahrt. Ihrer Beliebtheit hat das kaum Abbruch getan, und mit den strahlenförmig verlaufenden, immergrünen Blättern gehören sie zu den besonders dekorativen Topf- oder Kübelpflanzen. Von den etwa 150 Arten sind vor allem 2 für den Zimmergärtner interessant: *Schefflera actinophylla*, deren jetzt ungültiger Name *Brassaia actinophylla* lautete, mit breiten, spitz laufenden Blättern, und *S. arboricola*, deren Laub feingliedriger und am Ende abgerundet ist. In letzter Zeit machen auch Abkömmlinge mit weiß- oder gelbbunt panaschiertem Laub von sich reden.

STANDORT: hell bis halbschattig, keine volle Sonne, sehr luftig; Freilandaufenthalt im Sommer ist zu empfehlen; im Winter hell und kühl bei 12–16 °C; höhere Temperaturen führen zu Laubfall, der die Pflanze schwächt; panaschierte Sorten sollten ganzjährig im Zimmer und im Winter nicht unter 18 °C stehen

GIESSEN: stets mäßig feucht halten, am kühlen Überwinterungsplatz sparsam gießen; bei warmem Winterstandort sollte die Luftfeuchtigkeit erhöht werden

DÜNGEN: von Frühjahr bis Herbst alle 2 Wochen mit Blumendünger

VERMEHREN: durch Kopf- oder Triebstecklinge unter Verdunstungsschutz, durch Abmoosen oder auch aus Samen möglich

HINWEIS: Um den Wuchs einzudämmen und eine bessere Verzweigung zu erreichen, können die Pflanzen nach Bedarf zurückgeschnitten werden. *Schefflera* sind bewährte Hydropflanzen.

Schizanthus-Wisetonensis-Hybriden

Schizanthus

Spaltblume

Das einjährige Nachtschattengewächs (Solanaceae) aus Chile ist eigentlich eine Balkon- und Gartenblume, taucht bei uns aber häufig auch als Topfgewächs für Zimmerkultur auf. Bei den farbenprächtigen Blüten denkt man unwillkürlich an Orchideen, mit denen die *Schizanthus-Wisetonensis*-Hybriden jedoch nichts gemein haben.

Nach der sommerlichen Blüte wirft man die Pflanzen weg und sorgt mit Neuanzucht durch Samen für Nachschub.

STANDORT: hell und sonnig; im Zimmer sehr luftig, sonst auf Balkon oder Terrasse

GIESSEN: während der sommerlichen Blütezeit immer gut feucht halten

DÜNGEN: wöchentlich mit Blumendünger

VERMEHREN: durch Samen einfach; für eine Frühjahrsblüte sollte man bereits im Herbst aussäen und die Jungpflanzen kühl, hell und luftig überwintern; für eine Blüte im Mai/Juni ab Januar säen

Schefflera arboricola

Schefflera actinophylla (Brassaia actinophylla)

Scirpus
Simse

Man kann darüber streiten, ob die Verkaufsform im „Korsett", die sich irgend jemand ausgedacht hat, der Schönheit dieses filigranen Riedgrases (Cyperaceae) gerecht wird. Dazu zwängt man den unteren Teil des Grasbüschels in eine etwa 10 cm lange, braune Kunststoffröhre, so daß über diesem künstlichen, kahlen „Stamm" die Haarblätter als Schirm bogig nach unten weisen. Üblicherweise verzichtet man auf derlei Firlefanz und läßt *Scirpus* aus einer Ampel herabhängen. Die stecknadelkopfgroßen, bräunlichweißen Blütchen sitzen an den Spitzen der Blätter, die bei jungen Pflanzen zunächst straff aufrecht wachsen und sich erst später, möglicherweise auf Grund von Lichtmangel am Zimmerfenster, bogig zu neigen beginnen.

Scirpus cernuus aus dem Mittelmeer, ist von weltweit etwa 250 Arten die einzige, die sich in Kultur befindet.

STANDORT: so hell wie möglich, doch keine direkte Sonne; im Winter Wohnwärme oder kühler, jedoch nicht unter 10 °C

GIESSEN: als Sumpfpflanze muß *Scirpus* ständig gut feucht bis naß stehen; am besten beläßt man immer etwas Wasser im Untersatz, weil das auch zur notwendigen Erhöhung der Luftfeuchtigkeit beiträgt; wichtig besonders bei warmer Überwinterung; bei kühlem Winterstand Feuchtigkeit reduzieren

DÜNGEN: den Sommer über monatlich mit Blumendünger

VERMEHREN: durch Teilung älterer Exemplare im Frühjahr

HINWEIS: *Scirpus* ist eine hervorragende Hydropflanze.

Sedum
Fetthenne

Mit etwa 500 Arten in allen gemäßigten Zonen der Erde ist Sedum die größte Gattung unter den Dickblattgewächsen (Crassulaceae). Bei den wenigen für Zimmerkultur geeigneten Arten handelt es sich fast ausschließlich um Blattsukkulenten aus Mexiko. Der auch bei uns wild an Straßenrändern vorkommende Mauerpfeffer, *Sedum acre*, gehört nicht in geschlossene Räume. *S. silboldii* aus Japan, etwa 20 cm hoch, ist ebenfalls eher ein Bewohner des Steingartens oder der Trockenmauer, kann es aber, kühle Überwinterung wie bei allen anderen vorausgesetzt, luftig und hell als Ampelpflanze auch im Zimmer aushalten. Bei *S.* x *rubrotinctum* färben sich die Blätter bei warmem, sonnigen Stand rot. *S. morganianum,* der „Affenschwanz", hat meterlang herabhängende, dicht mit weißblau bereiften, dick-

runden Blättern dachziegelartig besetzte Triebe und ist immergrün. Es gibt noch weitere, selten angebotene Arten und einige Sorten.

STANDORT: außerordentlich licht- und luftbedürftig, also hell und vollsonnig stellen; alle *Sedum*-Arten lassen sich sehr gut im Freien übersommern; beste Überwinterung hell und kühl bei 5–10 °C; Wohnwärme wird, viel Licht vorausgesetzt, akzeptiert, ist jedoch nicht empfehlenswert

GIESSEN: als sukkulente Pflanze auch am sonnigen Standort im Sommer nur sparsam gießen; im warmen Winterquartier gelegentlich anfeuchten, sonst in der Ruhezeit Gießen einstellen; Lufttrockenheit wird gut vertragen

DÜNGEN: nur im Sommer monatlich mit Kakteendünger

VERMEHREN: durch Triebstecklinge oder einzelne Blätter, die man vor dem Stecken einige Tage liegen läßt

Scirpus cernuus

*verschiedene
Sedum-Arten*

Selaginella

Mooskraut

Bedeutung haben einige der 700 Arten aus der uralten Familie der Mooskräuter (Selaginellaceae) vor allem als Bodendecker, als Epiphyten im geschlossenen Blumenfenster oder im Flaschengarten mit hoher Luftfeuchtigkeit. Die zierlichen Gewächse entstammen vorwiegend tropischen Regenwäldern. Am meisten wird noch *Selaginella kraussiana* angeboten, ein teppichbildender Bodendecker mit bis zu 30 cm langen Trieben, und die ebenfalls kriechende, aber kleiner bleibende *S. apoda*. Von beiden gibt es Sorten mit verschiedenartig gefärbtem Blattwerk.

Bei *S. martensii* aus Mexiko fällt die Züchtung 'Watsoniana' mit gelbweißem Laub besonders auf.

STANDORT: ganzjährig halbschattig ohne direkte Sonne; die 3 hier genannten Arten können im Winter bei Temperaturen um 16 °C stehen, die meisten anderen brauchen auch in dieser Jahreszeit Wohnwärme
GIESSEN: stets reichlich und für hohe Luftfeuchtigkeit durch Einstellen der Töpfe in feuchtes Tongranulat oder erhöhten Stand in einem mit Wasser gefüllten Untersetzer sorgen; nur enthärtetes, zimmerwarmes Wasser verwenden
DÜNGEN: monatlich mit Blumendünger in halber Konzentration
VERMEHREN: durch Teilung oder Triebstecklinge unter Verdunstungsschutz

Senecio

Kreuzkraut

2 000 oder mehr Arten zählt diese riesige Gattung aus der Familie der Korbblütler (Compositae), die über die ganze Erde verbreitet ist. Einige sukkulente Arten aus Südafrika haben den Weg ins Zimmerpflanzensortiment gefunden, so *Senecio herreanus*, bei dem die runden erbsenähnlichen Blätter dicht beieinander an langen, dünnen Trieben sitzen. Diese Art gehörte früher wie einige andere sukkulente Formen zur Gattung *Kleinia*. *S. mikanioides*, der kletternde Sommerefeu, ist ein nicht sukkulentes Kreuzkraut mit dunkelgrünen, efeuartigen Blättern. Alle diese Arten brauchen einen hellen, nicht sonnigen Standort und im Winter einen etwas kühleren Platz mit Temperaturen um 15 °C. Gegossen und gedüngt wird nur mäßig, vermehrt durch Kopf- oder Triebstecklinge. Es handelt sich hierbei um ausgesprochene Liebhaberpflanzen. Interessanter für Zimmerkultur sind die *Senecio-Cruentus*-Hybriden, deren Ursprungsform aus Bergregionen der Kanarischen Inseln stammt. *S. cruentus* gehörte früher zur aufgelösten Gattung *Cineraria* und wird heute noch häufig als Cinerarie bezeichnet und angeboten. Der deutsche Name Aschenblume bezieht sich auf die graugrüne Blattunterseite, Läuseblume ist leider nicht weniger zutreffend, denn der Befall dieses Korbblütlers durch Blattläuse kann so vehement und anhaltend sein, daß man lieber auf die prachtvollen

Senecio-Cruentus-Hybriden

Blüten verzichtet. Da die Überwinterung problematisch, die Anzucht aus Samen aber unkompliziert ist, werden *Senecio*-Hybriden nur einjährig kultiviert.

STANDORT: hell, luftig, kühl, ohne direkte Sonne und mit weitem Stand, um blattlausfördernden Luftstau zu vermeiden
GIESSEN: sehr reichlich, da der Wasserverbrauch hoch ist; auch nur kurzfristige Austrocknung verkürzt die Blühdauer, Erhöhung der Luftfeuchtigkeit dagegen verlängert sie
DÜNGEN: bei blühenden, einjährig kultivierten Pflanzen nicht notwendig
VERMEHREN: durch Aussaat im Juli oder August erfolgversprechend, wenn die Jungpflanzen hell und kühl bei 5–10 °C überwintert werden können; andernfalls kauft man im Frühjahr neue Pflanzen
HINWEIS: Sobald Blattläuse auftreten, müssen sie sofort bekämpft werden. Ist die Vermehrung erst einmal in Gang gekommen, sind die Pflanzen nicht mehr zu retten. Es empfiehlt sich daher, systemisch wirkende Insektizidstäbchen bereits vorbeugend in die Topferde zu stecken.

Selaginella

Senecio rowleyauns

Setcreasia pallida 'Purple Heart'

Siderasis fuscata

Setcreasia
Rotblatt

Gleich der verwandten *Tradescantia* gehören die 8 Arten der aus Mexiko stammenden Gattung *Setcreasia* zur Familie der Commelinengewächse (Commelinaceae). Eine Art kam erst 1955 als *S. purpurea* in unser Zimmerpflanzensortiment, heute wird sie unter der Bezeichnung *S. pallida* 'Purple Heart' geführt. Die langen, herabhängenden Triebe und lanzettlichen, spitz zulaufenden Blätter sind ebenso tief purpurrot bis violett wie die kleinen, im Sommer den Blattachseln entspringenden Blüten. Sie sollte stets erhöht und etwas abseits stehen, denn die spröden Triebe brechen bei Berührung leicht ab. Bei zu lichtarmem Stand vergrünt das Rotblatt.

STANDORT: hell, doch nicht sonnig; sehr luftig, im Sommer am besten im Freien, zum Beispiel an der Nordseite des Hauses; Temperaturen im Winter 16–18°C bei ebenfalls hellem Platz
GIESSEN: den Sommer über mäßig feucht, im Winter fast trocken halten; Blätter beim Gießen möglichst nicht benetzen
DÜNGEN: von Frühjahr bis Herbst monatlich mit Blumendünger
VERMEHREN: durch Abtrennen von Trieben (Kopfstecklingen) im Frühjahr und Sommer einfach; weil ältere Pflanzen leicht licht und unansehnlich werden, sollte man sie immer wieder durch Jungpflanzen ersetzen
HINWEIS: *Setcreasia* ist eine sehr gute Hydropflanze und wird jetzt wieder *Tradescantia* zugeordnet.

Siderasis
Siderasie

Auffällig bei diesem kleinen Commelinengewächs (Commelinaceae) aus den feuchten Tropenwäldern Brasiliens ist der rotbraune Haarflaum auf der häufig mit einem gelblichweißen Mittelstreifen versehenen Oberseite der rosettenartig wachsenden, fleischigen Blätter. *Siderasis fuscata*, die einzige bekannte Art, ist eigentlich eine Pflanze fürs geschlossene Blumenfenster, bei Zimmerkultur erweist sich der hohe Bedarf an Luftfeuchtigkeit schon bald als der kritische Punkt.

STANDORT: hell bis beschattet, keine volle Sonne; ganzjährig Zimmertemperaturen nicht unter 18°C; keine Zugluft, keine starken Temperaturschwankungen
GIESSEN: den Topfballen gleichmäßig leicht feucht halten, Vernässung führt zu Stengelfäule; Einsenken in feuchtes Tongranulat oder erhöhten Stand in einem mit Wasser gefüllten Gefäß sind zur Erhöhung der Luftfeuchtigkeit in unmittelbarer Umgebung unerläßlich; noch besser ist ein elektrischer Luftbefeuchter; die behaarten Blätter nur indirekt einsprühen
DÜNGEN: ganzjährig monatlich mit Blumendünger, da *Siderasis* keine Ruhepause einlegt
VERMEHREN: durch Teilung älterer Pflanzen

Sinningia

Gloxinie

Die Stammform unserer Gartengloxinien ist *Sinningia speciosa*, aus der durch Einkreuzung anderer Arten eine unübersehbare Anzahl von Hybriden mit großen, glockigen Blüten in allen Rot-, Violett- und Blautönen sowie in reinem Weiß und mehrfarbig, gefüllt und einfach blühend, entstanden. Alle der mehr als 75, überwiegend knollenbildenden Arten dieser Gesneriengewächse (Gesneriaceae) sind in den Tropenwäldern Südamerikas, hauptsächlich Brasiliens, beheimatet. Der deutsche Name leitet sich von der alten, *Sinningia* nahe verwandten Gattung *Gloxinia* her, der diese Stauden und kleinen Sträucher früher zugerechnet wurden. Als Garten- oder Topfpflanzen lohnt eine Weiterkultur dieser Frühjahrs- und Sommerblüher nicht. Von den Vermehrungsbetrieben in riesigen Mengen und kurzer Zeit aus Samen herangezogen, bleiben die Knollen so klein, daß sie im Winterquartier meist vertrocknen.

Der Gloxinie nahe verwandt und mit ihr in der Gattung *Sinningia* vereint, hat die ebenfalls aus den Tropenwäldern Südamerikas stammende Rechsteinerie (*S. cardinalis*) auch fast identische Pflegeansprüche wie die *Sinningia*-Hybriden, nur daß sich hier eine Weiterkultur durch Überwinterung der Knollen lohnt. Im Blumenhandel wird *S. cardinalis* häufig noch unter der alten Bezeichnung

Blüte von Sinningia

Rechsteineria cardinalis angeboten. Die leuchtend roten, langen Röhrenblüten erscheinen im Frühjahr und Sommer.

STANDORT: hell, aber keine direkte Sonne; *Sinningia*-Hybriden vor Zugluft schützen; die Knollen von *S. cardinalis* nach dem Einziehen der Blätter trocknen und bei etwa 15°C im alten Topf aufbewahren; Licht ist in dieser Zeit nicht erforderlich; im Frühjahr in frische Erde eintopfen, hell und warm (um 20°C) stellen und feucht halten

GIESSEN: *Sinningia*-Hybriden mit zimmerwarmem Wasser gleichmäßig, *S. cardinalis* vom Frühjahr bis zum Welken der Blätter im Herbst mit enthärtetem Wasser stets mäßig feucht halten; Luftfeuchtigkeit durch indirektes Besprühen oder andere Maßnahmen erhöhen, dabei Blätter und Blüten nicht benetzen

DÜNGEN: bis zum Verblühen wöchentlich mit Blumendünger; *S. cardinalis* vom Frühjahr bis zum Spätsommer alle 2 Wochen

VERMEHREN: bei *Sinningia*-Hybriden durch Triebstecklinge möglich, aber kaum lohnend; die Bewurzelung ist Glücksache und am ehesten bei Bodenwärme und feuchter Luft im Vermehrungsbeet möglich; *S. cardinalis* durch Blatt-, besser aber durch Kopfstecklinge; auch Teilung von Knollen im Frühjahr beim Erscheinen der ersten Triebe ist möglich; die Überwinterung der extrem lichtbedürftigen Jungpflanzen ist allerdings nur mit Zusatzbelichtung erfolgreich

HINWEIS: Bei Weiterkultur von *Sinningia*-Hybriden wird das Gießen mit Einziehen der Blätter allmählich eingestellt; die Überwinterung der Knollen bis zum Antreiben in frischer Erde im Frühjahr erfolgt trocken bei einer Temperatur von etwa 15°C.

Sinningia-Hybride

Skimmia japonica

Frucht von Skimmia japonica

Skimmia
Skimmie

Duftende, weiße Blütenrispen im Frühjahr und leuchtend roter, haltbarer Beerenschmuck im Herbst zeichnen dieses ostasiatische Rautengewächs (Rutaceae) aus. Es gehört in die Verwandtschaft des Apfelsinenbäumchens, hat lorbeerähnliche, glänzende, immergrüne Blätter und wird gerade 1 m hoch. *Skimmia japonica*, in milden Gegenden sogar einige Frostgrade aushaltend, gehört eher zu den Kübelpflanzen und ist auch bei Zimmerkultur entsprechend zu behandeln. Etwa 12 Arten dieser kleinen Sträucher sind bekannt.

STANDORT: hell, keine volle Sonne; sehr viel Frischluft, deshalb im Sommer am besten draußen; Überwinterung ebenfalls hell, luftig und frostfrei, nicht über 10 °C
GIESSEN: mit enthärtetem Wasser den Sommer über gleichmäßig feucht halten; im Winter nur wenig gießen
DÜNGEN: von Frühjahr bis Spätsommer alle 2 Wochen mit Blumendünger
VERMEHREN: durch Kopfstecklinge im August; die Jungpflanzen müssen hell und kühl überwintern

Smithiantha
Smithianthe

5 Arten, in den feuchten Bergregionen Mexikos beheimatet, sind bekannt. Bei uns werden nur Hybriden dieses mit *Achimenes* und *Kohleria* eng verwandten Gesneriengewächses (Gesneriaceae) angeboten. Die gelben oder orange-roten, glockenähnlichen Blüten erscheinen in Trauben von Juli bis September; das weiche, bräunlich geaderte Laub zieht im Herbst ein. Wegen des hohen Bedarfs an Licht- und Luftfeuchtigkeit sind die kleinen, ausdauernden Kräuter am besten im Kleingewächshaus oder geschlossenen Blumenfenster aufgehoben.

STANDORT: sehr hell; keine direkte Sonne und keine Zugluft; die Rhizome werden nach Einziehen der Blätter im Topf gelassen und bei etwa 12 °C trocken und dunkel überwintert; im Frühjahr zum Antreiben in frische Erde pflanzen, warm und hell stellen, vorsichtig gießen

Blüte von Smithiantha

GIESSEN: von Austriebsbeginn bis zur Blattwelke mit zimmerwarmem, enthärtetem Wasser gleichmäßig feucht halten; ab Herbst Gießen allmählich einstellen; am besten stellt man den Topf im Sommer erhöht in einen mit Wasser gefüllten Untersatz und sprüht häufig indirekt, um die Luftfeuchtigkeit zu erhöhen
DÜNGEN: den Sommer über alle 2 Wochen mit Blumendünger in halber Konzentration
VERMEHREN: durch Teilung der Rhizome im Frühjahr beim Eintopfen; auch Trieb- oder Blattstecklinge sind möglich

Smithiantha-Hybride

Solanum

Korallenstrauch

In der riesigen Gattung *Solanum*, die ungefähr 1500 Arten umfaßt und zur Familie der Nachtschattengewächse (Solanaceae) gehört, finden sich Bäume, Sträucher, Halbsträucher, Kletterpflanzen und Kräuter mit weltweiter Verbreitung. Vom als Zimmerpflanze beliebten Korallenstrauch mit gelben oder leuchtend roten Beerenfrüchten werden bei uns 2 Arten mit einigen Sorten angeboten: *Solanum diflorum,* vor allem aber *S. pseudocapsicum.* Sie stammen aus Südamerika beziehungsweise von der Insel Madeira. Der Fruchtschmuck hält bei kühlem Stand bis weit in den Winter hinein.

Da der kleine Strauch zu sparrigem, lichtem Wuchs neigt und die Anzucht aus überall erhältlichem Samen einfach ist, kann im allgemeinen auf eine Weiterkultur verzichtet werden.

Frucht von Solanum

STANDORT: hell bis sonnig und luftig; im Sommer im Freien; Überwinterung bei 10°C, höhere Temperaturen erfordern häufiges Übersprühen; bei Weiterkultur Strauch nach Laub- und Fruchtfall zurückzuschneiden

GIESSEN: im Sommer sehr reichlich; am kühlen Winterplatz Gießen einschränken, doch die Erde nicht austrocknen lassen

DÜNGEN: von Frühjahr bis Spätsommer alle 2 Wochen mit Blumendünger

VERMEHREN: durch Samen im Frühjahr; Jungpflanzen 2mal stutzen

HINWEIS: Die leuchtenden, appetitlich aussehenden Früchte sind giftig.

Soleirolia

Bubiköpfchen

In ihrer Heimat Korsika und Sardinien, heute auch überall rund ums Mittelmeer eingebürgert, findet man diese kleine Staude aus der Familie der Nesselgewächse (Urticaceae) als Bodendecker oder Bewohner von Mauerfugen und Felsspalten. Die einzige Art *Soleirolia soleirolii*, früher *Helxine soleirolii*, ist mit ihrem dichten, grünen Blattwuchs eine dankbare Schmuckpflanze für Töpfe oder Ampeln.

STANDORT: hell, sonnig bis halbschattig und luftig, im Sommer auch draußen; im Winter wird sowohl Zimmertemperatur (bei viel Licht) als auch kühler Stand bis nahe an die Frostgrenze akzeptiert

GIESSEN: erfordert etwas Fingerspitzengefühl, da gleichbleibende Feuchtigkeit ohne Vernässung oder Ballentrockenheit verlangt wird; Unregelmäßigkeiten bei der Wasserzufuhr äußern sich in Blattschäden wie Vergilben oder Verkahlen; im Winter Gießen der Raumtemperatur anpassen; wegen des dichten Wuchses empfiehlt sich Wasserversorgung über den Untersatz; häufig besprühen

DÜNGEN: den Sommer über monatlich mit Blumendünger, möglichst ohne die Blätter zu benetzen

VERMEHREN: durch Teilung im Frühjahr oder Stecklinge (immer zu mehreren in einem Topf)

Solanum pseudocapsicum

Soleirolia soleirolii

Sonerila
Sonerile

Es ist fraglich, ob die Haltung auf dem Fensterbrett bei diesem höchstens 30 cm hoch wachsenden ostasiatischen Halbstrauch selbst bei zusätzlicher Luftfeuchtigkeit gelingt. Von den etwa 70 Arten des Schwarzmundgewächses (Melastomataceae) wird bei uns gelegentlich *Sonerila margaritacea*, und davon in erster Linie die Sorte 'Argentea' angeboten. Bei ihr ist die dunkelgrüne Färbung der breit-elliptischen Blätter fast völlig von silberweißen Punkten und Flecken überdeckt. Am meisten Freude hat man an dieser kleinen Blattschönheit für ausgesprochene Liebhaber im geschlossenen Blumenfenster, in der Vitrine oder, solange sie noch klein ist, auch im Flaschengarten.

STANDORT: hell bis halbschattig, keine Sonne; ganzjährig Temperaturen nicht unter 18°C
GIESSEN: mit zimmerwarmem, enthärtetem Wasser stets mäßig feucht halten; bei Fensterbrettkultur Gefäß erhöht in einen Untersetzer mit Wasser stellen, noch besser ist es, einen elektrischen Luftbefeuchter zu installieren; nicht besprühen
DÜNGEN: von Frühjahr bis Spätsommer alle 2 Wochen mit Blumendünger
VERMEHREN: durch Kopfstecklinge im Vermehrungsbeet bei 22–25°C und hoher Luftfeuchtigkeit

Sparmannia
Zimmerlinde

An der Zimmerlinde scheiden sich die Geister der Blumenliebhaber. Die einen haben noch nie Schwierigkeiten mit diesem Lindengewächs (Tiliaceae) aus Südafrika gehabt, den anderen bereitet der in seiner Heimat 4 bis 6 m hohe Strauch nichts als Kummer. Daß *Sparmannia africana*, eine der 7 Arten, auf eine 200jährige Tradition als beliebte Zimmerpflanze zurückblicken kann, liegt wohl auch an den Wohngewohnheiten früherer Zeiten, in denen es in den Bürgerhäusern genügend große, im Winter kühle und zugleich helle Räumlichkeiten gab.
Viel Platz in der Fensternähe eines nur schwach temperierten Zimmers ist in der Ruheperiode nämlich unerläßlich, wenn dieser immergrüne Strauch seine elegante Schönheit behalten soll.

Nur dann kann man auch auf die Dolden weißer Blüten mit goldgelben Staubfäden hoffen.

STANDORT: hell bis sonnig, außer praller Mittagssonne; viel Frisch-, aber keine Zugluft; Freilandaufenthalt nur an einem warmen, sehr geschützten Platz; im Winter hell bei 5–10°C stellen
GIESSEN: im Sommer reichlich wässern, da die großen, weichen und filzigen Blätter viel Wasser verdunsten; im Winter sparsam gießen, Nässe unbedingt vermeiden
DÜNGEN: von Frühjahr bis Herbst wöchentlich mit Blumendünger
VERMEHREN: durch nicht zu weiche Kopfstecklinge unter Verdunstungsschutz im Frühjahr; blühwillige Nachkommen erhält man am sichersten von ebensolchen Mutterpflanzen
HINWEIS: Zu lange Triebe können im Sommer eingekürzt werden.
Zimmerlinden lassen sich gut in Hydrokultur halten.

Sonerila margaritacea 'Argentea'

Sparmannia africana

Spathiphyllum

Einblatt, Blattfahne

Meist sind es Hybriden dieses immergrünen Aronstabgewächses (Araceae) aus dem tropischen Amerika, die der Blumenhandel anbietet. Die Pflanze ist eng verwandt mit *Monstera*, hat jedoch längliche, spitz zulaufende, ungeteilte Blätter und den für alle Aronstabgewächse typischen Blütenstand, dessen weißer oder cremefarbener Kolben von einem großen weißen, gelblichen oder rosa angehauchten Hüllblatt (Spatha) umgeben ist. Die einzige Blüte sitzt an einem das Laub überragenden Schaft. Von den über 25 Arten eignen sich nur einige wenige, wie *Spathiphyllum floribundum* und *S. wallisii*, für Zimmer- und hier vor allem für Hydrokultur. Bei den anderen handelt es sich um reine Liebhaberpflanzen mit hohen Pflegeansprüchen.

STANDORT: hell bis schattig, keine direkte Sonne; ganzjährig Zimmertemperatur, im Winter nicht unter 16°C
GIESSEN: im Sommer stets mäßig feucht halten; gelegentlich übersprühen oder auf andere Weise für erhöhte Luftfeuchtigkeit sorgen; im Winter mit zimmerwarmem Wasser weniger gießen, während der Ruhezeit schadet auch trockene Luft nicht
DÜNGEN: von Frühjahr bis Herbst alle 2–3 Wochen mit Blumendünger
VERMEHREN: durch Teilen beim Umtopfen im Frühjahr
HINWEIS: *Spathiphyllum* ist eine ausgezeichnete Hydropflanze.

Sprekelia

Sprekelia

Jakobslilie

Im Blumenhandel taucht *Sprekelia formosissima*, die einzige Art dieses Amaryllisgewächses (Amaryllidaceae) aus Mexiko, nur selten auf. Pflanzenversandhäuser bieten die Zwiebeln gelegentlich in ihren Katalogen an.
Die bizarr geformten, dunkelroten Blüten mit langen, goldgelben Staubfäden sitzen auf schmalen Schäften, halten jedoch leider nicht sehr lange. Man muß also durch richtige Pflege für eine Weiterkultur sorgen, um sich jährlich aufs neue an diesem kurzzeitigen Flor im Frühjahr und Sommer zu erfreuen.

STANDORT: hell und sonnig; wenn die Blüte verwelkt, kann man den Topf nach den Eisheiligen in den Garten stellen und die Zwiebel dort weiterhin mit allem Notwendigen versorgen, damit sie Kräfte für die nächste Blüte sammelt; vor dem ersten Frost Topf hereinholen und die Zwiebel trocken bei etwa 15°C überwintern; im Frühjahr in frische Erde pflanzen und neu antreiben
GIESSEN: beim Austrieb zunächst vorsichtig gießen, danach bis zum Einziehen der Blätter im Herbst mäßig feucht halten, dann Gießen langsam einstellen
DÜNGEN: von Frühjahr bis Spätsommer alle 2 Wochen mit Blumendünger
VERMEHREN: durch sich bildende Brutzwiebeln beim Eintopfen im Frühjahr möglich

Spathiphyllum

Stapelia

Aasblume

Die riesige Blüte von *Stapelia gigantea* mit einem
Durchmesser bis zu 40 cm
wird man nur in botani-
schen Gärten bewundern
können. Aber auch bei der
als Zimmerpflanze verbreiteten Art *S. variegata*, die
heute zur Gattung *Orbea*
gezählt wird, sind die
8 cm großen gelben Blü-
ten mit braunen Flecken
noch eindrucksvoll genug.
Zwar erhält man Hybriden,
deren Herkunft sich nur
schwer zurückverfolgen
läßt. Viele als Stapelien an-
gezogene Aasblumen gehö-
ren mittlerweile außerdem
zu anderen Gattungen, was
den Zimmergärtner aber
nicht weiter zu stören
braucht.
Etwa 75 Arten dieser sukkulenten Seidenpflanzenge-
wächse (Asclepiadaceae)
aus Süd- und Südwestafrika
sind bekannt. Bei allen entwickeln die Blüten einen
unangenehmen Aasgeruch,
der bestimmte Insekten als
Bestäuber anlocken soll.

STANDORT: sehr hell, sonnig
und warm; während der
winterlichen Ruhezeit Temperatur 5–10°C, möglichst
nicht darüber, weil zuviel
Wärme in dieser Zeit die
Blütenentwicklung beein-
trächtigt

Blüte von Stapelia asterias

GIESSEN: nur sehr zurückhaltend mit enthärtetem
Wasser; Erde immer wieder
oberflächig abtrocknen lassen; wichtig ist ein durchlässiges Substrat, um anhaltende Nässe und damit
Wurzelfäule zu verhindern;
im Winter am kühlen Platz
Gießen ganz einstellen
oder Substrat gerade nur
anfeuchten, wenn die
Pflanzen einzuschrumpfen
beginnen
DÜNGEN: nur im Sommer
monatlich mit Kakteen-
dünger
VERMEHREN: durch Samen
oder abgebrochene Stämm-
chen, die man vor dem
Stecken in Sand gut ab-
trocknen läßt
HINWEIS: Stapelien sind
gute Hydropflanzen.

Stephanotis

Kranzschlinge

Vom Frühjahr bis zum Spätsommer erscheinen die duftenden, leuchtend weißen
Sternblüten, die in lockeren
Dolden den Blattachseln
entspringen. *Stephanotis
floribunda* ist 1 der etwa 15
auf Madagaskar und Malay-
sia beheimateten Arten. Die
Kranzschlinge kann als immergrüner Kletterstrauch
meterlange Ranken bilden
und braucht wegen dieser
Wüchsigkeit bei Zimmer-
kultur ein Gerüst. Häufig
läßt man sie wie *Passiflora*
oder *Hoya* an kreisförmi-
gen in den Topf gesteckten
Drähten wachsen. Das
Weiß der Blüten steht bei
diesem Seidenpflanzenge-
wächs (Asclepiadaceae) in
auffälligem Kontrast zu den
dunkelgrünen, glänzenden,
ledrigen Blättern.

STANDORT: hell, ohne pralle
Sonne, und luftig; Drehen
des Topfes hat Blütenfall
zur Folge, daher Lichtmarke anbringen; in der win-
terlichen Ruhezeit sollten
die Temperaturen zwischen
12 und 14°C liegen
GIESSEN: mit zimmerwarmem, enthärtetem Wasser
im Sommer regelmäßig, ge-
legentlich besprühen; während der Ruhezeit Substrat
gerade leicht feucht halten
DÜNGEN: von Frühjahr bis
Herbst alle 2 Wochen mit
Blumendünger
VERMEHREN: durch Triebstecklinge mit mindestens
einem Blattpaar im
Vermehrungsbeet; Boden-
temperaturen über 25°C
sind erforderlich
HINWEIS: Verkahlende oder
zu lang gewordene Triebe
kann man einkürzen.
Stephanotis ist eine alt-
bewährte Pflanze für die
Hydrokultur.

Stapelia

*Stephanotis
floribunda*

Strelitzia reginae

Strelitzia

Paradiesvogel-blume

Diese Sträucher und Stauden aus dem südlichen Afrika gehören zu den Bananengewächsen (Musaceae). Nur 1 der 5 Arten, *Strelitzia reginae*, hat als Schnittblume Bedeutung erlangt, wird jetzt aber auch häufiger im Zimmerpflanzensortiment und sogar als Samen angeboten.

S. reginae erreicht im Topf oder Kübel selten mehr als 1,50 m Höhe, die ledrigen, der Banane ähnelnden Blätter sitzen an harten Stielen, ebenso die prächtigen, orange, blau und weiß gefärbten Blüten, die sich im Winter und Frühjahr entfalten.

Die immergrünen Strelitzien sollten wie Kübelpflanzen behandelt werden.

STANDORT: hell und sonnig, im Sommer am besten draußen; bei Zimmerkultur ist viel Frischluft erforderlich; Winterstandort ebenfalls hell, aber kühl bei 8–14°C
GIESSEN: im Sommer das Substrat immer gut feucht halten; im kühlen Winterquartier mit temperiertem Wasser gerade so viel gießen, daß der Ballen nicht austrocknet
DÜNGEN: während der sommerlichen Wachstumszeit alle 2 Wochen mit Blumendünger
VERMEHREN: durch Samen oder Teilung älterer Pflanzen im Frühjahr; Sämlinge blühen nach etwa 4 Jahren

Streptocarpus

Drehfrucht

Obgleich schon seit über 150 Jahren als Zimmerpflanze in Kultur, hat dieses Gesneriengewächs (Gesneriaceae) aus dem tropischen Afrika und Madagaskar, einige der etwa 90 Arten auch aus Ostasien, erst in den letzten Jahren im Topfpflanzensortiment an Bedeutung gewonnen. Heute werden ausschließlich Hybriden mit strahlenden Blütenfarben angeboten, oftmals auch mehrfarbig und mit getigertem Schlund. Ausgangsform vieler weiterer Hybriden ist die englische Züchtung 'Constant Nymph'. Ebenfalls sehr bekannt sind die sogenannten Wiesmoor-Hybriden.

Die Blütezeit dauert von Frühjahr bis Herbst, im Winter folgt eine kurze Ruhepause. Rarität der botanischen Gärten ist *Streptocarpus grandis* mit einem einzigen, riesigen Blatt.

STANDORT: hell, jedoch keine direkte Sonne; bei den Hybriden auch im Winter Zimmertemperatur um 18–20°C; kleinblütige, reine Arten können etwas kühler, jedoch nicht unter 15°C stehen
GIESSEN: stets gut feucht halten; im Winter etwas weniger gießen, doch nicht austrocknen lassen
DÜNGEN: von Frühjahr bis Herbst wöchentlich mit Blumendünger
VERMEHREN: durch Teilung oder besser durch Blattstecklinge
HINWEIS: *Streptocarpus* ist eine bewährte Hydropflanze.

Streptocarpus-Hybride

Stromanthe amabilis

Stromanthe sanguinea

Stromanthe

Stromanthe

An der Blattfärbung von *Stromanthe amabilis* zeigt sich die enge Verwandtschaft dieses Marantengewächses (Marantaceae) mit *Calathea, Ctenanthe* und *Maranta*. Die Pflanze mit etwa 13 Arten aus dem tropischen Amerika hält es im Zimmer auch bei sorgsamer Pflege kaum sehr lange aus und gehört daher besser ins geschlossene Blumenfenster oder ins Warmhaus. Etwas widerstandsfähiger und auch häufiger im Angebot als *S. amabilis* ist die in der Blattfärbung nicht so ausdrucksvolle *S. sanguinea*, die allerdings eine Höhe von 1,50 m erreichen kann.

STANDORT: hell, aber keinesfalls sonnig; diffuses Licht wird bevorzugt; ganzjährig Temperaturen von 20°C und mehr bei ebensolcher Bodenwärme

GIESSEN: mit zimmerwarmem, enthärtetem Wasser gleichmäßig feucht halten; trockene Luft wird nicht vertragen, die Luftfeuchtigkeit sollte mindestens 60% betragen
DÜNGEN: von Frühjahr bis Herbst alle 2 Wochen mit Blumendünger
VERMEHREN: durch Teilung im Frühjahr
HINWEIS: Die Stromanthe ist für Hydrokultur unter Berücksichtigung der Ansprüche gut geeignet.

Syngonium

Purpurtute

Die Ähnlichkeit dieses immergrünen Aronstabgewächses (Araceae) aus den tropischen Regenwäldern Südamerikas mit *Philodendron* ist unverkennbar. Unter den etwa 20 Arten gibt es kriechende und kletternde und solche mit buntem Laub. Die im Jugendstadium pfeilförmigen Blätter verändern sich mit zunehmendem Alter völlig und sind dann je nach Art tief geteilt oder gelappt. Der Zimmergärtner wird kaum jemals Zeuge dieser erstaunlichen Wandlung sein, weil man Syngonium als Topfgewächs meist nur in seiner Jugendform kultiviert. Die Purpurtute ist gut geeignet für Ampelpflanzung oder als Kletterer am Gerüst.

STANDORT: hell bis leicht beschattet; auch im Winter heller Stand mit Temperaturen nicht unter 18°C
GIESSEN: ganzjährig mit zimmerwarmem, enthärtetem Wasser mäßig feucht halten; im Sommer häufig übersprühen und Blätter feucht abwischen
DÜNGEN: von Frühjahr bis Herbst alle 2 Wochen mit Blumendünger
VERMEHREN: durch Kopfstecklinge im Vermehrungsbeet bei einer Bodentemperatur von mindestens 22°C und hoher Luftfeuchtigkeit

Syngonium podophyllum

Tetrastigma

Kastanienwein

Wer sich eine schnellwüchsige, dekorative, immergrüne Kletterpflanze mit großen Blättern und geringen Pflegeansprüchen wünscht, liegt mit dem Kastanienwein aus Ostasien und Australien genau richtig – für den Anfang! Dieses Weinrebengewächs (Vitaceae) mit ungefähr 100 Arten breitet sich durch seine mehrere Meter Länge erreichenden Ranken so vehement aus, daß der vormals glückliche Besitzer schon bald vor Platzproblemen steht. Gemäß dieser Wuchsfreudigkeit und der sich entwickelnden Blattmasse sind Nahrungsbedürfnisse und Wasserwünsche über einen normalen Blumentopf nur noch unter Schwierigkeiten zu befriedigen. Kurz: Wer sich für *Tetrastigma voinierianum*, die einzige in Kultur befindliche Art, entscheidet, muß viel Platz haben, zum Beispiel einen großen Wintergarten oder ein geräumiges Treppenhaus.

STANDORT: hell bis halbschattig, keine direkte Sonne; ganzjährig Zimmertemperatur, im Winter auch kühler, jedoch nicht unter 12 °C

GIESSEN: im Sommer sehr reichlich, im Winter der Temperatur gemäß weniger; Menge und Gießrhythmus richten sich nach dem bei großen Pflanzen sehr hohen Verbrauch

DÜNGEN: von Frühjahr bis Herbst wöchentlich mit Blumendünger; gelbe Blätter zeigen meist Nahrungsmangel an

VERMEHREN: durch Kopfstecklinge im Vermehrungsbeet bei 25 °C Bodenwärme

HINWEIS: Die langen Triebe können (und müssen meist) zurückgeschnitten werden. *Tetrastigma* ist eine gute Hydropflanze.

Thunbergia

Schwarzäugige Susanne

Obgleich es sich um eine Staude handelt, wird *Thunbergia alata* bei uns meist einjährig gezogen. Es ist eine der wenigen der etwa 100 Arten aus der Familie der Akanthusgewächse (Acanthaceae), die als Zimmerpflanzen in Frage kommen. Die Gattung ist in Afrika, auf Madagaskar und im tropischen Asien beheimatet. Die meist gelben oder orangefarbenen Blüten erscheinen von Mai bis zum Herbst und haben die typische tiefschwarze Mitte, von der sich der Name ableitet. Unter den zahlreichen Züchtungen fällt 'Alba' mit rein weißen

Blüten aus dem Rahmen. *Thunbergia alata* braucht unbedingt ein Klettergerüst, das sie den Sommer über an einem warmen, sonnigen Platz auch im Freien willig berankt. Da die Anzucht aus Samen am Zimmerfenster einfach ist, sollte man auf eine Überwinterung mit ungewissem Ausgang verzichten.

STANDORT: hell und sonnig; im Zimmer mit viel Frischluft, draußen besser als drinnen; Überwinterung hell und kühl bei 10–12 °C; im Frühjahr kräftig zurückschneiden

GIESSEN: im Sommer reichlich, der Wasserverbrauch ist hoch; während der Ruheperiode Ballen nur gerade leicht feucht halten

DÜNGEN: während der sommerlichen Blütezeit wöchentlich mit Blumendünger

VERMEHREN: durch Samen im Frühjahr einfach

*Tetrastigma
voinierianum*

Thunbergia alata

Tibouchina urvilleana

Tibouchina

Tibouchina

Anders als die mittlerweile fast zur Modepflanze gewordene *Datura* stellt *Tibouchina* im Zimmer- und vor allem im Kübelpflanzensortiment immer noch eine Rarität dar. *T. urvilleana* ist ein strauchig wachsendes Schwarzmundgewächs (Melastomataceae) aus dem tropischen Südamerika, wo noch etwa 200 weitere Arten vorkommen.

Das samtige, leuchtende Violettblau der im Durchmesser bis zu 8 cm großen Blüten findet man bei Zimmerpflanzen recht selten. Auch die länglich-ovalen, dunkelgünen Blätter mit ihren auffälligen Adern haben Schmuckwert. Die Blütezeit dauert vom Spätsommer bis zum nächsten Frühjahr.

STANDORT: hell, auch sonnig, aber keine Mittagssonne im Sommer; *Tibouchina* fühlt sich auf Balkon und Terrasse wohler als im Zimmer; im Winter ebenfalls luftig, hell und kühl bei 10–15 °C; zuviel Wärme in dieser Zeit fördert nur das Längenwachstum der Triebe
GIESSEN: den Sommer über so reichlich, daß der Boden stets gut feucht ist; im Winter etwas trockener halten
DÜNGEN: von Frühjahr bis Herbst wöchentlich mit Blumendünger
VERMEHREN: im Frühjahr und Sommer durch noch nicht völlig verholzte Kopfstecklinge bei mindestens 25 °C Bodenwärme und hoher Luftfeuchtigkeit im Vermehrungsbeet
HINWEIS: Da Tibouchina sparrig in die Höhe wächst und sich wenig verzweigt, sollten die noch nicht verholzten Triebe im Sommer immer wieder gestutzt werden; zusätzlich kann man im Frühjahr die Haupttriebe kräftig zurückschneiden.

Tolmiea

Henne mit Küken

Wie der Judenbart, mit dem es verwandt ist, pflanzt man auch dieses Steinbrechgewächs (Saxifragaceae) am besten in eine Ampel. *Tolmiea*, von der nur die Art *T. menziesii* verbreitet ist, gehört zu den „lebendgebärenden" Pflanzen. Aus den Blattbuchten der Mutterpflanze wachsen die „Kinder" hervor mit fertig ausgebildeten Blättern und später auch Würzelchen. Die Jungpflanzen fallen nach einiger Zeit von selbst ab.

In den Wäldern ihrer nordamerikanischen Heimat lebt die kleine Staude als Bodendecker und läßt sich als solcher auch im Garten verwenden. Selbst in harten Wintern überstehen einige etwas geschützter wachsende Pflänzchen den Frost.

STANDORT: im Zimmer oder im Freiland hell bis halbschattig, keine volle Sonne im Sommer; bei Zimmerkultur viel Frischluft; im Winter kühler Stand bei 5–10 °C
GIESSEN: im Sommer gleichmäßig feucht halten, nicht vernässen; im Winter die Pflanze gerade vor Ballentrockenheit bewahren
DÜNGEN: von Frühjahr bis Herbst alle 2 Wochen mit Blumendünger
VERMEHREN: durch Einpflanzen bewurzelter „Kinder"; man kann auch ein Blatt mit Adventivpflänzchen abschneiden und auf feuchtes Substrat drücken (auf guten Bodenkontakt achten)

Tolmiea menziesii

Tradescantia
Tradeskantie

Über 30 Arten dieser Commelinengewächse (Commelinaceae) sind auf dem amerikanischen Kontinent beheimatet, darunter die als Gartenstauden mit vielen Sorten seit langem bekannten *Tradescantia-Andersoniana*-Hybriden. Als Zimmerpflanzen wurden Tradeskantien aus dem tropischen Amerika wesentlich später entdeckt. Heute gehören zahlreiche Arten und Sorten zu den dankbarsten und zugleich anspruchslosesten Gewächsen für Ampelpflanzungen. Am häufigsten anzutreffen sind: *T. albiflora* mit kleinen, spitz zulaufenden, grünen Blättchen. Bunt ge-

Tradescantia albiflora

zeichnet sind ihre Zuchtformen 'Rochford Silver', 'Tricolor' oder 'Aurea-vittata'. Von *T. blossfeldiana* hat die Sorte 'Variegata' cremefarben gestreifte Blätter; bei *T. fluminensis* ist es ebenfalls die 'Variegata'-Form, bei der das Grün der Belaubung teilweise ganz einer weißgelben Tönung weichen mußte, während 'Quicksilver' weiß-grün gestreift ist. Die Blätter und Stengel von *T. sillamontana* sind mit einem dichten, weißen Haarflaum besetzt.

STANDORT: hell bis sonnig, außer über Mittag; im Winter etwas kühler stellen, doch nicht unter 10°C; bei viel Helligkeit und gelegentlichem Übersprühen wird auch Wohnwärme vertragen
GIESSEN: immer mäßig feucht halten; am kühlen Winterplatz sparsam gießen, nicht vernässen
DÜNGEN: von Frühjahr bis Herbst alle 2 Wochen mit Blumendünger
VERMEHREN: durch Kopfstecklinge in Erde oder Wasser problemlos; man steckt am besten immer mehrere Triebe zusammen; zu lang gewordene oder verkahlte Triebe kann man einkürzen oder ganz entfernen
HINWEIS: Alle Tradeskantien sind gute Hydropflanzen.

Tulipa
Tulpe

Eigentlich lohnt es die Mühe nicht, Tulpen für die kurze Zeit ihrer Zimmerblüte anzutreiben. Mehr Freude hat man an diesen Liliengewächsen (Liliaceae) aus Asien und Mitteleuropa, wenn sie im Garten oder draußen in Kästen und Schalen mit ihren bunten Farben vom Ende des Winters künden. Bekannt sind etwa 150 Arten, die Anzahl der Züchtungen ist riesig. Nicht jede Tulpe eignet sich für die Treiberei. Nach speziellen Sorten und Züchtungen, die dafür in Frage kommen, muß man sich im Garten- und Blumenhandel erkundigen.
Diese Zwiebeln werden im Oktober zu mehreren so in ein Gefäß mit feuchtem Torf oder gewöhnlicher, durchlässiger Gartenerde gelegt, daß die Spitzen gerade 1 cm hoch mit dem Substrat bedeckt sind. Die Töpfe oder Schalen sollten unbedingt ein Abzugsloch besitzen, damit überschüssiges Wasser abfließen kann.

Die Gefäße werden im kühlen Keller oder auf einem kühlen Balkon in Kisten, Plastikwannen oder anderen geeigneten Behältern mit feuchtem Torf eingeschlagen, das heißt abgedeckt. Man kann sie auch im Garten 20 oder 30 cm tief eingraben und gut mit Erde bedecken. Bei anhaltend tiefen Temperaturen von unter 0°C ist ein zusätzlicher Schutz mit Fichtenreisig angebracht. Vom Einschlagen bis zum Treibbeginn benötigen die Zwiebeln 4 Monate lang – nicht weniger – Temperaturen von 7–9°C.
Ab Februar holt man die Gefäße aus dem Einschlag, stellt sie an einen hellen, warmen Fensterplatz und sorgt dafür, daß die Erde stets mäßig feucht ist. Über 20°C sollten die Temperaturen hier nicht liegen, weil zuviel Wärme die Blühdauer verkürzt; bei unter 15°C verzögert sich der Austrieb. Abgeblühte Triebzwiebeln nach dem Einziehen der Blätter im Garten auszupflanzen, bringt meist nichts, da die Zwiebeln für eine Weiterkultur zu erschöpft und dafür auch nicht vorgesehen sind.

Tulipa

Vallota speciosa

Veltheimia

Vallota

Vallote

Vallota speciosa, die einzige Art dieses Amaryllisgewächses (Amaryllidaceae), stammt aus Südafrika. Die orange- bis tiefroten Blüten erscheinen in Dolden und sitzen wie beim Ritterstern (Hippeastrum) auf hohen Schäften; die Blütezeit ist der Sommer.
Die Zwiebeln sind ab Frühjahr im Blumenhandel erhältlich, aber selten im Angebot. Sorten mit weißen und hellrosa Blüten haben sich bei uns nicht durchgesetzt.

STANDORT: ganzjährig hell und sonnig; im Winter kühler stellen, (5–10°C), damit die immergrünen Blätter am Leben bleiben; bei höheren Temperaturen stirbt das Laub ab, die Reste werden in diesem Fall im Frühjahr entfernt; ab März kommen die Gefäße wieder an einen wärmeren Platz; für die Blüte ist das Durchkultivieren jedoch günstiger

GIESSEN: ab Austriebsbeginn bis zum Herbst Substrat gleichmäßig leicht feucht halten; im kühlen Winterquartier nur gerade Austrocknung vermeiden
DÜNGEN: von Frühjahr bis Spätsommer wöchentlich mit Blumendünger
VERMEHREN: durch Einpflanzen der Brutzwiebeln, die frühestens nach 2 Jahren Blüten hervorbringen
HINWEIS: Wie *Hippeastrum* (Ritterstern) ist auch *Vallota* eine bewährte Hydropflanze. *V. speciosa* wird jetzt als *Cyrtanthus purpureus* geführt.

Veltheimia

Veltheimie

Ihren volkstümlichen Namen Winterrakete hat *Veltheimia capensis*, eine der beiden in Südafrika beheimateten Arten dieses Liliengewächses (Liliaceae), von Blütezeit und -form her: Der rosafarbene, traubige Blütenstand erscheint im Winter und Frühjahr an einem bis zu 50 cm langen Schaft. Leider kann man sich am Flor nur erfreuen, wenn die Pflanze zur Blütezeit sehr kühl bei nicht mehr als 10°C steht. Das mag der Grund dafür sein, daß die Veltheimie bei Zimmergärtnern nie sonderlich populär geworden ist.

STANDORT: ganzjährig hell und sonnig; nach der Blüte und dem Einziehen der Blätter im Frühsommer kann man die Pflanze „vergessen"; beim neuen Austrieb im September wird die Zwiebel in frische Erde umgetopft und ab Herbst hell und kühl an einem Zimmerfenster aufgestellt
GIESSEN: während der Wachstums- und Blütezeit von Spätherbst/Winter bis zum Frühjahr mäßig feucht halten; ab dem Einziehen der Blätter wird nicht mehr gegossen, die Zwiebel muß eine strenge Ruhezeit durchmachen
DÜNGEN: von Spätherbst bis nach der Blüte monatlich mit Blumendünger
VERMEHREN: durch Brutzwiebeln beim Umtopfen
HINWEIS: *Veltheimia* ist eine gute Hydropflanze, wenn während der sommerlichen Ruhezeit nur das Substrat leicht feucht gehalten wird; der Nährlösungsbehälter ist also für diese Zeit zu entleeren.

Yucca

Palmlilie

Im Süden der USA und in Mittelamerika sind diese Agavengewächse (Agavaceae) zu Hause und leben dort meist in kargen Trockengebieten, was den immergrünen Pflanzen einiges an Robustheit abverlangt. Als Kübelpflanzen oder Zimmerbäume sind die beiden bei uns hauptsächlich angebotenen Arten *Yucca aloifolia* mit schmalen, spitz zulaufenden, und *Y. elephantipes* mit breiteren, häufig etwas überhängenden Blättern daher hart im Nehmen. Die häufig mit dem Drachenbaum verwechselte *Y. aloifolia* wächst meist einstämmig. *Y. elephantipes*, die Riesenpalmlilie, verzweigt sich nach einiger Zeit und muß eines Tages meist gekürzt werden, weil die Pflanze mit 2 und mehr Metern für das Winterquartier zu groß geworden ist. Daß beide Arten, insgesamt sind etwa 30 bekannt, im Blumenhandel relativ viel kosten, liegt an ihrem langsamen Wuchs. Denn die gärtnerische Vermehrung aus überwiegend importierten Stammstücken, den sogenannten Ti-plants, ist denkbar einfach und auch für den Laien empfehlenswert. Die buntblättrigen Zuchtformen, die es von beiden Arten gibt, werden bei uns nur selten angeboten.

STANDORT: hell bis vollsonnig; viel Frischluft, im Sommer am besten draußen; Überwinterung ebenfalls hell und kühl bis nahe an die Frostgrenze; für größere und damit robustere Pflanzen sind unsere Winter meist kurz genug, um diese Zeit auch bei Wohnwärme, heller Stand vorausgesetzt, zu überstehen – allerdings unter beträchtlichem Blattverlust; man sollte die Pflanzen, wo kühle Überwinterung nicht möglich ist, solange es geht draußen lassen und im nächsten Jahr frühzeitig, zunächst beschattet, wieder ins Freie stellen; geringe Frostgrade an einem geschützten Standort werden kurzfristig vertragen

GIESSEN: von Frühjahr bis Herbst gleichmäßig feucht halten; vorübergehende Trockenheit wird eher akzeptiert als Vernässung; im Winter nur gelegentlich den Boden anfeuchten – je nach Raumtemperatur

DÜNGEN: den Sommer über alle 2 Wochen mit Blumendünger

VERMEHREN: durch Stammstecklinge oder Seitentriebe, die dem Stamm entspringen und wie Stecklinge behandelt werden; die Vermehrung durch Stammstücke ist häufig eine Notmaßnahme, wenn *Y. elephantipes* zu groß geworden ist; dazu im Sommer beliebig viele, mindestens 20 cm lange Stammstücke absägen, Schnittfläche an der Mutterpflanze mit Baumwachs verstreichen, Stammstecklinge, unteres Ende nach unten, in ein leicht feuchtes Torf-Sand-Gemisch stecken und Topf schattig im Freien aufstellen; wurde ein beblätterter Steckling geschnitten, kann man einen Verdunstungsschutz durch Überstülpen von Folie geben

HINWEIS: *Yucca* sind gute Hydropflanzen.

Yucca elephantipes

Zantedeschia

Zimmercalla

Von den 8 Arten aus Sumpfgebieten der Tropen Südafrikas wird bei uns als dankbare und pflegeleichte Zimmerpflanze vor allem die rein weiß blühende *Zantedeschia aethiopica* angeboten. Wie bei allen Aronstabgewächsen (Araceae) macht das große, den gelblichen Kolben umgebende Hüllblatt (Spatha) den Reiz der Blüte aus, die auf einem langen, das Laub überragenden Schaft sitzt. *Z. elliottiana*, gelb blühend, und *Z. rehmannii* mit rosafarbener Spatha sind Knollenpflanzen und selten im Sortiment zu finden. *Z. aethiopica* blüht im Winter und Frühjahr, die anderen sind Sommerblüher.

STANDORT: hell bis halbschattig, keine direkte Sonne; *Z. aethiopica* braucht nach der Blüte für etwa 2 Monate eine Ruhezeit im Freien, ohne Wasser und ohne Nährstoffe; erst mit

Zantedeschia

Austriebsbeginn, meist im Juli, wieder wie gewohnt pflegen, im Herbst ins Haus holen; zunächst kühl bei etwa 10 °C, mit Erscheinen des Blütenschafts warm stellen; die Knollen der beiden anderen trocken und kühl (etwa 15 °C) überwintern
GIESSEN: außer in der Ruhezeit hat *Zantedeschia* als Sumpfpflanze einen hohen Wasserbedarf
DÜNGEN: während der Wachstumsphase wöchentlich mit Blumendünger
VERMEHREN: durch Teilung der Wurzelstöcke
HINWEIS: *Zantedeschia aethiopica* ist eine gute Hydropflanze.

Zebrina

Zebrakraut

Breite, silber- oder grau-weiße Längsstreifen auf den grünen Blättern, bei der Sorte 'Quadricolor' zusätzlich rosa oder rot gefärbte Blattpartien, mögen *Zebrina pendula* zu ihrem Namen verholfen haben. Das Commelinengewächs (Commelinaceae), das mit 4 Arten in Mittelamerika vorkommt, könnte der Wuchsform und dem Aussehen nach ebensogut zu den Tradeskantien gehören, mit denen es auch nahe verwandt ist. Ein anderer Name, Tradescantiazebrine, macht das deutlich.
Es handelt sich um eine wenig anspruchsvolle, hübsche Pflanze für Ampeln oder zur Bodenbegrünung in großen Blumenfenstern.

STANDORT: sehr hell, doch nicht vollsonnig; im Winter Wohnwärme, nicht unter 15 °C absinkend
GIESSEN: mit enthärtetem Wasser den Sommer über nur mäßig feucht halten; im Winter noch sparsamer gießen
DÜNGEN: von Frühjahr bis Herbst monatlich mit etwas Blumendünger
VERMEHREN: wie bei Tradeskantien durch Kopfstecklinge oder ganze Triebe, die in Wasser oder feuchtem Substrat gut Wurzeln bilden
HINWEIS: Unansehnlich gewordene oder zu langtriebige Pflanzen kann man im Frühjahr kräftig zurückschneiden. Die Eignung für Hydrokultur ist gut.

Zebrina pendula

Zantedeschia aethiopica

Pflegeansprüche der Zimmerpflanzen auf einen Blick

Botanischer Name / Deutscher Name	Standort[1]	Winter-temperatur (°C)	Luft-feuchte[2]	Aussehen und Wuchs[3]	Besondere Merkmale[4] Größe	Pflege	Hydro
Bromeliaceae **Bromelien**							
Aechmea **Lanzenrosette**	○	18–22	☐	✿ ❦		△	⬱
Ananas **Zierananas**	○	18–22	☐	❦	↑	△	⬱
Billbergia **Zimmerhafer**	◑–○	16–22	☐	✿ ❦		△	
Cryptanthus **Versteckblüte**	◑–○	18–22	☐	❦		△	⬱
Dyckia **Dyckia**	☼	10–22	☐	❦		△	
Guzmania **Guzmanie**	◑–○	18–22	☐	✿		△	⬱
Neoregelia **Neoregelie**	○	16–22	■	✿			⬱
Tillandsia **Tillandsie**, grüne Arten	○	18–22	■	✿ ❦			⬱
Tillandsia **Tillandsie**, graue Arten	☼	12–22	☐	✿ ❦		△	
Vriesea **Vriesee**	○	18–22	■	✿		△	
Cactaceae **Kakteen**							
Aporocactus **Schlangenkaktus**	☼	10–15	☐	✿ ⬙		△	⬱
Astrophytum **Bischofsmütze**	☼	8–15	☐	✿		△	⬱

1) ● schattig ◑ halbschattig ○ hell ☼ sonnig 2) ☐ normal ■ hoch 3) ✿ Blütenpflanze

Botanischer Name / Deutscher Name	Standort¹⁾	Winter-temperatur (°C)	Luft-feuchte²⁾	Aussehen und Wuchs³⁾	Besondere Merkmale⁴⁾ Größe	Pflege	Hydro
Cephalocereus / **Greisenhaupt**	☀	15–18	□	Blattpflanze	↑	△	Hydro
Cereus / **Säulenkaktus**	☀	6–10	□	Blattpflanze	↑	△	Hydro
Cleistocactus / **Silberkerze**	☀	6–10	□	Blüte	↑	△	Hydro
Coryphantha / **Coryphante**	☀	5–10	□	Blüte, Blattpflanze		△	Hydro
Echinocactus / **Schwiegermuttersessel**	☀	10–15	□	Blattpflanze	↑	△	Hydro
Echinocereus / **Igelsäulenkaktus**	☀	5–10	□	Blüte		△	Hydro
Epiphyllum / **Blattkaktus**	○	6–10	□	Blüte, Hängepflanze	↑	△	Hydro
Gymnocalycium / **Gymnocalycium**	◐–○	8–10	□	Blüte, Blattpflanze		△	Hydro
Mammillaria / **Warzenkaktus**	☀	8–10	□	Blüte		△	Hydro
Notocactus / **Buckelkaktus**	○	10–12	□	Blüte		△	Hydro
Opuntia / **Feigenkaktus**	☀	5–10	□	Blüte, Blattpflanze	↑	△	Hydro
Rhipsalidopsis / **Osterkaktus**	◐–○	10/20–22⁵⁾	□	Blüte, Hängepflanze		△	Hydro
Schlumbergera / **Weihnachtskaktus**	◐–○	10–15	□	Blüte, Hängepflanze		△	Hydro
Selenicereus / **Königin der Nacht**	○	15	□	Blüte, # Kletterpflanze	↑	△	Hydro
Filicopsida / **Farne**							
Adiantum / **Frauenhaarfarn**	◐–○	20–22	■	Blattpflanze			Hydro

Blattpflanze   Hängepflanze   # Kletterpflanze   4) ↑ Pflanze wird sehr groß   △ anspruchslos   für Hydrokultur geeignet
5) Temperaturangabe vor Schrägstrich bedeutet, daß diese Temperatur kurzzeitig vertragen wird

Botanischer Name Deutscher Name	Standort[1]	Winter- temperatur (°C)	Luft- feuchte[2]	Aussehen und Wuchs[3]	Besondere Merkmale[4]		
					Größe	Pflege	Hydro
Asplenium **Nestfarn**	◐–○	18–22	□	🌿	↑	△	⬺
Blechnum **Rippenfarn**	◐–○	16–22	■	🌿	↑		
Cyrtomium **Ilexfarn**	◐–○	10	□	🌿		△	
Davallia **Davallie**	◐–○	15–20	■	🌿			
Didymochlaena **Didymochlene**	◐	14–16	□	🌿		△	
Nephrolepis **Schwertfarn**	○	16–18	□	🌿		△	⬺
Pellaea **Pellefarn**	○–☀	10–15	□	🌿		△	⬺
Phlebodium **Tüpfelfarn**	●	12–16	□	🌿	↑	△	
Phyllitis **Hirschzungenfarn**	●	10 (winterhart)	■	🌿		△	
Platycerium **Geweihfarn**	◐–○	14–20	□	🌿 ⋔	↑		⬺
Polystichum **Schildfarn**	○	10	□	🌿	↑	△	
Pteris **Saumfarn**	◐–○	8–12	□	🌿		△	⬺
Orchidaceae **Orchideen**							
Brassia **Brassie**	◐–○	18–20	□	✿		△	
Cattleya **Cattleye**	○	18	□	✿		△	
Coelogyne **Coelogyne**	○	16	□	✿		△	

1) ● schattig　　◐ halbschattig　　○ hell　　☀ sonnig　　　2) □ normal　■ hoch　　3) ✿ Blütenpflanze

Botanischer Name Deutscher Name	Standort[1]	Winter-temperatur (°C)	Luft-feuchte[2]	Aussehen und Wuchs[3]	Besondere Merkmale[4]		
					Größe	Pflege	Hydro
Cymbidium **Cymbidie**	○	16	□	✽	↑	△	
Epidendrum **Epidendrum**	◐–○	18–20	□	✽		△	
Paphiopedilum **Frauenschuh**	◐–○	18–22	□	✽		△	
Phalaenopsis **Nachtfalterorchidee**	◐–○	18–22	■	✽		△	
Pleione **Tibetorchidee**	◐–○	Laub zieht ein	□	✽	↑		
Palmeae **Palmen**							
Caryota **Fischschwanzpalme**	○–☼	18–22	□	🌿	↑	△	
Chamaedorea **Bergpalme**	◐–○	16–18	□	🌿		△	
Chamaerops **Zwergpalme**	○–☼	5–10	□	🌿	↑	△	
Chrysalidocarpus **Goldfruchtpalme**	○	18–22	□	🌿		△	
Cocos nucifera **Kokospalme**	○–☼	18–22	■	🌿	↑		
Howeia **Kentiapalme**	◐–○	18–22	□	🌿		△	
Livistona **Livistonie**	○–☼	5–10	□	🌿	↑	△	
Microcoelum **Kokospälmchen**	○	20–22	■	🌿			⊔
Phoenix canariensis **Dattelpalme**	○–☼	5–10	□	🌿	↑	△	
P. roebelenii	○	15–20	□	🌿			

🌿 Blattpflanze   ∿ Hängepflanze   # Kletterpflanze   4) ↑ Pflanze wird sehr groß   △ anspruchslos   ⊔ für Hydrokultur geeignet

Botanischer Name **Deutscher Name**	Standort[1]	Winter-temperatur (°C)	Luft-feuchte[2]	Aussehen und Wuchs[3]	Besondere Merkmale[4] Größe	Pflege	Hydro
Rhapis **Steckenpalme**	◯	5–10	☐	🌿		△	
Trachycarpus **Hanfpalme**	◐–◯	2–10	☐	🌿	↑	△	
Washingtonia **Washingtonie**	◐–☀	5–10	☐	🌿	↑	△	
Pflanzen von A–Z							
Abutilon **Schönmalve**	◐–◯	10–15	☐	✾	↑	△	⌷
Acacia **Känguruhdorn**	◯–☀	5–10	☐	✾	↑	△	
Acalypha **Fuchsschwanz**	◯	16–18	■	✾ 🌿 〽[6]	↑		⌷
Achimenes **Schiefteller**	◐–◯	Rhizom	☐	✾ 〽		△	
Acorus **Zwergkalmus**	◐	4–16	☐	🌿		△	⌷
Adenium **Wüstenrose**	☀	12–15		✾		△	
Adromischus **Kurzstiel**	☀	10–20	☐	🌿		△	
Aeonium **Aeonium**	◯–☀	8–12	☐	🌿	↑	△	
Aeschynanthus **Äschynanthus**	◐–◯	15–20	■	✾ #			⌷
Agave **Agave**	☀	2–8	☐	🌿	↑	△	⌷
Aglaonema **Kolbenfaden**	●–◐	15–20	■	🌿		△	⌷
Allamanda **Allamande**	◯–☀	18–22	☐	✾ #	↑		

1) ● schattig   ◐ halbschattig   ◯ hell   ☀ sonnig   2) ☐ normal   ■ hoch   3) ✾ Blütenpflanze
6) je nach Art

Botanischer Name Deutscher Name	Standort[1]	Wintertemperatur (°C)	Luftfeuchte[2]	Aussehen und Wuchs[3]	Besondere Merkmale[4] Größe	Pflege	Hydro
Alocasia **Alokasie**	◑	18–22	■	🌿	↑		
Aloë **Aloe, Bitterschopf**	○–☀	10	□	🌿		△	⬒
Alpinia **Alpinie**	○	15	■	🌿			
Ampelopsis **Scheinrebe**	◑–○	2–12	□	🌿 ⋔		△	
Anigozanthos **Känguruhblume**	◑	10–12	□	✽		△	
Anisodontea **Scheinmalve**	☀	8–12	□	✽	↑	△	
Anthurium **Flamingoblume**	◑	20–22	■	✽			⬒
A.-Scherzerianum-Hybride	◑	16	■	✽			⬒
Aphelandra **Glanzkölbchen**	◑–○	18–22	■	✽ 🌿			⬒
Araucaria **Zimmertanne**	○	2–10	□	🌿	↑		⬒
Ardisia **Spitzblume**	○	18	■	🌿			⬒
Asparagus **Zierspargel**	◑–○	15	□	🌿		△	⬒
A. densiflorus 'Sprengeri'	○–☀	15–22	□	🌿		△	⬒
Aspidistra **Schusterpalme**	●–○	5–22	□	🌿	↑	△	⬒
Aucuba **Aukube**	●–○	2–10	□	🌿	↑	△	⬒
Beaucarnea **Elefantenfuß**	☀	10	□	🌿	↑	△	⬒

🌿 Blattpflanze   ⋔ Hängepflanze   # Kletterpflanze   4) ↑ Pflanze wird sehr groß   △ anspruchslos   ⬒ für Hydrokultur geeignet

Botanischer Name **Deutscher Name**	Standort[1]	Winter- temperatur (°C)	Luft- feuchte[2]	Aussehen und Wuchs[3]	Besondere Merkmale[4]		
					Größe	Pflege	Hydro
Begonia **Blütenbegonie**	○	18	□	✽		△	⬙
Begonia **Blattbegonie**	○	16–20	■	❦			⬙
Begonia **Strauchbegonie**	◑–○	15–18	■	✽ ❦	↑	△	⬙
Beloperone **Zimmerhopfen**	☼	12–15	□	✽		△	
Bertolonia **Bertolonie**	○	22	■	❦			
Bougainvillea **Bougainvillee**	☼	10	□	✽ #	↑	△	
Brachychiton **Glücksbaum**	☼	12	□	❦	↑	△	
Browallia **Browallie**	○–☼	18	□	✽		△	
Brunfelsia **Brunfelsie**	◑–○	15–18	■	✽			
Caladium **Buntwurz**	○	Knollen	■	❦	↑		
Calathea **Korbmarante**	●–◑	18–22	■	❦			⬙
Calceolaria **Pantoffelblume**	○	entfällt, da 1jährig	□	✽		△	
Callisia **Kallisie**	○	12–16	■	❦ ⚶			⬙
Callistemon **Zylinderputzer**	○–☼	6–10	□	✽	↑	△	
Camellia **Kamelie**	○	15	□	✽			
Campanula **Glockenblume**	○	2–12	□	✽ ⚶		△	

1) ● schattig   ◑ halbschattig   ○ hell   ☼ sonnig   2) □ normal   ■ hoch   3) ✽ Blütenpflanze

Botanischer Name / Deutscher Name	Standort[1]	Winter-temperatur (°C)	Luft-feuchte[2]	Aussehen und Wuchs[3]	Besondere Merkmale[4] Größe	Pflege	Hydro
Capsicum / **Zierpfeffer**	☀	entfällt, da 1jährig	☐	✿[7]		△	
Carex / **Segge**	◑–☀	10	☐	♥		△	
Catharanthus / **Catharanthus**	○	10–15	☐	✽		△	
Ceropegia / **Leuchterblume**	○–☀	18–20	☐	✿ ♥ ◗		△	⬱
Chlorophytum / **Grünlilie**	●–☀	12–22	☐	♥ ◗		△	⬱
Chrysanthemum / **Chrysantheme**	○–☀	entfällt, da 1jährig	☐	✽		△	
Chrysothemis / **Sonnenglocke**	○	Knollen	☐	✿		△	
Cissus / **Klimme**	◑–○	15	☐	♥ #		△	⬱
Citrus / **Orangenbäumchen**	☀	15–18	☐	✿ ♥	↑	△	
Clerodendrum / **Losbaum**	◑–○	15–20	■	✿ #	↑		
Cleyera / **Sperrstrauch**	◑–○	10–12	☐	♥		△	
Clivia / **Klivie, Riemenblatt**	○	8–12	☐	✿		△	⬱
Clusia / **Balsamapfel**	○	20	☐	♥	↑	△	⬱
Coccoloba / **Seetraube**	○	15–20	☐	♥	↑	△	
Codiaeum / **Kroton, Wunderstrauch**	○	16–18	■	♥	↑		⬱
Coffea / **Kaffeestrauch**	◑–○	14–18	☐–■	♥	↑	△	⬱

♥ Blattpflanze ◗ Hängepflanze # Kletterpflanze 4) ↑ Pflanze wird sehr groß △ anspruchslos ⬱ für Hydrokultur geeignet
7) Fruchtschmuck

Botanischer Name / Deutscher Name	Standort[1]	Wintertemperatur (°C)	Luftfeuchte[2]	Aussehen und Wuchs[3]	Besondere Merkmale[4] Größe	Pflege	Hydro
Coleus **Buntnessel**	○–☼	10	□	🌿		△	⬙
Columnea **Kolumnee**	◐–○	16–20	■	✿ ⚘			⬙
Conophytum **Blühende Steine**	☼	15–18	□	✿		△	
Cordyline **Keulenlilie**	○	18–22	□–■	🌿	↑		⬙
C. australis, C. indivisa	○	4–8	□–■	🌿	↑		⬙
Corokia **Zickzackstrauch**	◐–☼	5–15	□	🌿	↑	△	
Cotyledon **Cotyledon**	☼	8–10	□	🌿		△	⬙
Crassula **Dickblatt**	○–☼	6–10	□	🌿	↑	△	⬙
Crossandra **Crossandre**	◐–○	18–20	■	✿			⬙
Ctenanthe **Ctenanthe**	◐–○	18–22	■	🌿			
Cupressus **Zimmerzypresse**	○	5–10	□	🌿	↑	△	
Cycas **Palmfarn**	○	15–22	□	🌿	↑	△	⬙
Cyclamen **Alpenveilchen**	○	12–15	□	✿		△	
Cyperus **Zypergras**	◐–○	12–18	□	🌿	↑	△	⬙
Cytisus **Geißklee**	○–☼	6–10	□	✿	↑	△	
Darlingtonia **Kobrapflanze**	○	2–6	■	✿ 🌿			

1) ● schattig   ◐ halbschattig   ○ hell   ☼ sonnig   2) □ normal   ■ hoch   3) ✿ Blütenpflanze

Botanischer Name / Deutscher Name	Standort¹⁾	Winter-temperatur (°C)	Luft-feuchte²⁾	Aussehen und Wuchs³⁾	Besondere Merkmale⁴⁾ Größe	Pflege	Hydro
Datura **Stechapfel**	◐–○	10–12	□	✿	↑	△	
Dieffenbachia **Dieffenbachie**	◐–○	15–22	■	🌿	↑		⬤
Dionaea **Venusfliegenfalle**	○	5–10	■	🌿			
Dipladenia **Dipladenie**	◐–○	12–15	□	✿ #	↑		
Dizygotheca **Fingeraralie**	◐–○	18–22	■	🌿	↑		⬤
Dracaena **Drachenbaum**	◐–○	18–22	□	🌿	↑	△	⬤
D. draco, D. fragrans, D. hookeriana	◐–○	10–16	□	🌿	↑	△	⬤
Drosera **Sonnentau**	☀	5–10	■	🌿			
Duchesnea **Indische Erdbeere**	○	12	□	✿⁷⁾ ⋔		△	
Echeveria **Echeverie**	☀	5–10	□	✿ 🌿		△	⬤
Elettaria **Kardamon**	◐–○	16–20	□	🌿		△	
Epipremnum **Efeutute**	●–○	16–20	□	🌿 ⋔ #		△	⬤
Episcia **Schattenröhre**	◐–○	18–22	■	✿ 🌿 ⋔			
Eugenia **Kirschmyrte**	☀	10	□	🌿	↑	△	
Euonymus **Spindelstrauch**	○	2–8	□	🌿	↑	△	
Euphorbia milii **Christusdorn**	☀	18–22	□	✿ 🌿	↑	△	⬤

🌿 Blattpflanze ⋔ Hängepflanze # Kletterpflanze 4) ↑ Pflanze wird sehr groß △ anspruchslos ⬤ für Hydrokultur geeignet
7) Fruchtschmuck

Botanischer Name Deutscher Name	Standort[1]	Winter-temperatur (°C)	Luft-feuchte[2]	Aussehen und Wuchs[3]	Besondere Merkmale[4] Größe	Pflege	Hydro
Euphorbia pulcherrima **Weihnachtsstern**	○	18–22	□	✿	↑	△	
Exacum affine **Blaues Lieschen**	○	16	□	✿		△	
x Fatshedera **Efeuaralie**	◑–○	12–15	□	❦	↑	△	⬓
Fatsia **Zimmeraralie**	◑–○	6–10	□	❦	↑	△	⬓
Faucaria **Tigerrachen**	☼	10	□	✿		△	
Ficus **Gummibaum**	○	16–18[8]	□	❦ #[9]	↑	△	⬓
Fittonia **Fittonie**	●–○	18–20	■	❦			⬓
Fuchsia **Fuchsie**	◑–○	5–15	□	✿ ⑽[10]	↑	△	
Gardenia **Gardenie**	○	15–17	■	✿			
Gasteria **Gasterie**	○–☼	6–10	□	✿ ❦		△	
Gloriosa **Ruhmeskrone**	☼	Knollen bei 10	□	✿ #	↑		
Glottiphyllum **Zungenblatt**	☼	5–10	□	✿ ❦		△	
Gloxinia **Gloxinie**	◑–○	Rhizom	■	✿			⬓
Gossypium **Baumwolle**	☼	entfällt, da 1jährig	□	✿[7]			
Grevillea **Australische Silbereiche**	◑–○	15–18	□	❦	↑	△	⬓
Gynura **Gynure**	○–☼	18–22	□	❦ #			⬓

1) ● schattig   ◑ halbschatting   ○ hell   ☼ sonnig   2) □ normal   ■ hoch   3) ✿ Blütenpflanze
7) Fruchtschmuck   8) Abweichungen siehe Einzelbeschreibungen   9) auch kletternde Formen   10) auch hängende Formen

Botanischer Name Deutscher Name	Standort[1]	Winter-temperatur (°C)	Luft-feuchte[2]	Aussehen und Wuchs[3]	Besondere Merkmale[4] Größe	Pflege	Hydro
Haemanthus **Elefantenohr, Blutblume**	◐–○	10–15	□	❀ 🌿(Blattpflanze)		△	⬯(Hydro)
Haworthia **Haworthie**	○	10–12	□	🌿(Blattpflanze)		△	
Hebe **Strauchveronika**	○–☀	5–10	□	❀ 🌿(Blattpflanze)		△	
Hedera **Zimmerefeu**	●–◐	10–16	□	❀ 🌿(Blattpflanze) ⋔(Hängepflanze)		△	⬯(Hydro)
Hemigraphis **Halbgriffel**	◐–○	18–22	■	🌿(Blattpflanze) ⋔(Hängepflanze)			
Hibiscus **Roseneibisch**	○–☀	14–20	□	❀	↑	△	⬯(Hydro)
Hippeastrum **Ritterstern, „Amaryllis"**	○	10/20[11]	□	❀		△	⬯(Hydro)
Hoya **Wachsblume**	○–☀	10–15	□	❀ ⋔(Hängepflanze) #(Kletterpflanze)	↑		⬯(Hydro)
Hydrangea **Hortensie**	◐–○	4–10	□	❀	↑		
Hymenocallis **Schönhäutchen, Ismene**	○–☀	20–22	□	❀		△	
Hypocyrta **Kußmäulchen**	◐–○	12–15	□	❀ ⋔(Hängepflanze)		△	
Hypoestes **Hypoestes**	○	18–22	■	🌿(Blattpflanze)			
Impatiens **Fleißiges Lieschen**	◐–○	12–16	□	❀		△	⬯(Hydro)
Iresine **Iresine**	○–☀	15–18	□	🌿(Blattpflanze)			⬯(Hydro)
Ixora **Ixora**	◐–○	18–22	■	❀			
Jacaranda **Palisanderbaum**	○	12–15	□	🌿(Blattpflanze)	↑		

🌿 Blattpflanze   ⋔ Hängepflanze   # Kletterpflanze   4) ↑ Pflanze wird sehr groß   △ anspruchslos   ⬯ für Hydrokultur geeignet
11) höhere Temperatur ab Austriebsbeginn

Botanischer Name Deutscher Name	Standort[1]	Winter- temperatur (°C)	Luft- feuchte[2]	Aussehen und Wuchs[3]	Besondere Merkmale[4]		
					Größe	Pflege	Hydro
Jacobina carnea **Jacobinie**	○	18–22	■	✿			
J. pauciflora	○	10–12	■	✿		△	
Jasminum **Jasmin**	○	6–10	□	✿ #	↑	△	
J. sambac	○	18–20	□	✿ #	↑		
Jatropha **Flaschenpflanze**	○–☼	15	□	✿ ☘		△	
Kalanchoë **Kalanchoë**	○–☼	15–20	□	✿ ☘	↑[6]	△	⎕
Kohleria **Kohlerie**	●–◐	12–15	■	✿		△	
Lachenalia **Lachenalie**	☼	10–12	□	✿		△	
Lampranthus **Eiskraut**	☼	5–10	□	✿ ☘		△	⎕
Laurus **Lorbeer**	☼	2–10	□	☘	↑	△	
Leptospermum **Leptospermum**	☼	4–10	□	✿		△	
Lilium **Topflilie**	○	Zwiebel	□	✿		△	
Lithops **Lebende Steine**	☼	5–8	□	✿ ☘		△	
Maranta **Marante, Pfeilwurz**	●	18–22	■	☘		△	⎕
Medinilla **Medinille**	○	16–18	■	✿ ☘	↑		
Metrosideros **Eisenholzbaum**	○–☼	5–10	□	☘	↑	△	

1) ● schattig   ◐ halbschattig   ○ hell   ☼ sonnig   2) □ normal   ■ hoch   3) ✿ Blütenpflanze
6) je nach Art

Botanischer Name / **Deutscher Name**	Standort[1]	Winter-temperatur (°C)	Luft-feuchte[2]	Aussehen und Wuchs[3]	Besondere Merkmale[4] Größe	Pflege	Hydro
Mimosa **Sinnpflanze**	○	15–18	■	🌿			
Monstera **Fensterblatt**	◐–○	10–22	□	🌿 ⋔ #	↑	△	⬠
Myrtus **Myrte**	○–☼	5–8	□	✿		△	
Nepenthes **Kannenpflanze**	○	20	■	🌿			
Nerium **Oleander**	☼	4–10	□	✿	↑	△	⬠
Nertera **Korallenmoos**	◐–○	10	□	✿[7]		△	
Ophiopogon **Schlangenbart**	●–◐	5–10	□	🌿		△	
Pachyphytum **Pachyphytum**	☼	6–8	□	✿ 🌿		△	
Pachypodium **Madagaskarpalme**	☼	18–22	□	🌿	↑	△	⬠
Pachystachys **Goldähre**	○–☼	18–22	■	✿		△	
Pandanus **Schraubenbaum**	○–☼	18–22	□	🌿	↑	△	⬠
Passiflora **Passionsblume**	☼	10	□	✿ #	↑	△	⬠
Pavonia **Pavonie**	○	15–20	■	✿		△	⬠
Pedilanthus **Schuhblüte**	○	18–20	□	✿ 🌿			
Pelargonium **Pelargonie, Geranie**	○–☼	6–10	□	✿ 🌿 ⋔[10]		△	
Pentas **Pentas**	☼	10–15	□	✿		△	

🌿 Blattpflanze   ⋔ Hängepflanze   # Kletterpflanze   4) ↑ Pflanze wird sehr groß   △ anspruchslos   ⬠ für Hydrokultur geeignet
7) Fruchtschmuck   10) auch hängende Formen

Botanischer Name Deutscher Name	Standort[1]	Winter-temperatur (°C)	Luft-feuchte[2]	Aussehen und Wuchs[3]	Besondere Merkmale[4] Größe	Pflege	Hydro
Peperomia Zwergpfeffer	●–○	18–22	■[12]	🌱			🪴
Persea Avocado	☼	10–12	□	🌱	↑		
Philodendron Baumfreund	◐–○	18–22	■	🌱 ⋔ #	↑		🪴
Pilea Kanonierblume	◐	12–20	■	🌱			🪴
Piper Pfeffer	○	18–22	■	🌱 ⋔ #			🪴
Pisonia Pisonie	○	18–22	■	🌱			🪴
Pittosporum Klebsame	◐–☼	5–10	□	🌱	↑	△	
Plectranthus Harfenstrauch	◐–☼	15–20	□	🌱 ⋔		△	🪴
Pogonatherum Zimmerbambus	☼	18–22	□	🌱		△	
Polyscias Fiederaralie	◐–○	18–22	■	🌱			
Primula Primel	☼	10–12	□	✾		△	
Pseuderanthemum Scheineranthemum	◐	20	■	🌱			
Punica Granatapfel	☼	5–10	□	✾	↑	△	
Reinwardtia Reinwartie	◐	8–10	□	✾		△	
Rhododendron Zimmerazalee	◐	10–15	□	✾		△	
Rhoeo Rhoeo	◐–○	16–20	□	🌱		△	🪴

1) ● schattig ◐ halbschattig ○ hell ☼ sonnig   2) □ normal ■ hoch   3) ✾ Blütenpflanze
12) im Winter normal

Botanischer Name / Deutscher Name	Standort[1]	Winter-temperatur (°C)	Luft-feuchte[2]	Aussehen und Wuchs[3]	Besondere Merkmale[4] Größe	Pflege	Hydro
Rhoicissus **Kapwein**	●–○	10	□	🌿 #	↑	△	⊔
Rochea **Rochea**	○	6–10	□	✿		△	⊔
Rosa **Topfrose**	○–☼	2–10	□	✿		△	
Saintpaulia **Usambaraveilchen**	◐–○	18–22	□	✿		△	⊔
Sanchezia **Sanchezie**	○–☼	15–22	■	🌿	↑		
Sansevieria **Bogenhanf**	◐–☼	15–22	□	🌿	↑	△	⊔
Sarracenia **Schlauchpflanze**	☼	1–4	■	🌿			
Sauromatum **Eidechsenwurz**	○	Knollen	□	✿		△	
Saxifraga **Steinbrech**	◐–○	5–10	□	🌿 ⋔		△	⊔
Schefflera **Strahlenaralie**	◐–○	12–15	□	🌿	↑	△	⊔
Schizanthus **Spaltblume**	☼	entfällt, da 1jährig	□	✿		△	
Scirpus **Simse**	○	10–20	■	🌿 ⋔		△	⊔
Sedum **Fetthenne**	☼	5–10	□	🌿 ⋔		△	
Selaginella **Mooskraut**	◐	15	■	🌿			
Senecio **Kreuzkraut**	○	entfällt, da 1jährig	□	✿		△	
S. herreanus	○	10–15	□	🌿 ⋔		△	

🌿 Blattpflanze   ⋔ Hängepflanze   # Kletterpflanze   4) ↑ Pflanze wird sehr groß   △ anspruchslos   ⊔ für Hydrokultur geeignet

Botanischer Name Deutscher Name	Standort[1]	Winter- temperatur (°C)	Luft- feuchte[2]	Aussehen und Wuchs[3]	Besondere Merkmale[4]		
					Größe	Pflege	Hydro
Setcreasia **Rotblatt**	○	16–18	☐	💚 🌿		△	
Siderasis **Siderasie**	◐–○	18–22	■	💚			
Sinningia-Hybride **Gloxinie**	○	entfällt, da 1jährig	☐	✿		△	
S. cardinalis	○	Knolle	■	✿			
Skimmia **Skimmie**	○	5–10	☐	✿		△	
Smithiantha **Smithianthe**	○	Rhizom	■	✿			
Solanum **Korallenstrauch**	☼	10	☐	✿[7]		△	
Soleirolia **Bubiköpfchen**	◐	4–22	☐	💚 🌿		△	
Sonerila **Sonerile**	◐	18–22	■	💚			
Sparmannia **Zimmerlinde**	○	5–10	☐	💚	↑	△	⬙
Spathiphyllum **Einblatt, Blattfahne**	●–○	16–22	■	✿			⬙
Sprekelia **Jakobslilie**	☼	Zwiebel	☐	✿		△	
Stapelia **Aasblume**	☼	5–20	☐	✿			⬙
Stephanotis **Kranzschlinge**	○	12–14	☐	✿ #	↑	△	⬙
Strelitzia **Paradiesvogelblume**	☼	8–14	☐	✿	↑		
Streptocarpus **Drehfrucht**	○	16–18	☐	✿		△	⬙

1) ● schattig ◐ halbschattig ○ hell ☼ sonnig   2) ☐ normal ■ hoch   3) ✿ Blütenpflanze
7) Fruchtschmuck

Botanischer Name **Deutscher Name**	Standort[1]	Winter- temperatur (°C)	Luft- feuchte[2]	Aussehen und Wuchs[3]	Besondere Merkmale[4]		
					Größe	Pflege	Hydro
Stromanthe **Stromanthe**	◐–○	20–22	■	🌿			⬚
Syngonium **Purpurtute**	○	18–22	■	🌿 ⋔ #			
Tetrastigma **Kastanienwein**	◐	12–22	☐	🌿 #	↑	△	⬚
Thunbergia **Schwarzäugige Susanne**	☀	10–12	☐	✿ #		△	
Tibouchina **Tibouchina**	☀	10–15	☐	✿	↑	△	
Tolmiea **Henne mit Küken**	◐–○	5–10	☐	🌿 ⋔		△	
Tradescantia **Tradeskantie**	☀	10–15	☐	🌿 ⋔		△	⬚
Vallota **Vallote**	☀	5–10	☐	✿		△	⬚
Veltheimia **Veltheimie**	☀	6–10	☐	✿		△	⬚
Yucca **Palmlilie**	☀	4–12	☐	🌿	↑	△	⬚
Zantedeschia **Zimmercalla**	◐	10	☐	✿		△	⬚
Zebrina **Zebrakraut**	○	15–22	☐	🌿 ⋔		△	⬚

🌿 Blattpflanze   ⋔ Hängepflanze   # Kletterpflanze   4) ↑ Pflanze wird sehr groß   △ anspruchslos   ⬚ für Hydrokultur geeignet

Glossar

Ableger: Seitentriebe der Mutterpflanze mit eigenständigen Jungpflanzen

abmoosen: spezielle vegetative (ungeschlechtliche) Vermehrungsmethode bei einigen großwüchsigen Pflanzen, z.B. bei *Ficus-Arten*

Absenker: Vermehrungsmethode durch Wurzelbildung eines mit Erde bedeckten Triebs

Akarizide: Bekämpfungsmittel gegen Milben

alkalisch: kalkreich

Assimilation: Kohlendioxidaufnahme der Pflanzen, wobei Licht als Energielieferant notwendig ist; Voraussetzung für jedes Leben auf der Erde (siehe auch Fotosynthese)

Auge: Knospe

Ausläufer: Jungpflanzen an langen Sproßachsen (z.B. bei der Grünlilie)

basisch: kalkarm, sauer

Brakteen: farbige Hochblätter im Bereich des Blütenstands (z.B. beim Weihnachtsstern) aus farblich umgewandelten Laubblättern

Brutzwiebeln: kleine, von der Mutterzwiebel gebildete Nebenzwiebeln

Chlorophyll: Blattgrün

Container: Pflanzengefäße, meistens aus Kunststoff

Corpus: Gestalt der ganzen Pflanze

Deutsche Härte: Maßeinheit für den Kalkgehalt des Wassers

Dunkelkeimer: Pflanzen, deren Samen zum Keimen abgedunkelt (mit Erde bedeckt) werden müssen

Epiphyten: Gewächse, die auf anderen Pflanzen (meistens Bäumen) wachsen, ohne zu schmarotzen (viele Orchideen und Bromelien)

Exoten: fremdländische, meist tropische Pflanzen

Fotoperiodismus: Wechselwirkung zwischen Wachstum und Blütenbildung einerseits und Tageslänge bzw. Nachtlänge andererseits

Fotosynthese: Umwandlung von Lichtenergie in chemische Energie (siehe auch Assimilation)

Fototropismus: Bestreben der Pflanze, dem Licht zuzuwachsen (Lichtwendigkeit)

Fungizide: Bekämpfungsmittel gegen Pilze

generative Vermehrung: Vermehrung durch Samen oder Sporen

Granulat: Pflanzenschutz- und -pflegemittel auf gekörnter Basis

Habitus: Wuchsform, Aussehen, Gestalt

Hybriden: Pflanzenkreuzung aus verwandten Arten

Hydrokultur: erdelose Pflanzenkultur

Insektizide: Bekämpfungsmittel gegen Insekten

Ionenaustauscher: spezielle Düngeform der Hydrokultur

kalkfliehend: Pflanzen, die keinen Kalk vertragen

Kalthaus (2–12 °C), temperiertes Haus (13–18 °C), Warmhaus (über 18 °C): Bezeichnung für Gewächshäuser nach ihrer Temperierung

Kindel: siehe Ableger, vor allem bei vielen Bromelien

Klima: durch ein bestimmtes Klima gekennzeichneter geographischer Großraum

Knolle: starke Verdickung eines Stengelteils (z.B. Sproßknolle beim Alpenveilchen) oder auch der Wurzel (z.B. Wurzelknollen bei Dahlien)

Kulturtopf: Pflanzengefäß

Langzeitdünger: Nährstoff-Formen, die nur langsam fließen und deren Wirkung lange anhält

Lichtkeimer: Pflanzen, deren Samen zum Keimen nicht abgedeckt werden dürfen

Luftfeuchtigkeit: Wassergehalt der Luft

Lux: Meßwert für die Helligkeit

Nomenklatur: Benennung (Namensgebung) der Pflanzen

Osmunda: Substrat aus den zerkleinerten Wurzeln des Königsfarns zur Kultur von Orchideen; heute aus Gründen des Naturschutzes nur noch selten gebräuchlich

Panaschierung: Buntblättrigkeit

pH-Wert: Meßzahl für elektrisch geladene Wasserstoffteilchen; in der Praxis Hinweis auf den Säuregrad des Wassers

pikieren: auseinanderpflanzen, vereinzeln, vor allem von Sämlingen und Jungpflanzen

pinzieren: Abkneifen der Triebspitzen

Prothallien: Vorkeime der Farnpflanzen

Pufferkapazität: Eigenschaft des Pflanzsubstrats, Wasser, Luft und Nährstoffe festzuhalten

Rhizom: unterirdischer, meist waagerecht liegender, verdickter Sproß (auch Erdstamm, Wurzelstock)

Saftdruck: Saugspannung, die durch die Pflanzensäfte gesteuert wird

Sphagnum: Sumpfmoos

Sporangien: Sporenkapseln der Farne

Sproß: Trieb

Spurenelemente: Nährstoffe, die von den Pflanzen nur in geringer Menge benötigt werden, aber unentbehrlich sind (z.B. Kupfer, Zink, Bor)

Stolonen: siehe Ausläufer

Steckling: zum Bewurzeln abgeschnittener Pflanzenteil

Stomata: feine Spaltöffnungen der Blätter zur Regulierung des Wasser- und Gasaustausches

Substrat: Ersatz- oder Zuschlagstoffe der Blumenerde; allgemein für Pflanzenerden

Sukkulenz: Wasserspeichervermögen von Pflanzen, meist aus trockeneren Gebieten (z.B. Kakteen)

Systematik: Einordnung der lebenden Organismen in ein einheitliches System

Taxonomie: Benennung der Organismen in Botanik und Zoologie (Ordnungslehre)

Temperierung: Grad der Erwärmung

TKS: Torfkultursubstrat

Tropenflora: Pflanzen der Tropen

Vegetationsphase: Zeit des Wachstums

Vegetative Vermehrung: Vermehrung mit Hilfe von Pflanzenteilen (z.B. Stecklingen); im Gegensatz zur generativen Vermehrung aus Samen

Zisterne: wasserhaltende Mitte der Blattrosette (z.B. bei Bromelien)

Zwiebel: unter- oder oberirdisches Speicher- und Vorratsorgan bei Pflanzen, umgewandelter Sproß

Register

Halbfette Seitenzahlen verweisen auf Abbildungen.

Bildquellenverzeichnis:

Johannes Apel, Baden-Baden: 11 l., 83 o., 99 o., 111 o., 122 o., 133 u., 133 o., 142 o., 156 o.l., 159 o. (kleines Bild), 163 o., 168 o., 169 o., 171 o., 177 o.l., 183 o., 183 u., 184 o., 188, 195, 200 o., 202 o.l., 207 o., 208 o., 209 o., 211 o., 212 o., 214 o., 215 l., 220 o., 221 o., 222 o., 227
BASF AG Landw. Versuchsstation, Limburgerhof: 45 o., 48 o.r., 50 o.l., 50 o.r., 52 o.r., 53 o.l., 53 o.r.
Bayer AG, Leverkusen: 48 o.l.
Prof. Dr. Rolf Blaich, Ilbesheim: 24 u.l., 24 u.r.
Rolf Bühl, Stuttgart: 21 o., 42, 43, 48 u.r.
Hermann Eisenbeiss, Egling: 186 o.
Forschungsanstalt Geisenheim, Dr. Wohanka: 46 o., 49 u.r., 51 o.
Hess. Landesanstalt f. Ernährung, Landwirtschaft u. Landesentwicklung, Pflanzenschutzdienst, Frankfurt: 49 o.l.
Friedrich Jantzen, Arolsen: 38
Dr. Jesse Bildarchiv, Köln: 92 r., 119 o., 140 r., 141 r., 159 u., 159 o. (großes Bild), 196 o., 198 u., 210 u.r., 217 o.l. (kleines Bild), 217 o.r., 219 u.l.
Killius Publications, Offenburg: 66 o., 93 o., 176 r., 192 o., 198 o.
Kuno Krieger GmbH, Herdecke/Ruhr: 60 o.l., 78, 96
Landesamt für Pflanzenschutz, Stuttgart: 21 u., 47 u.r. (Maria Geigenmüller), 49 u.l. (Dr. Steiner), 50 r., 51 u.r. (Maria Geigenmüller)
Metalldünger Jost GmbH, Iserlohn: 22 u.
Eberhard Morell, Dreieich: 26 u.l., 74 o., 91 o., 100 o., 104 o., 105 o., 108 o., 114 o., 118 o.r., 126 o., 128 o., 132 o.r., 144 o., 167 o., 183 M., 203 o., 223 o.
Dr. H.-G. Prillwitz, Mainz: 44, 45 u.l., 45 u.r., 46 u.l., 46 u.r.
Reinhard-Tierfoto, Heiligkreuzsteinach-Eiterbach: 52 o.l., 101 o.
Hydro-Rotter, Wiesbaden-Delkenheim, Fotos: Max Neusser Foto-Design, Rödermark: 56, 57 o.r., 59, 65, 154 l.
Bernd Schäfer, Berlin: 15 o.
Christine Schmidt, Bad Homburg: 20 o.l.
Siegfried Stein Fach-Pressedienst, Vastorf: 30, 62
Max F. Wetterwald, Offenburg: 11 r., 12 u., 15 u., 55, 60 o.r., 61 u., 63, 64, 67, 70, 79 o., 82 o., 82 u.M., 86, 87, 88, 94 r., 98 o., 102, 103, 119 u., 120 o., 121 l., 130 u.r., 131 r., 135 u., 135 o.r., 143 r., 148 r., 150 o., 157 o., 165 o., 169 u., 171 u.l., 172 u.l., 172 o., 173 u., 174 r., 175 o., 180 l., 181 o., 204 o., 206 M., 207 u., 217 o.l., 217 u., 222 u.r., 225 o., 226 r.
Prof. Dr. Rolf Blaich, Ilbesheim: 145 o., 170 o., 215 r.
Studio Gebhardt, Korntal: 18 u.
Thomas Landini, Mainz: 7, 28, 40, 54, 69, 71 u., 73, 74 u., 76, 77, 79 u., 81, 82 u.l., 82 u.r., 83, 84, 85 o., 89 l., 90, 91 u., 93 u., 98 u., 99 u., 100 u., 101 u., 104 u., 105 u., 107, 109, 112 l., 112 r., 113 l., 114 u., 116 l., 117 o., 118 u., 118 o.l., 120 u., 123, 124, 125 u.l., 125 M., 126 u.M., 126 u.r., 127, 128 u., 129 o., 131 l., 132 u.l., 136 u.l., 137 l., 138 M., 141 l., 144 u.r., 145 u., 146, 147, 150 u., 150 M., 151 l., 152, 154 u.M., 154 u.r., 155, 156 u., 158 r., 160 l., 160 r., 161 l., 163 u.r., 164 M., 164 r., 166 M.l., 166 u.l., 166 u.r., 167 u.r., 168 u., 171 u.r., 173 o., 176 l., 177 o., 177 u., 178 u., 179 l., 182 u.l., 182 u.r., 184 u., 185, 186 u.l., 187 r., 189 l., 191, 193, 194 l., 196 u.r., 197 u.l., 197 o., 199 l., 199 M., 200 u.M., 200 u.r., 201, 202 u., 202 o.r., 203 o.r., 205, 208 u., 210 r., 212 u.r., 213, 218 u.r., 221 u.l., 224, 229 u.
Tessmann & Endress Creative Fotografie & Styling, Frankfurt: 6, 29, 41, 68, 71 o., 72, 75, 80, 85 u., 89 r., 92 l., 94 l., 95, 106, 108 u., 111 u., 112 M., 113 r., 115, 116 r., 117 u., 121 r., 122 u.l., 122 u.r., 125 r., 126 u., 129 u., 130, 132 o.l., 132 u.r., 134, 135 u.l., 136 u., 136 o., 137 r., 138 l., 138 r., 139, 140 l., 142 u., 143 l., 144 u.l., 145 r., 148 l., 149, 151 r., 153, 154 u.r., 156 o., 157 u., 158 l., 160 M., 161 l., 162, 163 u.l., 164 l., 165 u., 166 o., 167 u.l., 170 u., 172 u.r., 178 o., 180 r., 181 u., 182 o., 186 u.r., 187 l., 189 r., 190, 194 M., 194 r., 196 u.l., 197 M., 197 u.r., 199 r., 200 u.l., 203 u.l., 204 u.r., 206 u., 209 u., 210 u.l., 211 u., 212 u.l., 214 u., 216, 218 o., 218 u.l., 219 u.r., 220 u., 221 u.r., 223 u., 225 u., 226 l., 228, 229 o., 229 u.l.

Zeichnungen:
Regina Brendel, Aarbergen-Panrod: 97
Marlene Gemke, Neuried: 110
Horst Lünser, Berlin: 9, 10, 12 o., 13, 14, 17, 18 o., 19, 20 o.M., 20 o.r., 20 u., 22 o., 23, 24, 25, 26 o.r., 27, 31, 32, 33, 34, 35, 36, 37, 39, 57 u.l., 61 o., 66 u.

© der Originalausgabe by FALKEN Verlag
Die Verwertung der Texte und Bilder, auch auszugsweise, ist ohne Zustimmung des Verlags urheberrechtswidrig und strafbar. Dies gilt auch für Vervielfältigungen, Übersetzungen, Mikroverfilmung und für die Verarbeitung mit elektronischen Systemen.

Die Ratschläge in diesem Buch sind von Autor und Verlag sorgfältig erwogen und geprüft, dennoch kann eine Garantie nicht übernommen werden. Eine Haftung des Autors bzw. des Verlags und seiner Beauftragten für Personen-, Sach- und Vermögensschäden ist ausgeschlossen.

105100198X817 2635 4453 6271

1094800X03 02 01 00